Inhalt

Vorwort

Seit über 100 Jahren sind formale Organisationen – ob in Gestalt staatlicher Bürokratien oder als Behörden, Unternehmen, Verbände oder Parteien – Gegenstand sozialwissenschaftlicher Reflexion und von Konzepten, die auf Kontrolle und Steuerung ausgerichtet sind. Im Mittelpunkt steht dabei seit Max Webers epochalen Untersuchungen der Prozess der Rationalisierung mit dem Ziel einer Verstärkung zweckrationalen Handelns, aber auch der Konsequenz einer Trennung von Arbeitswelt und Lebenswelt sowie der Akzentuierung von Herrschaft mit der Folge akzentuierter Entfremdung.

Trotz zunehmender Erkenntnisse über die durchaus nur beschränkte (Zweck-) Rationalität, die in empirisch vorfindlichen Organisationen obwaltet, kam die Erlebnisseite von Organisationen, die betriebliche Lebenswelt, seltener in den Blickpunkt als mikropolitische Prozesse der Macht. Arbeitsbeziehungen wurden beispielsweise als Beziehungen zwischen kollektiven Akteuren, Gewerkschaften und Arbeitgeberverbänden, bzw. zwischen Belegschaftsgruppen, Betriebsräten und Managementvertretern vor allem unter der Frage untersucht, auf welche Weise Interessengegensätze und Interessenkonflikte im betrieblichen Alltag tatsächlich gezähmt bzw. überbrückt werden, und welche Bedeutung Institutionen, formale Regeln und Rechtsanspüche haben, um Interessenausgleich und Kooperation zu ermöglichen.

Erst das staatlich getragene Forschungs- und Aktionsprogramm zur „Humanisierung der Arbeitswelt", das in der Bundesrepublik (ebenso wie entsprechende Programme in Skandinavien und USA) in den 1970er Jahren aufgelegt worden war, setzte direkt an der verbesserungsbedürftigen Qualität der Arbeitssituation an. Es ging nicht mehr vorrangig um Kompensationen für extern gesetzte Zumutungen, die als unvermeidlicher Bestandteil industrieller Arbeit angesehen wurden, sondern um die Frage der Arbeitsgestaltung unter Einbeziehung der Erkenntnisse über *menschengerechte Arbeit*. Dieses Programm wurde zunächst vom Misstrauen der Sozialpartner begleitet, obwohl die Struktur der Programmgestaltung und -implementation eine Beteiligung der kollektiven Akteure vorsah. Mit dieser Beteiligung entstand allerdings ein gemeinsamer Raum zur betrieblichen und überbetrieblichen Aushandlung und Ausgestaltung zukünftiger Arbeitsplätze, Arbeitsmittel und Arbeitsbedingungen, dessen sozialisatorische Prägungskraft bis heute spürbar ist.

Wo es im Zusammenhang der Projekte zur Humanisierung der Arbeitswelt in den 1970er und 1980er Jahren um die Erlebnisseite betrieblichen Handelns ging, wurde diese zunächst unter dem Gesichtspunkt einer Missachtung grundlegender Bedürfnisse und der Verletzung von Anerkennung thematisiert sowie unter dem Gesichtspunkt eingespielter subjektiver Strategien diskutiert, mit denen mangelnde Anerkennung und mangelnde Freiheitsspielräume von den besonders betroffenen Beschäftigtengruppen in der Produktion bewältigt werden mussten; und es zeigte sich dabei, wie diese Sachverhalte einem kreativen Denken für eine humane Arbeitsgestaltung im Wege standen, während zugleich sichtbar wurde, daß trotz aller erfahrenen Einschränkungen und externer Zwänge starke positive Emotionen mit den betrieblichen sozialen Beziehungen verknüpft waren.

Daß auch Betriebe soziale Räume mit besonderer tiefgehender Erlebnisqualität darstellen, ist wohl nicht zufälligerweise erst in den 1990iger Jahren verstärkt thematisiert worden, als im Osten des wiedervereinigten Deutschlands branchenweit Industriebetriebe geschlossen oder tiefgreifend verändert wurden. Hier war das breitenwirksame Erlebnis von Verlust, Entwurzelung, Halt- und Schutzlosigkeit sowie die Vergiftung sozialer Beziehungen unübersehbar. Was immer an Selbsttäuschung bei dem sehnsuchtsvollen Rückblick auf die verloren gegangenen sozialen Beziehungen in den Betrieben der DDR mit im Spiel gewesen sein mag, die Macht der ausgedrückten Gefühle bei Betriebsschließungen oder -verlagerungen verdeutlicht, wie stark solche Gefühle in die betrieblichen Beziehungen und Organisationskulturen eingebunden waren.

Die Welt der Erwerbsarbeit ist aber nicht nur im Osten im Umbruch: tiefgreifende strukturelle Veränderungen gehören zum Bild der heute hoch entwickelten Volkswirtschaften. Strukturellen Wandel gibt es schon seit 200 Jahren, gegenwärtig zeichnet sich aber ein Wandel ab, der eine besondere Qualität aufweist. Für immer mehr Menschen ändern sich die Strukturen der Erwerbsarbeit. Die Anzahl der Menschen in flüssigen, nicht streng formalisierten Beschäftigungsformen, die zwar für Frauen generell und in bestimmten Medienbereichen immer schon die Regel waren, nimmt jetzt schneller zu als in jener Beschäftigungsform, die als Normalarbeitsverhältnis begriffen wurde. Angesichts relativ gesättigter Märkte nimmt das Managementinteresse an einer personenzentrierten Dynamisierung, d.h. an erwartetem Engagement, Leidenschaft und Hingabe zu. Die Betriebe als formale Organisationen behalten nicht mehr die hierarchischen Strukturen bei, mit denen sie lange Zeit identifiziert wurden: Digitalisierung, Virtualisierung und Vermarktlichung von innerbetrieblicher Kooperation verändern nicht nur Raumstrukturen sondern gerade auch Erlebnisformen.

Erhard Tietels subtile Untersuchung zeigt, wie in direktem und im übertragenen Sinn sozioemotionale Erfahrungen mit Räumen verbunden sind. Von der Qualität dieser Erfahrungen hängt es ab, in welcher Weise Konflikte in Organisationen verarbeitet werden. Dabei interessiert sich Erhard Tietel insbesondere für Formen unbewusster Konfliktverarbeitung und für die strukturellen und psychodynamischen Voraussetzungen jener Aushandlungs- und Konfliktbearbeitungsformen, die persönlichen Wachstums- und Sicherheitsbedürfnissen gerecht werden. Inspiriert von Georg Simmels frühen Untersuchungen über die besondere soziologische Relevanz von Dreiheitsbeziehungen und in Auseinandersetzung mit dem breiten Fächer sozialwissenschaftlicher Beiträge zu entsprechenden Konstellationen in der Familie, in Organisationen und in der Gesellschaft, entfaltet Erhard Tietel seine theoretischen Überlegungen zu triadischen oder Dreier-Konstellationen, zur Bedeutung von Umgrenzung und Differenzierung des sozialen Binnenraums sowie zu einer triangulären Kultur. Der Begriff der Triade als „Grundform des Sozialen und Strukturprinzip entwickelter Persönlichkeit" bezeichnet dabei einen sozialen Raum, in dem neben Interessenpolitik und Einflussnahme auch Vertrauen und Verständigung möglich sind. Wenn sich aus Bündnissen und wechselseitigen Ausschließungen in einer Dreierkonstellation soziale Beziehungen neuer Qualität entwickeln, in denen es für den je ausgeschlossenen Dritten ausgehalten werden kann, daß neben der eigenen Beziehungen zu den zwei anderen diese wiederum ihre je eigenen Beziehungen miteinander haben, dann können sie sich aufgrund der – von Erhard Tietel so bezeichneten – triangulären Kultur dazu entwickeln.

Trianguläre Kultur steht für eine immer wieder neu anzustrebende Kultur der Anerkennung in betrieblichen Interaktionen. Damit wird auch der herkömmliche Begriff von Arbeitsbeziehungen erweitert: Neben die Vertretung des Managements und der betrieblichen Interessen der Beschäftigten in einer bipolaren Struktur tritt als dritte Kraft die selbstbewusste Gestaltungsgruppe der Beschäftigten in beteiligungsbasierten innovativen Projekten. (Über ein solches innovatives Projekt berichtet Erhard Tietel am Beispiel einer Organisation des öffentlichen Nahverkehrs). Jeder dieser drei Pole hat zwei gegenüber, die ihrerseits ebenfalls untereinander Beziehungen haben. Erst zusammen schaffen sie einen Aushandlungsraum und einen sozio-emotionalen Raum für gelingende Kooperation und gute Arbeit.

In der arbeitspolitischen Debatte wird gegenwärtig kaum mehr mit der einst selbstverständlichen Emphase der Humanisierungsperspektive gesprochen. Der erklärte Nachdruck liegt jetzt eher auf Innovation und einer Beschäftigung unter allen Umständen. In einer solchen Situation kann Tietels theoretische Grundlegung dem keineswegs abgeschlossenen oder überholten gesellschaftspolitischen Projekt zur beteiligungsorientierten Humanisierung des Arbeitslebens einen neuen Schwung verleihen. In einer Situation, in der die Überwindung von Zeit- und Raumgrenzen durch neue Techniken die erklärte ökonomische Zielsetzung ist, ist die Beachtung der Erkenntnisse der vorliegenden Studie von besonderer Relevanz. Denn auch in Zukunft geht es darum, hierzulande wie anderenorts dem globalen Leitziel einer menschenwürdigen und menschengerechten Arbeit näher zu kommen.

Eva Senghaas-Knobloch

1. Einleitung

„Trianguläre Kulturen in Organisationen" – in dieser Formulierung spricht sich die Zuversicht aus, daß Organisationen nicht nur Orte instrumentellen und strategischen Handelns sind, Arenen mikropolitischer Auseinandersetzungen und Aushandlungsprozesse, in denen individuelle und kollektive Akteure ihre Ziele und Interessen mit ‚Heuchelei, Scheinheiligkeit und Intrigen' (Ortmann 1995a) durchzusetzen suchen, sondern sie auch Orte des Ringens um ‚gute Arbeit' sein können (Senghaas-Knobloch 2001), Orte gelingender Kooperation, sachorientierten Dialogs und gegenseitiger Anerkennung. Orte also, an denen die Organisationsmitglieder bei der Vertretung ihrer individuellen und kollektiven Interessen und beim Einnehmen ihrer jeweiligen Perspektiven eine produktive Spannung zu den Aufgaben und Zielen, zur Struktur und Kultur ihrer Organisation herstellen und aufrechterhalten.

„Trianguläre Kulturen in Organisationen" – das nimmt Bezug darauf, daß die Kultur einer Organisation, sei es als umspannende Organisationskultur, sei es in der Dynamik innerhalb und zwischen den mannigfaltigen organisatorischen Subkulturen, nicht nur für die Beziehungen zwischen den Organisationsmitgliedern von Bedeutung ist, sondern auch für die sogenannten ‚hard facts' einer Organisation: die Organisationsstruktur, die Aufgabenerledigung und die Erzielung eines wirtschaftlichen Ergebnisses. Organisationen werden in der vorliegenden Arbeit als ‚multi-kulturelle' Gebilde betrachtet, deren Aufgabenerledigung und Zielerreichung der Eigensinnigkeit organisatorischer Subkulturen mit ihren spezifischen Interpretationsschemata, Handlungsentwürfen und Arbeitskulturen ebenso unterliegen wie der Dynamik subkulturübergreifender Aushandlungsräume innerhalb (und an den Grenzen) der Organisation.

„Trianguläre Kulturen in Organisationen" – das impliziert schließlich, daß die kooperativen und interaktiven Prozesse innerhalb und zwischen organisatorischen Subkulturen eingebettet sind in einen sozio-emotionalen Kontext organisationskultureller Erfahrung, auf den das aus der Psychoanalyse stammende Konzept der Triangulierung sinnvoll angewendet werden kann. Triangulierung markiert hier den komplexen Prozeß, in dem Angehörige von mehr als zwei (Grundform: drei) organisatorischen Subkulturen zueinander kooperative Beziehungen entwickeln, wobei die sozio-emotional schwierige Herausforderung für jede Subkultur darin besteht, produktive Beziehungen sowohl mit der einen und der anderen angrenzenden Subkultur zu unterhalten, als auch zu beobachten, anzuerkennen und im eigenen Handeln in Rechnung zu stellen, daß diese untereinander ebenfalls eine Beziehung haben, aus der man ausgeschlossen ist. Von Ansätzen einer triangulären Kultur in einer Organisation kann dann gesprochen werden, wenn Akteure in den subkulturübergreifenden Aushandlungsräumen einer Organisation in der Lage sind, die prinzipiell triadische Struktur innerorganisatorischer Koordinationen und Abstimmungen auch auf der Erlebens-, Denk-, Beziehungs- und Handlungsebene zu realisieren. Dies setzt voraus, daß die einzelnen Subkulturen in ihrer inneren Verfaßtheit hinreichend triangulär strukturiert sind, sprich: in ihrem kulturellen Binnenraum trianguläre Erlebens-, Interpretations- und Handlungsmuster entwickeln können.

„Trianguläre Kulturen in Organisationen" – darin spricht sich ein utopisches Konzept aus, das keinen zu erreichenden Zustand ins Auge faßt, sondern eine Blickrichtung und eine Entwicklungsrichtung angibt. Das Konzept der organisationellen Triangulierung kann dazu verwendet werden, Anhaltspunkte dafür zu bekommen, was in einer je konkreten Organisation angesichts einer bestimmten (inter-)subkulturellen Konstellation der produktiven Koordination, Kooperation, Kommunikation und Interaktion auf sozio-emotionaler Ebene im Wege steht.

Zur Entstehungsgeschichte dieser Arbeit

Der thematische Zusammenhang der vorliegenden Arbeit läßt sich am besten aus ihrer Entstehungsgeschichte verstehen. Anfang der 90er Jahre war ich an einem Forschungsprojekt beteiligt, in dem wir untersuchten, welcher Stellenwert subjektiven Bedeutungen und Bedeutungszuschreibungen im alltäglichen Umgang mit einer neuen Technik zukommt. Forschungsleitend war in Umkehr der damals verbreiteten Projektionsthese das Konzept der Evokation, bei dem es weniger um die Bedeutungen, Vorstellungen und Gefühle ging, die auf den Computer projiziert, sondern um jene, die durch den Computer hervorgerufen, die durch ihn erweckt werden (Löchel und Tietel 1990; Leithäuser, Löchel, Scherer und Tietel 1995). Wiewohl sich das Konzept der Evokation als ein äußerst fruchtbarer Ansatz für eine psychoanalytisch fundierte sozialpsychologische Technikforschung erwies, wurde mir zunehmend eine Leerstelle unserer Erforschung der Mensch-Maschine-Beziehung bewußt: die Leerstelle „Organisation". Es kristallisierte sich in unseren Interpretationen heraus, daß die Einführung neuer Technologien in eine Organisation eingebettet ist in vielfältige soziale Konfliktkonstellationen, die im Einführungsprozeß (von den ersten Ideen über Entwürfe zur technischen Konfiguration, die Entscheidung, Bestellung, Implementation, Probebetrieb etc.) aktualisiert beziehungsweise manchmal allererst produziert werden. Die Erkenntnis der Relevanz vor allem organisationskultureller Aspekte für die Planung und Einführung einer neuen Technologie in eine Organisation (Leithäuser u.a. 1993) führte zur Konzipierung und Durchführung eines Anschlußprojektes, in welchem unter der Überschrift „Technikimplementation als Lern- und Aushandlungsprozeß von und in Organisationen (Organisationskulturen) – die Einführung von rechnergestützten Betriebsleitsystemen in Betriebe des Öffentlichen Personennahverkehrs (ÖPNV)"[1] der Zusammenhang zwischen Organisationskultur und Technikimplementation im Mittelpunkt stand. Wir untersuchten am Beispiel zweier ÖPNV-Betriebe unternehmenskulturelle Veränderungen als Folge partizipativer Technikeinführungsprojekte (Leithäuser, Scherer, Tietel 1997) und die Bedeutung von Technik- und Organisations-(leit)bildern in Aushandlungs- und Lernprozessen (Tietel, Scherer, Leithäuser 1996).

Als sich während der Analyse des empirischen Materials bei mir das zunächst heuristische Bild einer interagierenden Triade zwischen dem sogenannten ‚Technischen Projekt‘, dem Betriebsrat und den Beteiligungsgruppen einstellte, erschien fortan die Vorstellung immer unabweisbarer, daß die Figur der Triade nicht nur für die psychische Struktur von Individuen sowie im sozialen System Familie eine eminent wichtige Rolle spielt, sondern auch für Aushandlungsprozesse in Organisationen. Dieser Gedanke wurde daraufhin zu einem meiner interpretationsleitenden Grundgedanken, der es mir in einer Art hermeneutischen Spirale (Bolten 1985) ermöglichte, im Rahmen einer Habilitationsschrift (Tietel 2000a) das empirische Material zu interpretieren und zu strukturieren und im gleichen Zuge das zunächst noch karge ‚Gerippe‘ der Triangulierungsidee ‚mit Haut zu umgeben und mit Fleisch und Blut zu versehen‘. Dies betrifft vor allem die folgenden drei Themenbereiche:

- das Konzept organisatorischer Subkulturen,
- die Bedeutung psychodynamischer Aspekte von Organisationskultur,
- die theoretische Vertiefung des Triangulierungsgedankens, die Erweiterung der in der Studie analysierten besonderen „Interaktionstriade" zur grundlegenden These von der Möglichkeit triangulärer Kulturen in Organisationen.

---

[1] Beide Projekte hatten eine Laufzeit von je 3 Jahren und wurden im Kontext des ‚Verbundes Sozialwissenschaftlicher Technikforschung‘ vom Bundesministerium für Forschung und Technologie (BMFT) bzw., wie es sich später nannte, vom Bundesministerium für Bildung, Wissenschaft, Forschung und Technologie (BMBF) gefördert.

Die theoretischen Kapitel dieser Arbeit

Im folgenden werde ich diese Themenbereiche einleitend skizzieren und hierbei auch auf die methodologische Frage des Einbezugs psychoanalytischer Theorien und Konzepte in die Organisationsforschung eingehen. Ausführungen zu der in dieser Arbeit vielfältig benutzten Raummetapher sowie ein Überblick über die Kapitel und Themen des empirischen Teils schließen die Einleitung ab.

Subkulturen in Organisationen – eine organisationskulturelle Perspektive

Während in der psychodynamisch orientierten Organisationsforschung in der Regel entweder die Organisationsmitglieder als Einzelne oder die Organisation als ganze betrachtet werden, nehme ich eine mittlere organisatorische Ebene in den Blick und gehe davon aus, daß die sozio-emotionale Dynamik in Organisationen zu einem guten Teil aus Prozessen innerhalb und zwischen organisatorischen Subkulturen besteht. „Subkulturen", in analytischer Weise verstanden als je spezifische organisatorische Teilkulturen, entstehen in Organisationen überall dort, wo Organisationsangehörige (meist entlang bestimmter Aufgaben) regelmäßig miteinander interagieren. Dabei bilden sich mit der Zeit gemeinsame Verstehensweisen und Interpretationsschemata sowie gemeinsame Selbstkonzepte und damit zusammenhängend spezifische Vorstellungen über andere betriebliche und außerbetriebliche Akteure. Organisatorische Subkulturen zeichnen sich durch eine eigensinnige kulturelle Selbstbezüglichkeit aus: Sie sind mit ihren Interessen, ihren Zielen und Aufgaben, ihrer inneren Struktur und Dynamik sowie ihrer kulturellen Verortung beschäftigt, besitzen um sich herum eine Grenze, damit eine gewisse Abgeschlossen-, ja zuweilen Abgeschottetheit, und organisieren ihre Kooperation mit den an sie angrenzenden Subkulturen nach dem Modell eines ‚Grenzverkehrs', für dessen konkrete Ausgestaltung sehr verschiedenartige Vorbilder zur Verfügung stehen. Im Alltag einer Organisation stößt man regelmäßig auf mehr oder weniger chronische Barrieren zwischen organisatorischen Subkulturen, die die Interaktion zwischen jenen massiv beeinträchtigen können. Subkulturelle Differenzierungen in Organisationen sind, wie ich in dieser Arbeit ausführen werde, ein fruchtbarer Boden für Rivalitäten und Feindseligkeiten, für Ab- und Ausgrenzungen, Koalitionsbildungen und Intrigen, Vorurteile und Entwertungen, kurzum für ein breites Spektrum an Gefühlen sowie für psychodynamisch beschreibbare Mechanismen wie Projektionen, Spaltungen, projektiven Identifizierungen usw. Sind Subkulturen einerseits distinkte Kulturen, haben sie jedoch ihren Ort im kulturellen Gesamtgefüge einer Organisation ebenso einzunehmen wie sie an der Zielerreichung der Organisation beteiligt sind und entlang dieser Eingebundenheit ihren Verkehr mit den anderen Subkulturen zu regeln haben. Sie sind aufgefordert, eine produktive Spannung herzustellen und aufrechtzuerhalten zwischen ihrer Selbstbezüglichkeit, ihrer Arbeitsaufgabe, ihrem Ort im strukturellen Geflecht der Organisation und nicht zuletzt ihrer Eingebundenheit in eine übergreifende Organisationskultur.

Als vermittelnde Ebene zwischen den vielfältigen und heterogenen Subkulturen und der organisationsumspannenden Kultur schlage ich vor, die Dimension von subkulturübergreifenden Aushandlungsräumen ins Auge zu fassen. Im Alltag einer Organisation bilden sich entlang der funktionalen und strukturellen Einbettung der einzelnen Subkulturen an deren Austauschstellen mit ihren jeweiligen Anschlußkulturen intermediäre Räume, in denen die kulturellen Differenzen und Interessenunterschiede ebenso balanciert werden müssen wie der widersprüchliche Zusammenhang von Kooperation und Rivalität; die integrative und homogenisierende Verortung als Mitglieder ein und derselben Organisation(skultur) prägt die in diesen intermediären Räumen stattfindenden Aushandlungsprozesse ebenso wie die auf Differenzierung und zuweilen auf Desintegration zielenden subkulturellen Ambivalenzen. Meine Überlegungen zu triangulären Räumen in Organisationen beziehen sich wesentlich auf diese subkulturübergreifenden intermediären Aushandlungsräume.

Psychodynamische Dimensionen von Organisationskultur

Erfahrungen in und mit Organisationskulturen, organisatorischen Subkulturen und subkulturübergreifenden Aushandlungsräumen, so eine grundlegende These dieser Arbeit, sind immer auch sozio-emotionale Erfahrungen. Verglichen mit anderen Aspekten der Organisationskultur (Grundannahmen, Normen, Werten, Sprachspielen, Artefakten etc.) ist der Stellenwert – zumal unbewußter – emotionaler Erfahrungen im Kontext von Organisationskultur wenig untersucht, geschweige denn theoretisch konzipiert. Ich gehe davon aus, daß Organisationskulturen in einen sozio-emotionalen Erfahrungskontext eingebettet sind, daß sie also durch psychodynamisch beschreibbare Modi der Erfahrungsbildung mit hervorgebracht und strukturiert werden. Dieser, wie ich es nennen werde, sozio-emotionalen Erfahrungsmatrix einer Organisation kommt in modernen Organisationen eine größere Bedeutung zu als in traditionellen Organisationen, die ihr Funktionieren wesentlich über ‚Hierarchie und Herrschaft' (Senghaas-Knobloch 2000) und auf psychodynamischer Ebene über damit einhergehende ‚Abhängigkeitskulturen' (Long 2000a) sicherstellen konnten. In vielen Organisationen werden die Scheidelinien zwischen Organisationsstruktur und Organisationskultur fließend, ich erinnere an Prozesse der Auflösung ehedem stabiler hierarchischer und struktureller Gliederungen, an flachere Hierarchien, die Delegation von Verantwortung nach unten, an Ansätze zur Team- und Gruppenarbeit, nicht zu vergessen auch die größere Durchlässigkeit der Grenzen zu Kunden und Lieferanten bzw. zu anderen vor- und nachgelagerten Organisationen (Endres und Wehner 1997) und die mit diesen Veränderungen einhergehenden Anforderungen an individuelles und organisatorisches Lernen, an die kommunikative Kompetenz, die Kooperations- und Koordinationsfähigkeit, an Rollenflexibilität und Selbstreflexion, an die Fähigkeit, tradierte Arbeitsweisen und die darin implizierten Grundannahmen zu reflektieren und in Frage zu stellen. In dem Maße, in dem strukturelle und hierarchische Grenzen durchlässiger werden, werden andere Grenzziehungen und vor allem andere Umgangsweisen mit diesen Grenzen wichtiger; Umgangsweisen, in denen die Kultur des jeweiligen Unternehmens stärker zum Tragen kommt. Baecker (2001, S. 10) zufolge wird langsam klar, „daß die scheinbaren ‚soft facts' einer Unternehmenskultur die eigentlichen ‚hard facts' der Unternehmensorganisation sind."

Bevor ich meine eigene These vom sozio-emotionalen Kontext organisationskultureller Erfahrung und der Möglichkeit triangulärer Kulturen in Organisationen skizziere, will ich zunächst die prinzipielle Frage aufwerfen, in welcher Weise Theorien und Konzepte, die wesentlich auf klinisch-psychoanalytischen Erfahrungen beruhen, auf das soziale Feld von Organisationen bezogen werden können.

Psychoanalyse und Organisation

Es kann kaum ein Zweifel daran bestehen, daß Prozesse, die von der Psychoanalyse erforscht und benannt werden, auf vielfältige Weise in Organisationen zu beobachten sind: Die Wirkungen von Triebregungen; Wünsche und Ängste; (unbewußte) Phantasien, innere Bilder und Vorstellungen; Gefühle und Affekte wie Liebe, Haß, Neid, Zuneigung, Eifersucht; Abwehrmechanismen wie Verdrängung, Projektion, Spaltung, Verleugnung von Realität, Idealisierung, Reaktionsbildung usw. – weiterhin Ambivalenzen, Identifizierungen, narzißtische Inszenierungen, paranoid getönte Verfolgungsphantasien, Beziehungsverstrickungen, ödipal getönte Konflikte zwischen Vorgesetzten und Untergebenen, unbewußte Kollusionen zwischen Abteilungen und Angehörigen verschiedener Hierarchiestufen, infantile Abhängigkeitsbeziehungen und Versorgungswünsche – und nicht zuletzt Fehlleistungen, Witze und (Tag-)Träume (um an drei der im engeren Sinne ‚psychologischen' Studien Freuds zu erinnern).

Diese psychodynamisch beschreibbaren, zu einem guten Teil vorbewußten und unbewußten Prozesse spielen in Organisationen auf unterschiedlichen Ebenen eine Rolle und können (und müssen) von daher auf verschiedene Weisen empirisch erforscht und theoretisch beschrieben werden: der Ebene der Individuen (a), der Rolle (b), der Gruppe (c), der Organisation (d) und schließlich der Organisationskultur mit ihren vielfältigen Subkulturen (e). Obwohl es mir wesentlich auf die letztgenannte Ebene ankommt, werde ich die anderen Dimensionen kurz umreißen; einige der im folgenden skizzierten Aspekte werden im Kapitel über den sozio-emotionalen Kontext organisationskultureller Erfahrung detaillierter ausgeführt.

a) Organisation und individuelle Subjektivität

Es ist keine Frage, daß Organisationsmitglieder bei Arbeitsbeginn ihre Persönlichkeit nicht an der Pförtnerloge abgeben, sondern ihre Subjektivität mit in die Abteilung beziehungsweise an ihren Arbeitsplatz nehmen. Diese Subjektivität, seien es Wünsche, Gefühle, Phantasien, Ängste, seien es Eitel- und Empfindsamkeiten, sei es die ganze Bandbreite subjektiver Bewältigungs- und Selbstbehauptungsstrategien, formt das subjektive Erleben und geht in das Arbeitsverhalten der Person genauso ein wie in ihre betrieblichen Sozialbeziehungen – und letztlich in das soziale Klima und die Kultur der Organisation. Individuelle Subjektivitäten inszenieren sich vor allem auf den Unter- und Hinterbühnen einer Organisation – lassen jedoch auch die organisatorische Vorderbühne mit ihren offiziellen Regeln und Verfahrensordnungen nicht außen vor (Neuberger 1995a). Mikropolitische Ansätze in der Organisationswissenschaft beschreiben ähnliche Prozesse in machtsoziologischen Kategorien (Neuberger 1995b, Ortmann 1995a), wobei die Übergänge zwischen mikropolitischen und psychodynamischen Aspekten zuweilen fließend sind. Eine besondere Bedeutung in der Wirkung auf die Gesamtorganisation kommt der Subjektivität von Führungskräften zu: Bis in die Organisationspsychologie reichen die Ansätze, die Organisationskulturen mit Bezug auf Persönlichkeitszüge von Führungskräften als zwanghafte, depressive, paranoide etc. Kultur charakterisieren (Kets de Vries und Miller 1991, Neuberger und Kompa 1993).

Doch die Einzelnen beeinflussen mit ihren psychischen Eigenheiten und Persönlichkeitszügen nicht nur die Organisation. Umgekehrt gilt gleichermaßen, daß die Art und Weise, wie die Organisation die Arbeit organisiert, die hierarchischen Beziehungen, die Kundenbeziehungen, die betrieblichen Sozialbeziehungen usw. bei den Mitarbeitern innerpsychische Dynamiken beeinflussen oder gar in Gang setzen. „Es kann", schreibt Buchinger (1997, S. 10) „nicht ohne Auswirkung auf die Persönlichkeitsstruktur bleiben, wenn man fünfmal in der Woche oder öfter acht bis zwölf Stunden am Tag in einer Organisation verbringt, und dies ca. 40 Jahre lang 45 Wochen pro Jahr" (und genauso, so möchte ich hinzufügen, kann es nicht ohne Auswirkungen auf die Persönlichkeit bleiben, wenn sich diese langfristige Bindung der Person an eine Organisation kaum noch realisieren läßt). Psychische Auswirkungen der Organisation auf ihre Mitarbeiter wurden in Deutschland Anfang der 60er Jahre unter dem Stichwort „Betriebsneurosen" diskutiert (Wiesenhütter 1959, Kutter 1965), verschwanden dann jedoch wieder etwas in der Versenkung. Kernberg (1988), auf den ich hier stellvertretend verweisen möchte, hat die Tendenz zu Regressionsprozessen in Organisationen aus psychoanalytischer Perspektive zusammenfassend dargestellt. Bei Organisationsmitgliedern durch die Widersprüchlichkeit der Arbeitswirklichkeit ausgelöste regressive Prozesse finden sich jedoch nicht nur in klinischen Studien beschrieben, sondern auch in sozialpsychologisch orientierten Studien der „Betrieblichen Lebenswelt" (Volmerg, Senghaas-Knobloch, Leithäuser 1986).[2]

So wie Mitarbeiter ihre Subjektivität bei Arbeitsbeginn nicht an der Pforte abgeben, lassen sie beim Verlassen ihres Arbeitsplatzes das Unternehmen nicht (immer) hinter sich zurück. Auch nach Feierabend verläßt einen die Organisation oft weniger, als einem das recht ist: Man nimmt nicht nur Akten mit nach Hause, sondern auch vielfältige Eindrücke, die es zu verarbeiten gilt, wozu nicht selten die ganze Familie herhalten muß – und nicht zuletzt taucht das Organisationsgeschehen nächtens in Träumen auf (Lawrence 1998).

Diese Ebene der Verschränkung von Individuum und Organisation, die Frage also, wie sich einzelne Menschen (Organisationsmitglieder) „unter dem

---

[2] In der Arbeits- und Organisationspsychologie werden psychische und psychosomatische Störungen, die zumindest auch auf die Arbeitsbedingungen zurückzuführen sind, unter der Überschrift „Psychopathologie der Arbeit" gefaßt (Büssing 1999).

Einfluß einer bestimmten Organisation" erleben, wie sie fühlen, denken und sich verhalten (Becker 1998, S. 82), sowie die komplementäre Frage, was die Individuen tun, wie „die einzelnen Personen unbewußt zum Bestehen und Funktionieren (oder zum Nichtfunktionieren) ihrer Organisation" beitragen (ebenda), die Fragen also, die oft im Zentrum psychodynamischer Organisationsbetrachtungen stehen, spielen in der vorliegenden Arbeit, der es um psychodynamische Dimensionen von Organisationskultur und Subkultur, also um psychodynamische Prozesse auf einer kollektiven Ebene geht, eine nachgeordnete Rolle.

b) Organisation und Rolle

Der einzelne Mensch ist im Rahmen einer Organisation nicht nur Individuum mit einer unverwechselbaren Subjektivität, sondern als Organisationsangehöriger – beginnend mit seiner Mitgliedschaftsrolle (Luhmann 1964) – Träger einer oder mehrerer sozialer Rollen. In den Worten Rappe-Gieseckes (1990, S. 40): „In sozialen Systemen emergiert das Individuum als eine soziale Rolle. Seine spezifischen Charakteristika und seine psychische Struktur können zwar gelegentlich diese soziale Rolle überlagern, man geht jedoch selbst dann kontrafaktisch davon aus, daß die Fremd- und Selbsttypisierung dieses Individuums in diesem sozialen System, dem es angehört, durch seine Rolle und damit verbundene Aktivitäten bestimmt sind und nicht durch seine Persönlichkeit." Die sozialen Rollen komplettieren die ‚personale Identität' eines Individuums und machen in ihrer Gesamtheit seine ‚soziale Identität' aus (Neuberger 1995c). So bedeutend die Dimension von sozialen, vor allem von beruflichen Rollen für die Beziehung zwischen Mensch und Organisation ist, in den „verschiedenen Konzeptionalisierungen, in denen das Verhältnis von Individuum und Organisation idealtypisch modelliert wird", macht sie sich Senghaas-Knobloch (2001, S. 183) zufolge eher als „eine eigentümliche Leerstelle" bemerkbar. Dabei bildet die Rolle ein zentrales Bindeglied zwischen Individuum und Organisation; in sie gehen sowohl persönliche Anteile als auch organisatorische Anforderungen ein (Sievers 1985). Systemisch formuliert markiert die Rolle die Schnittstelle zwischen personalen und sozialen Systemen (Auer-Hunzinger und Sievers 1991). Die Dimension der Rolle ist also – neben der Dimension der Subkultur – eine weitere Ebene, die eine Vermittlung zwischen Individuen und Organisation ins Auge faßt.

Auch bei den Rollen stößt man auf unbewußte Aspekte: Sei es die von Sandler (1976) beschriebene Neigung zu „intrapsychischen Rollenbeziehungen",

die von Parin (1978) analysierte unbewußte „Identifizierung mit der Rolle",
die von Lawrence (1979) beschriebenen unbewußten Abhängigkeiten, die es
Menschen in Organisationen erschweren, die Autorität ihrer Rolle zu entwickeln und ihre Rolle selbst zu managen, oder schließlich die von Hirschhorn
(1985) und Triest (1999) analysierten „psychodynamischen Aspekte der Rollenübernahme". Beumer und Sievers beschreiben einen Ansatz, mittels organisatorischer Rollenanalyse „mit dem Ungewußten und dem Ungedachten in
der Organisation zu arbeiten" (2001, S. 109), um darüber „unbewußte Dynamiken im Verhältnis der Person zur Organisation im Kontext der beruflichen
Rolle" (ebenda, S. 113) offenzulegen. Das Konzept der Rolle in seinen manifesten und latenten Dimensionen beschäftigt mich gegenwärtig in einem Forschungsprojekt, in dem es um die subjektiven Erfahrungen und Bewältigungsstrategien von Betriebsrätinnen und Betriebsräten geht.

c) Gruppenprozesse in Organisationen

Es ist m.E. auch keine Frage, daß in Organisationen vielfältige Gruppenprozesse der Art stattfinden, wie sie die psychoanalytische Gruppentheorie analysiert und beschrieben hat. Und zwar sowohl innerhalb von Gruppen als auch
zwischen diesen. Dies betrifft nicht nur die Gruppenarbeit, die seit Ende der
80er Jahre in bestimmten Produktionsbereichen boomt (Endres und Wehner
1993), oder die verschiedenen Formen von Projektgruppen – Arbeitsformen
also, die die Bezeichnung „Gruppe" bereits im Namen tragen; mehr oder weniger ausgeprägte Gruppenprozesse finden in Organisationen überall da statt,
wo mindestens drei Personen regelmäßig zusammenkommen: Sie finden sich
in jeder Abteilung wie in jedem Team, sie finden sich in den Büros wie in
Werkstätten, Fabrikationshallen, vor und hinter Schaltern und Verkaufstresen.
Erinnert sei nur an die augenfällige Neigung zu Regressionsprozessen in
Gruppen (Kernberg 1988), an das wirkungsvolle Phänomen des „Wir" und
„Ihr", mit dem Gruppen ihre Abgrenzung nach außen und ihre innere narzißti-
sche Balance zustande bringen oder an den viel diskutierten Widerstand von
Beschäftigtengruppen gegen organisatorische Veränderungen.

Hinsichtlich der Analyse unbewußter Gruppenprozesse haben sich besonders
zwei Traditionslinien als tragfähig erwiesen: Die auf Foulkes (1964) zurückgehende Tradition der Gruppenanalyse, die laut Heltzel (2000) von Anfang an
eine systemische Konzeption war, weil in dem Krankenhaus, in dem Foulkes
und seine Mitarbeiter diesen Ansatz entwickelt haben, nicht nur „die Arbeit in
Therapiegruppen, Aktivitätsgruppen und Arbeitsgruppen verschiedenster Art"

im Blick war, sondern obendrein das „Krankenhaus als Ganzes als ein zu-sammengehöriges therapeutisches Feld" gesehen wurde, dessen Kultur es zu entwickeln galt. Mein eigenes Denken ist stärker beeinflußt von der Gruppentheorie Bions. Besonders Bions Unterscheidung zwischen (bewußter) Arbeitsgruppe und (unbewußten) Grundannahmen, die wesentlich zum Interaktionsgeschehen in Gruppen beitragen (Bion 1971), ist von psychodynamisch orientierten Ansätzen der Organisationsanalyse und -beratung vielfältig aufgenommen und weiterentwickelt worden. Neuberger und Kompa (1993, S. 220ff.) greifen Bions Gruppentheorie auf und schlagen von hier aus eine Brücke zur Analyse von Unternehmenskultur: „Bei der Analyse von Unternehmenskultur fällt die Verbindungslinie zu Grundannahmen und Gruppenmythen auf – vor allem dann, wenn sich Arbeitsgruppen in einer Verfassung befinden, die dem Grundannahmenmodus ähnelt (Krisen, Wandel, Streß, Unklarheit in Aufgaben und Zeitperspektive)." Ich führe die Gruppentheorie Bions und ihre Relevanz für das Verständnis von Prozessen in Organisationen im Kapitel über den sozio-emotionalen Kontext organisationskultureller Erfahrung aus.

d) Unbewußtes in und von Organisationen

Ich habe Ausführungen über individuelle Subjektivität und Gruppenprozesse in Organisationen an den Anfang gesetzt, weil ich darauf hinweisen wollte, daß es durchaus Analyseebenen gibt, bei denen ein klinisch-psychoanalytisch oder gruppenanalytisch geschulter Blick – sei es als Forscher oder als Berater – sowohl förderliche als auch arbeits- und entwicklungshemmende psychodynamische Zusammenhänge in Organisationen aufspüren und beschreiben kann. Ein psychodynamisch orientierter Ansatz der Organisationsanalyse und -beratung kann hierbei jedoch nicht stehen bleiben, sondern muß sich seinem Gegenstand noch – beziehungsweise überhaupt – von einer anderen Seite her annähern. Es ist sowohl für individuelle Erlebensweisen als auch für Gruppenprozesse in Organisationen bezeichnend, daß sie eben in einer Organisation stattfinden und ohne Bezug auf diesen organisatorischen Rahmen, ohne Bezug auf die Struktur der Organisation, auf Organisationsziele und Arbeitsaufgaben, auf die Kultur der Organisation etc. nicht adäquat als organisationelle Phänomene zu verstehen sind. Diese Erkenntnis setzt sich in den letzten Jahren zunehmend auch bei jenen psychoanalytisch orientierten Beratern durch, die, aus der Tradition klinischer Supervisions- und Balintgruppen kommend, Gruppen und Teams in Organisationen eher als psychische Systeme denn als ‚organisierte Sozialsysteme' auffaßten (Rappe-

Giesecke 1990). Für diese konzeptionelle Hinwendung zur Organisation steht beispielsweise Hansjörg Becker, der die Frage: „Was machen Psychoanalytiker in Organisationen?" in folgender Weise beantwortet: „1. *Sie untersuchen die unbewußten Arbeitsbeziehungen* im Kontext einer bestimmten Organisation. 2. Sie benutzen dabei ihre klinische Erfahrung zum Aufspüren und zum differenzierten und qualifizierten *Diagnostizieren von Störungen dieser Arbeitsbeziehungen.* 3. *Sie interpretieren* diese Arbeitsbeziehungen *vor dem Hintergrund der Organisation*" (Becker 1998, S. 86; Hervorhebung durch den Autor).

Fürstenau beschrieb bereits Mitte der 70er Jahre die Problematik des psychoanalytischen Umgangs mit und der psychoanalytischen Einstellung zu Organisationen: „Denn wie eine größere Anzahl von Menschen zur Erfüllung bestimmter gemeinsamer Zielsetzungen und Aufgaben zusammengefaßt und hinsichtlich bestimmter Arbeit oder bestimmten anderen Verhaltens ... durch Regelungen organisiert wird, wie also die primäre Zielsetzung der Institution innerhalb dieser interpretiert und durch Normierungen (Regelungen) realisiert wird: dies muß mit zum Arbeitsfokus des Psychoanalytikers in der Institution gehören, wenn seine Arbeit mit bestimmten Rollenträgern oder Rollenträger-Gruppen in der Institution nach psychoanalytischen Kriterien sinnvoll und vertretbar sein soll" (Fürstenau 1977, S. 155). Wichtig ist also im Auge zu behalten, daß die psychoanalytisch gestützte Erforschung von Organisationen zwei Bezugssysteme zusammenbringt: Psychoanalyse und Organisation; zwei Bezugssysteme, die jeweils eigene Traditionen und eigene Begründungszusammenhänge haben. Psychoanalytische Beiträge zur Organisationswissenschaft sind also herausgefordert, psychodynamische Phänomene in Organisationen aus beiden Perspektiven in den Blick zu nehmen, sie als psycho-soziale, beziehungsweise, wie ich lieber sage, als sozio-emotionale Phänomene zu verstehen. Man kann dann beispielsweise die Frage stellen, welche latenten Bedeutungen und psychischen Wirkungen organisationsstrukturelle und organisationskulturelle Aspekte, die Aufgaben der Organisation sowie die Modi der Aufgabenerledigung, die hierarchischen Anordnungen, die spezifische Art der Klienten und Kunden und die Beziehung zu ihnen etc. auf die in einer Organisation arbeitenden Menschen und Subkulturen haben und wie sich unbewußte organisationelle Erfahrungen wiederum in der Struktur und Kultur der Organisation sedimentieren und (re)produzieren. Mit der Reflexion darauf, daß sich Dynamik und Struktur von Organisationen grundlegend von individuellen Strukturen des Psychischen unterscheiden, schlagen manche Autoren vor, den Begriff des Unbewußten durch andere Begriffe, wie beispielsweise den der „Latenz" (Hondrich 1997) oder den der „Organisationskultur" (Beumer und Sievers 2001) zu ersetzen.

Die explizite Zuwendung von sozialwissenschaftlich orientierten Psychoanalytikern und psychoanalytisch orientierten Sozialwissenschaftlern zur Erforschung von psychodynamischen Prozessen in Organisationen begann ausgehend von der Erkenntnis, daß nicht nur Individuen psychische Abwehrmechanismen nutzen, sondern auch das Geschehen in Organisationen unter dem Aspekt sozialer Abwehrprozesse analysiert werden kann. Nachdem die breite Palette psychischer Abwehrmechanismen – kurz gefaßt: die Vermeidung unangenehmen und unlustvollen bewußten Erlebens bestimmter psychischer Inhalte (Mentzos 1998) – von Anna Freud in den 30er Jahren systematisch dargestellt wurde (A. Freud 1964), wurde man in den 50er und 60er Jahren darauf aufmerksam, daß es „Abwehrmechanismen gibt, welche interaktionell aufgebaut sind und somit interpersonelle bzw. psychosoziale Vorgänge" darstellen (Mentzos 1998, S. 287). Von hier aus war es nur noch ein kleiner Schritt zur Entdeckung der „institutionalisierten Abwehr", des Phänomens also, daß Institutionen neben ihrer manifesten Funktion „noch andere, gleichsam ‚inoffizielle' – nebenbei und unbemerkt laufende – ‚Funktionen' haben bzw. andere nicht ausdrücklich wahrgenommene und dennoch tiefe, zumeist emotionale Bedürfnisse des einzelnen ‚befriedigen'" (ebenda, S. 288). Diese „psychosozialen Arrangements" bestehen Mentzos zufolge nicht nur zwischen Individuen und einer Institution, sondern auch zwischen Institutionen und einer Gruppe oder zwischen zwei Gruppen (ebenda, S. 289), wobei ich ergänzen möchte, daß es in aller Regel um ein organisationelles Beziehungsgeflecht zwischen mehr als zwei Gruppierungen geht (ich komme unter dem Stichwort Triangulierung darauf zurück). In der angelsächsischen Psychoanalyse wurden diese kollusiven Handlungen zwischen Individuen und Organisation zuerst von Jaques (1955) beschrieben. Isabel Menzies-Lyth zeigte dann in einer berühmt gewordenen Untersuchung, die gleichsam als Initialstudie psychoanalytischer Organisationsanalyse angesehen werden kann, daß man nicht nur sagen kann, daß sich Organisationen für die psychische Ökonomie ihrer Mitarbeiter (zur Angstabwehr) zur Verfügung stellen, sondern daß gerade auch umgekehrt soziale Abwehrformen erzeugende Ängste in der Organisation selbst und deren Arbeitsgefüge ihren Ausgangspunkt haben.

Nähert man sich nicht aus der Perspektive von Einzelnen oder Gruppen, sondern von der Seite der Organisation her psychodynamischem Geschehen in Organisationen, so stößt man an diesem Ende des Spektrums auf Formulierungen wie: „Die unbewußte Seite der Organisation" (Bilitza 1990), „Zur Psychoanalyse von sozialen Systemen" (Eisenbach-Stangl und Ertl 1997), „Systems Psychodynamics" (Neumann 1999), „Psychoanalyse von Organisationen" (Sievers 2001), „Psychodynamik von Organisationen" und „Das Unbewußte der Organisation" (Lohmer 1997). Die Frage, ob man sinnvollerweise davon sprechen kann, daß auch soziale Systeme über so etwas wie ein Unbewußtes verfügen, läßt sich nicht allgemein beantworten, sie hängt letztlich davon ab, von welchem Konzept von Organisation man hierbei ausgeht. Und zumindest für die hier genannten Autoren gilt, daß sie Organisationen als soziale Systeme ansehen, in denen handelnde und leidende Menschen ihren Arbeitsaufgaben nachgehen und in einem (immer auch von unbewußten Prozessen mitstrukturierten) Verhältnis zueinander und zu den Organisationsprozessen stehen: „Die Psychodynamik des sozialen Systems existiert nicht außerhalb der Akteure, die dieses System verkörpern. Psychodynamik ist immer die Psychodynamik von etwas und jemanden" (Neumann 1999, S. 67). In diesem Sinne erscheint es mir sinnvoller, statt vom „Unbewußten der Organisation" vom „Unbewußten in Organisationen" oder etwa, wie Becker (2001, S. 215) dies tut, von „Muster(n) und Modi der unbewußten Konfliktverarbeitung in Organisationen" zu sprechen.

e) Der sozio-emotionale Kontext organisationskultureller Erfahrung

Damit komme ich zu meinem eigenen Ansatz, der sich, wie die vorstehenden Abschnitte gezeigt haben, in ein differenziertes Spektrum psychodynamischer Organisationsforschung einfügen kann. Wie bereits umrissen, beziehen sich meine Überlegungen auf eine mittlere Organisationsebene: die Ebene von organisatorischen Subkulturen und subkulturübergreifenden intermediären Räumen der Organisation. Subkulturen einer Organisation stehen in einem Spannungsverhältnis zu den Zielen, Aufgaben, Strukturen und Machtverhältnissen (in) der Organisation sowie zu den vielfältigen Anforderungen der organisatorischen Umwelt. Man kann sie, wie ich im Kapitel über Organisationskultur ausführe, als kollektive Interpretations- und Verarbeitungsweisen der systemischen Anforderungen betrachten; Interpretations- und Verarbeitungsweisen, die auf gemeinsamen Überzeugungen, Selbstkonzepten und Grundannahmen beruhen und im Handeln der Organisationsmitglieder produziert und reproduziert werden. In diese kulturellen Weisen, organisationelle Erfahrungen zu produzieren und zu verarbeiten, sind nun psychodynamisch beschreibbare Momente eingewoben, die ich mit dem Konzept des sozio-emotionalen Kontextes organisationskultureller Erfahrung begrifflich und

empirisch zu fassen suche. Ich gehe davon aus, daß es Tiefendimensionen or-
ganisations- und subkultureller Erfahrung gibt, die mit psychodynamischen
Ansätzen aufgedeckt und verstanden werden können.

Bei der Konzeptionalisierung des sozio-emotionalen Kontextes organisationskultureller Erfahrung beziehe ich mich wesentlich auf die von Thomas Ogden
(1995) beschriebene Dynamik erfahrungsbildender Modi, die dem Autor zufolge die Dialektik der emotionalen Erfahrung aufspannt. Ogden erweitert das
auf Melanie Klein zurückgehende Grundmodell einer Wechselwirkung zwischen der sogenannten paranoid-schizoiden Position und der depressiven Position um eine dritte, von ihm als autistisch-berührend bezeichnete Position,
und beschreibt die Dialektik der emotionalen Erfahrung entsprechend als eine
je spezifische Konstellation dreier erfahrungsbildender Modi: dem paranoid-
schizoiden, dem depressiven und dem autistisch-berührenden Modus. So
macht es einen großen Unterschied, ob man eine von den eigenen Erwartungen abweichende Handlung eines Arbeitskollegen, eines Mitarbeiters einer
anderer Abteilung oder eines Vorgesetzten entsprechend dem depressiven
Modus der Erfahrungsbildung als Ausdruck von dessen unterschiedlichem
Arbeitszusammenhang, dessen divergenter betrieblicher Verortung und dessen differenten Interesses interpretiert und sich dazu in sachlicher und/oder
realistisch-machtpolitischer Weise verhält; ob man diese Handlung gemäß
dem paranoid-schizoiden Modus als persönlich gegen sich selbst gerichtete
Attacke erlebt, der nur mit einer rachsüchtigen Gegenattacke oder – im Falle
ungünstiger Machtverteilung – mit Rückzug, Verweigerung und Kommunikationsabbruch begegnet werden kann, oder ob man schließlich gemäß dem
autistisch-berührenden Modus die (in wesentlichen Teilen unbewußte) Angst
entwickelt, daß die gemeinsame soziale Haut brüchig wird, man dies mit (regressiven) pseudo-unabhängigen Handlungen abwehrt und damit die befürchtete Trennungskatastrophe erst recht herbeiführt. Unter einem „erfahrungsbildenden Modus" versteht Ogden (1995, S. 11) „einen Prozeß, durch den
Wahrnehmung in einer bestimmten Art Bedeutung zugeschrieben wird"; man
kann die erfahrungsbildenden Modi, wie Raguse (2000) dies vorschlägt, als
synchrone mentale Strukturen begreifen, die aller Erfahrungsbildung voraus-
gehen, vielleicht besser: zugrundeliegen.

Da ich den sozio-emotionalen Kontext organisationskultureller Erfahrung
noch ausführlich entwickle, beschränke ich mich hier auf ein paar Andeutungen zu den Erfahrungsmodi. Der paranoid-schizoide Modus der Erfahrungsbildung erzeugt unter anderem Spaltungen und Schuldvorwürfe, Verfolgungsängste, Verletzungen und Racheimpulse. Personen, Gruppen, organisatorische

Subkulturen, ja ganze Organisationen deponieren im paranoid-schizoiden Modus für schlecht erachtete Impulse und Bestrebungen bei Anderen und können sich auf diese Weise von ihnen entlasten. Das Feld der Organisation wird aufgespalten in Freund und Feind, in Bereiche des Guten und Bösen, so daß man jeweils nur mit einer Beziehungsqualität zu Anderen umgehen muß. Im Gegensatz hierzu ist für den depressiven Modus der Erfahrungsbildung zentral, daß Ambivalenzen ausgehalten werden können, das heißt, daß die Einzelnen ihre unverdaulichen Regungen weniger in Andere projizieren müssen. Gehören der paranoid-schizoide und der depressive Modus der Erfahrungsbildung mittlerweile zum anerkannten Fundus psychoanalytischer Theorie und spielen in den psychodynamischen Ansätzen der Organisationsforschung eine große Rolle, greift der von Ogden beschriebene autistisch-berührende Modus eine archaische Erfahrungsebene auf, die im Bereich der Organisationsforschung bisher kaum rezipiert wurde. Während der paranoid-schizoide Modus der Erfahrungsbildung den Zusammenhang und Zusammenhalt im sozialen Raum der Organisation immer wieder mit Spaltungen bedroht bzw. dafür sorgt, daß es innerhalb der Organisation immer wieder zur Auflösung von Zusammenhängen und damit zur Erfahrung von Diskontinuität kommt, und während sich der depressive Modus der Erfahrungsbildung in den ‚reifen' Leistungen wechselseitiger Anerkennung, im „Zusammenhalt, Ertragen und Fruchtbarmachen von Differenzen" (Krejci 1999a, S. 31), in Prozessen der Integration also artikuliert, stiftet der autistisch-berührende Modus der Erfahrungsbildung eine Tendenz zur basalen Verbundenheit, des (Zusammen-)Gehaltenwerdens und damit ein Gefühl der Sicherheit. Dies läßt sich in der Vorstellung einer gemeinsamen ‚sozialen Haut' verdichten. Man kann vor dem Hintergrund der Auflösungserscheinungen traditioneller Formen von Organisationen die Frage stellen, ob sich im Zuge dessen nicht auch die Funktion von Organisationen als einer Art sozialer Haut für die Mitarbeiter ‚auflöst', was auf psychischer Ebene mit tiefen Ängsten, fundamentalen Vernichtungs- und Auflösungsphantasien, dem Gefühl, nicht nur jeglichen sozialen Halt, sondern auch die eigene Begrenzung und den eigenen Zusammenhalt zu verlieren, einhergehen kann. Kets de Vries (2001) spricht diesbezüglich davon, daß der ‚psychologische Vertrag' zwischen Beschäftigten und Organisation zerbrochen ist, der in einer starken emotionalen Bindung von Beschäftigten an ihre Organisation, in einem tiefverwurzelten Gefühl von Zugehörigkeit bestanden hat.

Der sozio-emotionale Kontext organisationskultureller Erfahrung ist nun Ausdruck der durch das Zusammenspiel dieser drei Erfahrungsmodi in den alltäglichen Interaktionen geschaffenen emotionalen Matrix. Er gibt sozusagen die (mehr oder weniger) latente Folie ab für die Wahrnehmung, das Erleben und die Bewertung des vergangenen, gegenwärtigen und künftigen organisatorischen Geschehens und ist damit einer der zentralen Organisatoren des individuellen und kollektiven Handelns der Organisationsmitglieder. Versteht man mit Schreyögg (1994, S. 33) unter Unternehmenskultur die „Deutungs- und Orientierungsmuster, die von den Organisationsmitgliedern zur Strukturierung ihrer Erlebniswelt verwendet werden", kann man die sozio-emotionale Erfahrungsmatrix als psychodynamisches Korrelat der Organisationskultur ansehen. Verändert sich durch einen Partizipations- oder Beratungsprozeß die sozio-emotionale Matrix einer Organisation – oder, wie man mit Hondrich auch sagen kann, das Geflecht kollektiver Bindungsvorstellungen[3] – in einer konstruktiven Weise, können die gleichen konflikthaften Themen und Inhalte, die Interessen- und Perspektivenunterschiede, die wechselseitigen Vorannahmen und Unterstellungen auf eine neue Art und Weise erfahren und erlebt werden. Ich werde im empirischen Teil dieser Arbeit zeigen, in welch hohem Maße der intersubjektive Kontext der Erfahrung zu Beginn eines Beteiligungsprojektes durch wechselseitiges Mißtrauen, vielfältige Phantasien über die feindseligen Absichten der je anderen Akteure, durch Nichtanerkennung anderer Interessen und Perspektiven und schließlich von Prozessen der Spaltung und Ausgrenzung gekennzeichnet war. Im Zuge der in der vorliegenden Arbeit in Begriffen der Interaktionstriade beschriebenen Aushandlungsprozesse zwischen verschiedenen organisatorischen Subkulturen öffnete sich nach und nach ein Raum für die Tolerierung subkultureller Ambivalenzen und für die Anerkennung der Vielschichtigkeit der jeweiligen Interessen, Perspektiven und Präferenzen. Dadurch konnte, wie ich zeigen werde, der Modus des defensiven Beharrens auf eigenen Positionen ein Stück weit ersetzt werden durch eine größere Beweglichkeit im Umgang mit den eigenen Interessen und Perspektiven – und nicht zuletzt mit der einzuführenden Technologie. In dem Maße, in dem die Beziehungen zwischen den organisatorischen Akteuren beweglicher und reflexiver werden, in dem Maße, in dem die sozio-emotionale Matrix der Organisation in modifizierter Weise erlebt wird, kommt auch paranoid-schizoid geprägten Durchbrüchen und Desintegrationen nicht mehr die Schärfe und Unerbittlichkeit zu, die sie zuvor hatten. Im Rückgriff auf Brittons (1989) Konzept des ‚triangulären Raumes' kann dieser Pro-

---

[3] Hondrich (1997, S. 73f.) bestimmt als Inhalt des gesellschaftlich Latenten „soziale Bindungen oder Beziehungen" bzw., wie er präzisierend hinzufügt, *„Bindungsvorstellungen"*: „Was individuelle Triebvorstellungen für das personale Leben der einzelnen Personen bedeuten, das bedeuten kollektive Bindungsvorstellungen für das soziale Leben" (ebenda, S. 74).

zeß als Schritt in Richtung auf eine trianguläre Organisationskultur gekennzeichnet werden.

Trianguläre Kulturen in Organisationen

Betriebliche Aushandlungsprozesse werden häufig – zumal im Konfliktfall –
entsprechend dem paranoid-schizoiden Modus der Erfahrungsbildung bzw.
gemäß dem binären Schematismus des sozialen Antagonismus (Sofsky und
Paris 1994) in bipolaren Kategorien erlebt, gedacht, beschrieben und inszeniert: Kapital – Arbeit, Geschäftsleitung – Betriebsrat, die da oben – wir hier
unten, Freund – Feind, Gut – Böse, Schuldig – Unschuldig und so weiter –
das breite Spektrum des „So *oder* so", des „Entweder-Oder". Für Aushandlungsprozesse in Organisationen gilt jedoch, wie nach Simmel (1992) für das
soziale Feld überhaupt, daß sie prinzipiell triadisch strukturiert sind, daß jeder
Akteur bzw. jegliche Akteursgruppe eingebunden ist in ein Geflecht von Beziehungen zu mehr als einem Gegenüber. Zu mindestens ‚zwei Gegenübern‘,
die – und erst das macht triadische (bzw. wie ich noch ausführen werde: trianguläre) Beziehungen so interessant – ihrerseits untereinander in Beziehung
stehen.[4] Eine Triade, so Caplow (1968, S. 165), „ist ein soziales System, das
drei wechselseitig in Beziehung zueinander stehende Akteure umfaßt."
Caplow hat bereits in den 60er Jahren mit Bezug auf innerorganisatorische
Akteure den Begriff der „organisatorischen Triade" geprägt, ein Begriff, der
meines Wissens von der Organisationsforschung bisher nicht aufgenommen
worden ist. Er schreibt: „Eine organisatorische Triade ist eine Triade, deren
Mitglieder einer Organisation angehören und die durch das Programm der

---

[4] Einen ähnlichen Ausgangspunkt wählt die Netzwerkperspektive, der es ebenfalls „immer
um mehr als dyadische Beziehungen" geht (Windeler 2001, S. 36). Netzwerkansätze vertreten wie das Konzept der Triangulierung eine relationale Sichtweise auf soziales Geschehen, wobei die Triade die kleinste netzförmige Einheit eines Netzwerkes darstellt. Die Triade, als Netzwerk mit „drei Elementen und den Beziehungen zwischen ihnen" (Jansen
1999, S. 55), ist Gegenstand einer besonderen Netzwerkanalyse, der sogenannten Triade-
nanalyse, deren wichtigster Anwendungsbereich seit den 50er Jahren die Untersuchung
von Kleingruppen ist (ebenda, S. 55ff.). Kappelhoff (2000, S. 33) nennt als soziologischen
Klassiker des Netzwerkansatzes Simmel, und zwar gerade wegen des „für den Netzwerkansatz grundlegende(n) Konzept(s) des Dritten, durch den erst die sonst isolierten Wechselwirkungen verknüpft werden", ein Konzept, das, wie ich im Kapitel über die Trianguläre Kultur in Organisationen zeigen werde, im Zentrum soziologischer Ansätze von triadischen Konfigurationen steht. Auch die von Sydow und Windeler (2000, S. 12ff.) genannten Strukturmerkmale von Netzwerken: Kooperation, Vertrauen, Selbstverpflichtung,
Verläßlichkeit, Verhandlung und dauerhafter Beziehungszusammenhang erweisen sich für
die von mir analysierte betriebliche Interaktionstriade als ausgesprochen zentral. Meines
Erachtens könnte die soziologische Netzwerkanalyse vom psychoanalytischen Konzept der
Triangulierung Anregungen zur Konzipierung der triadischen Grundform des Netzes gewinnen.

Organisation dazu angehalten sind, miteinander zu interagieren. Diese Mitglieder können entweder Individuen oder Kollektive sein" (ebenda, S. 49).

Wie bereits angedeutet, legte sich mir die Figur der Triade bei der Analyse des Aushandlungsgeschehens in einem der von uns untersuchten ÖPNV-Unternehmen nahe. Aus einer vormals dyadischen Konfliktstruktur zwischen Management und Betriebsrat entwickelte sich im Zuge der Einsetzung eines Beteiligungsprojektes eine triadische Konstellation, die Bewegung in den festgefahrenen Einführungsprozeß brachte und zwar sowohl durch die Gelegenheit zu wechselnden Koalitionsbildungen als auch durch die Möglichkeit zu triangulären Verständigungsprozessen; die triadische Konstellation zwischen Management/Technikern, Betriebsrat und Beteiligungsgruppen wird von mir als „Interaktionstriade" bezeichnet. Die Tatsache, daß von drei statt von zwei miteinander agierenden Akteuren die Rede ist, konstituiert zwar ein Dreiecksverhältnis, jedoch noch keinen triangulär strukturierten Aushandlungsraum, keine ‚entfaltete' Triade. Im Gegenteil: Eine (zumindest ansatzweise) trianguläre Aushandlungskultur muß der mächtigen Tendenz zum instrumentellen und strategischen Umgang miteinander, zu mikropolitischen Spielzügen, zur Bildung von Koalitionen, die das Dreieck immer wieder auf bipolare Oppositionen reduzieren, mühevoll abgerungen werden. Wenig ist wohl in der individuellen Lebensgeschichte wie auch im sozialen Handeln so schwierig wie die Fähigkeit, sich in triadischen Verhältnissen triangulär zu bewegen beziehungsweise überhaupt zu einem triangulären Erleben und Handeln in der Lage zu sein. Von Ansätzen zu einer triangulären Kultur in einer Organisation kann dann gesprochen werden, wenn verschiedene Akteure und Akteursgruppen in den intermediären Aushandlungsräumen einer Organisation in der Lage sind, die prinzipiell triadische Struktur innerorganisatorischer Koordinationen und Abstimmungen auch auf der Erlebens-, Denk-, Beziehungs- und Handlungsebene zu realisieren. Dies setzt jedoch – wie ich im entsprechenden Kapitel theoretisch entfalten und anhand des empirischen Materials veranschaulichen werde – voraus, daß die einzelnen Subkulturen auch in ihrer inneren Verfaßtheit hinreichend triangulär strukturiert sind, sprich: in ihrem subkulturellen Binnenraum trianguläre Erlebens-, Interpretations- und Handlungsmuster entwickeln können. Bauers (1993, S. 124) zufolge befähigt erst eine relativ stabile triadische Beziehungsrepräsentanz dazu, in einem *Beziehungsdreieck* zu zwei Anderen „gleichzeitig eine Beziehung zu haben, ein *zeitweiliges* eigenes Ausgeschlossensein ohne Verlustängste oder das aktive Ausschließen des einen Partners ohne Loyalitätskonflikte gegenüber dem Anderen zu ertragen". Hier schließt das Motiv der Triade unmittelbar an die Überlegungen zum sozio-emotionalen Erfahrungskontext der Organisation an. Wie wird die Beziehung zu den anderen Akteuren, wie wird die Beziehung der anderen Akteure zueinander und wie wird das eigene Ausgeschlossensein aus dieser Beziehung wahrgenommen und erlebt, von welchen Phantasien und Vorstellungen wird die triadische Figuration begleitet, wie ist sie im Binnenraum der jeweiligen Subkultur repräsentiert? Kann die mit der Position des Dritten verbundene Ausschlußposition und können die mit der Triade gegebenen Verlust- und Verzichtgefühle nicht toleriert werden, ist Britton (1989) zufolge davon auszugehen, daß der Dritte mißtrauische, eifersüchtige, neidische und verfolgende Gefühle entwickelt und nach dem Muster des paranoid-schizoiden Modus der Erfahrung reagiert. Paraphrasiert: ,Was die beiden da wohl wieder miteinander (gegen mich) aushecken'? Kann man andererseits den Aspekt des Ausschlusses sowie die mit der entfalteten Triade verbundenen Verlust- und Verzichtsgefühle ein gutes Stück weit tolerieren – was den depressiven Modus der Erfahrung voraussetzt – kann sich die Triade stabilisieren und ihre produktive Kraft entfalten. Wird im Aushandlungsraum der Interaktionstriade – sowie im Binnenraum der einzelnen Subkulturen – die Beziehung der anderen Akteure zueinander nicht mehr (nur) als bedrohlich oder gar vernichtend wahrgenommen und vorgestellt, sondern auch als gut, als sachgemäß, als organisatorisch angemessen oder gar als produktiv, dann wirkt dies stabilisierend auf die Vorgänge in der Interaktionstriade und in den einzelnen Subkulturen zurück. Damit bietet sich in der Triade die Chance, daß, wie Julian Freund (1976) dies mit Bezug auf Simmel formuliert, aus dem ausgeschlossenen Dritten ein konsolidierter Dritter wird. Eine gelungene Triangulierung stiftet damit in den subkulturübergreifenden Aushandlungsräumen einer Organisation eine ,gute' Vermittlung zwischen subkulturellen Eigeninteressen und Eigensinnigkeiten und den übergreifenden Aufgaben, Zielen und der Kultur einer Organisation.

Die Interaktionstriade als subkulturübergreifender Aushandlungsraum und als sozio-emotionaler Raum

Triangulierung ist, das zeigt bereits die vorstehende Skizze, auf vielfältige Weise mit räumlichen Vorstellungen verbunden: Im Unterschied zur Monade (symbolisiert durch einen Punkt) und zur Dyade (symbolisiert durch eine Linie) spannt das Beziehungsdreieck der Triade nicht nur einen Raum zwischen den Akteuren auf, sondern konstituiert auch Raum in den Akteuren: einen dreidimensionalen, triangulären, symbolischen Raum, der zugleich als Raum psychischer Strukturbildung, Raum der Reflexion und Selbstreflexion und Raum wechselseitiger Anerkennung fungiert. In diesem Sinne schreibt Metz-

ger (2000, S. 170), daß es sinnvoll ist, „die Triade mit der Qualität des Neuen
konstitutiv in Verbindung zu bringen. Sie eröffnet einen Raum, der neue Perspektiven ermöglicht und mit der Entwicklung der Reflexivität die Voraussetzung für das Neue darstellt."

Die Thematik des Raums ist in der vorliegenden Arbeit nicht nur im Kontext
der Triangulierung präsent: zu lesen wird sein vom sozialen Raum des Betriebs, vom betriebspolitischen und vom unternehmenskulturellen Raum; vom
subkulturellen Raum mit den entsprechenden subkulturellen Grenzen, die ein
Innen (ein Dazugehören) von einem Außen trennen. Es ist die Rede von In-
teraktionsräumen, von Aushandlungsräumen, von Dialog- und Beziehungs-
räumen, von Räumen also, in denen Akteure miteinander interagieren, ihre
Interessen und ihre Perspektiven verhandeln und aushandeln, von Räumen, in
denen sie sich verständigen und streiten, sich aufeinander beziehen und voneinander absetzen können. Es ist die Rede von Zwischen-Räumen: vom Raum
zwischen organisatorischen Subkulturen, von subkulturübergreifenden intermediären Räumen, ferner vom Raum zwischen den Akteuren und der zu ver-
handelnden technischen Sache. Schließlich die sozio-emotionalen Räume:
Der intermediäre Raum (auch potentieller Raum oder Möglichkeitsraum genannt); der Raum, in dem unverdauliche, nicht-symbolisierte Affekte und
Vorstellungen aufgenommen und transformiert werden können; mit Projektionen zugestellte Räume ebenso wie Hohlräume, in die etwas Neues einrücken
kann; Räume, die sich öffnen für die Wahrnehmung von Vielschichtigkeit, für
das Tolerieren von Ambivalenzen, für Unterscheidungen und für Perspektivität. Einige dieser Raumbegriffe oder Raumkonzepte wie beispielsweise der
trianguläre oder der intermediäre Raum, werden in den entsprechenden Kapiteln ausführlich erläutert und entfaltet, andere werden mehr oder weniger
metaphorisch verwendet – ohne daß die Frage gestellt würde, um was für eine
Art von Raum es sich jeweils handelt und welcher Begriff von Räumlichkeit
dem jeweils zugrunde liegt. Hierzu möchte ich im folgenden einige Gedanken
entwickeln und dabei die von mir verwendeten Raumbegriffe in den Kontext
sozialwissenschaftlicher und psychologischer Raumdiskurse einordnen.

Vor aller wissenschaftlichen Durchdringung des Raumphänomens läßt sich
zunächst einmal feststellen, daß Raumvorstellungen auf vielfältige Weise unsere alltägliche Lebenswelt, unsere Wahrnehmungs-, Interpretations- und
Handlungsweisen durchziehen. Intuitiv, so Michel (1997), empfinden wir
Seelisches stets mit Raumvorstellungen verbunden: gegliedert in Vordergrund
und Hintergrund, in Schichten verschiedener Tiefe, in zentrale und periphere
Sphären usw. Alltagspsychologisch, so Kruse und Graumann (1978, S. 179),

„bewegen wir uns nicht nur körperlich im physikalischen oder geographischen Raum, auch sozial kommen wir voran oder nicht vorwärts, stoßen auf Hindernisse, bis wir einen Durchbruch erzielen, erreichen ein Ziel, um festzustellen, daß ein anderer schneller war. Ähnlich im Geistigen, wo seit alters her das Denken und Lösen von Problemen als (innere) Bewegung aufgefaßt wird. Gleich ob wir sozial oder kognitiv ‚weiterkommen' oder ‚steckenbleiben', die raumbezogenen Bewegungsausdrücke, die wir durchweg verwenden, erscheinen uns als genuin und nicht als metaphorische Rede."

In der wissenschaftlichen Literatur stößt man auf ausgesprochen heterogene Diskurse über Räume und Räumlichkeiten, angefangen vom mathematischen, geometrischen oder physikalischen Raum, über den Raum als ontologische oder erkenntnistheoretische Kategorie, die phänomenologischen Bestimmungen des Raums, die Psychologie der Raumrepräsentation usw. Vor allem in der Tradition der Phänomenologie finden sich eine Reihe von Ansätzen, die auf die Unterschiede zwischen dem abstrakten Raum der Mathematik und Physik und dem konkret erlebten menschlichen Raum abheben. Im Gegensatz zum mathematischen Raum gilt Bollnow (1963, S. 17f.) zufolge für den „erlebten Raum", daß es in diesem einen „ausgezeichneten Mittelpunkt" gibt, der „durch den Ort des erlebenden Menschen im Raum" gegeben ist, daß die „Gegenden und Orte in ihm ... qualitativ unterschieden" sind, daß er „durch Lebensbedingungen fördernder wie hemmender Art auf den Menschen bezogen" ist und „jeder Ort ... seine Bedeutung für den Menschen" hat. Als erlebter Raum wird der Raum angesehen, „wie er sich dem konkret menschlichen Leben erschließt." Eine wesentliche Dimension des erlebten Raums ist der „Handlungsraum", womit jener Raum gemeint ist, „in dem sich der Mensch mit einer sinnvollen Tätigkeit, arbeitend oder ruhend, im weitesten Sinne wohnend aufhält" (ebenda, S. 204f.). Dieser Handlungsraum ist sowohl ein „Zweckraum" (ebenda, S. 209), insofern er „ganz im zweckmäßigen menschlichen Handeln durchgestaltet" ist (ebenda, S. 212), als auch ein „verständlicher Raum", weil uns die Welt in dieser zweckmäßigen Gestaltung verständlich wird und wir uns nur darum „sinnvoll im Raum bewegen können" (ebenda, 209). Kruse (1974, S. 104) bezeichnet diesen Handlungsraum als „sozialen Raum", als „Raum menschlichen Miteinanders, als Raum sozialen Handelns", der sich entsprechend der menschlichen Arbeit organisiert und strukturiert. Dem Handlungsraum zur Seite stehen weitere erlebte Räume: so der „gestimmte Raum" als „Raum unserer jeweiligen Stimmung oder Gestimmtheit" (Kruse 1974, S. 59), der „Anschauungsraum" und schließlich die „Sinnesräume" (Ströker 1965). Waldenfels faßt die phänomenologischen Reflexionen zum ‚erlebten' Raum, die Kruse (1974, S. 150) zufolge nicht voneinaneinander unabhängige Kategorien darstellen, sondern „Akzentuierungen, ... (analytisch differenzierbare) Aspekte *des einen* gelebten Raumes" zusammen: „Der gelebte Raum hat seinen Schwer- und Angelpunkt im *Handlungsraum*, der auf eine handelnde und hantierende Leiblichkeit bezogen ist, wo Merken und Wirken ineinandergreifen. Den Hintergrund des Handlungsraums bildet der *Stimmungsraum*, der auf eine so oder so befindliche Leiblichkeit bezogen ist, wobei Expressivität des Leibes und Physiognomie der Welt miteinander korrespondieren. Schließlich hebt sich aus dem Handlungsraum der *Anschauungsraum* heraus, der um den sinnlich anschauenden Leib zentriert ist. Wir haben es also mit verschiedenen Formen der Raumerzeugung und Raumveränderung zu tun. Der *homogene* Raum der Vorstellung und Messung entsteht erst im Zuge einer Dezentrierung, durch die das jeweils bevorzugte Hier zu einer beliebigen Raumstelle nivelliert wird" (Waldenfels 1985, S. 196). Der erlebte Raum ist, wie Bollnow (1963, S. 19) – um Mißverständnisse zu vermeiden – noch einmal ausdrücklich hervorhebt, „nichts Seelisches, nichts bloß Erlebtes oder Vorgestelltes oder gar Eingebildetes, sondern etwas Wirkliches: der wirkliche konkrete Raum, in dem sich unser Leben abspielt."

Der Ausgangspunkt der Thematisierung des Raums im Umfeld der phänomenologisch orientierten Psychologie und der Gestaltpsychologie ähnelt den philosophischen Überlegungen zum erlebten Raum: „Als psychologische Konstrukte definieren sich Bewegung und Raum rein aus der Art und Weise, wie sie erfahren (erlebt) werden" (Kruse und Graumann 1978, S. 178). Als Pionier eines psychologischen Raumbegriffs kann Lewin mit seinem Konzept des „hodologischen Raums" oder auch „Lebensraums" gelten: „Mehr und mehr wird erkannt, ... daß die räumlichen Verhältnisse psychologischer Daten nicht adäquat mit Hilfe eines physikalischen Raumes dargestellt werden können, sondern, zumindest vorläufig, als ein psychologischer Raum behandelt werden müssen. Allenthalben wird anerkannt, daß dieser ‚Lebensraum' die Person und die psychologische Umwelt einschließt" (Lewin 1982, S. 65f.). Der „Lebensraum eines jeden Individuums", so Lewin an anderer Stelle (1969, S. 85), ist „als eine gesonderte Welt aufzufassen ... Ein Wunsch, der ein wesentliches Faktum für den Lebensraum des Individuums A ist, braucht keine psychische Realität für das Individuum B zu besitzen" (ebenda). Der hodologische Raum bezeichnet für Lewin den durch die Wege eröffneten Raum; er ist durch ausgezeichnete Wege, hodologische Richtungen und hodologische Abstände bestimmt und hängt nicht nur von den gegenständlichen Verhältnissen, sondern vor allem auch von der psychischen Befindlichkeit des jeweiligen Menschen ab: „Die Geometrie des Lebensraumes, einschließlich

der Richtungen in ihm, hängt ... von dem Zustand der betreffenden Person ab"
(Lewin 1934, S. 254).

Die Vorstellung eines orientierten, erlebten oder erfahrenen Raums findet sich
auch in soziologischen Raumbestimmungen, in deren Zentrum der Begriff des
„sozialen Raums" steht. So bei Konrad Thomas (1969) in dessen um den
Begriff der Situation zentrierten „Analyse der Arbeit": „Raum ist also das,
was ,orientierter' Raum genannt wird, der Raum, der einem Subjekt Orientierung gibt, der Raum, in dem sich ein Subjekt orientieren kann, und der Raum,
der als orientierter gesehen und erfahren wird. Dieser Raum ist damit zugleich
Erlebnisraum. ... Der primär dem Subjekt als orientierter gegebene Raum trägt
die Aspekte sowohl des erlebbaren Raumes und erlebten Raumes wie die des
,homogenen', gemessenen Raumes" (ebenda, S. 68). Der soziale Raum ist
nun jedoch nicht nur ein dem jeweiligen orientierten und sich orientierenden
Subjekt gegebener Raum, sondern wesentlich auch ein Raum, in dem dieses
Subjekt anderen Subjekten begegnet und mit diesen vielfältige und komplexe
soziale Beziehungen unterhält, ein Raum gemeinsamen Handelns, gemeinsamer Erfahrung, gemeinsamer Gestimmtheit – eben: sozialer Raum. „Was
existiert", so Bourdieu (1985, S. 13), „das ist ein *Raum von Beziehungen*,
ebenso wirklich wie der geographische, worin Stellenwechsel und Ortsverän-
derungen nur um den Preis von Arbeit, Anstrengungen und vor allem Zeit zu
haben sind" (Hervorhebung durch den Autor). Ein so verstandener sozialer
Raum ist ein „relationaler Raum von konkret physischen wie sozialen Lokali-
sierungen und Positionierungen", ein „sozial bestimmter Handlungskontext,
... in dem Menschen ihre soziale Position als ihren ,Ort' haben" (Helfferich,
Hägele und Heneka 2000, S. 75).

Subkulturübergreifende intermediäre Aushandlungsräume einer Orga-
nisation

Auch der soziale Raum einer Organisation oder eines Betriebs kann als ein
,relationaler Raum', als ,Raum von Beziehungen' aufgefaßt werden. Beziehungen, die auf unterschiedlichen Ebenen angesiedelt sind und in den Organi-
sationswissenschaften mit sehr verschiedenartigen Konzepten beleuchtet werden. Die folgende Bestimmung der betrieblichen Sozialwelt durch Heydemann und Weil (1999) scheint mir geeignet, sich der Komplexität des sozialen Raums des Betriebes anzunähern: „Der Betrieb ist als ein eigenständiges
Beziehungsgeflecht innerhalb und zwischen den betrieblichen Sozialgruppen
zu betrachten, als ,sozialer Raum' und ,konkretes Handlungssystem', in dem

alle Beteiligten als sozial kompetente Akteure handeln und in komplexe Konfigurationen aus asymmetrischen Machtbeziehungen, Kooperationsstrukturen, Aushandlungsforen sowie Konsens- und Opportunitätsverhältnissen eingebunden sind" (Heydemann und Weil 1999, S. 578).

Auch die vorliegende Arbeit handelt vom sozialen Raum als einem Beziehungsgeflecht innerhalb und zwischen betrieblichen Sozialgruppen, wobei diese als organisatorische Subkulturen spezifiziert werden. Hierbei interessieren vor allem die folgenden Hinsichten:

- Der subkulturübergreifende intermediäre Aushandlungsraum kann aus organisationskultureller Perspektive verstanden werden als Ausschnitt aus dem Geflecht der „Kulturräume" eines Unternehmens (Buhr 1998), als ein inter-kultureller Raum, in dem Angehörige verschiedener organisatorischer Subkulturen aufeinandertreffen.

- Aus der Perspektive der primären Aufgabe(n) einer Organisation ist der intermediäre Raum zwischen den Subkulturen ein Ort aufgabenbezogener Koordination und Kooperation, ein Platz der Abstimmung und des Austausches (Wehner, Clases und Endres 1996) – nicht zuletzt Ort der Abstimmung und Vereinbarungen über gute Arbeit (Senghaas-Knobloch, 2001).

- Als betriebspolitischer Raum ist der Raum zwischen den Subkulturen ein Raum der Verhandlung der unterschiedlichen Interessen mit dem Ziel, in der Auseinandersetzung mit den anderen Akteuren die eigenen subkulturell-partikularistischen Ziele zu erreichen. Aus macht- und herrschaftssoziologischer Perspektive kann der betriebspolitische Raum als „mikropolitischer Raum" konzipiert werden, als Ort der Auseinandersetzung um die Strukturierung von Macht- und Herrschaftsverhältnissen (Hofbauer 1992), als Spielfeld für individuelle und kollektive mikropolitische Spielzüge (Neuberger 1995b).

- Nicht zuletzt ist der subkulturübergreifende Aushandlungsraum ein Ort der Interaktion, an dem typisierte (häufig: stereotypisierte) Selbst-, Fremd- und Beziehungsdefinitionen (Giesecke und Rappe-Giesecke 1997) zwischen den Interaktionspartnern konstituiert, verarbeitet und verhandelt werden, Zuschreibungen, die das Aushandlungs- und Beziehungsgeschehen zwischen den Akteuren in beträchtlichem Ausmaße organisieren.

- Schließlich kann der subkulturübergreifende Aushandlungsraum als sozio-emotionaler Raum angesehen werden, als Raum bewußter und unbewußter Affekte und Gefühle, und damit als Ort psycho-dynamisch beschreibbarer Beziehungen. Die drei Erfahrungsmodi, die den sozio-emotionalen Kontext organisationskultureller Erfahrung bilden: Der autistisch-berührende,

der paranoid-schizoide und der depressive Modus der Erfahrungsbildung bilden die Achsen, entlang derer sich der sozio-emotionale Raum der Organisation aufspannt.[5]

In dieser Skizze der verschiedenen Blickwinkel, die ich für die Analyse der subkulturübergreifenden Aushandlungsdynamik in Organisationen von Bedeutung halte, möchte ich abschließend den Aspekt hervorheben, der die vielfältige Verwendung des Raumbegriffs in dieser Arbeit wie kein anderer angeregt hat: die Rede ist von Räumlichkeit in dem Sinne, daß sich in den Beziehungen zwischen organisatorischen Subkulturen überhaupt so etwas wie ein ‚Raum' entfalten kann, in dem etwas möglich wird, was begründet „Aushandlung" genannt werden kann; Raum, in dem heterogene Akteure sich verständigen und sich sowohl aufeinander als auch auf zu verhandelnde Sachen beziehen können.[6] Raum in diesem Sinne ist Raum gelingender Akkulturation, Raum produktiven sozialen Tausches, Ort gelingender Aushandlungen (Ortmann 1996), kurzum: Raum für Drittes und für den (konsolidierten) Dritten (Freund 1976) – oder: triangulärer Raum.

Zum empirischen Teil dieser Arbeit

Nach dieser Skizze der theoretischen Teile der Arbeit folgt nun abschließend ein kurzer Überblick über die Themen der empirischen Kapitel. Im einzelnen untersuche ich anhand exemplarischer Knotenpunkte, Episoden und Schlüsselszenen Aushandlungs- und Lernprozesse bei der Planung und Einführung eines rechnergestützten Betriebsleitsystems (RBL) in einem ÖPNV-Unternehmen (ein Kapitel zu dieser Technologie leitet den empirischen Teil ein). Es handelt sich vor allem um Prozesse innerhalb und zwischen folgenden be-

---

[5] Der sozio-emotionale Raum der Organisation ist damit:
- ein Ort, der den Organisationsmitgliedern mehr oder weniger das basale Gefühl gibt, daß sie ‚hierhin' und ‚dazu' gehören, ein Ort, von dem ein Gefühl des Gehaltenseins ausgeht, ein Ort schließlich, der von einer obgleich imaginären, so doch spürbaren sozialen Haut umgeben ist;
- gleichzeitig ein Ort von subkulturellen Selbstbehauptungen und Identitätsbildungen, von Projektionen und Spaltungen, Idealisierungen und Entwertungen, Neid und Rivalität, von Schuldvorwürfen, Verfolgungsängsten und Racheimpulsen;
- und schließlich ein Ort des Containments, ein Ort, der es gestattet, die libidinösen und aggressiven sowie die idealisierenden und entwertenden Affekte ein Stück weit aufzunehmen, zu halten und im günstigen Falle zu transformieren (anstatt sie bloß zu agieren und zu projizieren), Ort der Ambivalenztoleranz, Wiedergutmachung und Versöhnung, schließlich Ort der Symbolisierung und des Denkens – nicht zuletzt: triangulärer Raum.
[6] Diese Entfaltungsfunktion des Raums findet sich bereits in den sprachgeschichtlichen Wurzeln des Begriffs „Raum". Raum ist hier unter anderem „der Spielraum, den der Mensch braucht, um sich frei zu bewegen". In seiner frühesten sprachlichen Bedeutung ist Raum „die durch Rodung im Wald geschaffene Lichtung als Platz menschlicher Siedlung",

trieblichen Gruppierungen, die diese Technikeinführung wesentlich getragen haben: (1) einem „Technischen Projekt", bestehend aus Technikern, Mitarbeitern planender und mit der Betriebsdurchführung betrauter Abteilungen sowie Mitgliedern der Führungsebene des Verkehrsbetriebes; (2) eigens für diese Technikeinführung gebildeten Beteiligungsgruppen aus Fahrern und Disponenten und schließlich (3) dem Betriebsrat, vor allem einem für die Begleitung des Beteiligungsprojektes zusätzlich freigestellten Betriebsratsmitglied. Meine besondere Aufmerksamkeit gilt hierbei der triadischen Struktur der Aushandlungsprozesse, die die vormals dyadische Verstrickung zwischen Management und Betriebsrat, die eine RBL-Einführung jahrelang verhinderte, ablöste und transformierte. Dieser Übergang von der betriebspolitischen ‚Dyade' zu einer differenziertere Kooperationen und Interaktionen ermöglichenden ‚Triade' markiert den Beginn stärker aufgabenorientierter und dialogischer Aushandlungsprozesse. Dies wird von mir mit dem Begriff der „Interaktionstriade" gefaßt.

Sehr bald kam es in dieser, wiewohl triadischen, so doch noch nicht triangulären Konstellation zu einer Krise, die im betrieblichen Diskurs unter der Überschrift „Alibi-Verdacht" firmierte und von mir als Konflikt um den Rahmen des Beteiligungsprojektes interpretiert wird. Das Technische Projekt verharrte in ‚defensiven Routinen', was die Befürchtung der beteiligten Fahrer und Disponenten verstärkte, daß ihre Beteiligung nur ein legitimatorisches ‚Aushängeschild' und betriebspolitisches ‚Gleitmittel' sei, um doch noch die Zustimmung des Betriebsrats zur Einführung des technischen Systems zu erhalten. Eine Intervention des Vorstandes klärte diese Initialkrise und etablierte durch eine ‚Rahmen-Garantie' einen Kooperationsrahmen zwischen den vorher disparaten Projektteilen des RBL-Projektes. Überlegungen zur Bedeutung der Etablierung und Aufrechterhaltung eines Rahmens schließen dieses Kapitel ab.

Ein weiteres Kapitel geht der Entstehung von Lern- und Gestaltungsräumen in den Beteiligungsgruppen der Fahrer nach. Voraussetzung für die Erarbeitung einer fahrerbezogenen Anwendungsperspektive bezüglich des RBL-Systems war es, daß das technische System und dessen organisatorische Anwendungszusammenhänge von den Mitarbeitern des Fahrdienstes, wie es ein Fahrer formulierte, „geistig angenommen" wurden. Das heißt, die Fahrer mußten sich auf die neue und von ihnen zunächst kritisch beäugte Technologie einlassen, um das System als etwas von ihnen Verwendbares und Gestaltbares zu

---

als „Entfaltungsraum menschlichen Lebens, der nach den subjektiv-relativen Bestimmungen der Enge und Weite gemessen wird" (Bollnow 1963, S. 37).

entdecken und damit als etwas auch von ihnen Hervorgebrachtes zu erleben. Bei ihrem Bemühen, die Bevollmächtigung durch das Unternehmen in eine ‚Selbstbevollmächtigung' zu transformieren, waren sie nicht nur mit den Hürden einer (vormals) autoritär-hierarchischen Unternehmenskultur konfrontiert, sondern auch mit ihren eigenen Schwierigkeiten, sich selbst als Beteiligte ernst zu nehmen. Der Vorwurf an das Unternehmen, die Beteiligung nicht genügend anzuerkennen, erwies sich zum Teil als Projektion der eigenen (fachlichen und statusbezogenen) Unzulänglichkeitsgefühle auf die Vorgesetzten-Ebenen. Schaffte die teilweise Rücknahme derartiger sozialer Projektionen ‚Raum' für soziale Anerkennungsprozesse zwischen Beteiligten und Technischem Projekt, unterstützte die schrittweise Auflösung der im betrieblichen Mißtrauensdiskurs unterstellten Gleichsetzung des Kontroll- und Überwachungsinstruments RBL mit entsprechenden personenbezogenen Kontroll- und Überwachungsinteressen des Unternehmens die Entstehung von technisch-organisatorischen Lern- und Gestaltungsräumen in den Beteiligungsgruppen. Erst durch das probeweise Heraustreten aus dem durch Zuschreibungen und Projektionen verstellten Raum zwischen den Akteursgruppen und den in diesem Kontext evozierten Bildern und Vorstellungen über die organisatorische Bedeutung der neuen Technologie kam die RBL-Technologie überhaupt als Technik und vor allem als von den beteiligten Fahrerinnen und Fahrern verwendbare und nicht nur gegen sie verwendete Technik in den Blick. Die ersten Berichte aus dem RBL-Probebetrieb geben der im Kontext von RBL dominierenden Kontrollproblematik noch einmal eine überraschende Wendung: Die Fahrer berichten nicht nur von Gefühlen der Überwachung durch das Unternehmen (durch die Leitstelle), sondern auch davon, daß sie sich ein Stück weit sicherer und geschützter dadurch gefühlt haben, daß die Leitstelle zu jeder Zeit wußte, wo ihr Standort gerade war. Die ‚elektronische Leine' wurde nicht nur als eine erlebt, an der man ‚gegängelt' werden kann, sondern auch als eine, die einen beschützenden Kontakt mit dem Betrieb herstellt und gewährleistet. Dieses kurze Aufblitzen der Dialektik von Kontrolle und Sicherheit im Probebetrieb führt eindrucksvoll den Lerneffekt vor, der möglich wird, wenn in einem von wechselseitigen Ausgrenzungen dominierten Feld ein wenig Differenzierung und – in einem positiv gemeinten Sinne – Ambivalenz einzieht.

Um einen solchen Differenzierungsprozeß und die damit verbundene Toleranz gegenüber Ambivalenzen geht es auch in einem weiteren Kapitel. Zwischen Fahrern und Disponenten (Aufsicht) besteht in Verkehrsbetrieben traditionell ein problematisches Verhältnis von Kooperation und Konfrontation, von gegenseitiger Angewiesenheit und Animosität. Angesichts dieses Konfliktpotentials konnten die im Zuge des Beteiligungsprojektes stattfindenden Verständigungsprozesse eine Bedeutung erlangen, die die Aufgabe einer technisch-organisatorischen Ausgestaltung des RBL-Systems weit überstieg. Es wurde zum einen die Chance genutzt, im Zuge der Einführung eines technischen Systems, das die alltägliche Kooperation zwischen Fahrern und Leitstelle neu organisiert, auch die vorurteilsbeladenen Beziehungen zwischen diesen betrieblichen Subkulturen neu zu ordnen. Die Annäherung zwischen den beiden Beteiligungsgruppierungen gab darüber hinaus Anstöße zur Bearbeitung von Blockierungen und Verhärtungen zwischen weiteren an der RBL-Einführung beteiligten Akteursgruppen, insbesondere dem Technischen Projekt und dem Betriebsrat. Damit wurden die Beteiligungsgruppen eine Keimzelle für subkulturübergreifende organisatorische Lernprozesse. Doch bevor die Fahrer und die Disponenten innerhalb des Beteiligungsprojektes einen eher kooperativen Umgang miteinander entwickeln konnten, mußte sich das Trennende zwischen ihnen entlang der Frage der Kontroll- und Überwachungsfunktion der RBL-Technologie noch einmal aktualisieren und inszenieren. Wie so häufig in der von mir analysierten Geschichte der RBL-Einführung ging kooperativen und damit auch gegenseitige Lernmöglichkeiten eröffnenden Integrationsprozessen ein Prozeß der Desintegration voraus. Diese Dynamik inszenierte sich an der Frage der Ein- und Ausfahrtbake, einer Ortungsbake, die der Leitstelle den Zeitpunkt, an dem ein Fahrzeug den Betriebshof verläßt bzw. zurückkehrt, automatisch übermitteln sollte. Die Furcht vor Kontrolle und Überwachung sowie das Ringen um verbleibende Freiheitsgrade für das Fahrpersonal verdichtete sich in der Frage der Bake, die damit zu einem Bedeutungsknoten in der betrieblichen Konfliktarena kristallisierte. An der Bake haben sich die mit der RBL-Einführung verbundenen organisatorischen Kontroll- und Überwachungsphantasien inszeniert, ‚an der Bake' wurden sie exemplarisch und stellvertretend zwischen allen beteiligten Akteuren ausgetragen und ‚an der Bake' wurde ihr projektiver und evokatorischer Überschuß teilweise ‚gebannt'. Zwischen den beiden Beteiligungsgruppierungen entwickelte sich im Zuge dieser Auseinandersetzungen die Fähigkeit, die zwischen den von ihnen vertretenen Subkulturen bestehenden ambivalenten Gefühle und Regungen nach und nach ein Stück weit auszuhalten und zu integrieren. Mir scheint, daß organisationelle Lernprozesse viel damit zu tun haben, ob es in der Organisation gelingt, die an bestimmten, meist symbolisch hoch besetzten Knotenpunkten sich entzündenden Konflikte und subkulturellen Desintegrationsprozesse auf einem höheren Niveau wieder zu integrieren, was im erfolgreichen Falle mit einer Modifizierung der sozio-emotionalen Erfahrungsmatrix einhergeht.

Ein letztes empirisches Kapitel widmet sich der Zusammenarbeit zwischen dem Technischen Projekt und den Beteiligungsgruppen, vor allem dem Aspekt, wie nach und nach der organisatorisch-technische Gegenstand als zu gestaltendes gemeinsames Drittes auftauchte – ein gemeinsames Drittes, das einen Raum schuf, der gleichermaßen als Entwicklungsraum des RBL und als Lernraum der beteiligten Akteure fungierte, als ein technisch-organisatorischer und als betrieblich-sozialer Anerkennungsraum. Waren die Berührungsängste und Befürchtungen ein wenig überwunden, die wechselseitigen Übergriffsphantasien relativiert, die Beziehungen zwischen den Gruppierungen ‚realer‘ und ‚realistischer‘ geworden, konnte die defensive Verteidigung der eigenen Perspektive ein wenig zurücktreten und ‚Raum‘ freimachen für Begegnungen, die, wie es ein Techniker formulierte, die gegenseitige Befruchtung der verschiedenen Abteilungen ermöglichte. Die vorher bestehende, vor allem auf die Verteidigung des eigenen Reviers gerichtete Haltung ließ sich ein wenig modifizieren zugunsten der Nutzung von Synergieeffekten, die auftraten, als Planungsperspektive und Anwendungsperspektive miteinander ins Gespräch, in einen Dialog kamen – in einen Dialog nicht nur auf kommunikativer und interaktiver Ebene, sondern auch auf der Ebene der konkreten Kooperation. Man kann sagen, daß die das RBL realisierenden Akteure zu einer Projektgruppierung zusammenwuchsen, der Mitglieder sich in teilweiser Zurückstellung ihrer partialen Interessen der gemeinsamen Aufgabe widmeten, ein möglichst organisationsrationales RBL-System zu entwickeln, das sowohl den Zwecken und Aufgaben, die es in der Organisation haben soll, als auch den Beschäftigten innerhalb der Organisation auf möglichst weitgehende Weise gerecht wird. Der empirische Teil schließt mit Reflexionen über die Bedeutung des Beraters für die Herausbildung der Interaktionstriade.

2. Subkulturen in Organisationen – eine organisations kulturelle Perspektive

Unsere Erforschung der Einführung neuer Technologien in Unternehmen hat zu Tage gebracht, welch zentrale Rolle in den Aushandlungen und Abstimmungen des Einführungsprozesses die Zugehörigkeit der verschiedenen Akteure zu bestimmten organisatorischen Subkulturen spielt. Mit der Erkenntnis der enormen Bedeutung von organisatorischen Subkulturen für Aushandlungsprozesse innerhalb von Organisationen gerät eine Analyseebene in den Blick, die dem kollektiven Charakter innerbetrieblicher Planungs- und Entscheidungsprozesse ebenso Rechnung trägt wie der Vielfalt und Heterogenität der Interessen, Perspektiven und Präferenzen dieser kollektiven Akteure – und nicht zuletzt der Eingebundenheit struktureller, strategischer und instrumenteller Aspekte in den kulturellen Gesamtzusammenhang einer Organisation. Auch die sozio-emotionale Dynamik in Organisationen, so eine These des vorliegenden Buches, besteht zu einem guten Teil aus Prozessen innerhalb und zwischen organisatorischen Subkulturen – und schließlich nehmen meine Überlegungen zu triangulären Kulturen in Organisationen ebenfalls auf diese mittlere Ebene von organisatorischen Subkulturen Bezug.

Bevor ich mich jedoch der komplexen Thematik organisatorischer Subkulturen zuwende, skizziere ich zunächst den thematischen Kontext der Subkultur-Debatte: (1) Organisatorische Subkulturen sind Teilkulturen einer Organisation und stehen von daher in einem ständigen Spannungsverhältnis zu den Zielen und Aufgaben der Organisation sowie zur übergreifenden Organisationskultur. Hierbei gehe ich gesondert auf einen Kulturfaktor ein, der in den Forschungen und Veröffentlichungen zur Organisationskultur oftmals zu wenig Berücksichtigung findet: die Technologie. Von der raschen und umfassenden Durchdringung nahezu aller Arbeitsbereiche mit Informations- und Kommunikationstechnologien gehen m.E. wichtige Impulse für die Organisationskultur aus. (2) Neuerdings gewinnt eine weitere kulturelle Perspektive an Bedeutung: die Arbeitskultur als lebensweltliche ‚Rückseite' systemischer Anforderungen, mit ihrem Fokus auf Fragen persönlicher Sinnherstellung und subjektiver Bewältigungsstrategien. (3) Unter der Überschrift: „Zwischen subkultureller Selbstbezüglichkeit, inter-subkulturellen Beziehungen und übergreifender Organisationskultur" wende ich mich anschließend dem Hauptgegenstand des vorliegenden Kapitels zu: der Analyse organisatorischer Subkulturen.

2.1. Die organisationskulturelle Perspektive

Zur Geschichte des Begriffs Unternehmens- bzw. Organisationskultur

Der Begriff Unternehmenskultur wurde 1951 von Jaques mit seinem Buch „The Changing Culture of a Factory" in die Organisationsforschung eingeführt. Er definiert die Kultur eines Betriebes als „die gebräuchliche und tradierte Weise des Denkens und Handelns im Unternehmen, wie sie in mehr oder minder starkem Maße von allen Mitgliedern geteilt wird, und die neue Mitglieder lernen und zumindest teilweise anerkennen müssen, um im Betrieb akzeptierte Mitarbeiter zu werden" (ebenda, S. 251). Jaques zufolge deckt dieser Kulturbegriff eine weite Verhaltensspanne ab: „die Methoden der Produktion; berufliche Fertigkeiten und das technische Wissen; Haltungen bezogen auf Disziplin und betriebliche Sanktionen; Einstellungen und Stil der Führung; die Unternehmensziele; Geschäftspraktiken; die Entlohnungsmethoden; die Bewertungen verschiedener Typen von Arbeit; den Glauben an eine demokratische Lebensweise und gemeinsame Beratung; sowie die minder bewußten Konventionen und Tabus" (ebenda). Denen, die einige Zeit Mitglieder eines Betriebes sind, wird Kultur damit zum Teil ihrer „zweiten Natur" (ebenda). Nach Ansicht von Rosenstiels (1993) ist die von Jacques vorgeschlagene Bestimmung von Kultur heutigen Konzepten durchaus verwandt. Eine Unterscheidung vorwegnehmend, die noch erläutert wird, kann man sagen, daß diesen Bestimmungen zufolge ein Unternehmen eher eine Kultur ist als daß sie ‚nur' eine Kultur hat. Obgleich Jacques Forschungsergebnisse durchaus rezipiert wurden, dauerte es bis in die 80er Jahre, bis auch der Begriff der „Kultur" – als Unternehmens- oder Organisationskultur – seine Wirkungsgeschichte begann (Deal und Kennedy 1982, Peters und Waterman 1990). Die Managementforschung übernahm in diesen und zahllosen darauffolgenden, häufig sehr populärwissenschaftlichen Werken den in der Ethnologie entwickelten Kulturbegriff und übertrug ihn auf Organisationen „mit der Idee, daß jede Organisation für sich eine je spezifische Kultur entwickelt, d.h. in gewisser Hinsicht eine eigenständige Kulturgemeinschaft darstellt. Organisationen, so die Idee, entwickeln eigene unverwechselbare Vorstellungs- und Orientierungsmuster, die das Verhalten der Mitglieder nach innen und außen auf nachhaltige Weise prägen" (Steinmann und Schreyögg 1991).

Was ist Organisationskultur?

Die Definitionen von Organisationskultur sind zunehmend unüberschaubar geworden. Ich nenne in der Folge einige der Bestimmungen, die wegbereitend für mein eigenes Verständnis waren – eine durchaus subjektive Auswahl also. Genannt seien Gregorys (1983, S. 364) Auffassung von Kultur als „erlernte Weise, Erfahrungen zu verarbeiten"; Scheins (1995, S. 29) Postulat „gemeinsamer Grundannahmen"; die systemtheoretischen Bestimmungen von Organisationskultur als „Ensemble der in einer Organisation geltenden Spielregeln" (Willke 1997, S. 167), als die „relevanten Handlungsweisen und Perspektiven" eines organisierten Sozialsystems (Wollnik 1991, S. 79) sowie als „Reflexion auf die Differenz für selbstverständlich gehaltener Verhaltensweisen" (Baecker 2000, S. 28). Genannt seien weiterhin Steinmann und Schreyöggs Bestimmung der Organisationskultur als „gemeinsam geteilte Überzeugungen, die das Selbstverständnis und die Eigendefinition der Organisation prägen" (1991, S. 533), und schließlich explizit lebensweltliche Lesarten, die davon ausgehen, daß „die Kultur einer Organisation durch das permanente interpretative Handeln der Organisationsmitglieder produziert und reproduziert wird" (Nagler, Hartmann, Senghaas-Knobloch 1999, S. 3). Die Kultur einer Organisation findet in lebensweltlich orientierter Sichtweise ihren Ausdruck darin, „wie die zu erfüllenden Aufgaben und Vorgaben von den beteiligten Akteuren gedeutet, gewertet und in Verhaltensweisen umgesetzt werden. Sie ist als eine Verarbeitungsform zu verstehen, die sich in eingespielten Wahrnehmungs- und Handlungssets manifestiert" (ebenda, S. 4). Neuberger hat in einer Art theorieübergreifender Synopse zentrale Aspekte des (Organisations-)Kultur-Konzeptes herausgearbeitet. Demnach läßt sich sagen: „Kultur gilt als das Insgesamt der von Menschen geschaffenen bzw. weitergegebenen und damit zeit- und gruppenspezifischen Inhalte und Gestaltungen, die weithin akzeptiert, gemeinsam, bzw. von (fast) allen geteilt werden, ein relativ stimmiges System oder ein kohärentes Muster („eine Ganzheit") bilden, was jedoch eine antagonistische Subkultur nicht ausschließt. Inhalt und Formen sind spezifisch und einmalig (unterscheiden eine Gruppe oder Epoche von anderen, machen ihren ‚Typ', ‚Charakter', ‚Stil' aus), sind ständig im Wandel (werden immer neu interpretiert, weiterentwickelt, umgeformt), sind zugleich Ergebnis wie Mittel sozialer Interaktionen und manifestieren sich in konkreten Produkten und Praktiken, erfassen und durchdringen den ganzen Lebensprozeß und können (funktionalistisch) auf die Bewältigung wichtiger Probleme bezogen werden" (1989, S. 245).

Organisationsstruktur und Organisationskultur

Hat eine Organisation Kultur oder ist eine Organisation Kultur? Dieser Frage widmet sich eine langdauernde Debatte, die unter dem Stichwort ‚funktionalistische' (z.B. Smircich 1983) versus ‚interpretative' (z.B. Meyerson und Martin 1987) Perspektive geführt wird. Im deutschsprachigen Raum stehen bezüglich dieser Frage Ansätze wie beispielsweise der von Sattelberger (1991), der von einem „magischen Dreieck" ausgeht und Organisationskultur als einen von drei Aspekten neben Organisationsstruktur und Strategie setzt (eine Organisation hat neben Struktur und Strategie auch Kultur), jenen gegenüber, für die die Kultur einer Organisation alle anderen Aspekte unter sich faßt (die Organisation ist Kultur). Als prominenter Vertreter letzterer Sichtweise kann Wollnik gelten, demzufolge alle organisatorischen Regelungen eingebunden sind „in Prozesse der Interpretation und des interaktiven Zur-Geltung-Bringens, die ihre Existenz und Wirksamkeit entscheidend bestimmen" (1991, S. 66) – Prozesse, die mit dem Begriff der Organisationskultur sinnvoll beschrieben werden können. Die Organisationsstruktur läßt sich Wollnik zufolge „als ein wesentlicher Ansatz zur Strukturierung der Organisationskultur" begreifen, als „praktische Fixierung und Objektivierung von Erwartungen, daß in bestimmter Weise gehandelt wird" (ebenda). Wollniks Ansatz erscheint mir deshalb als besonders weiterführend, weil er den Versuch unternimmt, die systemische Dimensionen der Organisation im Hinblick auf die Organisationsstruktur wie auch auf die Organisationskultur zu explizieren: „Sozialsysteme sind organisiert in dem Maße, als von den Teilnehmern bestimmte Handlungsweisen ausdrücklich gefordert (explizit erwartet) werden. Dieses ausdrückliche Fordern wird als ‚*Formalisieren*' der entsprechenden Handlungsweisen bezeichnet. Organisierte Sozialsysteme verwenden zur Formalisierung *organisatorische Regelungen*, aus denen sich die *Organisationsstruktur* zusammensetzt. Die Organisationsstruktur ist diejenige Struktur, die einem organisierten Sozialsystem aus den organisatorischen Regeln erwächst" (ebenda, S. 66f.). Organisierte Sozialsysteme funktionieren ferner „auf der Grundlage von Interaktions- und Interpretationstendenzen (Handlungsweisen und Perspektiven), die ... in ihrer Gesamtheit die *Kultur* des organisierten Sozialsystems *(Organisationskultur)* ausmachen" (ebenda, S. 67). Wie sieht Wollnik nun den Zusammenhang von Organisationsstruktur und -kultur? Die empirischen Erfahrungen zeigen, so Wollnik (ebenda, S. 73), „daß organisatorische Regelungen in Interaktions- und Interpretationsprozesse eingebettet und in ihrer Existenz- und Wirkungsweise von diesen Prozessen abhängig sind. Die Interaktions- und Interpretationsprozesse realisieren den sinnhaften Handlungszusammenhang – das Sozialsystem –, in dem organisatorische Regelungen vorkommen. Regelmäßigkeiten und Gemeinsamkeit von Interaktionen und Interpretationen profilieren sich zu systemrelevanten Interaktions- und Interpretationstendenzen." An diesem Punkt kommt das Konzept der Organisationskultur ins Spiel, denn die „kulturelle Ausformung" eines organisierten Sozialsystems bedeute nichts anderes als eben die „Entstehung oder Herbeiführung systemrelevanter Interaktions- und Interpretationstendenzen" und Organisationskultur sei dementsprechend zu definieren als die *„Ausgeprägtheit und Eigenart systemrelevanter Interaktions- und Interpretationstendenzen"* (ebenda, S. 79; Hervorhebung vom Autor). Zusammengefaßt beschreibt Organisationskultur in dieser Lesart, „wie sich die Teilnehmer eines organisierten Sozialsystems (*in* diesem Sozialsystem *als* Teilnehmer) ,normalerweise verhalten', ,was sie mit ihrem Handeln ausdrücken und bewirken wollen' (= Interaktionstendenzen) und ,wie man die Dinge sieht', ,als was man die Vorgänge erlebt' (= Interpretationstendenzen). Man kann bezüglich der Interaktionstendenzen von *Handlungsweisen*, bezüglich der Interpretationstendenzen von *Perspektiven* sprechen. ,Organisationskultur' charakterisiert dann ein organisiertes Sozialsystem anhand seiner relevanten Handlungsweisen und Perspektiven" (ebenda).

Aus einer anderen Perspektive, von verschiedenen Typen organisatorischer Beziehungen ausgehend, die man jeweils aus struktureller und aus kultureller Perspektive beschreiben kann, nähert sich der organisationsanalytische Ansatz von Mastenbroek (1993) dem Verhältnis von Organisationsstruktur und -kultur. Er nennt vier Typen von Beziehungen, die auch als vier Aspekte einer Beziehung gesehen werden können, nämlich Macht- und Abhängigkeitsbeziehungen, Verhandlungsbeziehungen, instrumentelle Beziehungen und sozioemotionale Beziehungen (Mastenbroek 1993, S. 6 u. 13ff.). Jeden dieser Beziehungstypen bzw. jeden dieser Aspekte von organisatorischen Beziehungen sieht Mastenbroek eingebettet in ein spezifisches Spannungsfeld, das es innerhalb der Organisation zu balancieren gilt. Die Spannungsbalance des Macht- und Abhängigkeitsaspektes besteht zwischen dem Pol wechselseitiger Abhängigkeit und vereinter Kraft auf der einen und Autonomie und streng unabhängiger Position auf der anderen Seite. Für den instrumentellen Aspekt formuliert Mastenbroek die Spannungsbalance zwischen der Herstellung von Konsens/Übereinstimmung und dem Vertreten eigener Präferenzen. Der sozio-emotionale Aspekt zeichnet sich aus durch die Spannungsbalance zwischen einem Wir-Gefühl und der eigenen Identität. Die Spannungsbalance bezüglich der Verhandlungsbeziehung besteht schließlich zwischen der Maximierung des Gesamtnutzens und der Maximierung des eigenen Ertrags. Mastenbroek untersucht diese vier Beziehungsaspekte nun daraufhin, wie sie sich zur strukturellen und zur kulturellen Dimension organisatorischen Geschehens verhalten bzw. auf welche Weise jeder der vier Aspekte eine strukturelle und eine kulturelle Seite besitzt (ebenda, S. 22). Mastenbroeks Ansatz trägt nicht nur zur Differenzierung der Organisations-Struktur-/Kultur-Debatte bei, sondern leitet bereits zur Subkulturthematik über, da Subkulturen und die Beziehung zwischen ihnen m. E. die entscheidenden Vermittlungsinstanzen sind, in der die geschilderten Balancierungsanstrengungen zwischen Organisationsmitgliedern und der Gesamtorganisation geleistet werden.

Organisationskultur und Technologie

Der Zusammenhang zwischen Technologie und Kultur spielte in der Organisationskulturdiskussion lange Zeit eine eher untergeordnete Rolle. So stellten Neuberger und Kompa (1993) noch Mitte der 80er Jahre fest, daß der Einfluß technologischer Innovationen auf die Organisationskultur in den entsprechenden Diskursen meist schlicht vergessen wird. Dies veränderte sich allmählich angesichts der Entwicklung von Technologien, die – wie die Informations- und Kommunikationstechnologien – die eingespielten Routinen und kulturellen Orientierungsmuster nahezu ‚von heute auf morgen' über Bord werfen. Schein (1991, S. 25) spricht ganz allgemein davon, daß die Einführung einer neuen Technologie in eine Organisation als „Kultur-Veränderungs-Problem" gesehen werden kann. Denn die Entscheidung für eine neue Technologie, so Zuboff (1993, S. 73), beinhaltet mehr „als nur die Entscheidung für eine neue Technologie. Sie beinhaltet auch eine Entscheidung über eine Organisationsform, über ein Management und über Menschen." Die organisationskulturellen Effekte einer technologischen Innovation stellen sich jedoch nicht automatisch ein, sondern hängen „sowohl von der Art der Technologie als auch von der vorher bestehenden Kultur ab" (Ulich 1994, S. 446). Nicht zuletzt auch, so möchte ich auf dem Hintergrund unserer Forschungen hinzufügen, von der ‚Kultur' der Technikimplementation selbst. Denn ob eine technische Innovation eine bestehende ‚Mißtrauenskultur' eher bestärkt oder diese in Richtung auf mehr Vertrauen und Kooperation modifiziert, resultiert nicht zuletzt daraus, wie die Interessen und Perspektiven der verschiedenen betrieblichen Akteure berücksichtigt wurden und ob die bei größeren Technologieinnovationen (häufig) auftretenden Widerstände hinreichend bearbeitet werden konnten. Organisationskultur spielt also nicht erst im Zuge arbeitsorganisatorischer und kultureller Anpassungen an die neue Technologie eine

Rolle; sie ist, wie ich in diese Buch zeige, bereits im Planungs-, Entscheidungs- und Einführungsprozeß ein wesentlicher Faktor.

In welcher Weise kann nun die Einführung neuer Technologien in Unternehmen bestehende Organisationskulturen beeinflussen? Loos (1993, S. 79) zufolge weisen neue Technologien ein „erhebliches Irritationspotential" auf; sie bringen „die gewohnten Abläufe in den Betrieben durcheinander, sie verändern Aufgaben und Rollen der Menschen, sie verschieben Machtverteilungen und lassen herkömmliche Qualifikationen als veraltet erscheinen, sie verlangen vielfältige Lernanstrengungen und sie wirken sich auf das Zusammenspiel der Menschen in der Arbeitswelt aus". Auch Neuberger und Kompa (1993, S. 242) lenken den Blick darauf, „welch tiefgreifende Einflüsse auf Arbeitshaltungen, Sozialbeziehungen und äußere Arbeitsgestaltung neue Büro- und Fertigungstechnologien haben: Anforderungen an Arbeits- und Führungskräfte, Strukturen der Organisation und Kommunikation, Planungs-, Ausführungs- und Kontrollverfahren ändern sich grundlegend, und mit diesen (in unserer Terminologie) soziokulturellen Gestaltungen ändert sich die Organisationskultur. Jahrhundertealte Berufskulturen können durch neue Fertigungs- oder Herstellungsverfahren quasi über Nacht ausgelöscht werden". Schein (1991, S. 26) macht darauf aufmerksam, daß häufig erst nach einiger Zeit deutlich wird, daß die neue Technologie „mit einer Reihe von neuen Anschauungen, Werten und Verhaltensmustern" verbunden ist, daß sich mit neuen Technologien also nicht nur die Oberfläche von Kultur verändert, sondern die Einführung neuer Technologien auf die tieferen Schichten von Kultur Einfluß nehmen und letztlich gar die kulturellen Grundannahmen modifizieren kann. Die Einführung rechnergestützter Betriebsleitsysteme in Betriebe des Öffentlichen Personennahverkehrs zeigt, daß sich nicht nur die Kultur einer Organisation, sondern die gesamte Branchenkultur verändern kann, was wiederum eine Rückwirkung auf die Kultur der jeweiligen Organisation hat.

Ganz in der Tendenz der bisherigen Ausführungen zur Organisationskultur bin ich bei der Diskussion der Beziehungen zwischen Technologie und Kultur von der Vorstellung einer einheitlichen Organisationskultur ausgegangen. Es ist jedoch anzunehmen, daß das Anwachsen der Bedeutung bestimmter Technologien in Unternehmen die verschiedenen organisatorischen Subkulturen uneinheitlich trifft und von daher die kooperativen und interaktiven Beziehungen in und zwischen Subkulturen und nicht zuletzt die subkulturelle (Macht-)Balance eines Betriebes stark verändern kann. So bilden sich im Zuge der Ausbreitung neuer Informations- und Kommunikationstechnologien neue Fachexperten in den Unternehmen aus; Konflikte zwischen der informationstechnischen Kultur und der Management-Kultur (Schein 1993) sind dabei keine Seltenheit. Häufig wird bei der Einführung neuer Technologien auf externe Experten zurückgegriffen, die über einen bestimmten fachlichen und professionskulturellen Zugang verfügen und damit die Implementationskultur innerhalb der Organisation beeinflussen. Zudem werden, wie in den von uns untersuchten Betrieben, in stärkerem Maße als bei traditionellen Technikeinführungen die zukünftigen Anwender einbezogen, damit ein reibungsloser und anwendungsbezogener Transfer des technologischen Wissens gelingen kann. Meistens, so Loos (1993, S. 80), „entsteht dabei eine Dreiecksstruktur zwischen dem Management als mächtigem Auftraggeber, den Spezialisten als Inhabern des technischen Sonderwissens und den zukünftigen Anwendern in den operativen Niederungen des Tagesgeschäftes. Jede dieser drei Gruppen bringt unterschiedliche Interessen mit in die Begegnung. Jede Gruppe konstruiert ihre Realität aus unterschiedlichen Wahrnehmungen und Meinungen, Werthaltungen und Gewohnheiten, die etwas mit den Eigenheiten der Profession zu tun haben." Eine Gruppe, deren sowohl machtpolitischer als auch kultureller Einfluß bei Technikeinführungen nicht vergessen und auch nicht unterschätzt werden sollte, ist die Interessenvertretung der Arbeitnehmer – sei es der Betriebsrat des jeweiligen Unternehmens, seien es die die jeweilige Branchenkultur nicht unerheblich mitgestaltenden Gewerkschaften (mit ihren zum Teil regen und nicht immer mit dem Betriebsrat harmonierenden Vertrauensleuten in den einzelnen Betrieben). In den von uns untersuchten Betrieben des Öffentlichen Personennahverkehrs dominierte die gewerkschaftliche Sicht auf rechnergestützte Betriebsleitsysteme nicht nur den betrieblichen (und überbetrieblichen) Diskurs über dieses technologische System, sondern verhinderte obendrein – durch den Widerstand des Betriebsrats – über längere Zeit dessen Einführung.

2.2. Kultur aus der subjektiven Erlebnisperspektive: Arbeits kultur

Neben den Konzepten ‚Unternehmenskultur' und ‚Organisationskultur' beansprucht ein weiteres Kultur-Konzept, die kulturelle Wirklichkeit in Unternehmen zu erhellen: das Konzept der ‚Arbeitskultur' (Scheuch und Scheuch 1989, Heidenreich 1994, Then 1996, Leger 1995, Zorn 1997 sowie Mix und Heisig 1999). Meist wird hierbei jedoch von Arbeitskultur gesprochen, ohne genauer zu bestimmen, wie sich Arbeitskultur von Unternehmenskultur oder Organisationskultur unterscheidet. In den von mir gesichteten Texten findet sich kaum ein Hinweis darauf, daß es in Deutschland eine distinkte kulturelle Tradition unter dem Namen „Arbeitskultur" bereits gegeben hat – in der früheren DDR nämlich. Anknüpfend an die Traditionen der Arbeiterbewegung, die sich nicht nur als politische Gegenströmung, sondern immer auch als Gegen-Kultur zur herrschenden bürgerlichen Kultur verstand, spielte der Begriff der Arbeitskultur in der DDR bei der Entwicklung einer umfassenden sozialistischen Kulturpolitik eine zentrale Rolle (Fuchs 1990, Mader und Stahle 1991). Letztere weisen in ihrer Analyse der Arbeitskultur in der ehemaligen DDR darauf hin, daß diese von der „Vision einer humaneren Gestaltung der Arbeits- und Lebensbedingungen im Interesse des arbeitenden Menschen" (Mader und Staehle 1991, S. 133) ihren Ausgang nahm. Vielleicht nicht nur von der Vision, denn Gensior (1992, S. 279) zufolge war die ostdeutsche Arbeitskultur tatsächlich geprägt durch „vertrauensvolle Zusammenarbeit, Abwesenheit expliziten Leistungsdrucks und ein hohes wechselseitiges Verantwortungsgefühl der Gruppenmitglieder untereinander". Wurde die Arbeitskultur in der DDR – sowohl begrifflich als auch in ihrer realen Ausprägung – im organisationskulturellen Diskurs der Bundesrepublik bis zur „Wende" relativ wenig rezipiert, änderte sich dies schlagartig, als durch die Ansiedlung westlicher Firmen in den neuen Bundesländern, beziehungsweise im Zuge von (zumeist) west-östlichen Firmenübernahmen und -zusammenschlüssen, Unterschiede in der Unternehmens- und Organisationskultur, vor allem kulturelle Unterschiede zwischen westlichem Management und ostdeutschen Arbeitnehmern, unübersehbar wurden und zu dauerhaften Produktionshemmnissen zu werden drohten (Birnbaum und Kornbichler 1994, Sahner 1995).

Der zuletzt angesprochene Begriff von Arbeitskultur unterscheidet sich vom Konzept der Unternehmenskultur darin, daß Kultur nicht von ,oben', sondern, worauf der Name schon hinweist, aus der Perspektive der Beschäftigten gedacht wird. Zwar beziehen sich auch prominente Autoren der Unternehmenskulturforschung auf die kulturellen ,Niederungen' einer Organisation; sie sehen diese jedoch als etwas an, was quasi ,top down' vom Management in Gang gesetzt wird. So beispielsweise Schein (1995), der davon ausgeht, daß Kultur mit Werten und Prämissen von Gründer- und Führungspersönlichkeiten beginnt, die sich dann mit der Zeit in der Organisation verankern. Auch Hofstede, der zunächst kritisiert, daß sich Beschreibungen von Organisationskulturen in der Regel „lediglich auf Aussagen von Unternehmens-,Helden'" stützen, kommt über die Frage nicht hinaus, „bis zu welchem Grad die Botschaft von Führungspersönlichkeiten bei den Mitgliedern" einer Organisation ankommt (1997, S. 253f.). Hierzu müsse man sich stärker auf die Ebene der „gemeinsamen Praktiken" konzentrieren, denn – und damit landet auch er wieder bei einer ‚top down-Bestimmung' – „die Werte der Gründer/Führungspersönlichkeiten werden zu Praktiken der Mitglieder"; der „gewöhnlichen Mitglieder", wie Hofstede hinzufügt.

Eine andere Perspektive gewinnt man, wenn man wie Volmerg (1993, S. 164) nicht danach fragt, was von den strategischen Bemühungen der Gestaltung der Unternehmenskultur ‚unten' ankommt, sondern danach, was die „instrumentelle Verwendung von Kulturbestandteilen für die ‚Lebenswelt' im Betrieb, für das, was als ‚Kultur' der Arbeitenden in ihrem Zusammenleben und -arbeiten gewachsen ist", bedeutet. Den Begriff der „Gegenkultur" aufgreifend, findet sie diese nicht nur in der Kultur der gewerkschaftlichen Interessenvertretung im Betrieb, sondern in den lebensweltlichen Aspekten der Arbeitswelt überhaupt: „Diese Praxis der Selbsterhaltung und des Selbstschutzes findet teilweise ihren kollektiven Ausdruck in der gewerkschaftlichen Interessenorganisation, teilweise aber auch unabhängig von dieser in den informellen Beziehungen und Arbeitsweisen der Gruppen im Betrieb, die eine ganz eigene Wirklichkeit ausmachen. ... Man kann hier auch von einer in der betrieblichen Lebenswelt verankerten Gegenkultur der Arbeitenden sprechen, die aus der Erfahrung von Ausbeutung und Entfremdung erwächst (Volmerg, Senghaas-Knobloch, Leithäuser 1986). Diese Gegenkultur dient der Selbstkontrolle im Interesse der Selbsterhaltung. Sie schafft Räume für die Entwicklung von Eigensinn, gegen die als sinnlos wahrgenommene Teil-Arbeit, und sie bildet die Basis für die Entwicklung und Artikulation von Interessen im Betrieb" (Volmerg 1993, S. 171).

Arbeits-Kultur in diesem Sinne, als Gegenkultur der Arbeitenden, als Kultur von ‚unten', bringt gleichsam die andere Seite des Interessengegensatzes von Kapital und Arbeit ins Spiel und ist damit in gewisser Weise der Komplementärbegriff zur strategischen Unternehmenskultur. Eine ähnliche Bestimmung findet sich auch in dem von Werner Fuchs-Heinritz u.a. herausgegebenen Lexikon zur Soziologie (1994, S. 55). Dieses definiert „Arbeitskultur" als „Ensemble der Lebensformen und Einstellungen, die das Arbeitsverhalten, insbesondere die Reaktionen auf Anforderungen industrieller Arbeit prägen. Arbeitskultur wird bestimmt nicht allein durch unmittelbare Zwänge und direkte Disziplinierungsinstanzen, sondern insbesondere durch die Vermittlung vielfältiger Orientierungsleistungen und Verhaltensanforderungen, denen sich lohnabhängig Arbeitende in industriell-kapitalistischen Gesellschaften konfrontiert sehen, neben unterschiedlichsten zeitlichen Vorgaben etwa auch Erfordernisse von Interessenorganisation".

Die ‚Reaktionen' der Arbeitenden auf die Anforderungen industrieller Arbeit ergeben sich nun aber nicht nur aus einer von der Kapitalseite unterschiedenen Interessenlage, die ihre Anerkennung einfordert, sondern auch aus anderen Anerkennungsdimensionen, die aufzugreifen, empirisch zu erforschen und theoretisch auszuarbeiten Anliegen einer Gruppe von Arbeitswissenschaftlerinnen um Eva Senghaas-Knobloch (1996, 1998, 1999) ist. Diese sehen die Beschäftigten nicht nur als lohn- bzw. gehaltsabhängige Mitarbeiter und Mitarbeiterinnen eines Betriebs, sondern als Personen – als „Arbeitsbürger" (Müller-Jentsch 1994) –, die „ihre je eigene Subjektivität, ihre eigenen Sinnansprüche und Wertvorstellungen [haben/E.T.]. In welcher Weise diese in die Arbeitsrolle einfließen können, ist eine Frage, deren Beantwortung in der Art der herausgebildeten Arbeitskultur eines Betriebs zu finden ist" (Senghaas-Knobloch 1996, S. 30). Die Arbeitskultur ist in dieser Perspektive quasi die lebensweltliche ‚Rückseite' systemischer Anforderungen: „In den inoffiziellen und widerständigen Handlungen kommt zum Ausdruck, daß Menschen unter allen Umständen ihre eigenen subjektiven Ansprüche in eine Situation mitbringen und sie dadurch prägen. So bildet sich unvermeidlich in jeder formalen Organisation eine lebensweltliche Seite oder – mit anderen Worten – eine Arbeitskultur heraus, und zwar allein durch die Art, wie die Beschäftigten je auf ihre Weise in wechselseitigen Beziehungen ihre vorgegebenen formalen Anforderungen erfüllen, und wie sie eben dadurch persönlich ihr berufliches Selbstbild gewinnen, ihr betriebliches Handeln motivieren und ihre Orientierung im Betrieb finden. Arbeitskultur ist also weder beliebig herstellbar, noch beliebig manipulierbar. Sie ist nicht vergleichbar mit dem strategischen Begriff der Unternehmenskultur, denn sie ergibt sich aus dem eingespielten Kooperationshandeln der Einzelnen in den vorgegebenen Strukturen, nicht aus gesetzten Anweisungen von oben" (ebenda, S. 12). Arbeitskultur ist insofern „die Binnenseite von Organisationsstruktur (Senghaas-Knobloch 1999, S. 86). In einem weiteren Text unterscheidet Senghaas-Knobloch (1998, S. 3) drei Komponenten der Arbeitskultur: eine Wissens- und Orientierungskomponente, eine normative Komponente und eine Motivationskomponente: „In der *Wissens- und Orientierungskomponente* geht es um das, was von den Mitgliedern einer Organisation in der Praxis wechselseitiger Interaktionen darüber gelernt wurde, *wie Anforderungen üblicherweise zu erfüllen* sind. Die *normative* Komponente bezieht sich auf die Auffassungen, die sich in den Interaktionen darüber ergeben haben, was bei der Erfüllung von Anforderungen *als richtig, angemessen* und gerecht zu betrachten ist. Mit der *Motivationskomponente* wird die Herausbildung von beruflichen oder betrieblichen Selbstbildern und *Haltungen* der Beschäftigten zu ihren Aufträgen bezeichnet" (Hervorhebung von der Autorin).

Meines Erachtens können organisatorische Subkulturen und die Beziehungen zwischen Subkulturen als privilegierte Orte der Herausbildung von Arbeitskulturen gelten. Der Unterschied zwischen einer subkulturellen und einer arbeitskulturellen Perspektive der genannten Fasson besteht m.E. darin, daß die subkulturelle Perspektive, wie ich gleich zeigen werde, eher auf kollektive Akteure, auf Prozesse innerhalb und zwischen funktionalen, hierarchischen, professionellen und anderen Gruppen abzielt und hierbei weniger, als dies die von der „Unhintergehbarkeit menschlicher Bedürfnisse" auch in der betrieblichen Lebenswelt (Senghaas-Knobloch 2000b, S. 3) ausgehende arbeitskulturelle Sichtweise tut, nach dem Schicksal der Menschen und ihrer Subjektivität in Organisationen fragt. Anders gefaßt: Geht die arbeitskulturelle Perspektive von der – durchaus auch kollektiv vermittelten – persönlichen Sinnherstellung und den subjektiven Bewältigungsstrategien in der betrieblichen Lebenswelt aus, siedelt sich eine subkulturelle Perspektive eher auf der Ebene subjektübergreifender kultureller Zusammenhänge an.

Nach diesem Überblick über zentrale Themen der Organisationskulturforschung wende ich mich jetzt der Dimension von Organisationskultur zu, deren Stellenwert sich mir bei der Untersuchung des interaktionellen Geschehens bei der Einführung rechnergestützter Betriebsleitsysteme in Betriebe des Öffentlichen Personennahverkehrs aufgedrängt hat und deren Bedeutung für Aushandlungsprozesse in Organisationen kaum überschätzt werden kann: Subkulturen in Organisationen.

2.3. Subkulturen in Organisationen: Zwischen subkultureller Selbstbezüglichkeit, inter-subkulturellen Beziehungen und übergreifender Organisationskultur

Dominierte in der organisationswissenschaftlichen Diskussion über die Bedeutung der Organisations- bzw. Unternehmenskultur lange Zeit die Annahme einer relativ einheitlichen organisationsumspannenden Kernkultur, setzt sich in den letzten Jahren mehr und mehr die Erkenntnis durch, daß Organisationen sowohl intern vielfältige Subkulturen beherbergen bzw. überhaupt aus einem Geflecht von Subkulturen bestehen, als auch nach außen hin in verschiedenste kulturelle Kontexte eingebettet sind, die das organisatorische Geschehen durchwirken. Formulierten Van Maanen und Barley 1985 noch vorsichtig, daß solide theoretische Gründe dafür sprächen, mannigfache Subkulturen innerhalb einer Organisation erwarten zu können, geht man in der Organisationsforschung inzwischen selbstverständlicher davon aus, daß „Organisationen selbst aus Subkulturen bestehen" (Berthoin Antal u.a. 1993, S. 207). In den Worten von Trice (1993, S. 222): „Organisationen sind interagierende multikulturelle Erscheinungen." Dabei ist es beileibe nicht so, daß die Existenz und die Bedeutung von organisatorischen Subkulturen erst in den letzten Jahren entdeckt worden wären; man kann vielmehr sagen, daß Anfang der 80er Jahre, als die Bestseller von Deal & Kennedy und Peters & Waterman in den Buchläden auftauchten, auch die bahnbrechenden Arbeiten über organisatorische Subkulturen erschienen (Louis 1983, Gregory 1983, Martin, Sitkin und Boehm 1983, Martin und Siehl 1983, Van Maanen und Barley 1985, Jamison 1985, Meyerson und Martin 1987, in Deutschland Bleicher 1986).

Ich möchte zunächst ein naheliegendes Mißverständnis ausräumen, das mit der Verwendung des Subkultur-Begriffs sowohl in der wissenschaftlichen Literatur als auch im öffentlichen Diskurs gegeben ist, wird dort doch unter einer Subkultur meist eine von der herrschenden Kultur abweichende „Gegenkultur" bzw. eine im normativen Sinne abweichende „Teilkultur" verstanden. So beispielsweise im „Historischen Wörterbuch der Philosophie" (1998, S. 475), das unter „Subkultur" eine Bezeichnung für Gruppen versteht, „deren Normen, Bedürfnisse, Institutionen, Interessen usw. von denen der Gesamtgesellschaft abweichen". In ähnlicher Weise sieht das von Fuchs-Heinritz herausgegebene „Lexikon zur Soziologie" (1994, S. 655) im Begriff der Subkultur eine „allgemeine Bezeichnung für die von einem kulturellen Zusammenhang mehr oder weniger abweichende Kultur einer Teilgruppe, die sich durch Klassenlage, Alter, Beruf, Religion usw. vom Gesamt unterscheidet." Dieser engen Bindung des Subkulturbegriffs an den Assoziationskreis des „abweichenden Verhaltens" ist es wohl auch geschuldet, daß, wie Schwendter in seiner „Theorie der Subkultur" (1978, S. 12) ausführt, der „zunächst wertfreie" Begriff der Subkultur in der Praxis „zum Schimpfwort degradiert" wurde. In der Tradition organisationswissenschaftlicher Ansätze fasse ich „Subkulturen" nicht als von einer dominierenden Organisationskultur abweichende Gegenkulturen auf, sondern in analytischer Weise als je spezifische organisatorische Teilkulturen, die in sehr unterschiedlichen Beziehungen zur übergreifenden Organisationskultur stehen können.

Wie entstehen organisatorische Subkulturen?

Wie entstehen nun in einer Organisation Subkulturen? Van Maanen und Barley (1985) sehen die Basis für organisatorische Subkulturen ganz allgemein überall dort, wo Organisationsangehörige zur Lösung gemeinsamer Probleme regelmäßig mit Anderen interagieren. In diesen Fällen bilden sich mit der Zeit gemeinsame Verstehensweisen, kollektive Selbstkonzepte sowie spezifische Vorstellungen über andere betriebliche Akteure; das heißt zusammengenommen: interpretative Schemata, die die Handlungen der Angehörigen einer Subkultur begleiten und befördern. Angelehnt an diese Bestimmung formulieren Helmers und Knie (1992, S. 37): „Kulturen entstehen über Kommunikation. Im Verlaufe häufiger sozialer Kontakte in Gruppen bilden die Mitglieder eigene Vorstellungen, Wahrnehmungs- und Verhaltensweisen heraus, die sich von anderen mehr oder weniger deutlich unterscheiden und sie somit als distinkte Kulturgruppe hervortreten läßt." Diese noch sehr allgemeinen Bestimmungen organisatorischer Subkulturen unterscheiden sich kaum von gebräuchlichen Bestimmungen der umgreifenden Organisationskultur, zumindest dort, wo jene die Kultur einer Organisation bzw. eines Unternehmens als ein kohärentes kulturelles Gebilde beschreiben. Und in der Tat lassen sich die oben aufgeführten Definitionen von Organisationskultur ziemlich ausnahmslos auf die Bestimmung von Subkulturen übertragen: Man kann von einer subkulturell ‚erlernten Weise, Erfahrungen zu verarbeiten' ebenso sprechen wie von subkulturellen ‚Grundannahmen'; die Vorstellung eines ‚Ensembles' der in einer Subkultur ‚geltenden Spielregeln' macht ebenso Sinn wie die Annahme einer ‚gemeinsamen Wahrnehmung tagtäglicher Praktiken' im Kontext einer Subkultur; man kann mit guten Gründen sowohl davon ausgehen daß Subkulturen über ‚gemeinsam geteilte Überzeugungen' verfügen, die ihr ‚Selbstverständnis' und ihre ‚Eigendefinition' prägen, wie davon, daß eine Subkultur ‚durch das permanente interpretative Handeln' ihrer Mitglieder ‚produziert und reproduziert' wird.[7] So betrachtet sind organisatorische Subkulturen nicht nur Untergliederungen einer Organisationskultur, sondern ihrerseits distinkte Kulturen, die sich durch eine eigensinnige kulturelle Selbstbezüglichkeit auszeichnen. Distinkte Kulturen jedoch, die – und dies ist ein nicht zu vernachlässigender Aspekt des Subkulturthemas – ihren Ort im kulturellen Gesamtgefüge einer Organisation ebenso einzunehmen haben wie sie an der Aufgabe und Zielerreichung dieser Organisation beteiligt sind und entlang dieser Eingebundenheit ihren Verkehr mit den anderen Subkulturen

---

[7] Die Zitate stammen in dieser Reihenfolge von Gregory (1983), Schein (1995), Willke (1997), Hofstede (1997), Steinmann und Schreyögg (1991) sowie von Nagler, Hartmann und Senghaas-Knobloch (1999).

zu regeln haben. Bevor ich mich jedoch diesem Thema zuwende, will ich zunächst damit fortfahren, das Phänomen der organisatorischen Subkulturen und
deren Entstehungsbedingungen weiter aufzufächern.

Van Maanen und Barley (1985, S. 39ff.) nennen sechs organisatorische Aus-
gangspunkte für die Bildung von organisatorischen Subkulturen: „Segmentie-
rung" durch funktionelle Differenzierung, Spezialisierung, Professionalisie-
rung etc.; „Importe" durch Firmenübernahmen und Fusionen; „technologische
Innovationen", die neue Subkulturen hervorbringen oder das Kräfteverhältnis
von bestehenden Subkulturen nachhaltig verändern können; „ideologische
Differenzierungen" durch konkurrierende professionelle Interpretationen oder
gar Paradigmen; „gegenkulturelle Bewegungen", die beispielsweise von Organisationsmitgliedern gebildet werden, die sich in der Organisation schlecht
behandelt oder zurückgesetzt fühlen; und schließlich sog. „Karrierefilter", d.h.
Subkulturen, die sich auf den verschiedenen hierarchischen Ebenen einer Organisation bilden. Schein (1991, S. 26), der alles in allem ähnliche Quellen für
Subkulturbildungen in Organisationen nennt, ergänzt diese um die Aspekte
von „physischer Nähe", „geteiltem Schicksal" und „ähnlicher ethnischer Zugehörigkeit". Allgemein gelte, so Schein, daß eine Gruppe, die „eine eigene
Entwicklungsgeschichte hat ... auch eine eigene Kultur auf(weist)", wobei,
wie er später einschränkend hinzufügt, sich Subkulturen in der Regel doch um
eher „stabile soziale Einheiten" herum bilden. Die Stabilität hängt hierbei von
folgenden Punkten ab: „einer relativ stabilen Mitgliedschaft; wie lange die
Gruppengründer die Führungsrolle innehaben; der Wahrnehmungsfähigkeit
und Potenz der Führung; der Anzahl und der Intensität der gemeinsamen Erfahrungen; wie lange die Gruppe bereits existiert; wie ‚klein' die Gruppe ist,
was in diesem Fall bedeutet, welches Niveau an Nähe und Vertrauen möglich
ist" (Schein 1996, S. 225). Subkulturen bilden sich also nicht nur in formalen
organisatorischen Einheiten (wie Zweigniederlassungen, Geschäftsfeldern,
Funktionsbereichen und Abteilungen) oder auf festen hierarchischen Ebenen,
sondern auch in zeitlich befristeten Projektzusammenhängen und in informellen Gruppierungen, wie beispielsweise bestimmten Cliquen (Van Maanen
und Barley 1985; Trice 1993; Schein 1995).

Die Frage nach kulturell bedeutsamen organisatorischen Einheiten

Was in einer bestimmten Organisation als „kulturell bedeutsame organisatorische Einheit" angesehen werden kann, muß Hofstede (1998) zufolge erst
einmal herausgefunden werden. Die Bestimmung kulturell bedeutsamer orga-

nisatorischer Einheiten ist jedoch ihrerseits nicht unabhängig von der jeweiligen organisationswissenschaftlichen Perspektive, mit der man sich an die Aufgabe der Identifizierung organisatorischer Subkulturen macht – und somit von den Entwicklungstendenzen in den entsprechenden wissenschaftlichen Disziplinen. So identifiziert beispielsweise Sackmann (1992) auf dem Hintergrund eines wissenssoziologischen Ansatzes, d.h. einer von der Existenz einer kognitiven kulturellen Landkarte ausgehenden Analyse (organisations-)kulturellen Wissens, eine beträchtliche Anzahl von Subkulturen, die sich um eine Wissensart herum bilden, die von ihr als „dictionary knowledge" bezeichnet wird, bei welchem es um das „what is" von Dingen und Ereignissen geht. Ihre Forschungsergebnisse legen nahe, daß sich viele der subkulturellen Gruppierungen entlang von funktionellen Domänen bilden, die jedoch weniger aus vorgegebenen strukturellen Einheiten (Abteilungen bzw. festen Rollen) bestehen, sondern rückgekoppelt sind „an die jeweilige Auffassung der eigenen professionellen Rolle und der tatsächlich wahrgenommenen Verantwortung in der professionellen Rolle" (ebenda, S. 147). Hofstede (1998) wiederum, der in seiner Untersuchung der Organisationskultur einer großen dänischen Versicherungsgesellschaft Unterschiede in den „Arbeitspraktiken" (,work practices') zum Ausgangspunkt nahm, identifizierte in einem ersten Durchgang 131 unterschiedliche Arbeitsgruppen, aus denen sich schließlich mit Hilfe einer Clusteranalyse drei größere Subkulturen extrahieren ließen: eine professionelle Subkultur, eine administrative Subkultur und die Subkultur derer, die die Schnittstelle zu den Kunden bilden.

In dem ÖPNV-Unternehmen, dessen RBL-Einführung wir analysiert haben, konnte der Prozeß der Veränderung kulturell bedeutsamer organisatorischer Einheiten gut beobachtet werden. In diesem Unternehmen erfolgte während des Zeitraums unserer Erhebung ein organisationsumfassender Reorganisationsprozeß, der nicht nur die hierarchische Linienorganisation völlig umstrukturierte, sondern über die Einführung von Gruppenarbeit im Fahrdienst und die Einsetzung von Gruppenleitern die Fahrer und das Geschehen auf den Betriebshöfen einerseits auf eine völlig neue Weise an die zentralen Abteilungen anschloß, ihnen andererseits aber auch eine gewisse Selbstorganisation eröffnete. Ergänzt wurde die Einführung von Gruppenarbeit im Fahrdienst durch eine radikale Neubesetzung fast aller (ebenfalls neu definierter) Leitungspositionen mit erheblich jüngeren und zum Teil aus anderen Unternehmensbereichen stammenden (oder gar externen) Mitarbeitern, womit die übliche Praxis des ,Hochdienens' durchbrochen wurde. Der Reorganisationsprozeß führte sowohl zu einem Kulturwandel im gesamten Verkehrsunternehmen als auch zur Bildung neuer (sub-)kultureller Einheiten, begleitet von einem

Aufeinanderprallen kultureller Orientierungen und damit verbundener vielfältiger ‚Akkulturationsprozesse'. Von den Beschäftigten wurde die Umstrukturierung ambivalent aufgefaßt; die Erleichterung über die Abschaffung verknöcherter und autoritärer Strukturen ging Hand in Hand mit Widerständen gegen die intendierte Neuorientierung (Tietel, Scherer und Leithäuser 1996).

Organisatorische Subkulturen stellen nur einen – wenn auch aus der Perspektive meiner empirischen Studien wesentlichen – Ausschnitt aus dem multikulturellen Geflecht von Organisationen dar. In der aktuellen Organisationsforschung wird die Subkulturthematik um weitere kulturelle Dimensionen erweitert, so um die Problematik der „kulturellen Mehrfachbelegung" von Organisationsmitgliedern (Helmers und Knie 1992; Helmers 1993; Sackmann 1997). Konkret bedeutet dies beispielsweise, daß selbst in dem Falle, wo eine betriebliche Arbeitsgruppe einen relativ homogenen beruflichen und aufgabenmäßigen Zuschnitt hat, diese Arbeitsgruppe aufgrund verschiedener betrieblicher, ethnischer, nationaler, regionaler, religiöser, geschlechtlicher und sonstiger kultureller Verortungen ihrer Mitglieder nicht nur als distinkte Subkultur, sondern ihrerseits als ein multikulturelles Phänomen aufzufassen ist (Sackmann 1977).

Im folgenden werde ich auf einige Subkulturbildungen – auf die Berufs- und Professionskulturen, die temporären Kulturen in Projektteams und ‚Gemeinschaften von Praktikern' sowie auf Gegenkulturen – kurz eingehen, bevor ich mich dem inter-subkulturellen Geschehen, vor allem den Beziehungen zwischen funktionalen Subkulturen (Abteilungen oder Teams), zuwende.

Berufs- und Professionskulturen

In meiner Untersuchung der Aushandlungsprozesse bei der Einführung eines organisatorisch weitreichenden technischen Systems in Betrieben des Öffentlichen Nahverkehrs erwiesen sich neben den „funktionalen Subkulturen" der verschiedenen betrieblichen Abteilungen (Fahrdienst/Betriebshöfe, Werkstätten, Betriebslenkung, die Abteilungen Technik, Planung und Personal etc.) vor allem auch die – sich mit diesen teilweise überschneidenden – unterschiedlichen „beruflichen Subkulturen" (Trice 1993) bzw. „Professionskulturen" (Helmers und Knie 1992) als ausgesprochen relevant. Die Kultur der Techniker in den technischen und planenden Abteilungen mit ihrer Orientierung an ganz speziellen professionellen Standards, Regeln und Leitbildern und ihrer Zugehörigkeit zu firmenübergreifenden Berufsgemeinschaften unterscheidet sich deutlich von den Sichtweisen und Relevanzstrukturen des

Managements auf der einen und denen der Fahrer oder der Disponenten auf der anderen Seite. Schein (1997) hat den Versuch unternommen, die Unterschiede dreier Berufskulturen, der Kultur der Techniker, der Kultur des Managements und der Kultur der Arbeitnehmer, entlang von deren impliziten Grundannahmen aufzuschlüsseln. Doch wie sich die Kultur der Arbeitnehmer nochmals in verschiedene Berufskulturen, beispielsweise die Kultur bestimmter Handwerksberufe, differenziert, kann man sich auch das Management nicht in der Homogenität vorstellen, wie dies von Unternehmenskultur-Ansätzen häufig implizit unterstellt wird. In den von uns untersuchten Betrieben war die Dreiteilung der Geschäftsführung in einen kaufmännischen, einen technischen und einen für Personal zuständigen Direktor (in größeren Unternehmen der Arbeitsdirektor) Ausgangspunkt vielfältiger Konflikte und schwieriger Entscheidungsfindungen. Schein (1998) zufolge wird die organisatorische Bedeutung von Berufskulturen in der Zukunft noch zunehmen; er vertritt die Ansicht, daß künftig Organisationslernen durch den Begriff des Berufslernens ersetzt werden wird. Mit der Zuwendung zu Berufs- und Professionskulturen gewinnt die Organisationskulturforschung sowohl einen Anschluß an die Forschungsarbeiten zur beruflichen Sozialisation (Heinz 1995) als auch an die Erforschung unbewußter emotionaler Motivationen, die mit den verschiedenen Professionen verwoben sind (Stokes 1994). Sozioemotionale Phänomene wie etwa wechselseitige Abwertungsprozesse zwischen verschiedenen Professionen, Berufsgruppenneid etc. prägen die Beziehungen zwischen den Professionen entscheidend mit.

Temporäre Kulturen in Projektteams und ‚Gemeinschaften von Praktikern'

Vor dem Hintergrund der Verknappung der Ressourcen Zeit und Geld sowie einer dramatischen Steigerung der Komplexität im wirtschaftlichen Geschehen werden traditionelle Binnendifferenzierungen in Organisationen gemäß arbeitsteiliger Funktionsbereiche ein Stück weit aufgegeben (Wimmer 1998) und gewinnen temporäre Formen von Subkulturen zunehmend an Bedeutung. Zu nennen sind hier zum einen zeitlich begrenzte projektgebundene Teams, Qualitätszirkel, Lernstätten, Werkstattzirkel etc., zum anderen eher informelle Kooperationsformen, wie die, die Brown und Duguid (1991) „praxisorientierte Gemeinschaften" nennen.

Waren Teams vor Jahren noch Ausnahmeerscheinungen und nur mit Mühe in eine nicht auf Teamarbeit hin konzipierte hierarchische Organisation zu integrieren, sind sie Wimmer (1998, S. 128) zufolge heute „unabdingbare Voraussetzung für das erfolgreiche Agieren von Organisationen geworden"; sie lösen sich aus ihrer einst eher kompensatorischen Funktion und avancieren nach Ansicht führender Experten auf dem Feld der Organisationsentwicklung zu „Hyperexperten im Komplexitätsmanagement" (Königswieser und Heintel 1998). Selbst auf Führungsebene nimmt die Tendenz zur Teambildung zu, wobei Führungsteams vor der höchst anspruchsvollen Aufgabe stehen, „in ihren Problemlösungs- und Entscheidungsprozessen sowohl die horizontale Verknüpfung der betroffenen Organisationseinheiten untereinander wie auch die Abstimmung zwischen den Hierarchieebenen [zu/E.T.] leisten" (Schwendenwein 1999, S. 53). Bungard (1995, S. 407) definiert Teams wie folgt: „Ein Team in einer Organisation repräsentiert eine kleine, nach funktionalen Gesichtspunkten strukturierte Arbeitsgruppe mit einer spezifischen Zielsetzung und entsprechenden Arbeitsformen, relativ intensiven Interaktionen untereinander und einem mehr oder weniger starken Gemeinschaftsgeist. Diese konstituierenden Merkmale implizieren die Vorstellung, daß die Effizienz der Teamarbeit sowohl auf der funktionsgerechten Strukturierung als auch auf der Gruppenkohäsion beruht, wobei die Integration einzelner Individuen mit ihren spezifischen Kenntnissen, Fähigkeiten und Fertigkeiten in die übergeordnete ‚Teameinheit' entscheidend ist." Teams sind also nicht nur funktionale Instrumente der Erreichung eines bestimmten Zieles, sondern gleichermaßen ‚personenbezogene Sozialkörper', die sich von anderen personenbezogenen Sozialkörpern, wie etwa Gruppen, dadurch unterscheiden, daß sie wesentlich um ein bestimmtes Tätigkeitsziel herum gebildet werden (Buchinger 1999). Dennoch läßt sich auf Teams all das beziehen, was die Gruppendynamik und Kleingruppenforschung über die Eigendynamik von Gruppen zu sagen haben. Damit Teams als ‚Instrumente' der Organisation funktionieren, müssen Organisationen Rahmenbedingungen bereitstellen, die Teams die Gelegenheit geben, eine tragfähige Kultur zu entwickeln, die neben inhaltlichen und strukturellen Aspekten der Teamarbeit auch die sozio-emotionalen und kommunikativen Aspekte umfasst. Buchinger (1999) zufolge stehen die Mitglieder von Teams zunehmend vor der Tatsache, zu mehreren Teams gleichzeitig zu gehören. Dies stellt neue Anforderungen an die Teamfähigkeit nicht nur von Mitarbeitern sondern der gesamten Organisation; an Mitarbeiter insofern, als deren Teamfähigkeit „nicht auf die Zugehörigkeit zu einem einzelnen, oder gar fixen Team in der Organisation konzentriert oder beschränkt ist" (ebenda, S. 21f.). Basis von Organisationen wird Buchinger zufolge vielmehr eine Art „allgemeiner virtueller Teamzugehörigkeit" sein, die „jederzeit in neuen Teams realisierbar ist und erfahrbar gemacht werden kann" und in der Entwicklung einer Art „gruppenbezogenen Organisationsleitbildes" ihre kulturelle Entsprechung finden muß.

Von hier gibt es fließende Übergänge zu dem, was in der gegenwärtigen Organisationsforschung praxisorientierte Gemeinschaften genannt wird. Brown und Duguid (1991, 1999) verstehen unter Gemeinschaften von Praktikern betriebliche (aber auch überbetriebliche) Gruppierungen, in denen die Entwicklung von Know-how und Meinungsbildung Hand in Hand gehen und deren Mitglieder zusammenarbeiten, um ihr Wissen gemeinsam umzusetzen (Wehner, Clases und Endres 1996). Eine derartige Gemeinschaft entwickelt ein – zuweilen implizites – Verständnis davon, „was sie tut, wie sie es tut und wie sie mit anderen Gemeinschaften und deren Praxis in Verbindung steht – am Ende steht eine ‚Weltsicht', die die kollektive Wissensgrundlage der Gemeinschaft darstellt" (Brown und Duguid 1999, S. 80). Die genannten Autoren weisen darauf hin, daß der Gemeinschaftscharakter dieser Gruppierungen häufig implizit bleibt, sie sich selbst nicht notwendigerweise als zusammenhängende Gruppierung verstehen, während umgekehrt explizite Teams häufig den produktiven Charakter von Gemeinschaften von Praktikern nicht erreichen. In dem RBL-Projekt, das ich im empirischen Teil beschreiben werde, entwickelten sich meinem Eindruck nach Züge einer derartigen praxisorientierten Gemeinschaft. Aus einem hierarchisch verordneten Projektzusammenhang von deutlich voneinander abgegrenzten Projektgruppen mit jeweils starken betriebspolitischen Orientierungen bildete sich im Laufe der Projektzeit ein selbstorganisierter diskursiver Zusammenhang mit einer ausgeprägten kooperativen Sach- und Problemlösungsorientierung. Dieser besteht aus Angehörigen verschiedener Funktionsbereiche, hierarchischer Stufen, Berufskulturen etc., die in der gemeinsamen Zuwendung zur Projektaufgabe nach und nach eine gemeinsame Wissensbasis sowie dialogische Kommunikations-, Kooperations- und Interaktionsformen entwickelten und trotz aller divergierender Interessen der jeweiligen ‚Herkunftskulturen' einen subkulturübergreifenden intermediären Lern- und Aushandlungsraum schufen.

Nach diesem Überblick über organisatorische Subkulturen, deren Definition, Entstehungsbedingungen und Typen, wende ich mich jetzt der Frage der Beziehungen zwischen organisatorischen Subkulturen zu, wobei der Schwerpunkt nun auf den funktionalen Subkulturen (Abteilungen und Teams) liegen wird.

Kooperation und Rivalität: Die Beziehungen zwischen organisatorischen Subkulturen

Stellen sich Organisationen unter subkultureller Betrachtungsweise als Konglomerat vielfältiger Subkulturen dar, so folgen daraus zwei Fragen. Erstens: In welcher Weise handhaben organisatorische Subkulturen entlang ihrer Aufgabenstellungen und gemäß ihres Ortes im strukturellen Gefüge einer Organisation ihren Austausch, d.h. in welcher Weise kooperieren, kommunizieren und interagieren sie miteinander und welche Probleme und Störungen treten hierbei auf? Und zweitens: In welcher Beziehung steht das Geschehen in und zwischen organisatorischen Subkulturen zur übergreifenden Organisationskultur? Im folgenden beschäftige ich mich zunächst mit den Problemfeldern und konflikthaften Dynamiken, die im Spannungsfeld von subkulturellem Eigensinn und gleichzeitiger wechselseitiger Abhängigkeit organisatorischer Subkulturen voneinander entstehen (können).

Die eigensinnige kulturelle Selbstbezüglichkeit organisatorischer Subkulturen

Chronische Barrieren zwischen organisatorischen Subkulturen ergeben sich schon allein daraus, daß organisatorische Subkulturen zwar aus der Perspektive der Organisation Teilkulturen dieser Organisation darstellen, also arbeitsteilig begründete und miteinander vernetzte und kooperierende Untergliederungen eines Organisationsganzen sind, sich aus ihrer eigenen Perspektive jedoch zunächst einmal als selbstbezügliche Kulturen konstituieren. Auf Subkulturen als eigensinnige kulturelle Einheiten treffen dann all die Bestimmungen zu, die für die organisationsumspannende Kultur geltend gemacht wurden. Ich möchte nur an Scheins Definition von Organisationskultur erinnern: *„Ein Muster gemeinsamer Grundprämissen, das die Gruppe bei der Bewältigung ihrer Probleme externer Anpassung und interner Integration erlernt hat, das sich bewährt hat und somit als bindend gilt; und das daher an neue Mitglieder als rational und emotional korrekter Ansatz für den Umgang mit diesen Problemen weitergegeben wird"* (Schein 1995, S. 25; kursiv im Original).

Man kann sich der eigensinnigen kulturellen Selbstbezüglichkeit organisatorischer Subkulturen noch von einer anderen Seite nähern, wenn diese, was zumindest auf die funktionalen Subkulturen zutrifft, unter dem Aspekt von Subsystemen des sozialen Systems ‚Organisation' betrachtet. So wie Wollnik (1991, S. 79) zufolge Organisationskultur ein „organisiertes Sozialsystem anhand seiner relevanten Handlungsweisen und Perspektiven" charakterisiert, kann man sich m.E. einer organisatorischen Subkultur über eine Bestimmung der Aufgaben und Probleme annähern, die diese als Subsystem des sozialen Systems Organisation permanent lösen und bearbeiten müssen. Giesecke und Rappe-Giesecke (1997) unterscheiden diesbezüglich die folgenden vier Problemdimensionen: Erstens muß jedes soziale System „bestimmte strukturelle Voraussetzungen" erfüllen, um „seine typische Arbeit aufnehmen zu können"; zweitens muß es sich „beständig gegenüber einer komplexen Umwelt erhalten", sich einerseits „abgrenzen", dabei jedoch gleichzeitig den Anschluß an andere Systeme organisieren"; diese Aufgaben müssen drittens „immer wieder abgewickelt werden und bestimmen die Ablaufstruktur" des Systems. Und viertens „steht jedes System vor dem permanenten Problem, sich selbst zu repräsentieren und eine Identität für sich und andere Systeme aufrechtzuerhalten" (ebenda, S. 730). Daraus entwickeln Giesecke und Rappe-Giesecke (1997, S. 406ff.) vier Dimensionen sozialer Systeme, die für Subsysteme einer Organisationen ebenso Geltung haben wie für die Organisation als Ganzes: eine interne Komplexität (Arbeitsteilung, Hierarchie, Rollen etc.), eine interne Dynamik (Kooperation, Kommunikation und Interaktion) sowie eine eigene – ich würde im Kontext dieses Kapitels ergänzen: kulturelle – Selbstbeschreibung (die latente Selbstmodelle ebenso umfaßt wie latente Umweltkonzepte sowie selbstregulative Programme zur Aufrechterhaltung der eigenen kulturellen Identität). Hinzu kommt (viertens) die Dimension der Differenzierung, d.h. die Art und Weise, wie sich eine organisatorische Subkultur bezüglich ihrer relevanten (subkulturellen und organisationskulturellen) Umwelten positioniert, wie sie sich von jenen abgrenzt und differenziert, aber auch entlang ihrer Eingebundenheit in die Aufgaben- und Geschäftsprozesse etc. an jene anschließt und für diese Aufgaben übernimmt bzw. Leistungen erbringt. Unter dem Blickwinkel dieser vier Dimensionen ist jede organisatorische Subkultur zunächst einmal auf sich selbst bezogen; sie ist mit ihren Interessen, ihren Zielen und Aufgaben, ihrer inneren Struktur und Dynamik sowie ihrer kulturellen Verortung beschäftigt, besitzt um sich herum eine Grenze (Unter psychodynamischer Perspektive kann man auch sagen: eine umhüllende soziale Haut.), damit eine gewisse Abgeschlossen-, ja zuweilen Abgeschottetheit, und organisiert ihre Kooperation mit den an sie angrenzenden Subkulturen nach dem Modell eines ‚Grenzverkehrs', für dessen konkrete Ausgestaltung sehr verschiedenartige Vorbilder zur Verfügung stehen. Hinweisen möchte ich an dieser Stelle noch auf die intervenierende Bedeutung der spezifischen Kunden bzw. des jeweiligen Klientels, mit dem eine Subkultur im Zuge der Aufgabenerledigung es zu tun hat. Am Beispiel therapeutischer Institutionen ist gut erforscht, wie deren „institutionelle Kultur" (auch die einer bestimmten Abteilung oder eines Teams) „durch die besonderen Eigenschaften der Patientengruppe geprägt ist" (Lohmer und Wernz 2000, S. 235). Dies gilt diesen Autoren zufolge nicht nur für therapeutische Institutionen, sondern ebenso für den sogenannten ‚Profit-Bereich', wie Industriebetriebe oder Dienstleistungsunternehmen.

Stabilisiert wird dieser selbstbezügliche subkulturelle Zusammenhang, wie in der allgemeinen Subkulturbestimmung eingangs dieses Kapitels bereits skizziert wurde, durch subkulturelle Selbst- und Fremdbilder, durch Werte, Normen, Regeln und Rituale, nicht zuletzt durch subkulturelle Grundannahmen, die als selbstverständlich angesehen werden, für die Mitglieder einer Subkultur (nach Durchlaufen eines subkulturellen Sozialisationsprozesses) unhinterfragt gelten und sie auf einer tiefen Ebene zusammenschweißen. Der von Senghaas-Knobloch ausgearbeitete Begriff von Arbeitskultur findet hierin sein subkulturelles Komplement. Neuberger und Kompa (1993, S. 119) machen darauf aufmerksam, daß sich in organisatorischen Subkulturen spezifische „Subsprachen" ausbilden, die für die Mitglieder dieser Subkultur nicht nur „identitätsstiftende Funktion" besitzen, sondern auch als eine Art von Erkennungsmerkmal – und damit der Identifizierung – dienen: „Man erkennt sofort, wo jemand hingehört (und damit auch, welche Interessen er hat) und innerhalb der Gruppe erweist es sich schnell, wer – im doppelten Sinn des Wortes – mitreden kann. Wenn man sich in der jeweiligen Szenesprache sicher ausdrücken kann, ist man akzeptiert. Je unbekümmerter und selbstverständlicher man den Jargon spricht, desto mehr ist die Sonderwelt zur fraglosen Lebenswelt geworden. Die Sprache bringt nämlich als Indikator der Kreise, in denen man sich bewegt, zugleich auch die Problemsicht dieser Kreise zum Ausdruck: Man kann dann bestimmte Fragestellungen *nur* mehr mit der Brille der Begriffe (und Lösungen) sehen, die die eigene Subkultur bereithält ..." (Hervorhebung im Original).

In dieser Tendenz zur Herausbildung einer gemeinsamen Problem- und Weltsicht sehen Brown und Duguid (1999, S. 81) eine potentielle Kehrseite subkultureller Produktivität. Selbst die relativ wenig formalisierten Gemeinschaften von Praktikern können „in einen Trott geraten", der ihre Kompetenzen erstarren läßt. Ihre Überzeugungen können gar „wie Scheuklappen wirken und zur Engstirnigkeit führen". Der psychologischen Forschung ist dieser Scheuklappeneffekt unter dem Stichwort des „group think" (Janis 1972) bekannt. Von Rosenstiel (1993, S. 326) charakterisiert dies wie folgt: „1. Illusion der Unverletzlichkeit, die zu einem unrealistischen Optimismus führt;

2. Kollektive Rationalisierungen (Scheinbegründungen); 3. Glaube an die moralische Rechtfertigung der gemeinsamen Handlungsweisen; 4. Stereotypisierung Außenstehender; 5. Gruppendruck gegen Argumente, die gemeinsame Illusionen in Frage stellen; 6. Selbstzensur bei Abweichung vom Gruppenkonsensus; 7. Überschätzung der Einmütigkeit der eigenen Gruppe; 8. Selbsternannte Gesinnungwächter schützen die Gruppe vor störenden Informationen, die von außen eindringen können." Born und Eiselin (1996, S. 65) fassen das Phänomen des ‚group think' in der These zusammen, daß „Teams imstande sind, einen Gruppendruck zu erzeugen, der ein vorschnelles Einlenken auf den erstbesten Lösungsentwurf fördert, kritisches, analytisches Denken durch ein trügerisches Harmoniebedürfnis unterbindet und die Wahrnehmung auf ganz bestimmte Sachverhalte lenkt und fixiert." Ein so definierter ‚group think' sei nicht auf die politische Sphäre beschränkt, sondern könne „überall dort auftreten, wo Teams gemeinsam Entscheidungen fällen" (ebenda).

Unter psychodynamischem Blickwinkel können subkulturelle Normen als „Kompromiß aus Bedürfnisbefriedigung und Angstabwehr verstanden werden" (Neuberger 1991, S. 45); Normen regulieren, so Neuberger, das Thema, vor dem die Gruppe die größte Angst hat. Dieser Zusammenhang zwischen Angstabwehr und Organisationskultur wird im folgenden Kapitel über psychodynamische Ansätze in der Organisationsforschung ausführlich aufgegriffen; dort mit einer stärkeren Betonung des Zusammenhangs zwischen Aufgabe und Angst. Lohmer und Wernz (2000, S. 244) tragen die Erfahrung bei, daß eine Subkultur immer mit ihrer „narzißtischen Balance" ringt, wobei sie unter narzißtischer Balance bzw. „narzißtischem Gleichgewicht" die „Aufrechterhaltung eines *positiv getönten Selbstgefühls* von Individuen oder Gruppen [verstehen/E.T.], das auch durch die im Leben der Organisation erwartbaren Krisen und Belastungen nicht wesentlich erschüttert wird" (ebenda, S. 233).

Identitätsbehauptung und Entwertung in intersubkulturellen Beziehungen

Die angesprochene narzißtische Balance eines Teams (einer Arbeitsgruppe, einer Abteilung etc.) hängt nun aber immer auch „von der Stellung gegenüber den anderen Teams ab. Meist gibt es eine Art natürliche ‚Geschwisterrivalität', die durchaus produktiv sein kann. Die *Notwendigkeit* für ein Team, sich von anderen zu unterscheiden und sich zu definieren, führt naturgemäß zu einer gewissen Selbstidealisierung und einer milden Entwertung der anderen

Teams" (Lohmer und Wernz 2000, S. 244). Dieser Zusammenhang von subkultureller Identitätsbehauptung und Entwertung von anderen, angrenzenden
Kulturen (Freuds Wort vom ‚Narzißmus der kleinen Differenzen' findet hier
ein weites Anwendungsfeld) ist eine der nie versiegenden Quellen für Konflikte zwischen organisatorischen Subkulturen: „Geraten nun Gruppen miteinander in Konflikt, so ist es schwer, den Konflikt zu reduzieren, und zwar
hauptsächlich, weil jede Gruppe ihre Identität bewahren muß. Einer der besten Wege, diese Identität zu bewahren, ist, sie mit der von anderen Gruppen
zu vergleichen und zu kontrastieren" (Schein 1991, S. 26). Hierin haben wir
einen der wesentlichen Gründe für die häufig anzutreffende tiefe Kluft, die
sich zwischen Subkulturen auftut, und aus der Hofstede (1998, S. 10) zufolge
„gefährliche Risse in der Kulturlandschaft einer Firma resultieren können". In
der Managementtheorie wird diese „Wir und Die"-Dynamik mittels „ingroup-
outgroup-Kategorien" (Maas und Schüller 1990) gefaßt, womit (wie übrigens
auch in dem Zitat von Schein) implizit Bezug genommen wird auf die Tradition sozialpsychologischer Intergruppen-Forschungen, auf die ich an dieser
Stelle kurz eingehen will.

Sozialpsychologische Ansätze zur Erforschung von Intergruppen-Kon-
flikten

Die Ferienlager-Experimente von Sherif (1971) haben gezeigt, daß sich zwischen gleichgestellten Gruppen leicht Spannungen einstellen können, die zu
einer wechselseitigen Abschottung und zuweilen gar zu gegenseitiger Feindseligkeit führen. Sherif führt das darauf zurück, daß die Mitglieder einer
Gruppe sich mit ihrer Binnengruppe identifizieren, wobei diese Identifizierung bereits in Absetzung zu den umgebenden Außengruppen geschieht. Dieser Tendenz zur sozialen Differenzierung von Binnengruppe und Außengruppe ging Tajfel (1982) in seiner Sozialen-Identitäts-Theorie weiter auf den
Grund. Tajfel (1982, S. 64) beschäftigt hierbei „das Verhalten unterschiedlicher sozialer Gruppen, die zwar eigenständig, aber trotzdem gleichzeitig un-
auflöslich aneinandergekettet sind (in dem Sinne, daß das Schicksal jeder
Gruppe zu einem großen Teil von der Art ihrer Beziehungen zu den anderen
abhängt)", wobei sein Augenmerk darauf liegt, wie „sozialpsychologische
Prozesse zur Qualität einer Intergruppensituation beitragen können". Tajfel
geht dabei von vier Annahmen aus, die von Mummendey (1985) in folgender
Weise auf das Feld der Organisation bezogen wurden:

- „Ein sozialer Kategorisierungsprozeß führt zu einer Strukturierung der Personenzugehörigkeit nach Binnengruppe und Außengruppe. Für die Auslösung dieses ‚kognitiven Mechanismus' reichen schon einfache Klassifikationsmerkmale wie z.B. die Zugehörigkeit zu den Abteilungen A und B.

- Aus der Zugehörigkeit zu einer sozialen Gruppe wird eine soziale Identität abgeleitet. So führt die Wahrnehmung der Mitgliedschaft in einer bestimmten Abteilung im allgemeinen zur Entwicklung eines Wir-Gefühls, das auf die eigene Abteilung bezogen ist.

- Zwischen Binnengruppe und Außengruppe finden soziale Vergleiche statt im Hinblick auf Merkmale, die die soziale Identität bestimmen. Solche Vergleiche konzentrieren sich innerhalb von Organisationen auf eine Gegenüberstellung der Merkmale der eigenen Abteilung mit den Merkmalen anderer Abteilungen.

- In den sozialen Vergleichen geht es um die Herstellung einer positiven sozialen Distinktheit, indem z.B. die Eigenschaften der eigenen Abteilung positiv mit denen anderer Abteilungen im sozialen Vergleich kontrastiert werden, was die Feststellung der eigenen Überlegenheit zur Folge haben kann" (zit. nach Bierhoff und Müller 1993, S. 47).

In Intergruppen-Situationen haben die jeweiligen Mitglieder also die Tendenz, Unterschiede zwischen den Gruppen zu betonen um sich voneinander abzugrenzen. Die Abgrenzung zwischen Gruppen hat Dieter Beck (1992, S. 3) zufolge zwei Funktionen: „Sie dient zum einen der besseren Orientierung in sozialen Situationen; zum anderen kann sie über die soziale Identität zur Stabilisierung oder Erhöhung des Selbstwertes einer Person beitragen. Die positiven Eigenschaften der Gruppe übertragen sich dann auf ihre Mitglieder." Von Rosenstiel (1993) hat unter der Perspektive der Herausbildung von Gruppen in Organisationen ähnliche Prozesse beschrieben. Mit Bezug auf Witte und Ardelt (1989) faßt er Folgen und Nebenwirkungen von Gruppenbildungen in Organisationen folgendermaßen zusammen: „1. Eine generelle Abwertung der Außengruppe und/oder eine Aufwertung der Binnengruppe, 2. die Wahrnehmung überakzentuierter Unterschiede in anderen Merkmalen zwischen Binnen- und Außengruppe sowie 3. Handlungen, die die Binnengruppe relativ bevorzugen, z.B. die Wahl von Entlohnungsmöglichkeiten." Das Entstehen von Arbeitsgruppen in Organisationen, so von Rosenstiel weiter, „wird also damit erkauft, daß die Distanz zu Nichtmitgliedern dieser Gruppe vergrößert wird und somit auch Interessengegensätze überakzentuiert

wahrgenommen werden, was wiederum die Wahrscheinlichkeit von Inter-
gruppenkonflikten erhöht" (Rosenstiel 1993, S. 324).

Psychodynamische Beiträge zu Konflikten zwischen Subkulturen

Barrieren zwischen betrieblichen Gruppierungen bilden auch ein zentrales
Untersuchungs- und Beratungsfeld für psychodynamisch orientierte Organi-
sationsexperten, wobei ganz ähnliche Befunde zutage treten wie in der sozial-
psychologischen Forschung. So schreibt Halton (1994, S. 15), daß die subkulturellen Differenzierungen in Organisationen zum „fruchtbaren Boden für
Spaltungen und für Projektionen von negativen Bildern" werden können. „Die
Kluft zwischen den Abteilungen oder Berufen kann mit sehr verschiedenen
Gefühlen gefüllt werden – Verunglimpfungen, Konkurrenz, Haß, Vorurteilen,
Paranoia. Jede Gruppe hat das Gefühl, daß sie etwas Gutes repräsentiert und
daß andere Gruppen etwas Geringwertiges darstellen" (ebenda). Halton macht
auf das Phänomen aufmerksam, daß Subkulturen zuweilen reale und unmittelbare Kontakte und Treffen unbewußt vermeiden, um die eigenen Selbstide-
alisierungen, die auf diesen Projektionen beruhen, bewahren zu können. Verfestigt sich dies, kann die Organisation – wie ich es in der Beratungspraxis
häufig genug erlebe – in einem Spaltungssystem feststecken, mit dem für die
Organisation mißlichen Resultat, daß emotionale Störungen das Funktionieren
einer Organisation behindern und dies „vor allem in Bezug auf Aufgaben, die
kooperative oder kollektive Veränderungen erfordern" (ebenda). Besonders
fatal für eine produktive Aufgabenerledigung ist es, wenn sich mittels des in
der Psychoanalyse gut beschriebenen Mechanismus der ‚projektiven Identifizierung' eine Abteilung, die von anderen beispielsweise immer als „hinter-
wäldlerisch" bezeichnet wird, mit dieser Zuschreibung identifiziert und sich
schließlich tatsächlich entsprechend einer „beharrenderen und unverständige-
ren Grundhaltung" verhält (Lohmer und Wernz 2000, S. 244). Ein weiteres
psychodynamisches Phänomen, das im Zusammenhang der Konkurrenz zwischen Subkulturen eine zuweilen große Rolle spielt, ist der Neid – vor allem
bei jenen, die das Gefühl haben, im innerorganisatorischen Konkurrenzkampf
auf der Verliererseite zu stehen: „Im gegenwärtigen Klima von Marktwerten
und schrumpfenden Budgets kann der Erfolg eines Teils der Organisation als
auf Kosten der anderen Teile gehend erlebt werden. Die Überlebensangst des
weniger erfolgreichen Bereichs stimuliert den neidischen Wunsch, den anderen den Erfolg zu verderben. Dieser verderbende Neid wirkt wie ein verbor-
genes Querschießen, entweder durch die Verweigerung der notwendigen Kooperation oder durch aktive Sabotage" (Halton 1994, S. 15). Ich komme auf

die psychodynamische Basis der hier geschilderten Spaltungs- und Abwertungsprozesse im Kapitel über den sozio-emotionalen Kontext organisationskultureller Erfahrung noch einmal zurück, vor allem in der Beschreibung des paranoid-schizoiden Modus der Erfahrungsbildung.

Konflikte lateraler Kooperation

Subkulturelle Konflikte zwischen gleichrangigen Untereinheiten, zwischen Professionen oder auch zwischen verschiedenen Hierarchieebenen können, wie Mayntz (1978, S. 114f.) am Beispiel von Verwaltungsorganisationen ausführt, auch „ganz unabhängig von den Eigenheiten der Mitglieder" auftreten. Es gehe dabei nicht einmal in erster Linie um von individuellen Bedürfnissen und Sichtweisen ausgehende Konkurrenzen, sondern um Konflikte, die innerhalb von Verwaltungsorganisationen als „eine Folge der internen Arbeitsteilung und der Orientierung jedes Positionsinhabers bzw. jeder Untereinheit an der eigenen Teilaufgabe" weitgehend „strukturell bedingt" sind. Die damit einhergehende „selektive Aufmerksamkeit und Verabsolutierung von Teilzwecken" sei nicht nur negativ zu beurteilen, sondern „im Prinzip eine Voraussetzung der organisatorischen Leistungsfähigkeit". Die daraus resultierenden Konflikte sind Mayntz zufolge „nicht grundsätzlich zu vermeiden, sondern müssen immer wieder erneut bewältigt werden". Als potentielle Konfliktfelder zwischen Abteilungen nennt sie abteilungsspezifisch unterschiedliche Bezüge auf Sachfragen, die Verteilung von Ressourcen, Fragen von Zuständigkeiten sowie die Behauptung der relativen „Priorität der eigenen Aufgabe" (ebenda). Bereits Rice (1963) wies auf das strukturelle Problem hin, daß die gute Aufgabenerfüllung in einem Teilsystem einer Organisation die Aufgabenerfüllung in anderen Teilen erschweren, wenn nicht gar verunmöglichen könne.

Während Mayntz die klassische hierarchisch strukturierte bürokratische Organisation vor Augen hat, bei der die Lösung der geschilderten Konflikte wesentlich Aufgabe hierarchischer Instanzen ist, müssen die von ihr beschriebenen Phänomene im gegenwärtig in Organisationen stattfindenden Wandel mehr und mehr auf lateraler Ebene ausgehandelt und ausgetragen werden. Mit dieser Thematik hat sich im Bereich der Organisationsforschung Rolf Wunderer (1991) auseinandergesetzt. Laterale oder auch horizontale Kooperation wird verstanden „als zielorientierte, arbeitsteilige Erfüllung von stellenübergreifenden Aufgaben in einer strukturierten Arbeitssituation durch hierarchisch formal etwa gleichgestellte Organisationsmitglieder. Dabei können –

im Gegensatz zu vertikalen Führungsbeziehungen – Konflikte nicht mit dem Mittel der direkten Weisung gelöst werden, ohne die laterale Kooperation in eine hierarchische Beziehung zu überführen; vielmehr ist erfolgreiche Zusammenarbeit nur über wechselseitige Abstimmung und Konsens möglich" (ebenda, S. 206). Wunderers Studien ergaben, daß die laterale Zusammenarbeit die hauptsächliche Konfliktdimension zwischen Organisationsmitgliedern darstellt. Er identifizierte sieben Konfliktursachen, die in vier zentralen Konfliktdimensionen zusammengefaßt, eine Art Circulus vitiosus lateraler Kooperation beschreiben: Die „einseitige Orientierung auf die eigene Organisationseinheit" in Verbindung mit einer „mangelnden Orientierung an gemeinsamen Zielen" (Orientierungsdimension) führt zu einer „mangelnden Kenntnis der Probleme anderer Abteilungen" (Wissensdimension). Daraus resultiert weiterhin eine „mangelnde Einsicht in die Notwendigkeit" sowie eine „mangelnde Bereitschaft zu kooperativem Verhalten mit anderen Abteilungen" (Wollensdimension) und schließlich in der Dimension des Könnens die „Abhängigkeit von Leistungen" sowie die „Abhängigkeit von Weisungen anderer Abteilungen". Die aus diesen Abhängigkeiten resultierenden Ängste tragen nun – und hier schließt sich der Kreis – zu einer verstärkten Fokussierung auf die Belange der eigenen Abteilung bei. Funder (2000) fand in einer empirischen Studie in größeren Konzernen heraus, daß sich im Zuge von strategischen Dezentralisierungen „die Zahl und Beschaffenheit der Schnittstellen (erhöht) und es ... zu gravierenden Kooperations- und Koordinationsdilemmata sowie zu Politisierungsprozessen (kommt), die als eine Bedrohung der konzerninternen Kohäsion wahrgenommen werden" (ebenda, S. 36). Verselbständigungsprozesse zwischen Geschäftsfeldern führen nach Fuder vor allem dann zu unerwünschten Effekten, wenn sie mit einer Regulierung über interne Marktmechanismen einhergehen: „Der Gewinn von Autonomiespielräumen bei einer gleichzeitigen Verstärkung von Konkurrenz zwischen den Sub-Einheiten trägt ... nicht nur zu der erwünschten partiellen Substitution administrativer Steuerung durch Marktprinzipien bei, sondern auch zu erheblichen Kooperationsproblemen, wie zu einer Nichtausschöpfung von Synergien und externer Konkurrenz, die am Ende zum Verlust konzerninterner Kohäsion führen kann" (ebenda, S. 33).

Konflikte zwischen professionellen Subkulturen und in multiprofessionellen Teams

Neben dem letztlich immer potentiell konfliktgeladenen Aufeinandertreffen verschiedener Subkulturen spielt in Organisationen die Kooperation professioneller Subkulturen in (temporären oder festverankerten) multiprofessionell gebildeten Teams zunehmend eine große Rolle. Buchinger (1997, S. 67) umreißt die spezifische Haltung und Fähigkeit, die Angehörige von Berufskulturen in Organisationen erwerben müssen, wollen sie mit Angehörigen anderer Fachkulturen, auf deren Zusammenarbeit zur Problemlösung sie angewiesen oder zu deren Zusammenarbeit sie angehalten sind, auf möglichst produktive Weise kooperieren: „Man muß sich mit seinem Fach identifizieren und es gleichzeitig als kontingent zur Disposition stellen; von den eigenen fachlichen Kenntnissen und Fertigkeiten überzeugt sein und gleichzeitig wissen, daß diese Überzeugung nur bedingt gerechtfertigt ist (und zwar nicht deshalb, weil man sein Fach schlecht beherrscht). Man muß das eigene Wissen als eine bestimmte Form des Unwissens, die eigenen Kenntnisse als eine bestimmte Form von Unkenntnis verstehen, hinnehmen und miteinander teilen" (ebenda, S. 67).[8] Der Entwicklung einer derartigen selbstreflexiven Haltung stehen nun jedoch nicht nur die expliziten professionellen Sichtweisen, Wissensbestände und professionellen Routinen im Wege, sondern auch, wie Stokes (1994, S. 25) ausführt, die (meist eher unbewußten) Grundannahmen[9] einer Profession: „Jede Profession verfügt über ein unterschiedliches Set von Werten und ein unterschiedliches Set von Ansichten über die Natur eines Problems, seine Heilung sowie darüber, was Fortschritt bewirkt und wie dieser am besten durch eine Beziehung zwischen dem Professionellen und dem Klienten zu bewerkstelligen ist; eine Beziehung, die Abhängigkeit, Kampf/Flucht oder Paarbildung einschließt. Hinzu kommt, daß sich Einzelne aus Gründen ihrer unbewußten Neigung zur einen oder zur anderen Grundannahme eher zu der einen oder zu der anderen Profession hingezogen fühlen." Schwierigkeiten in multi-professionellen Arbeitszusammenhängen können, so Stokes, daher kommen, „daß jede Profession, um die Arbeitsaufgabe voranzubringen, durch die absichtliche Einspannung von verschiedenen Formen von Grundannahmen wirkt. Folglich kommt es zum Konflikt, wenn sie sich treffen, da sich die emotionalen Motivationen, die in jede Profession eingebunden sind, unterscheiden" (ebenda). Lohmer und Wernz (2000) beschreiben derartige Konflikte zwischen verschiedenen Professionskulturen anhand von Teams in therapeutischen Institutionen. Zentral sei dort der „Konflikt zwischen den nicht-akademischen Berufsgruppen (Schwestern und Pfleger, Sozialpädagogen, Erzieher, Arbeits- und Beschäftigungstherapeuten) und den akademischen Be-

---

[8] Vergegenwärtigt man sich die emotionalen und identitätsmäßigen Zumutungen, die damit einhergehen, bekommt man einen Zugang zu der psychoanalytischen Erkenntnis, daß die Bearbeitung von Unlustgefühlen und das Aushalten von Ungewißheiten wesentliche Momente von Lernprozessen sind (Ogden 1995, Wellendorf 1995).
[9] Grundannahmen hier nicht im Sinne Scheins, sondern Bions (siehe hierzu das Kapitel „Der sozio-emotionale Kontext organisationskultureller Erfahrung …").

rufsgruppen (Ärzte und Psychologen)" (ebenda, S. 241). Sie beschreiben, wie es angesichts der Unterschiede von Rolle und Status der einzelnen Berufsgruppen „im Rahmen einer narzißtischen Destabilisierung zu regressiven Prozessen kommen kann, bei denen sich die Mitglieder *aller* Berufsgruppen *gleichermaßen*, aber in unterschiedlicher Weise als *Opfer* fühlen können" (ebenda, S. 242). Es gehe in solchen Teams vor allen Dingen darum, „nicht als Nutznießer und somit *Täter* dazustehen und mögliche Mehrbelastungen von vornherein durch eine Betonung der eigenen Opferrolle abzuwehren. So haben *Ärzte* oft das Gefühl, daß alle juristische und medizinische Verantwortung bei ihnen ,hängenbleibt', während andere sich ,nur' im ,Psychologisieren' ergehen. *Psychologen* nehmen traditionell eine Zwischenstellung ein, sind ,machtlose Spezialisten' und fühlen sich gerne als ,Edel-Unterdrückte' der ärztlichen Hierarchie, genießen aber auch ihre Narrenfreiheit. Schwestern und Pfleger wiederum haben den Eindruck, für die ,Dreckarbeit' zuständig zu sein. Alle Berufsgruppen kaschieren dabei ihren geheimgehaltenen *narzißtischen Gewinn*: Die Ärzte wissen sich nach wie vor als die eigentlichen, zuweilen ,gottähnlichen' Entscheider, Psychologen fühlen sich als die eigentlichen ,Beziehungsspezialisten' und bieten sich den anderen Berufgruppen gerne als ,Berater' an, während Schwestern und Pfleger den geheimen Triumph genießen, daß ohne sie ,nichts liefe' und die Station zusammenbrechen würde" (ebenda, S. 242). Schwestern und Pfleger können zudem ihre aus professioneller „*narzißtischer Destabilisierung*" stammenden „*Kleinheitsvorstellungen*" durch etwas kompensieren, was man als „Königin-der-Nacht-Syndrom" bezeichnen kann: „Im Nachtdienst oder zu anderen Zeiten, wenn Ärzte und Therapeuten nicht anwesend sind, werden Schwestern und Pfleger zu den eigentlichen ,Herrschern' der Station" (ebenda).

Horizontale und vertikale Konfliktverschiebungen

Die subkulturell aufgefächerte Organisation bietet reichlich Gelegenheit, Konflikte von ihrem Entstehungsort zu verschieben; sie treten dann an anderer Stelle zu Tage. Smith (1989), der dieser Frage der Verschiebung von Konflikten in Organisationen nachgegangen ist, zeigt auf, über welche Spaltungs- und Verschiebungsmechanismen sich beispielsweise Konflikte zwischen Leitungspersonen auf nachgeordneten Ebenen inszenieren können. Aus vertikalen Konflikten (zwischen verschiedenen Hierarchieebenen) können ebenso horizontale Konflikte (zwischen nachgeordneten Subkulturen) resultieren, wie umgekehrt horizontale Konflikte Spaltungsprozesse auf verschiedenen (vertikalen) Hierarchieebenen in Gang setzen können. Glasl (1994, S. 131f.) spricht

diesbezüglich von „verschleppten" Konflikten: „Probleme treten in einem bestimmten Bereich der Organisation auf, z.B. im technisch-instrumentalen
Subsystem, erweisen sich dort als unlösbar und werden z.B. in das soziale
Subsystem verschleppt und dort vehement ausgetragen." Obholzer (2000,
S. 84) weist auf eine weitere zentrale Verschiebungsebene hin. Spaltungsprozesse in Organisationen, beispielsweise Rivalitäten zwischen organisatorischen Subkulturen dienen seiner Erfahrung nach häufig der Abwehr von aufgabenbezogenen Ängsten und Problemen; die Inszenierung von Konflikten
zwischen den verschiedenen Professionen eines multidisziplinären Teams o-
der die Rivalität zwischen Gruppen „maskiere" in diesem Fall die zugrundeliegende „Flucht vor der Arbeit" (ebenda). Während Obholzer, ganz in der
Tradition des Tavistockschen Ansatzes, auf die Ängste rekurriert, die sich aus
der Erfüllung der primären Aufgabe ergeben, kann man mit Hirschhorns
(1999) Konzept des „primary risk" das Augenmerk darauf richten, wie sich
Verschiebungs- und Spaltungsprozesse in Organisationen zunehmend daraus
ergeben, daß strategische Entscheidungen über die zukünftige(n) primäre(n)
Aufgabe(n) im Hinblick auf einen unsicher gewordenen Markt zu treffen sind
und die Organisationsmitglieder in ihren verschiedenen Arbeitsbereichen die
Wucht der damit einhergehenden strategiebezogenen Ambivalenzen zu bewältigen haben.

Ich habe bisher auf die Aspekte von Selbstbezüglichkeit, wechselseitiger Ab-
und Ausgrenzung, Entwertung, Rivalität und Spaltung zwischen organisatorischen Subkulturen fokussiert, da es diese Aspekte sind, die sich in der Analyse von Organisationen besonders schnell und lärmend bemerkbar machen
und für die Organisationsentwicklung und -beratung eine der großen Herausforderungen darstellen. Doch natürlich sind Subkulturen in Organisationen
nicht nur „*Reviere*", die, wie es ein Abteilungsleiter in dem von mir untersuchten ÖPNV-Unternehmen formulierte, „*verteidigt*" werden müssen, und
von denen jedes seine „*unabdingbaren Dinge, sein Evangelium und etwas,
wovon man nicht abrücken kann*", besitzt, sondern Teil-Kulturen ein und derselben Organisation, der sie ihre Existenz allererst verdanken und zu deren
Zielerreichung angemessen beizutragen sie aufgefordert sind. Organisatorische Subkulturen sind über ihren Beitrag zur gemeinsamen Aufgabe miteinander verbunden, als Element der organisatorischen Arbeitsteilung in ihrer
Aufgabenerfüllung voneinander abhängig und zudem eingebunden in das hie-
rarchisch-arbeitsteilige System der Organisation. Damit ist die Frage nach der
„Passfähigkeit" (Senghaas-Knobloch 2000b) von Organisation und organisatorischen Subkulturen aufgeworfen, einer Passfähigkeit, die sich, für Subkulturen in ähnlicher Weise, wie Senghaas-Knobloch dies für die Subjektivität

von Beschäftigten formuliert hat, nur noch bedingt durch „Hierarchie und Herrschaft" (ebenda, S.2) herstellen läßt. Auch organisatorische Subkulturen müssen auf eine neue Weise eine produktive Spannung herstellen zwischen ihrer Selbstbezüglichkeit, ihrer Aufgabe, ihrem Ort in der organisatorischen Zielerreichung und nicht zuletzt ihrer Eingebundenheit in die (bei aller ‚Abflachung' nach wie vor hierarchisch geprägte) übergreifende Organisationskultur.

Subkulturübergreifende intermediäre Aushandlungsräume und Organisationskultur

Damit komme ich zur zweiten der oben genannten Fragen: Was bedeutet die Existenz von organisatorischen Subkulturen für die Annahme einer übergreifenden Organisationskultur und in welcher Beziehung stehen diese zueinander? Die meisten Autoren, die sich mit dieser Frage beschäftigt haben, sind sich darüber einig, daß Organisationen sowohl aus einem Konglomerat von Subkulturen bestehen, nichtsdestotrotz jedoch – so sie lange genug bestehen – in irgend einer Weise eine organisationsumspannende und übergreifende Kultur entwickeln (Schein 1991; Hofstede 1998). Und doch verändert sich mit der Würdigung des Stellenwertes von Subkulturen das Bild, das die Forschung von Organisationskulturen zeichnet, und zwar von der Vorstellung eines integrierten kohärenten Gebildes hin zur Untersuchung von kulturellen Differenzen und Interessenunterschieden zwischen den organisatorischen Subkulturen (vgl. Steinmann und Schreyögg 1991 und Schreyögg 1992).

Diejenigen Ansätze, die – meist noch in den 80er Jahren – aus der Perspektive des Vorrangs der übergreifenden Organisationskultur versucht haben, das Verhältnis der Subkulturen zur Gesamtkultur zu beschreiben, machen aus heutiger Sicht einen etwas schematischen und mitunter eher hilflosen Eindruck. So unterscheiden beispielsweise Martin und Siehl (1983) bezogen auf deren Verhältnis zur übergreifenden Organisationskultur drei Typen von Subkulturen: „enhance", „orthogonal" und „counter-culture". Bleicher (1986, S. 102) überträgt diese (im Prinzip schlichte ‚plus-neutral-minus'-) Unterscheidung in die deutschsprachige Diskussion und spricht von „komplementären", „indifferenten" und „substitutiven" Subkulturen. „Substitutive" Subkulturen sind demnach dadurch geprägt, daß sich die subkulturellen und gesamtkulturellen Werte widersprechen, um ihre jeweilige Durchsetzung ringen und somit – sei es bewußt oder unbewußt – in Konflikt miteinander geraten. „Indifferente" Subkulturen zeichnen sich dadurch aus, daß subkulturelle und gesamtkulturelle Werte je eigene Verhaltensansätze beschreiben, die sich weder fördern noch widersprechen. Bei den „komplementären" Subkulturen schließlich stützt Bleicher zufolge die Identifikation der Mitarbeiter mit den eigenen subkulturellen Werten zugleich – und dies relativ konfliktfrei – die Werte der übergreifenden Organisationskultur.

Von einer stärkeren Gewichtung der subkulturell-pluralistischen Tendenzen ausgehend beschreiben Meyerson und Martin (1987) die übergreifende Organisationskultur als den Nexus, an dem die verschiedenen Kulturen zusammenkommen. Die Besonderheit der jeweiligen Organisationskultur besteht dann in der spezifischen Kombination von Kulturen, die innerhalb der Grenzen einer Organisation aufeinandertreffen. Eine ähnliche Ansicht vertreten Steinmann und Schreyögg (1991, S. 543f.): Für die Vielzahl von Subkulturen, aus denen sich Organisationskulturen zusammensetzen, lasse sich nur mühsam „ein gemeinsamer, alles umspannender Rahmen finden"; die Besonderheit organisatorischer Kulturen ist mehr „die spezifische Mischung von Subkulturen als die Ausprägung eines spezifischen Wert- und Orientierungssystems". Meyerson und Martin (1987, S. 637) entwickeln in diesem Zusammenhang die Auffassung, daß die Beziehung zwischen Subkulturen und organisationsumspannender Kultur durch etwas geprägt ist, was sie das „Paradigma der Ambiguität" nennen. Dieses geht davon aus, daß die verschiedenen Subkulturen „einige Gesichtspunkte miteinander teilen, in anderen nicht übereinstimmen und bezüglich weiterer Gesichtspunkte sich einfach verschieden verhalten oder schlicht nicht wissen, wie andere diese Gesichtspunkte sehen. Konsens, Dissens und ‚Konfusion' bestehen gleichzeitig nebeneinander und machen es sehr schwer, ein exaktes Bild von den Grenzen der Kultur und der Subkulturen zu gewinnen." Aus der Perspektive des Paradigmas der Ambiguität gehören „Paradoxien zu einer Kultur dazu", werden „unvereinbare Interpretationen gleichzeitig in Erwägung gezogen". Ein wesentlicher Aspekt der übergreifenden Organisationskultur könnte diesem Paradigma zufolge in einem allgemein geteilten Bewußtsein und einer tiefen Akzeptanz der „Unumgänglichkeit der Ambiguität" bestehen (ebenda). Die Erkenntnis der Unumgänglichkeit von Ambiguität und Paradoxie zeichnet auch die Forschungsergebnisse von Sackmann (1992, 1997) aus, die ergeben haben, daß Kulturen in einem organisatorischen Setting zur gleichen Zeit sowohl integriert als auch differenziert sein können. Sackmann (1997, S. 2) entwickelt hieraus ein Konzept der „kulturellen Komplexität", das beide Vorstellungen einschließt: „miteinander existierende multiple Kulturen, die sowohl zu einem homogenen, als auch zu einem differenzierten und/oder fragmentierten kulturellen Kontext beitragen". Die Perspektive der kulturellen Komplexität legt nahe,

73

„daß Kultur in organisatorischen Settings noch komplexer, pluralistischer, facettenreicher, widersprüchlicher oder inhärent paradoxer ist, als bisher angenommen, konzeptualisiert oder anerkannt" (ebenda).

Meines Erachtens genügt die Vorstellung einer ‚Kombination von Kulturen' beziehungsweise einer ‚Mischung von Subkulturen' nicht, um den Sachverhalt einer übergreifenden Organisationskultur hinreichend zu beschreiben, und auch die Perspektive der ‚kulturellen Komplexität' gibt wenig Anregungen zur Erklärung eines die Heterogenität multipler Kulturen übergreifenden kulturellen Zusammenhangs und Zusammenhalts. Ich schlage meinerseits vor, als vermittelnde Ebene zwischen den vielfältigen und heterogenen Subkulturen und der Organisationskultur die Dimension von subkulturübergreifenden intermediären Aushandlungsräumen ins Auge zu fassen. Im Alltag einer Organisation bilden sich entlang der funktionalen und strukturellen Einbettung der einzelnen Subkulturen an deren Schnittstellen mit ihren jeweiligen Anschlußkulturen intermediäre ‚Räume', in denen die kulturellen Differenzen und Interessenunterschiede genauso balanciert werden müssen wie der widersprüchliche Zusammenhang von Kooperation und Rivalität; die grundlegende, homogenisierende Verortung als Mitglieder ein und derselben Organisation(skultur) prägt die in diesen intermediären Räumen stattfindenden Aushandlungsprozesse genauso wie die von Meyerson und Martin genannten Ambiguitäten, die von Sackmann angesprochenen Paradoxien und die von mir im empirischen Teil dieser Arbeit beschriebenen subkulturellen Ambivalenzen. Derartige intermediäre Aushandlungsräume zwischen Subkulturen, in denen die von Trice (1993) beschriebenen subkulturübergreifenden Akkulturationsprozesse stattfinden können, finden sich in dem von uns untersuchten ÖPNV-Unternehmen beispielsweise auf den Betriebshöfen zwischen Fahrerinnen und Fahrern, Verkehrsmeistern, Betriebshofverwaltung, Werkstattmitarbeitern und lokalem Betriebsrat; intermediäre funktions-, professions- und hierarchieübergreifende Aushandlungsräume existieren innerhalb der ‚Zentrale' zwischen verschiedenen Verwaltungsabteilungen sowie zwischen einzelnen Abteilungen der Zentrale und den dezentralen Betriebshofeinheiten. Ein wichtiger und hochsensibler intermediärer Aushandlungsraum in Verkehrsbetrieben besteht, wie in einem späteren Kapitel dieser Arbeit noch sehr anschaulich werden wird, zwischen dem Fahrdienst und den Disponenten in der Leitstelle. Intermediäre Aushandlungsräume beschreibt – wenn auch nicht mit diesem Begriff – Senghaas-Knobloch (2000b, S. 13ff.), wenn sie von den „eingespielten Wertigkeiten und Beziehungen zwischen Vertrieb, Arbeitsvorbereitung und Produktion" spricht oder an anderer Stelle (Senghaas-Knobloch 1998, S. 6), wenn sie das „Zusammenspiel typischer Bewältigungsstrategien" zwischen Produktionsarbeitern und Meistern beschreibt, die die Arbeitskultur der industriellen Produktion prägen. Auch das von mir entwickelte Konzept der „Interaktionstriade" beschreibt die Entwicklung eines derartigen subkulturübergreifenden intermediären Aushandlungsraums. Davon ausgehend entwerfe ich im letzten Kapitel der vorliegenden Schrift Grundzüge einer „triangulären Kultur", die als ideale Form gelingender subkulturübergreifender Aushandlungsprozesses angesehen werden kann. Dabei gerät dann auch stärker in den Blick, daß die Kooperation und Rivalität zwischen organisatorischen Subkulturen nicht, wie dies in der Literatur häufig geschieht, dyadisch konzipiert werden kann (zwischen zwei Abteilungen, zwei Teams, zwei hierarchischen Ebenen oder zwei Professionen etc.), sondern vielmehr die Triade als Grundform organisatorischen Aushandlungsgeschehens anzusehen ist.

Die Interaktionen in den subkulturübergreifenden intermediären Aushandlungsräumen einer Organisation tragen wesentlich zur Produktion und Reproduktion der übergreifenden Organisationskultur bei, die auf diese Weise quasi ‚von unten' geschaffen wird. Sie wirken aber auch kulturbildend auf die Prozesse in den einzelnen Subkulturen zurück, deren Interpretationsmuster, Normen, Werte und Grundannahmen etc. in der Begegnung mit anderen betrieblichen Kulturen beständig herausgefordert sind. Eine wichtige Funktion in diesem intersubkulturellen Geschehen kommt „Grenzgängern" zwischen verschiedenen Kulturen zu, Personen also, die entweder Mitglied in mehr als einer organisatorischen Kultur sind oder aber, wie Endres, Wehner und Jordine (1996, S. 106) schreiben, mit ihren „Hauptaufgaben nicht innerhalb, sondern zwischen Praxisgemeinschaften zu verorten sind." Diese Grenzgänger können an den Schnitt- und Überlappungsstellen für die beteiligten Subkulturen „neue Kooperationsbeziehungen schaffen und konkret auftretende Abstimmungsprobleme kompensieren" (ebenda, S. 107). Sie nehmen aber nicht nur eine sachliche Mittlerfunktion zwischen den unterschiedlichen Kulturen wahr; empirische Ergebnisse zeigen, daß darüber auch die beschriebene „Rivalität zwischen den Gruppen einschließlich der Stereotypisierung von Fremdgruppen zurückgeht und über das Verbindungsglied (es können auch mehrere sein) neue Impulse einfließen, die zu einer Öffnung des Wahrnehmungsfeldes beitragen" (Born und Eiselin 1996, S. 87). Dies setzt jedoch, wie ich an anderer Stelle (Tietel 2001) ausgeführt habe, voraus, daß der Grenzgänger in der Lage ist, die Differenz zwischen den betreffenden Kulturen wahrzunehmen und zu akzeptieren und sich gegenüber den Erwartungen beider Seiten eine innere Beweglichkeit zu bewahren.

Doch noch von einer anderen Seite tragen kulturelle Aktivitäten zur Gestaltung sowohl der subkulturübergreifendenden Aushandlungsräume als auch der organisationsumspannenden Kultur bei: durch die intendierten Anstrengungen von Seiten der Führung, quasi ‚von oben' die Unternehmenskultur ihres Betriebes zu formen sowie – sich nicht immer damit in Einklang befindend – durch die tatsächlich im Unternehmen gelebte Führungskultur.

Organisationskultur und Führung

Die Vorstellung einer quasi ‚bottom up' emergierenden Organisationskultur ist nur die eine Seite der Medaille. Die verschiedenen Subkulturen einer Organisation werden in ihrer kulturellen Eigensinnigkeit nicht nur von den angrenzenden Subkulturen herausgefordert; sie sind von allem Anfang an ebenso Untergliederungen einer übergreifenden Organisation(skultur), wie diese Organisationskultur sich durch die dynamischen Prozesse in und zwischen diesen Subkulturen produziert und reproduziert. In diesem Sinne ist die jeweils konkrete Ausgestaltung einer Subkultur (ihre Normen, Werte, Grundannahmen etc.) bereits auch eine ‚Antwort' auf die strategischen, strukturellen und kulturellen ‚Vorgaben' der Gesamtorganisation. Hier kommt nun die Führung ins Spiel. Denn die Verpflichtung der einzelnen Subkulturen auf die Organisationsaufgabe und das Organisationsganze und damit einhergehend die Integration der verschiedenen Subkulturen kann als eine der wesentlichen Steuerungsaufgaben von Führung angesehen werden. Gehörte die Regelung von sachlichen Konflikten zwischen Angehörigen verschiedener hierarchischer Gliederungen oder funktioneller Untereinheiten schon immer zu den zentralen Steuerungsaufgaben der Führung (Mayntz 1978), öffnet sich in dem Maße, in dem diese Steuerung nicht mehr (alleine oder überwiegend) über die klassischen Steuerungsmedien wie Hierarchie und Macht geleistet werden kann, das Feld für die Steuerung über eine integrierende Organisationskultur. Willke (1997, S. 178) beklagt in diesem Kontext, daß viele Führungskräfte diesen „engen Zusammenhang zwischen Dezentralisierung und Autonomisierung von Arbeitsgruppen, Arbeitsbereichen oder Geschäftseinheiten einerseits und der integrierenden Rolle einer identitätsbildenden Organisationskultur andererseits" nicht hinreichend sehen und tritt für die „Ausbildung einer responsiven Organisationskultur der Komplexität" (ebenda, S. 177) ein, die sich unter anderem dadurch auszeichnet, daß sie „den [Organisations-/E.T.]Teilen die Gesamtziele (die „Visionen") der Organisation begreiflich macht" (ebenda).

Ausgehend von der Frage, wie es dem Management gelingen kann, „Ideen der Effektivität und Effizienz in einem Organisationszusammenhang durchzusetzen, der, überließe man ihn seiner eigenen Dynamik, zu anderen Koordinationen neigt als zu denen, die ein Management für wünschenswert hält", nähert sich auch Baecker (2000) der Frage der kulturellen Kompetenz des Managements. Baecker zufolge steht das Management vor der Aufgabe, „in einer Organisation, die ihre eigenen kommunikativen Gleichgewichte sucht und findet, die eigenen normativen Vorgaben zu kommunizieren" (ebenda, S. 1f.). Zu „kommunizieren" deshalb, „weil wir es hier in der dauernden Auseinandersetzung zwischen den unterschiedlichen Mitarbeitern der Organisation, zwischen Vorgesetzten und Untergebenen, zwischen Designern und Technikern, zwischen Kostenrechnern und Strategen, zwischen Kunden und Verkäufern, zwischen Lieferanten und Einkäufern, zwischen Vorstand und Aufsichtsrat, zwischen Betriebsräten und Personalentwicklern und so weiter und so fort mit einem dauernden Streit darüber zu tun haben, was unter technischer Effektivität und ökonomischer Effizienz überhaupt zu verstehen ist und wie man sich eine Koordination vorstellen kann, die unvereinbare Gesichtspunkte unter einen Hut bringen muß" (ebenda, S. 2). In diesem Kontext kommt Baecker zufolge der kulturellen Kompetenz des Managements eine zentrale Rolle zu: „In einer globalisierten Gesellschaft ist eine *kulturelle Kompetenz* erforderlich, die über diese Differenz hinweg kommunikationsfähig ist, ja unter Umständen diese Differenz selbst zum Anknüpfungspunkt weiterer Kommunikation machen kann. Diese Differenz kommt im Unterschied zwischen Regionen und Nationen, zwischen sozialen Schichten, zwischen Berufen, zwischen Generationen und zwischen Geschlechtern ebenso zur Geltung wie zwischen verschiedenen Branchen, Organisationen und Abteilungen. Ein Manager muß diese Differenz im Hinblick auf Verhaltensweisen aller Art, von der Kontaktfindung über die Themenwahl und die Vertrauensfindung bis hin zu den Zeithorizonten der beteiligten Intentionen, zu interpretieren und zu nutzen wissen" (Baecker 2000, S. 28).

(Sub-)Kulturelle Differenzierungen und Differenzen sind aus dieser Perspektive nicht in erster Linie ein Problem, sondern eine Gestaltungsaufgabe. Wenngleich die subkulturelle Vielfalt in Organisationen zweifelsohne schwierig zu handhaben ist, kann sie, so auch Trice und Beyer (1993), wie jede Diversifikation bei entsprechendem Management positive Folgen zeitigen. Hierfür ist es jedoch nötig, daß Manager die Konflikte, die aus subkulturellen Unterschieden resultieren, erkennen, verstehen und lernen, diese in einem produktiven Sinne zu handhaben. Nach Schein (1997) bedingt dies, daß sich die Führungskräfte mit ihrer eigenen Kultur beschäftigen, daß sie lernen, ihre eigene Kultur zu analysieren und zu verändern.[10]

Der Versuch einer bewußten Gestaltung der Organisationskultur kann sich jedoch nicht nur darauf beschränken, Visionen zu entwerfen, Leitbilder zu formulieren und für die manifesten kulturellen Differenzierungen und Differenzen offen zu sein. Es bedarf eines „Managements von Organisationskultur" (George 2000) das auch auf die ‚tieferen' Schichten organisatorischen Geschehens zielt und nicht zuletzt die destruktiven Prozesse einschließt, die bei der Beschreibung der Rivalität zwischen Subkulturen bereits angeklungen sind. Diese Einsicht artikuliert sich zunehmend auch in der Managementliteratur: Lohmer und Wernz (2000, S. 244) zufolge hat das Management die Aufgabe, in der Orientierung auf die Gesamtsituation dem in Organisationen unvermeidlich bestehenden „regressiven Sog" entgegenzutreten; Obholzer (2000, S. 83) spricht bezüglich des Neides, der in und zwischen Subkulturen eine große Rolle spielt, von der Führungsaufgabe eines „Managements der Neidgefühle" und George (2000, S. 1045) schließlich spricht ganz allgemein davon, daß das Management von Organisationskultur wesentlich ein „Management von Emotionen" ist.

Diese Hinweise leiten zum nächsten Kapitel über, in dem ich unter der Überschrift des „sozio-emotionalen Kontextes organisationskultureller Erfahrung" eine Konzeption für die psychodynamische Dimension von Organisationskultur vorlege.

---

[10] Wie Erfahrungen mit Reorganisationsprozessen zeigen, kommt der Veränderung der Führungskultur auch unter funktionalen Gesichtspunkten eine größer werdende Bedeutung zu. Wimmer (1999, S. 31) zufolge ist der „Zustand der Führungsstrukturen, die Qualität des Zusammenwirkens der Führungskräfte auf bzw. zwischen den einzelnen Führungsebenen einer Organisation" der entscheidende „Engpaß für das Gelingen oder Scheitern eines Transformationsprozesses" (ebenda).

3. Der sozio-emotionale Kontext organisationskultureller Erfahrung – psychodynamische Dimensionen der Organisationskultur

Erfahrungen in und mit Organisationskulturen, organisatorischen Subkulturen und subkulturübergreifenden intermediären Aushandlungsräumen, so die grundlegende These dieses Kapitels, sind immer auch emotionale Erfahrungen. Dies drückt sich beispielsweise in der Rede von der Mißtrauens- oder Vertrauenskultur, von einer Angst-, Abwertungs-, Abhängigkeits- und Neidkultur oder von narzißtischen, depressiven, schizoiden, zwanghaften und hysterischen Unternehmenskulturen aus. Wenn man auch nicht sagen kann, daß der Organisationsforschung die Bedeutung von Emotionen verborgen geblieben wäre (Van Maanen und Kunda 1989, Mastenbroek 1993, Trice und Beyer 1993, George 2000, Schreyögg und Sydow 2001), so läßt sich m.E. doch mit einem gewissen Recht feststellen, daß die Vielschichtigkeit emotionaler Erfahrungen verglichen mit anderen Aspekten der Organisationskultur (Grundannahmen, Normen, Werte, Sprache, Artefakte etc.) der konzeptionellen Ausarbeitung und empirischen Erforschung noch harrt. Häufig begnügt man sich mit Andeutungen, wie beispielsweise Schein, der in seiner zentralen Definition der Grundprämissen eher nebenbei davon spricht, daß diese „an neue Mitglieder als rational und emotional korrekter Ansatz für den Umgang mit ... Problemen weitergegeben" werden (Schein 1995, S. 25; Hervorhebung/E.T.). Oder man weist wie Trice und Beyer (1993) Emotionen einen zentralen Stellenwert zu, beläßt es jedoch bei dem Hinweis, daß Organisationskulturen von Emotionen durchzogen sind und die Treue zu und die Identifikation mit einer Kultur eher von den emotionalen Bedürfnissen der Menschen ihren Ursprung nehmen als von rationalen oder instrumentellen Zielen.

Besteht Forster (2000, S. 130) zufolge eine zentrale Funktion von Organisationskultur darin, „Formen zur Bewältigung des Emotionalen" bereitzustellen, bzw. in den Worten von George (2000, S. 1045), die „Organisationsmitglieder mit sozial annehmbaren Möglichkeiten, ihre Emotionen auszudrücken" zu versorgen, so möchte ich diese Auffassung dahingehend erweitern, daß Organisationskulturen selbst bereits in einen sozio-emotionalen Erfahrungskontext eingebettet sind; daß sie durch psychodynamisch beschreibbare Modi der Erfahrungsbildung mit hervorgebracht und strukturiert werden. Dieser, wie ich es auch nennen werde, „sozio-emotionalen Erfahrungsmatrix einer Organisation" kommt, wie überhaupt organisationskulturellen Aspekten, in modernen Organisationen eine größere Bedeutung zu als in traditionellen ‚bürokratisch strukturierten Organisationen' (George 2000), die ihr Funktionieren wesentlich über „Hierarchie und Herrschaft" (Senghaas-Knobloch 2000) und auf psychodynamischer Ebene über damit einhergehende „Abhängigkeitskulturen" (Long 2000a) sicherstellen konnten. In modernen Organisationen werden die Grenzen zwischen Organisationsstruktur und Organisationskultur fließender. Ich erinnere an Prozesse der Auflösung ehedem stabiler hierarchischer und struktureller Gliederungen, an flachere Hierarchien, die Delegation von Verantwortung nach unten, an die Tendenzen zur Netzwerkbildung, zu Team- und Gruppenarbeit, nicht zu vergessen auch die größere Durchlässigkeit der Grenzen zu Kunden und Lieferanten bzw. zu anderen vor- und nachgelagerten Organisationen (Endres und Wehner 1997) und die mit diesen Veränderungen einhergehenden Anforderungen an individuelles und organisatorisches Lernen, an die kommunikative Kompetenz, die Kooperations- und Koordinationsfähigkeit, an Rollenflexibilität und Selbstreflexion, an die Fähigkeit, tradierte Arbeitsweisen und die darin implizierten Grundannahmen zu reflektieren und in Frage zu stellen. In dem Maße, in dem strukturelle und hierarchische Grenzen durchlässiger werden, werden andere Grenzen und vor allem andere Umgangsweisen mit diesen Grenzen wichtiger; Umgangsweisen, in denen die Kultur des jeweiligen Unternehmens stärker zum Tragen kommt. Hirschhorn und Gilmore (1993) vertreten die Ansicht, daß für das Funktionieren moderner Organisationen zunehmend vier ‚psychologische' Grenzen eine entscheidende Rolle spielen, die von allen Organisationsmitgliedern beachtet und beständig gemanagt werden müssen: die „Autoritäts-" oder „Zuständigkeitsgrenze", die „Aufgabengrenze", die „politische" oder „Interessengrenze" und die „Identitätsgrenze". In den Umgang mit jeder dieser Grenzen sind den Autoren zufolge „charakteristische Empfindungen" verwickelt, denen für die Bewältigung der jeweiligen Problemstellung eine nicht unerhebliche Bedeutung zukommt.

Den Begriff „sozio-emotional" entlehne ich der bereits angeführten Organisationstheorie Mastenbroeks (1993), für den der sozio-emotionale Aspekt einen von vier Typen organisatorischer Beziehungen darstellt, die er im Hinblick auf Organisationsstruktur und -kultur beschreibt. Doch während Mastenbroek den sozio-emotionalen Aspekt neben die drei anderen, den Macht- und Abhängigkeits-, den instrumentellen und den Verhandlungsaspekt stellt, legt seine Beschreibung der kulturellen Dimension dieser Aspekte m.E. nahe, sozio-emotionale Gesichtspunkte bei allen vier Beziehungsaspekten am Werke zu sehen. Denn, um die Mastenbroek'schen Formulierungen noch einmal aufzunehmen, nicht nur bei der „Art und Weise, wie Akzeptanz und Vertrauen sowie ein ‚Wir'-Gefühl ausgebildet wird", sondern auch bei der „Art und Weise, wie mit der Teilung von Macht und Verantwortlichkeit umgegangen wird", der „Art und Weise, wie mit den Arbeitsbeziehungen umgegangen wird und Probleme gelöst werden", sowie der „Art und Weise, wie die Einzelnen sich bei der Verteilung knapper Ressourcen verhalten und Entscheidungen treffen" (Mastenbroek 1993, S. 22), spielt der sozio-emotionale Kontext der organisatorischen Erfahrung eine bedeutende Rolle. Hierzu ist es allerdings nötig, Mastenbroeks Begriff der sozio-emotionalen Erfahrung zu erweitern, und zwar, so mein Vorschlag, um psychodynamische Aspekte der emotionalen Erfahrung, wie sie im Umkreis der Psychoanalyse zunächst für klinisch-therapeutische Zwecke, in den letzten Jahren jedoch verstärkt auch für die Organisationsanalyse und -beratung erforscht und beschrieben wurden.

Im folgenden gebe ich zunächst einen Überblick über psychodynamische Ansätze in der Organisationsforschung. Im einzelnen geht es um Organisationen als soziale Abwehrsysteme, um die Gruppentheorie Bions mit ihrer Unterscheidung zwischen „Grundannahmengruppen" und „Arbeitsgruppe", um neuere psychoanalytische Ansätze, wie sie im Umfeld der International Society for the Psychoanalytic Study of Organizations entwickelt wurden und um neurotische Organisationsstile und Überlegungen zur psychotischen Organisation. Im zweiten Teil dieses Kapitels entfalte ich im Anschluß an Thomas Ogden (1995) die These vom sozio-emotionalen Kontext organisationskultureller Erfahrung; ein Kontext, der durch das permanente Zusammenwirken dreier Modi der Erfahrungsbildung strukturiert wird: dem paranoid-schizoiden, dem depressiven und dem autistisch-berührenden Modus.

3.1. Organisationen als soziale Abwehrsysteme

Anwendungen der Psychoanalyse auf kulturelle und gesellschaftliche Phänomene sind nicht neu, sie reichen bis zu Freud zurück, der schon früh die Psychoanalyse sowohl als klinische als auch als Kulturtheorie betrachtete und psychoanalytische Erkenntnisse auf Fragestellungen aus Anthropologie (Totem und Tabu, 1912-13), Kultur (Die ‚kulturelle' Sexualmoral und die moderne Nervosität, 1908; Das Unbehagen in der Kultur, 1930), Geschichte und Politik (Zeitgemäßes über Krieg und Tod, 1915; Warum Krieg?, 1933), Religion (Die Zukunft einer Illusion, 1927; Der Mann Moses und die monotheistische Religion, 1939) sowie auf bildende Kunst und Literatur anwandte. Hierbei machte er auch vor der Analyse von Institutionen nicht halt: Seine Analyse der Massenpsychologie und der „hochorganisierten, dauerhaften, künstlichen Massen" Kirche und Heer (Freud 1921) gehören bis heute zu den Grundlagentexten zum Verständnis unbewußter Identifizierungs- und Idealbildungsprozesse in Gruppen und Organisationen (Kernberg 1988). Auch psychoanalytisch orientierte Beiträge zur Organisations(kultur)forschung können mittlerweile auf eine lange Tradition zurückblicken.[11] Zu nennen ist hier wiederum Elliot Jaques, der nicht nur mit seinem 1951 erschienenen Buch „The Changing Culture of a Factory" den Begriff der Kultur in die Organisationsforschung einführte, sondern nur wenige Jahre später mit dem Text „Social Systems as Defence Against Persecutory and Depressive Anxiety" (Jaques 1955) auf Grundlage der psychoanalytischen Theorie Melanie Kleins die These vertrat, daß Organisationen von ihren Mitgliedern durch unbewußte kollusive Handlungen dazu benutzt werden (können), Verfolgungsängste sowie depressive Ängste abzuwehren. Isabel Menzies-Lyth (1988) konkretisierte Ende der 50er Jahre in einer umfangreichen empirischen Studie in einem Londoner Lehrkrankenhaus die Angstabwehrfunktion sozialer Systeme. Sie beschreibt eindringlich, wie die Art der Arbeitsteilung auf den Stationen dafür sorgt, daß ein enger persönlicher Kontakt zwischen Schwestern und Patienten vermieden wird, damit diese sich nicht mit dem Leiden ihrer Patienten identifizieren müssen; sie veranschaulicht die depersonalisierende und die entindividualisierende Wirkung des Organisationsvokabulars – „die Leber in Bett 10" -; sie schildert die Abspaltung und Verleugnung von Gefühlen; sie beschreibt schließlich, wie Rituale der Aufgabenerfüllung und übertriebene Kontrollsysteme von persönlicher Verantwortung entlasten. Charakteristisches Merkmal von sozialen Abwehrsystemen ist es, so Menzies-Lyth, es den einzelnen Organisationsmitgliedern durch das „Ausschalten von Situationen, Ereignissen, Aufgaben, Tätigkeiten und Beziehungen", die Angst erzeugen bzw. Ängste erwecken, zu ermöglichen, ein Übermaß an „Angst-, Schuld-, Zweifel- und Unsicherheitsgefühlen" zu vermeiden (ebenda, S. 63). Ein zentrales Problem sozialer (organisatorischer) Abwehrsysteme lokalisiert die Autorin in der fatalen Dialektik, daß diese häufig nicht nur darin versagen, die primären Ängste wirkungsvoll zu lindern, sondern zudem in beträchtlichem Maße neue Ängste, „sekundäre Ängste" erzeugen (ebenda, S. 65ff.). Arm-

---

[11] Die frühe Geschichte psychoanalytischer Ansätze in der Organisationsforschung kann in dem Buch von Robert de Board (1978) nachgelesen werden; für den aktuellen Diskussionsstand verweise ich auf Kets de Vries u.a. (1991), Hirschhorn und Barnett (1993), Obholzer und Zagier Roberts (1994), das von Neumann und Hirschhorn herausgegebene special issue von „Human relations" (Vol. 52, Nr. 6, June 1999): „Integrating Psychodynamic and Organizational Theory", die seit 1998 in Deutschland erscheinende Zeitschrift „Freie Assoziation", den von Mathias Lohmer (2000a) herausgegebenen Band über „Psychodynamische Organisationsberatung" sowie den von R.D. Hinshelwood und Marco Chiesa (2002) herausgegebenen Sammelband „Organisations, Anxieties and Defenses".

strong (2000) weist darauf hin, daß die Arbeiten von Menzies-Lyth keine bloße Fortsetzung von Jaques These sind, sondern diese vielmehr auf den Kopf stellen. Armstrongs Argumentation lautet zusammengefaßt: Während Jacques von den Ängsten der einzelnen Organisationsmitglieder ausgeht, die sich in Struktur und Tätigkeit der Organisation eine Abwehrform schaffen, haben die soziale Abwehrformen erzeugenden Ängste für Menzies-Lyth in erster Linie in der Organisation selbst ihre Herkunft. Sie versteht diese eher als Reaktion auf die Spezifika der jeweiligen Arbeit; die „objektive Situation" der Pflege aktualisiert in den einzelnen Pflegekräften aus tiefen Schichten der Psyche stammende Gefühle und Phantasien von Hilflosigkeit, Ohnmacht, Zerbrechlichkeit und Tod. Während Jacques die Organisation eher als Ort der Inszenierung (enactment) individueller psychischer Ängste und Angstabwehren begreift, geht es Menzies-Lyth – und in ihrer Folge Armstrong selbst (ebenda, S. 10) – um das Feld des „In-actments", des Evoziert- oder In-Gang-Gesetzt-Werdens von psychischen Konstellationen durch bestimmte organisatorische Gegebenheiten. Armstrong prägt hierfür in Anlehnung an die objektbeziehungstheoretische Vorstellung innerer Objekte den Begriff des „organisationalen Objekts" (ebenda, S. 9), womit er darauf abzielt, wie die Organisation nicht nur als Ort der Wiederbelebung und Inszenierung, sondern als „Entstehungsort psychischer Erfahrung funktioniert" (ebenda, S. 9).

Die These von der Angstabwehrfunktion sozialer Systeme wurde im Umfeld des Londoner Tavistock-Instituts breit rezipiert und weiterentwickelt. Eine zentrale Frage bestand darin, wogegen sich die wesentlich unbewußt wirkende Angstabwehr richtet. Nach Bain (1998, S. 413), der darin Menzies-Lyth folgt, richtet sie sich zunächst einmal gegen diejenigen Ängste, „die durch die Ausführung der primären Aufgabe (primary task) der Organisation entstehen". Halton (1994) zufolge entwickeln (Mitglieder von) Organisationen überhaupt gegen all jene Gefühle Abwehrmechanismen, die anzuerkennen zu bedrohlich oder zu schmerzhaft ist. Diese unannehmbaren Gefühle können aus verschiedenen Quellen stammen; so können sie beispielsweise eine Reaktion auf äußere Bedrohungen darstellen, sie können aber auch, wie im vorstehenden Kapitel ausgeführt, aus organisationsinternen Konflikten zwischen Management und Belegschaft oder zwischen Gruppen und Abteilungen, die in Konkurrenz um Ressourcen stehen, erwachsen. Ängste und Angstabwehr können schließlich der Problematik der besonderen Klientengruppe entspringen, mit der die Organisation befaßt ist.

Die Existenz institutioneller Abwehrmechanismen ist nicht per se negativ zu bewerten. Dies betont auch Halton (ebenda), demzufolge institutionelle Abwehrmechanismen insofern eine produktive Funktion haben, als sie es den Beschäftigten ermöglichen, Streß zu bewältigen und sich durch ihre Arbeit in der Organisation zu entwickeln. Institutionelle Abwehrmechanismen können jedoch auch, so Halton weiter, ähnlich wie individuelle Abwehrformen, den Kontakt mit der Realität versperren und auf diese Weise die Belegschaft schädigen und die Organisation daran hindern, ihre Aufgabe zu erfüllen und sich an die verändernden Bedingungen anzupassen" (ebenda). Zusammenfassend läßt sich mit Long (2000a, S. 11) sagen, daß soziale beziehungsweise institutionelle Abwehrmechanismen sowohl „adaptive als auch defensive Funktionen" haben und der Kultur der jeweiligen Organisation ein spezifisches Gepräge geben.

3.2. „Grundannahmen-Gruppe" und „Arbeitsgruppe": der Einfluß Wilfred R. Bions

Einen weiteren Ansatzpunkt zum Verständnis psychodynamischer Aspekte der Organisationskultur bietet Bions (1971) Gruppentheorie und hier vor allem die von Bion getroffene Unterscheidung zwischen Arbeitsgruppe und Grundannahmen-Gruppen. Kernberg zufolge (1988, S. 241) stellt Bions Theorie der Gruppenprozesse den „bedeutendsten psychoanalytischen Beitrag zum Verständnis des Gruppenverhaltens seit Freud dar", und dies nicht nur für die von Bion beobachteten Kleingruppen, sondern auch für Prozesse in strukturierten und unstrukturierten Großgruppen. Long (2000b) kritisiert an psychodynamisch orientierten Organisationsforschern – m.E. zu Recht –, daß diese Bions Konzept allzu umstandslos auf organisatorische Dynamiken übertragen ohne hinreichend zu klären, in welcher Weise gruppenanalytisch beschreibbare Prozesse in bestimmten organisatorischen Einheiten, wie beispielsweise Teams, stattfinden, und welche Rolle hierbei der Arbeit als spezifischer Form menschlicher Tätigkeit zukommt.

Bion geht davon aus, daß Gruppen mittels bestimmter unbewußter „Grundannahmen" versuchen, ihr psychisches Überleben zu sichern. Diese Grundannahmen stellen sich Heltzel (1998, S. 12) zufolge „als Reaktion auf ‚primitive' Ängste ungeplant, spontan, unbewußt und in Blitzesschnelle ein und bedürfen dabei keiner verbalen Verständigung, da der Sprache in der Grundannahmegruppe keine symbolisch-kommunikative Funktion zukommt. Grundannahme-Gruppen finden auf diese (vorsprachliche, vorsymbolische) Weise magische (realitätsferne) Lösungen für bestehende Konflikte und Notlagen." Sie vermeiden dadurch, so Heltzel weiter, „die Frustration, die aus dem Lernen aus Erfahrung erwächst und torpedieren eine realitätsbezogene Erfüllung primärer Aufgaben, Kooperation, Entwicklung und Schmerz, der aus der unumgänglichen Schwere und Widersprüchlichkeit des Lebens resultiert. Auf diese Weise entfernen sie die Gruppe (die Organisation) von der Wirklichkeit und erlösen sie von der Schwierigkeit, das Leben auf reife Weise zu meistern – daß sie damit den realen Untergang gerade erst heraufbeschwören, ist die Kehrseite dieser Dynamik" (ebenda). Erkennbar wird die jeweilige Grundannahme an der vorherrschenden Gefühlsstimmung, welche die Gruppenatmosphäre durchdringt und bestimmt (Hinshelwood 1993, S. 416ff.).

Bion unterscheidet drei Grundannahmen – die Grundannahme der „Abhängigkeit", die Grundannahme „Kampf/Flucht" sowie die Grundannahme der „Paarbildung"; ich zitiere die Grundannahmen in der Zusammenfassung Hinshelwoods (1993):

- Die *Grundannahme der Abhängigkeit* läßt eine Gruppe entstehen, „deren Mitglieder allesamt, häufig enttäuscht, an den Lippen des Gruppenleiters hängen, als ob sie annehmen, daß er im alleinigen Besitz von Wissen, Gesundheit und Leben ist und jedes Mitglied auf seine Weise daraus schöpfen kann" (Hinshelwood 1993, S. 416). Auf Organisationen bezogen formuliert Heltzel (1998, S. 12f.), daß sich die Abhängigkeitsgruppe unbewußt so verhält, als „sei es ihre primäre Aufgabe, ausschließlich oder vorrangig die Bedürfnisse der MitarbeiterInnen (und nicht der Klienten, Kunden oder Auftraggeber) zu versorgen. Die Leitung soll dies sicherstellen, von ihr fühlt sich die Gruppe daher abhängig. Gegen Ansätze der Veränderung in der Organisation erhebt sich massiver Widerspruch, da Veränderungen die Angst auslösen, nicht versorgt zu werden oder zu kurz zu kommen."

- Die *Grundannahme von Kampf-Flucht* hat zur Folge, „daß die Gruppenmitglieder sich voller Aufregung und Leidenschaft in der Vorstellung zusammenfinden, daß es einen Feind zu identifizieren gilt und ihr Leiter sie in geschlossener Phalanx gegen diesen Feind führen oder ihnen zur gemeinsamen Flucht verhelfen wird (Hinshelwood 1993, S. 416f.). Bezogen auf das soziale Feld von Organisation formuliert Heltzel (1998, S. 13), daß bei Vorherrschaft der unbewußten Tendenz zur Kampf-Flucht-Gruppe die Mitglieder eines Teams, „anstatt darüber nachzudenken, wie die Arbeit am besten zu organisieren ist, die meiste Zeit damit verbringen, um anstehende oder möglicherweise anstehende Veränderungen in der Organisation zu beklagen. Indem das Team entweder gegen Entwicklung ankämpft oder innere/äußere Kündigung thematisiert, erneuert es immer wieder ein Gefühl der Zusammengehörigkeit, das hilft, die Bedrohung zu überstehen."

- Die *Grundannahme der Paarbildung* schließlich „durchdringt die Gruppe mit einer mysteriösen Hoffnung, die häufig mit einer im Verhalten zutage tretenden Paarbildung zweier Mitglieder oder eines Mitglieds und des Leiters einhergeht, und es sieht so aus, als seien alle davon überzeugt, daß irgendein großartiger neuer Gedanke (oder ein bedeutendes Individuum) aus dem (Geschlechts-)Verkehr des Paares hervorgehen werde (eine messianische Hoffnung)" (Hinshelwood 1993, S. 417). Die Paarbildungsgruppe wehrt unerträgliche Aspekte der gegenwärtigen Realität also dadurch ab, daß sie auf eine Art Erlösung in der Zukunft baut. Der Preis dieser illusionären Ausrichtung auf die Zukunft besteht allerdings darin, daß sie die Gruppe bzw. die Organisation von den anstehenden Gegenwartsaufgaben und Gegenwartsverpflichtungen abhält (vgl. Heltzel 1998, S. 13).

Der unbewußten Grundannahmen-Dynamik von Gruppen stellt Bion den Idealtypus „Arbeitsgruppe" (‚workgroup') gegenüber, einer Gruppe, deren Mitglieder ihrer definierten und akzeptierten Aufgabe nachgehen und sich auf die Überprüfung der Realität innerhalb und außerhalb der Gruppe konzentrieren (Hinshelwood 1993, Long 2000b). Dies setzt voraus, daß die Arbeitsgruppe in der Lage ist, die Ängste und Verunsicherungen, die immer mit der Erkenntnis von Neuem und Unbekannten (also mit jedem Lernprozeß) verbunden sind, in sich zu bewahren (containen) und ihnen standzuhalten (Krejci 1999b). Heltzel (1998, S. 13) zufolge erfordert die Arbeitsgruppe „Kooperation, Anstrengung und Erfahrungslernen. Hier wird nicht mit tendenziell einer Stimme, sondern mit vielen, sich teils widersprechenden gesprochen und jede Stimme wird (im Idealfall) angehört. So ist der Zusammenhalt in Arbeitsgruppen mehr das Ergebnis erfolgreichen Zusammenraufens, erfolgreicher Konfliktarbeit, und der Schmerz ist der der Einsamkeit und Isolation sowie der Trauer darum, daß die Welt (der Arbeit) nicht omnipotent gemeistert werden kann."[12]

So wie sich die genannten unbewußten Grundannahmen in Gruppen, Teams und Organisationen nicht wechselseitig ausschließen, sondern ein und dieselbe Gruppierung (durchaus innerhalb kurzer Zeit) zwischen den verschiedenen Grundannahmen oszillieren kann, stehen auch die „Grundannahmen-Gruppen" und die „Arbeitsgruppe" in einem permanenten Wechselverhältnis.

---

[12] Bions anspruchsvolle Vorstellung von dem, was er ‚Arbeitsgruppe' nennt, erfordert psychodynamisch betrachtet den ‚depressiven Modus der Erfahrungsbildung' (siehe den zweiten Teil dieses Kapitels) bzw. eine hinreichende Triangulierung (siehe das Kapitel „Trianguläre Kulturen in Organisationen").

Unbewußte Grundannahmen bilden so etwas wie eine beständig mitlaufende „Unterbühne" (Neuberger 1995a, S. 45) des manifesten Geschehens in Gruppen und Organisationen. Kommt es hierbei für einen kürzeren oder auch längeren Zeitraum zu einem Vorherrschen der Grundannahmenmentalität, tritt das ein, was im „primary-task"-Ansatz des Tavistock-Instituts, der die Bion'schen Begriffe aufgenommen und für die Organisationsforschung und -beratung weiterentwickelt hat, „Anti-Aufgaben-Prozesse" genannt wird: Das Auftauchen einer anderen primären Aufgabe, die zu der Aufgabe, für die die Organisation ins Leben gerufen wurde, keinen Bezug hat und die Mitglieder von Arbeitsgruppen oder Teams von der effektiven Ausführung ihrer Arbeit abhält (Zagier Roberts 1994a, S. 31).

Dennoch sind die Grundannahmengruppen – und hier besteht eine gewisse Parallele zu den sozialen Abwehrmechanismen – keineswegs nur negativ zu bewerten. Zagier Roberts betont nachdrücklich, daß beide Gruppenaktivitäten im Dienste des Überlebens stehen: Die primäre Aufgabe, die mit Bions „Arbeitsgruppe" korrespondiert, „ist bezogen auf das Überleben in Beziehung zu den Anforderungen der äußeren Umwelt, während Grundannahmenaktivitäten getrieben werden von den Anforderungen der internen Umgebung und Ängsten über das psychologische Überleben" (ebenda). Auch Stokes (1994, S. 25) weist darauf hin, daß die Grundannahmenaktivitäten nicht nur in einer regressiven Weise zu verstehen sind; schon bei Bion finden sich ihm zufolge Hinweise auf einen „aufgeklärten" bzw. „entwickelten" („sophisticated") Gebrauch der Grundannahmenmentalität. Gemeint ist damit, daß sich eine Gruppe die Grundannahmenmentalität dadurch nutzbar machen kann, „daß sie die Gefühle einer Grundannahme dafür mobilisiert, die primäre Aufgabe in einer konstruktiven Weise zu verfolgen" (ebenda). Als Beispiel für eine entwickelte Verwendung der Grundannahme der Abhängigkeit nennt Stokes eine gut funktionierende Krankenstation, in der eine effiziente und ruhige Atmosphäre dazu benutzt wird, Abhängigkeit zu mobilisieren und die Patienten dazu zu ermutigen, sich selbst in einer vertrauensvollen und abhängigen Weise den Schwestern und Ärzten zu übereignen. Als Beispiel für eine entwickelte Verwendung der Grundannahme Kampf/Flucht nennt Stokes die Tendenz in der Sozialarbeit, gegen für das Klientel schädliche familiäre, soziale und Umweltbedingungen oder Ungerechtigkeiten zu kämpfen oder ihnen zu entfliehen. Und als Beispiel für eine entwickelte Verwendung der Grundannahme der Paarbildung nennt er schließlich die therapeutische Situation, „in der das ‚Paaren' zwischen einem Mitarbeiter und einem Patienten ein Hintergrundgefühl von Hoffnung schaffen kann, um die Rückschläge aushalten zu können, die in jeder Behandlung unvermeidlich sind" (ebenda).

Die beiden bisher skizzierten Ansätze: die These von der Organisation als soziales Abwehrsystem und die Gruppentheorie Bions mit ihrer Dynamik zwischen Grundannahmengruppe und Arbeitsgruppe, bilden sozusagen das ‚historische' Fundament, von dem aus es in den vergangenen Jahren vielfältige Weiterentwicklungen auf dem Feld psychodynamischer Organisationsforschung und Organisationsberatung gegeben hat. Die Konzeptionen, die mir besonders relevant erscheinen, will ich im folgenden kurz darstellen.

3.3. Neuere psychodynamische Ansätze der Organisationsforschung

Stein (2000) knüpft an die Tradition des Tavistock-Instituts an, soziale Systeme unter dem Aspekt von Angstabwehr zu betrachten und schlägt vor, das Konzept der Angstabwehr durch das Konzept des „Neides" zu erweitern, das im kleinianisch-psychoanalytischen Diskurs der letzten Jahrzehnte zwar einen zentralen Platz eingenommen (Lohmer 2000b), in der psychodynamisch orientierten Organisationsforschung jedoch bisher keinen adäquaten Niederschlag gefunden hat. Dabei ist Neid, worauf in der Soziologie Neckel (1999) hingewiesen hat, von eminenter sozialer Bedeutung und auch Stein geht davon aus, daß unser soziales System selbst als neidisches, zumindest als neiderzeugendes charakterisiert werden kann (Stein 2000, S. 202f.). Neidattacken können, wie Stein an Beispielen aus Gruppen, Institutionen und Gesellschaften zeigt, die positiven und produktiven Beziehungen zu anderen Menschen, Gruppen und Kulturen genauso zerstören, wie Neidaffekte, aufgrund der damit verbundenen fehlenden Toleranz, in irgendeiner Weise von etwas oder jemandem abhängig zu sein, Lernprozessen und dem Tolerieren von Führung im Wege stehen (ebenda, S. 203). Analog der Beschreibung sozialer Systeme als soziale Angstabwehrsysteme schlägt Stein daher vor, einen konzeptionellen Raum zu öffnen für ein Verständnis von „sozialen Systemen als Neidattacke" (ebenda, S. 207).

Hirschhorn (1999) erweitert das die Tradition des Londoner Tavistock-Instituts maßgeblich prägende Konzept der „primären Aufgabe" um das Konzept des „primary risk", des „primären Risikos". Dem Autor zufolge genügt es unter den heutigen Bedingungen dynamischer Märkte nicht mehr, psychodynamische Aspekte des organisatorischen Aufbaus, der organisatorischen Funktionen und der Führungsbeziehungen zu analysieren; ins Zentrum unternehmerischen Handelns (und damit auch des Angstpotentials in einer Organisation) treten vielmehr zunehmend Fragen der Strategie, konkret: Fragen der strategischen Wahl zwischen potentiellen künftigen primären Aufgaben. Dieses mit der strategischen Wahl künftiger Schwerpunkte verbundene Risiko nennt Hirschhorn „primäres Risiko"; die Angst die daraus resultiert, wird nicht in erster Linie von der Aufgabe selbst erzeugt, „sondern von der Ambiguität, die die Wahl umgibt" (ebenda, S. 9). Diese Ambiguität der Wahl, die psychodynamisch gesehen häufig von ambivalenten Regungen begleitet wird, muß in Organisationen gemanagt werden. Dies impliziert nicht nur, die bezüglich der gewählten neuen Aufgaben bestehenden Ambivalenzen zu bewältigen, sondern auch, sich von bisherigen Aufgaben zu verabschieden bzw. um die Aufgaben, die nicht gewählt wurden, zu trauern.[13] Es ist offensichtlich, daß die mit der Bewältigung des primären Risikos zusammenhängenden Prozesse eng mit der jeweiligen Unternehmenskultur verknüpft sind und zu deren Konsolidierung beziehungsweise Veränderung beitragen.

Die gegenwärtige Tendenz zur Flexibilisierung von Unternehmen umfaßt nicht nur Fragen der Strategie und damit die Geschäfts- und Aufgabenfelder; ins Zentrum organisatorischer Umstrukturierungsbemühen treten gerade auch die Dimensionen, die lange Zeit als unumstößliche Charakteristika vieler Organisationen angesehen wurden: struktureller Aufbau, funktionelle Gliederung, feste Rollenverteilungen und klare Hierarchien. Der Annahme, daß es der sogenannten ‚grenzenlosen Organisation', wie die Tendenz zur Auflösung bestehender innerer und äußerer organisatorischer Grenzen im gegenwärtigen organisationswissenschaftlichen Diskurs gern genannt wird Picot, Reichwald und Wigand 1996), keineswegs an zu managenden Grenzen mangelt, diese nur andere, eher psychologisch zu verstehende Ausformungen annehmen, gehen Hirschhorn und Gilmore (1993) nach. Sie zeigen, daß auch (bzw. gerade) in flexiblen Organisationen die folgenden – von ihnen ‚psychologisch' genannten – Grenzen beachtet und beständig gemanagt werden müssen: „die ‚Autoritäts-' oder ‚Zuständigkeitsgrenze', die ‚Aufgabengrenze', die ‚politische' oder ‚Interessengrenze' und die ‚Identitätsgrenze'" (ebenda, S. 31). Die „Zuständigkeits-" bzw. „Autoritätsgrenze" wird den Autoren zufolge markiert durch die Frage „Wer ist für was zuständig?" Der Autoritätsaspekt ergibt sich daraus, daß auch in sogenannten grenzenlosen bzw. flexiblen Unternehmen die Rollen von Vorgesetzten und Unterstellten nicht wegfallen, sondern da, wo Vorgesetzte und Unterstellte an der Autoritätsgrenze aufeinandertreffen,

---

[13] Vega Zagier Roberts (2000) zeigt anhand mehrerer Fallbeispiele, in welcher Weise Verlustgefühle und damit verbundene Trauerprozesse in Veränderungsprozessen in Organisationen eine bedeutende Rolle spielen. Sie ist der Ansicht, daß diesen Aspekten sowohl in der Theorie und Praxis von Reorganisationsprozessen als auch in Organisationsentwicklungsansätzen viel zu wenig Beachtung geschenkt wird (siehe zum Aspekt von Beratung als Trauerarbeit auch Zabel 2001).

flexibel gehandhabt und situativ abgestimmt werden müssen. Als bezeichnende Gefühlsregungen für die Zuständigkeits- und Autoritätsgrenze nennen Hirschhorn und Gilmore „Vertrauen" und „Offenheit" im Falle guter Zusammenarbeit. „Starrsinn", „Aufsässigkeit" und „Passivität" kennzeichnen die emotionale Folie dieser Grenze, wenn sich Vertrauen und Offenheit nicht in einer befriedigenden und effektiven Zusammenarbeit herstellen lassen (ebenda, S. 31 f.). An der „Aufgabengrenze" gilt es den Autoren zufolge, den „Widerspruch zwischen hochspezialisierten Aufgaben und dem Bedürfnis nach einer gemeinschaftlichen Zweckbestimmung" zu balancieren. Die entscheidende Frage lautet hier: „Wer macht was?" Unter Bedingungen von Gruppen- und Teamarbeit, so die Autoren, muß sich jedes Teammitglied auf andere Teammitglieder verlassen, die „über Fähigkeiten und Mittel verfügen, die er weder kontrollieren kann noch immer begreift." Und dennoch darf jeder Mitarbeiter die Arbeit der anderen Gruppenmitglieder nicht ignorieren, sondern muß, „während er sich vor allem auf seine eigene Aufgabe konzentriert, zugleich ein lebhaftes Interesse für die Herausforderungen und Probleme der anderen an den Tag legen, die auf ihre je verschiedene Weise zum Gelingen der Arbeit beitragen". Im erfolgreichen Falle stellen sich auf der gefühlsmäßigen Ebene ein Stolz auf die Arbeit ein; die Gruppen- oder Teammitglieder fühlen sich in ihrer Abhängigkeit von den anderen wohl, und sie sind „zuversichtlich, daß sie über die zur Erfüllung der Aufgabe notwendigen Mittel und Fähigkeiten gebieten. Fällt es dagegen einem Team schwer, Aufgaben zu definieren, Verantwortung aufzuteilen und Mittel zuzuweisen, dann fühlen sich die einzelnen Mitglieder inkompetent und unfähig dazu, ihren Auftrag auszuführen, ja manchmal schämen sie sich sogar für die geleistete Arbeit" (ebenda, S. 32 f.). An der „Interessensgrenze" geht es laut Hirschhorn und Gilmore um die Interaktion zwischen Gruppen mit unterschiedlichen Interessen. Die entscheidende Frage lautet hier: „Was kommt dabei für uns heraus?" An dieser ‚politischen' Grenze müssen die Mitarbeiter, so die Autoren, darauf achten, „daß sie ihre Interessen verteidigen, ohne die Effektivität und Einheit der Organisation als Ganzes zu gefährden". Gelingen Aushandlungsprozesse auf der Interessenebene, „fühlen sich die Beteiligten alsbald mächtig. Mitarbeiter glauben, fair behandelt und angemessen belohnt zu werden. Doch wo sich die ‚politischen' Beziehungen schlecht entwickeln, kann es dahin ausschlagen, daß sich die Mitglieder einer bestimmten Arbeitsgruppe nicht anerkannt, bei wichtigen Entscheidungen übergangen und ausgenutzt vorkommen" (ebenda, S. 33). Bezüglich der „Identitätsgrenze" schließlich greifen Hirschhorn und Gilmore das Thema multipler Kulturen in Organisationen auf, in dem sie die Vielzahl von „Gruppenidentitäten" ansprechen, die in einer Organisation anzutreffen sind: „In manchen Fällen sind sie das Produkt einer besonderen Berufs- oder Fachkultur: etwa bei Juristen, Ingenieuren, Software-Programmierern, sogar bei Maschinenschlossern. In anderen Fällen gehen sie auf eine bestimmte Arbeitsgruppe zurück, das Team, die Abteilung oder das Bezirksbüro. Und zuweilen ist ihr Ursprung eher persönlicher Natur, verwurzelt in der Erfahrung des Einzelnen als Angehörigem einer bestimmten Rasse, Nationalität oder ethnischen Gruppe." Als besonderes Merkmal solcher Beziehungen betonen Hirschhorn und Gilmore das „Gleichsein" der Gruppe. Wenn Menschen beginnen, in Begriffen von „wir" und „die" zu denken, von ihrer „In-Gruppe" im Gegensatz zu sonstigen „Out-Gruppen" sprechen, dann bewegen sie sich an der Identitätsgrenze. Anders als bei der ‚politischen' Grenze als einer Angelegenheit von Interessen geht es den Autoren bei der Identitätsgrenze um Werte. Kurzum, die Identitätsgrenze wirft die Frage auf: „Wer ist ‚wir' – und wer sind wir nicht?" Menschen, die entlang der Identitätsgrenze agieren, vertrauen Insidern und sind, wie im Kapitel über organisatorische Subkulturen bereits eingehend beschrieben wurde, Outsidern gegenüber vorsichtig. Sie suchen sich Gleichartige aus und empfinden den Wert ihrer eigenen Gruppenperspektive als selbstverständlich. „Beziehungen an der Identitätsgrenze sind wichtig, weil sie höchst motivierend wirken können. ... Aber die Beziehungen an der Identitätsgrenze bergen auch das Risiko in sich, das für ein gemeinsames Arbeiten notwendige Band breiter Loyalität zu zerreißen" (ebenda, S. 33f.). Mit der Tendenz zu stärker psychologisch zu beschreibenden Grenzziehungen kommt Hirschhorn und Gilmore zufolge ‚weichen' Aspekten der Organisationskultur, wie Gefühlsregungen und sensibel auszuhandelnden Abstimmungsprozessen, eine zunehmende Bedeutung zu.

Aus der Perspektive der zunehmenden Kundenorientierung analysiert Susan Long (2000a) psychodynamische Veränderungen heutiger Organisationskulturen. Sie thematisiert, daß die „strukturellen Abwehrmechanismen gegen aufgabenbezogene Ängste und insuläre Kulturen, die aus den Abhängigkeitsstrukturen traditioneller Organisationen erwachsen sind, im heutigen Umfeld nicht mehr greifen" (ebenda, S. 11). Die Kundenorientierung und die damit einhergehende Vernachlässigung komplexer organisatorischer und gesellschaftlicher Rollenaspekte, ja der Verleugnung der Spezifität der jeweiligen Rollen (als Kunden sind wir alle gleich), verändert Long zufolge die Beziehung sowohl der Beschäftigten als auch der ‚Kunden' zur Organisation erheblich und setzt an die Stelle traditioneller Abhängigkeitskulturen Organisationsformen, die auf „narzißtischer Abwehr", „ökonomischem Rationalismus" und einem „instrumentellen Individualismus" (ebenda, S. 19ff.) beruhen. Long macht im neuen Paradigma des Kundenbezugs, in der Schaffung

unzähliger (inner- und außerorganisatorischer) Kunden-Anbieter-Paare, eine
untergründige messianische Hoffnung aus und weist schließlich mit Bezug
auf Bions Grundannahme der Paarbildung (s.o.) auf die regressiven Züge dieses Kunden-Anbieter-Paares hin, das mit seiner Tendenz zur Verabsolutierung begonnen hat, ein neues „Zeitalter des Superkonsums auf Superwelt-
märkten" einzuläuten (ebenda, S. 30).

Neurotische Organisationsstile und psychotische Organisation

Vertreter psychodynamischer Ansätze neigen dazu, individualpsychologisch
erforschte psychopathologische Konstellationen (z.B. Charakterstrukturen)
auf Organisationen zu übertragen. So untersuchen beispielsweise Kets de
Vries und Miller (1991) die Auswirkungen „psychologischer Orientierungen"
von Schlüsselpersonen (vor allem von Führungskräften) auf Organisationen
und identifizieren hierbei fünf „neurotische Stile" von Organisationen mit einer jeweils entsprechenden Organisationskultur:

* eine paranoide Organisation mit paranoider Kultur,
* eine depressive Organisation mit vermeidender Kultur,
* eine dramatische Organisation mit charismatischer Kultur,
* eine zwanghafte Organisation mit bürokratischer Kultur,
* eine schizoide Organisation mit einer politisierten Kultur.

Mit Bezug auf Kets de Vries findet sich auch bei Neuberger und Kompa
(1993) eine Einteilung von Unternehmenskulturen entlang der Neurosen-
struktur von Führungskräften. Die Gefahr einer Pathologisierung von Führungskräften und Organisationen reflektierend sprechen die Autoren etwas
vorsichtiger von „charakteristischen Merkmale(n) der Unternehmenskultur ...
die Vorgesetzte mit einer bestimmten Persönlichkeitsstruktur suchen, gestalten oder zum Ausdruck bringen" (Neuberger und Kompa 1993, S. 204). Dennoch gehen auch sie von der Annahme aus, daß, wenn eine Person, „kraft sozialer Stellung (wie eine Führungskraft) nicht nur auf ihre Umwelt reagieren
muß, sondern sie auch maßgeblich gestalten kann ..., diese soziale Umwelt
Merkmale der Charakterstruktur einer Person widerspiegeln wird" (ebenda).
Unter diesem Aspekt könne man tendenziell von einer narzißtischen, schizoiden, depressiven, zwanghaften oder hysterischen Unternehmenskultur sprechen. Narzißtische Führungskräfte beispielsweise verbreiten Neuberger und
Kompa zufolge „um sich eine Aura von Pomp; sie pflegen den Personenkult,
lassen sich als Helden feiern und nutzen jede Gelegenheit zur Macht- und

Statusdemonstration" (ebenda, S. 205). Zwanghafte Vorgesetzte hingegen prägen tendenziell eine Unternehmenskultur, die gekennzeichnet ist „durch ausgefeilte Kontrollsysteme (für Arbeitszeit, Leistung, Qualität, Verhalten), detaillierte Regelungen (in Handbüchern, Programmen, Vorschriften), Standardisierung und Stimulierung von Leistungen" (ebenda, S. 208). Im Umfeld von als hysterisch charakterisierbaren Vorgesetzten schließlich „herrscht Improvisation vor; sie hassen Systeme und verlassen sich auf Intuition. Gelegenheiten zur Selbstdarstellung werden gesucht oder hergestellt, Form und ‚Stil' sind oft wichtiger als Inhalte" (ebenda, S. 209).

Aus kleinianischer Tradition kommend untersucht Sievers (1999, 2001) psychotische Prozesse in Organisationen. Diese psychotischen Prozesse werden von Sievers aber nicht, wie bei Kets de Vries oder Maccoby (2000), als individuell, sondern als sozial induziert verstanden; es sind nicht (in erster Linie) die ‚Neurosen der Chefs', die die Kultur einer Organisation prägen, sondern umgekehrt tendieren „die in einer Organisation dominierenden unbewußten Emotionen und Phantasien dazu ... die organisatorischen Rollenträger zu ‚vereinnahmen'" (Sievers 2001, S. 175). In diesem Sinne spricht Sievers von „psychotischer Organisation" dann, wenn eine Organisation oder einzelne Subsysteme psychotische Anteile „auf Seiten ihrer Rolleninhaber mobilisieren und diese so zeitweilig oder fortlaufend dominieren" (ebenda, S. 176) – wobei diese psychotische Dynamik in einer Organisation als Bewältigungsversuch aufgefaßt werden kann: „Was ich mit ‚organisatorischer Psychose' meine, mag mit der Frage umschrieben werden, ob und wenn ja, mit welchem Ausmaß organisatorische Dynamiken durch unbewußte psychotische Reaktionen auf die organisatorische Umwelt beeinflußt oder gar ausgelöst werden können" (Sievers 1999, S. 23). Sievers verweist auf eigene Erfahrungen in der Beratung von Großunternehmen, die ihm den Eindruck vermittelten, daß diese in einem „mehr oder weniger verzweifelten Versuch gefangen sind, den enormen Druck und die Bedrohung von Seiten der äußeren Welt der Märkte und Mitbewerber abzuwehren, während sie gleichzeitig darauf versessen sind, diese Umwelt mit einem hohen Maß an Aggressivität, Sadismus und Destruktivität zu beeinflussen und zu beherrschen" (ebenda, S. 27f.). Dies führt Sievers zufolge innerhalb dieser Unternehmen zu einem Verhalten und Denken, wie es für die von Melanie Klein (1946) beschriebene paranoid-schizoide Position kennzeichnend ist. Die sich gegenwärtig in der Weltwirtschaft ausbreitende Shareholder-Value-Orientierung verstärkt laut Sievers die innerorganisatorische psychotische Dynamik; sie steigert „die Verfolgungs- und Vernichtungsphantasien" des Managements und der Belegschaft und nährt „deren Furcht, sich den Aktionären ausgeliefert zu sehen" (ebenda, S. 41).

Sievers benennt hier m.E. nur eine der Angstschichten, die durch die rapiden wirtschaftlichen Veränderungen und die damit einhergehenden Auflösungserscheinungen traditioneller Formen von Organisationen und Unternehmen aktualisiert werden. Auf einer noch basaleren Ebene scheint mir die Funktion von Organisationen als einer Art „sozialer Haut" für die Mitarbeiter bedroht zu sein, was auf psychischer Ebene mit panischen Ängsten, fundamentalen Vernichtungs- und Auflösungsphantasien, dem Gefühl, nicht nur jeglichen sozialen Halt, sondern auch die eigene Begrenzung und den eigenen Zusammenhalt zu verlieren, einhergehen kann. Kets de Vries (2001, S. 103) spricht diesbezüglich davon, daß der „psychologische Vertrag" zwischen Beschäftigten und Organisation zerbrochen ist, der in einer starken emotionalen Bindung von Beschäftigten an ihre Organisation, in einem tiefverwurzelten Gefühl von Zugehörigkeit bestanden hat. Die in Organisationen zunehmend über die Instrumente von Zielvereinbarungen und Selbstverpflichtung in Gang gesetzten Tendenzen zur maß- und grenzenlosen Selbstausbeutung (Schmidt 2000; Senghaas-Knobloch 2000) können auf diesem Hintergrund (auch) als kollektive psycho-soziale Abwehrstrategie, als eine Art kollektiver Inszenierung einer Pseudo-Unabhängigkeit interpretiert werden (Bick 1990, Newton 1999 sowie die untenstehenden Ausführungen zur autistisch-berührenden Position).

3.4. Der sozio-emotionale Kontext organisationskultureller Erfahrung

Mein eigener Ansatz, psychoanalytische Erkenntnisse für die Organisationsforschung fruchtbar zu machen, zielt weniger auf derartige ‚Organisations-Charakterologien' beziehungsweise ‚-Pathologien', so sehr diese durchaus aufschlußreiche Erkenntnisse über das emotionale Geschehen in Organisationen zu Tage fördern. Es geht mir vielmehr darum, die sozio-emotionalen Erfahrungen zu ergründen, die sich in den alltäglichen Interaktionen in Subkulturen, in den intermediären Räumen zwischen den Subkulturen sowie in der übergreifenden Organisationskultur artikulieren. Für dieses Anliegen haben sich die von Melanie Klein (1935 u. 1946) in den 30er und 40er Jahren entwickelten und von Jaques (1955) und Menzies-Lyth (1988) im Kontext des Tavistock-Instituts in die Organisationsforschung eingeführten Konzepte einer paranoid-schizoiden und einer depressiven Position als ausgesprochen

brauchbar erwiesen. Etwas anders als im kleinianischen Kontext üblich[14] fasse ich im Gefolge von Ogden (1995) diese beiden Positionen als „erfahrungsbildende Modi" auf, die, im Verbund mit einem dritten, von Ogden
so bezeichneten „autistisch-berührenden" Modus, die Dialektik der emotionalen Erfahrung aufspannen. Unter einem „erfahrungsbildenden Modus" versteht Ogden (1995, S. 11) „einen Prozeß, durch den Wahrnehmung in einer
bestimmten Art Bedeutung zugeschrieben wird". So macht es etwa für das
eigene Erleben und die eigene Handlungsweise einen großen Unterschied, ob
man eine von den eigenen Zielen und Interessen abweichende Handlung eines
Arbeitskollegen, eines Mitarbeiters einer anderen Abteilung oder eines Vorgesetzten entsprechend des depressiven Modus als Ausdruck von dessen unterschiedlichem Arbeitszusammenhang, dessen divergenter betrieblicher Verortung und dessen differenten Interesses interpretiert und sich dazu in sachlicher und/oder realistisch-machtpolitischer Weise verhält, oder ob man diese
Handlung gemäß dem paranoid-schizoiden Modus als persönlich gegen sich
selbst gerichtete vernichtende Attacke erlebt, der nur mit einer rachsüchtigen
Gegenattacke oder – im Falle ungünstiger Machtverteilung – mit Rückzug,
Verweigerung und Kommunikationsabbruch begegnet werden kann. Es ist
hierbei wichtig, sich die (nicht nur) psychoanalytische Erkenntnis zu vergegenwärtigen, daß „beobachtete und vorgestellte Ereignisse in ein und derselben Welt stattfinden, die als kontinuierlich in Raum und Zeit erlebt wird"
(Britton 1989, S. 86), daß also die Wahrnehmungen und Bedeutungszuschreibungen des einzelnen Menschen nicht nur durch soziale Relevanzstrukturen,
Perspektiven und Interessen, sondern gleichermaßen durch Gefühle und (unbewußte) Phantasien geprägt sind (Beland 1989).

Mit den drei erfahrungsbildenden Modi bezeichnet Ogden keine aufeinanderfolgenden Entwicklungspositionen, sondern, in den Worten Raguses (2000,
S. 541), „jeder Erfahrung vorausliegende synchrone mentale Strukturen, die
der Möglichkeit nach immer vorhanden sind." Aus einer derartigen psychodynamischen Perspektive ist jeder Kontakt zwischen Organisationsmitgliedern (und natürlich auch jeder Kontakt zu Personen aus der Umwelt der Organisation) als mehrfach determiniert zu verstehen, und zwar nicht nur hinsichtlich der von Freud beschriebenen Schichten bewußter, vorbewußter und
unbewußter Inhalte, sondern auch in bezug auf die „Erfahrungsmodalitäten,
die die psychische Matrix herstellen, innerhalb der ein Bewußtseinsinhalt
existiert" (Ogden 1995, S. 10). Im organisatorischen Kontext spreche ich in

---

[14] Ein Überblick über die Begriffsgeschichte der paranoid-schizoiden und depressiven Position von Melanie Klein bis heute findet sich bei Hinshelwood (1993).

Anlehnung daran von der sozio-emotionalen Erfahrungsmatrix einer Organisation.

Jeder erfahrungsbildende Modus ist Ogden zufolge durch eine ihm je eigene Form von Symbolbildung, einen spezifischen Abwehrmechanismus, eine charakteristische Form der Objektbeziehung sowie durch den Grad seiner Subjektivität gekennzeichnet (ebenda). In seinem Buch „Subjects of Analysis" (1994, S. 139f.) ergänzt Ogden diese vier Gesichtspunkte um die Aspekte einer je distinkten Form von Angst sowie eines je bestimmten Typs von Internalisierungsprozessen. Im folgenden werde ich die drei erfahrungsbildenden Modi, wie Ogden sie beschrieben hat, entlang dieser Aspekte darstellen und anhand von Beispielen aus dem Bereich der Organisationsforschung und -beratung veranschaulichen. Ich beginne mit dem paranoid-schizoiden Modus der Erfahrungsbildung.

3.4.1. Der paranoid-schizoide Modus der Erfahrungsbildung

Der paranoid-schizoide Modus der Erfahrungsbildung leitet sich von der von Melanie Klein (1946) beschriebenen paranoid-schizoiden Position ab. Die Welt der paranoid-schizoiden Position, das sind laut Heltzel (1998, S. 14) „Spaltungen und Schuldvorwürfe, Verfolgungsängste und Vernichtungswünsche, Verletzungen bis ins Mark und Racheimpulse." Personen, Gruppen, Subkulturen, ja ganze Organisationen deponieren im paranoid-schizoiden Modus für schlecht erachtete Impulse und Bestrebungen bei Anderen und können sich auf diese Weise von ihnen entleeren und entlasten. Beziehungen werden auf diese Weise individuell und kollektiv in gute und schlechte aufgespalten, in Freund und Feind, in Reiche des Guten und Reiche des Bösen, so daß man sich jeweils nur mit einer Beziehungsqualität zu Anderen konfrontiert sieht (vgl. Schmidt-Löw-Beer 1995, S. VIII). Unter dem Blickpunkt der Erfahrungsbildung nun werden die Spaltungen, auf denen der paranoid-schizoide Modus in hohem Maße beruht, nicht nur als Abwehr- und Schutzmechanismen betrachtet, sondern zunächst einmal als eine „Art von Erlebensorganisation" (Ogden 1995, S. 19). Spaltungsprozesse verhindern den Aufbau kontinuierlicher Erfahrungen mit anderen Menschen, die immer differenzierte bzw. mehrdeutige, das heißt sowohl zugewandte und positiv getönte, als auch enttäuschende und aggressive bzw. eher negativ getönte Aspekte umfassen. Im paranoid-schizoiden Modus der Erfahrungsbildung hingegen wird Ogden zufolge ein Objekt (vereinfacht: eine Person als Objekt einer zu ihr bestehenden Objektbeziehung) jedes Mal dann, wenn es Enttäuschungen verursacht, nicht mehr „als gutes Objekt erfahren – und nicht einmal als *enttäuschendes* gutes Objekt – sondern als enttarntes schlechtes Objekt. Anstelle der Erfahrung von Ambivalenz ergibt sich eine Erfahrung der Wahrheitsfindung durch Entlarvung" (ebenda).

Folgende Vignette aus einem Supervisionsprozeß mag dies veranschaulichen: Am Ende der Diagnosephase, die aus einer ausführlichen Klärung sowohl der gegenwärtigen Außenanforderungen an das Team als auch der inneren Verfaßtheit des Teams bestand, hatte ich das Gefühl, daß die Teammitglieder mit dem Ergebnis der gemeinsam erarbeiteten Teamdiagnose und mit mir als Supervisor ausgesprochen zufrieden waren. In der verglichen mit den ersten Sitzungen deutlich entspannten Atmosphäre äußerte ich bezüglich des Fortgangs der Supervision, daß ich mir gut vorstellen könnte, einmal ihren Vorgesetzten in die Supervision einzuladen, damit sie im geschützten Raum der Supervision mit ihm über einige der Punkte sprechen könnten, die die gemeinsame Analyse als Kernpunkte ihrer Unzufriedenheit in und mit der Institution zu Tage gefördert hatten. Das abrupte Umschlagen des Klimas hätte kaum intensiver sein können; plötzliches massives Mißtrauen erwischte mich kalt. Der anfangs latent vorhandene, bislang jedoch nicht ausgesprochene Verdacht, bei mir könnte es sich um einen Agenten ihres Vorgesetzten handeln, der sie ausspionieren und ,umdrehen' soll, stand mit Händen greifbar im Raum – und wurde schließlich auch von einem Mitarbeiter geäußert. Die Beziehung des Teams zu diesem Vorgesetzten war so stark von Abgrenzungs- beziehungsweise gar Abspaltungstendenzen bestimmt, daß es zu diesem Zeitpunkt keinen Millimeter reflexiven Zwischenraums zu geben schien. Allein der Vorschlag, mit dieser (Un-)Person in eine Art klärenden Dialog einzutreten, konnte auf der in dieser Beziehung dominierenden Ebene ihrer Erlebensorganisation nur als Verrat und als zum Vorschein-Kommen meines wahren Gesichts (Koalition mit dem gegnerischen Vorgesetzten) aufgefaßt werden.[15]

Die Diskontinuität des Erfahrungsprozesses im paranoid-schizoiden Erleben führt nach Ogden dazu, daß es in diesem Modus keine wirklich gemeinsame Geschichte gibt, sondern allenfalls eine jeweils ausgedehnte Gegenwart, denn die gegenwärtige Erfahrung mit Anderen wird „zeitlich rückwärts und vorwärts projiziert" (ebenda). Eine enttäuschende Begegnung, die vielleicht mit dem Gefühl von Ärger oder Wut einhergeht, führt dann eben nicht dazu, daß dies als gegenwärtige Erfahrung wahrgenommen wird, mit der Erinnerung

---

[15] Man kann vorgreifend auch sagen, daß dem Team in dieser Situation eine entfaltete triadische Beziehung („triangulärer Raum") zwischen Team, Vorgesetztem und Supervisor nicht vorstellbar schien; denkbar und erlebbar war nur das dichotom-dyadische „wir" und „der" und die damit verbundene Frage: „Auf welcher Seite stehst Du?"

daran, daß es viele andere Erfahrungen mit dieser Person gegeben hat und auch wieder geben kann. Die Enttäuschung führt vielmehr zu der scheinbar klaren Einsicht, daß der andere jetzt seinen wahren Charakter offenbare, und daß man sich offenbar bislang von ihm hat täuschen lassen. Aus diesem je situativen Umschreiben der Geschichte rührt Ogden zufolge eine „Brüchigkeit und Instabilität der Objektbeziehungen, die sich permanent in einem Zustand der Aufhebung befinden. Es gibt keine stetige gemeinsame Erfahrung der Geschichte der Beziehung ... die der gegenwärtigen Erfahrung als Rahmen und *Container* dienen kann. Dieser Erfahrungsmodus ist im Hintergrund praktisch kontinuierlich von einer Angst begleitet, die sich davon herleitet, daß das Individuum sich unbewußt ständig in unerforschtem Gebiet, umgeben von unberechenbaren Fremden fühlt" (ebenda, S. 20).

Wie es im paranoid-schizoiden Modus der Erfahrungsbildung quasi keine Geschichte gibt, existiert auch kein wirklicher „Raum zwischen Symbol und Symbolisiertem: beide sind gefühlsmäßig gleichwertig. Dieser Modus der Symbolbildung, den Segal (1957) *symbolische Gleichsetzung* (*symbolic equation*) nannte, stellt eine zweidimensionale Form von Erfahrung her, in der alles ist, was es ist" (Ogden 1995, S. 20).[16] Es fehlt damit ein „interpretierendes Subjekt, das zwischen dem (inneren oder äußeren) Wahrnehmungsgegenstand und den eigenen Gedanken und Gefühlen über das, was man wahrnimmt, vermittelt" (ebenda, S. 21). Gedanken und Gefühle werden in diesem Modus nicht als „persönliche Schöpfungen erlebt, sondern als Fakten, als Dinge per se, deren Existenz einfach gegeben ist. Wahrnehmung und Interpretation werden als ein und dasselbe erfahren" (ebenda). Ein Organisationsmitglied, das überwiegend in diesem Modus agiert, sagt dann beispielsweise: „Sie können mir nicht erzählen, daß ich nicht sehe, was ich sehe" (ebenda). Im Vorgriff auf den empirischen Teil möchte ich die im betriebspolitischen Diskurs im Untersuchungsbetrieb stattfindende symbolische Gleichsetzung des technischen Systems mit dem Management und des Managements mit Kontrolle und Überwachung nennen. Ich benutze hierfür die Formel „Management = Kontrolle und Überwachung = RBL". Auch die im Unternehmen

---

[16] Segal (1957) veranschaulicht den Unterschied zwischen der „symbolischen Gleichsetzung" (symbolic equation) und dem entwickelten Symbolgebrauch der depressiven Position (symbol proper) anhand des Beispiels zweier Patienten, für die das Geigen jeweils eine – hinsichtlich der hier interessierenden Unterscheidung jedoch sehr verschiedene – sexuelle Bedeutung hatte. Der eine Patient konnte nicht mehr geigen, weil er – im Zuge der symbolischen Gleichsetzung – das Geigen so konkret mit einer masturbatorischen Handlung verband, daß das Geigen für ihn gleichbedeutend mit einer öffentlichen Masturbation wurde. Auch für den anderen Patienten symbolisierte die Geige sein Geschlechtsteil und das Geigen eine sexuelle Handlung, dies allerdings in der sublimierten Weise eines Traumes. In diesem Falle repräsentierte die Geige das Genitale (war also nicht konkret mit ihm gleichgesetzt). Siehe zu dieser Differenzierung im Symbolbegriff auch Segal (1996).

verbreitete Metapher des „gläsernen Fahrers", der durch die neue Informationstechnologie quasi durchsichtig und dadurch total kontrollierbar würde, drohte zuweilen ihren metaphorischen, d.h. symbolischen Charakter zu verlieren und zu einem – in Segals Sinne – ‚konkretistischen' Symbol zu werden.

Das Fehlen sowohl eines interpretierenden Subjekts als auch eines Raumes zwischen Symbol und Symbolisiertem hat Konsequenzen für die Form der Subjektivität im paranoid-schizoiden Modus (wie umgekehrt natürlich genauso gilt, daß diese beschränkte Form der Subjektivität zum Fehlen eines interpretierenden Subjekts und zur konkretistischen Symbolisierung führt): „Im paranoid-schizoiden Modus ist das Selbst vorwiegend ein Selbst als Objekt, ein Selbst, das durch Gedanken, Gefühle, Wahrnehmungen getrieben wird, als ob dies äußere Kräfte oder physische Objekte wären, die einen besetzen oder bestürmen" (Ogden 1995, S. 22). Aus der Perspektive dieses Modus kann man sich nicht als Autor der eigenen Gefühle, Gedanken und Wahrnehmungen verstehen; man faßt diese als Kräfte auf, denen man sich ausgeliefert sieht (siehe auch Klüwer 1997). Da nicht nur das eigene Selbst, sondern auch die anderen Personen eher als Objekte denn als Subjekte wahrgenommen werden, ist es laut Ogden kaum möglich, für diese Anteilnahme zu entwickeln: „Es bieten sich wenig Gelegenheiten zur Einfühlung an, da die eigenen Objekte nicht als Menschen mit Gedanken und Gefühlen erlebt werden, sondern vielmehr als geliebte, gehaßte oder gefürchtete Kräfte oder Dinge, die auf einen selbst einwirken bzw. übergreifen. Man kann andere Menschen schätzen für das, was sie für einen tun können, aber man bringt ihnen kein *Mitgefühl* entgegen" (Ogden 1995, S. 23/24; Hervorhebung durch den Autor).

Als Abwehrmechanismen des paranoid-schizoiden Modus nennt Ogden die bereits von Melanie Klein und ihren Nachfolgern beschriebenen Abwehrmechanismen der Spaltung, Projektion, Introjektion, projektiven Identifikation, Verleugnung und Idealisierung. Halton (1994, S. 14) veranschaulicht diese Abwehrmechanismen anhand seiner Erfahrung mit helfenden Institutionen. Er beschreibt die in diesen Organisationen verbreitete Tendenz, „Gefühle des Hasses oder der Zurückweisung gegenüber Klienten zu verleugnen. Mit diesen Gefühlen kann man leichter umgehen, wenn man sie auf andere Gruppen oder äußere Einrichtungen projiziert, die dann kritisiert werden können. Die Projektion von Gefühlen der Schlechtigkeit in etwas bzw. in jemanden außerhalb des Selbst ist dabei behilflich, einen Zustand von illusorischer Gutheit und Selbstidealisierung zu erzeugen. Diese Schwarz-Weiß-Mentalität simplifiziert komplexe Gegenstände und kann zur Erschaffung einer starren Kultur führen, in welcher Wachstum blockiert ist." Die von Halton beschriebenen

Phänomene finden sich beileibe nicht nur in sozialen Institutionen. Gerade der von ihm angedeutete Zustand illusorischer Gutheit und Selbstidealisierung kommt in vielen der von mir interpretierten Interviews und Gruppendiskussionen immer wieder zum Ausdruck. In meiner eigenen Beratungserfahrung als Supervisor bekomme ich gleichfalls häufig das Gefühl vermittelt, es mit der einzig achtbaren Abteilung oder dem einzig aufrechten Team in der gesamten Organisation zu tun zu haben. Die im Kapitel über organisatorische Subkulturen beschriebenen Spaltungs- und Abwertungsprozesse lassen sich auf dem hier geschilderten Hintergrund unschwer als Phänomene des paranoid-schizoiden Modus der Erfahrungsbildung ausweisen.

3.4.2. Der depressive Modus der Erfahrungsbildung

Der depressive Modus der Erfahrungsbildung leitet sich in seinen Grundzügen von der „depressiven Position" ab, die von Melanie Klein als die reifere, die zu erringende Position angesehen wurde. Schmidt-Löw-Beer (1995, S. XIIIf.) faßt die depressive Position wie folgt zusammen: „Dagegen können wir in der darauf [auf die paranoid-schizoide/E.T.] aufbauenden Erfahrungsstruktur, der depressiven Position, Ambivalenzen aushalten. Wir lernen uns und andere als Menschen mit vielen Seiten kennen, die aus unterschiedlichen Perspektiven betrachtet werden können. Die Perspektiven werden nicht mehr als wie Gegenstände gegeben betrachtet, sondern als subjektiv hervorgebracht. Man weiß um ihre bloß relative Gültigkeit, ihre Einseitigkeit und die Möglichkeit, die Dinge auch anders sehen zu können. In der depressiven Position wird Lebensgeschichte nicht nur gemacht, sondern erzählt, umgeschrieben und erweitert. Zwischen uns und anderen ist Raum, einander zu verstehen und uns aufeinander im Kontext einer gemeinsamen Geschichte zu beziehen. Das ermöglicht ein Verstehen von Schuld aber auch von Wiedergutmachung und Versöhnung." In diesen Ausführungen wird ersichtlich, daß die depressive Position bzw. der depressive Modus der Erfahrungsbildung nicht mit dem klinischen Krankheitsbild der Depression zu verwechseln ist, sondern ganz im Gegenteil einen differenzierten und ‚reifen', vielleicht besser: ‚entwickelten' Erfahrungsmodus darstellt.

Die Form der Symbolbildung im depressiven Modus der Erfahrungsbildung ist diejenige, die Segal (1957) mit dem Begriff der „eigentlichen Symbolbildung" bezeichnet hat. Das Symbol re-präsentiert hier das Symbolisierte und wird daher als unterschieden vom Symbolisierten erfahren (Löchel 2000). Dies ist, folgt man Ogden, unmittelbar verknüpft mit der spezifischen Form von Subjektivität im depressiven Modus: „Symbolische Bedeutung wird durch das Subjekt erzeugt, das zwischen dem Symbol und dem, was dieses repräsentiert, vermittelt. Man könnte das so artikulieren, daß im Raum zwischen Symbol und Symbolisiertem ein interpretierendes Subjekt entsteht. Und mit gleichem Recht könnte man es so sehen, daß die Entwicklung der Fähigkeit zur Subjektivität, die Erfahrung des ‚Ich-Seins', wie subtil und unspektakulär diese auch sein mag, es dem Individuum erst ermöglicht, zwischen Symbol und Symbolisiertem zu vermitteln" (Ogden 1995, S. 12). Die Leistung der eigentlichen Symbolbildung erlaubt es, so Ogden weiter, „sich als Person zu erleben, seine eigenen Gedanken zu denken und seine Gefühle zu fühlen. Auf diese Weise werden Gedanken und Gefühle in hohem Maße als persönliche Schöpfungen erlebt, die verstanden (interpretiert) werden können. So entwickelt man – wie immer sich das auswirken mag – ein Gefühl der Verantwortlichkeit für das eigene psychische Handeln (Gedanken, Gefühle und Verhalten)" (ebenda).

Bezogen auf das im letzten Abschnitt erwähnte Beispiel aus dem Verkehrsbetrieb bedeutet das, daß RBL zwar für die betrieblichen Akteure durchaus Kontrolle und Überwachung symbolisieren kann, jedoch nicht in konkretistischer Weise mit Kontrolle und Überwachung gleichzusetzen ist. Denn erstens hängt das, was RBL als Technologie symbolisiert, von der jeweiligen Perspektive interpretierender Akteure ab, und diese ist je nach betrieblicher Verortung durchaus sehr verschieden – wie ich noch zeigen werde, nicht nur zwischen Management, Technikern, Betriebsrat und Beteiligungsgruppen, sondern auch innerhalb des Rahmens der Beteiligungsgruppen zwischen den Fahrern und den Disponenten. Zweitens sind technisch vermittelte Kontrolle und Überwachung nicht zwangsläufig nur negativ zu beurteilen, sondern können, wie sich im Probebetrieb des RBL-Systems zur Überraschung sowohl der Fahrer als auch der Forscher herausstellte, durchaus auch Aspekte von Schutz und Sicherheit repräsentieren. Zwischen dem Symbol „RBL" und den symbolisierten Zusammenhängen: einem neuen technologischen System, einer nicht nur aber auch auf Kontrolle und Überwachung fußenden Arbeitsorganisation, verschiedenen betrieblichen Akteuren mit bestimmten Interessen und Zielen etc., öffnet sich im Laufe des von mir noch zu beschreibenden Beteiligungsprozesses ein Raum, in dem die Akteure sich über die von ihnen (mit-)erzeugten symbolischen Bedeutungen und Verweisungskontexte des RBL verständigen und diese verhandeln können.

Kann man sich (als individueller und/oder als kollektiver Akteur) im depressiven Modus in der geschilderten Weise als interpretierendes Subjekt sehen, wird man im Umkehrschluß auch fähig, andere Personen und Gruppen als denkende und fühlende Subjekte zu sehen und zu erleben. Dies zeichnet die Welt der ganzen Objektbeziehungen aus, „in der das Individuum im Grunde als dieselbe Person über den ganzen Zeitraum existiert, in Beziehungen zu anderen Menschen, die auch trotz erheblicher Affektverschiebungen und Affektmischungen dieselben bleiben. ... Die Kontinuität der Erfahrung des Selbst und des anderen durch Gefühlszustände der Liebe und des Hasses stellt den Kontext her für die Entwicklung der Fähigkeit zur Ambivalenz" (Ogden 1995, S. 12f.), die als wichtige Errungenschaft und zentrales Charakteristikum des depressiven Modus anzusehen ist.

Beschränkt sich im paranoid-schizoiden Modus die ‚Wertschätzung' anderer Personen darauf, sie allenfalls als nützliche oder exquisite Objekte zu betrachten, ist man im depressiven Modus dazu in der Lage, für jene wirkliche Anteilnahme aufzubringen. Damit aber, so Ogden, betritt man die Welt von Verletzung und Schuld. Denn während Objekte zwar beschädigt und aufgebraucht werden können, macht der Begriff des ‚Verletzens' nur Sinn mit Bezug auf ein Subjekt: „Daher stellt sich die Erfahrung von Schuld als potentielle menschliche Erfahrung nur im Rahmen der Erfahrung von *subjektiven anderen* ein. Fehlt die Fähigkeit einem anderen Menschen als Subjekt Anteilnahme entgegenzubringen, dann hat Schuld keinerlei Bedeutung. Schuld ist ein ganz spezifischer Schmerz, den man *über einen gewissen Zeitraum* als Folge einer realen oder eingebildeten Verletzung fühlt, die man einem Menschen zugefügt hat, der einem nicht gleichgültig ist" (ebenda, S. 14; Hervorhebung durch den Autor). Erst in diesem Erfahrungsmodus ist auch so etwas wie Empathie möglich, die voraussetzt, daß der andere als Subjekt erlebt wird, dessen Gefühle man verstehen kann, als ob sie die eigenen wären.

Sobald man den anderen nicht nur als Objekt, sondern auch als Subjekt erlebt, so Ogden weiter, „anerkennt man, daß sich das Leben des anderen außerhalb des Bereichs der eigenen Omnipotenz abspielt. In einer Welt von Subjekten, die man auf ambivalente Weise liebt und nicht zur Gänze kontrollieren kann, entsteht eine unverwechselbar neue Form von Angst (die in den primitiveren Erfahrungsmodalitäten nicht möglich ist): die Angst, daß man im Zorn die Person, die man liebt, vertrieben oder verletzt hat. Traurigkeit, die Erfahrung, jemanden zu vermissen, Einsamkeit und die Fähigkeit, um jemanden zu trauern, werden als Folge des Zusammenspiels der Erlebnisqualitäten des depressiven Modus ... zu Dimensionen menschlicher Erfahrung" (ebenda).

Auf eine Organisation bzw. eine organisatorische Untergliederung, die zu Erfahrungen im depressiven Modus in der Lage ist, trifft all das zu, was mit Bion als Charakteristika einer Arbeitsgruppe (im Gegensatz zu den Grundannahmengruppen, die mehr im paranoid-schizoiden Modus agieren) beschrieben wurde. So ist beispielsweise eine Arbeitsgruppe, die sich im depressiven Modus bewegen kann, Halton (1994) zufolge in der Lage, die emotionale Komplexität der miteinander geteilten Arbeit zu erfassen. Im günstigen Falle gelingt es einer solchen Mitarbeitergruppe, die konfligierenden Elemente, die von außen in sie projiziert werden, „zusammenzuhalten, zu diskutieren und sie zu durchdenken, statt dazu gebracht zu werden, diese auszuagieren". Dies erfordert, so Halton, daß sich die Mitarbeiter der besonderen Belastungen gewahr werden, die mit der Spezifität der eigenen Arbeit verbunden sind, wie es auch erfordert, deren Grenzen sowohl zu erkennen als auch anzuerkennen. Gelingt es den Beschäftigten, ihre gemeinsame Arbeitserfahrung zu verarbeiten und zu integrieren, kann daraus nicht nur eine Verringerung von Konflikten resultieren; dies kann auch den Weg freimachen für qualitativ bessere Arbeitsausführungen sowie eine größere Zufriedenheit in der (gemeinsamen) Arbeit (ebenda).

Zu einem späteren Zeitpunkt des Supervisionsprozesses kam das im Abschnitt über den paranoid-schizoiden Modus geschilderte Team von sich aus auf meinen ehemals von ihnen vehement abgelehnten Vorschlag zurück, ein Gespräch mit ihrem Vorgesetzten zu führen, um mit diesem über die unerträglich gewordenen und die Arbeit stark behindernden Spannungen zwischen ihnen und jenem zu sprechen. Möglich wurde dieser Vorschlag des Teams durch die Bearbeitung ihrer starken dezentralen Autonomiebestrebungen („vielleicht sollten wir uns selbständig machen") und den damit verbundenen Abschottungstendenzen gegenüber Leitung und Gesamtorganisation (wir konnten uns darüber verständigen, daß sie innerhalb der Institution eine ‚Trutzburg' errichtet hatten), sowie durch die partielle Rücknahme der von ihnen einseitig auf die Leitung projizierten Feindseligkeit und Ablehnung durch das Aufspüren und Reflektieren eben jener Tendenzen bei ihnen selbst. Als ihnen klar wurde, daß sie für ihren Vorgesetzten, der für sie sowohl fachliche Unterstützungs- als auch personelle Aufsichtsfunktionen hatte, nicht die Andeutung eines ‚Platzes' in ihrem Team bereithielten und sie damit in gewissem Maße selbst zu den gegen sie gerichteten Handlungen dieses Vorgesetzten beitrugen, der sich anstelle fachlicher und sachlicher Autorität mittels Machtspiel und Intrige Einfluß zu verschaffen suchte, konnten sie ihre Ambivalenzen besser in der Schwebe halten und – zur Verwunderung ihres Vorgesetzten – von sich aus ein auf Klärung und Kooperation abzielendes Gespräch anstreben (und schließlich auch erfolgreich führen).

In idealtypischer Weise stellt Heltzel (1998, S. 14) den Übergang von der paranoid-schizoiden zur depressiven Position als Übergang von emotionaler Unreife zur emotionalen Reife dar. Hat ein Team oder eine Organisation die depressive Position erreicht, so Heltzel, dann „dominieren Integration (statt Spaltung), Eigenverantwortung (statt Schuldprojektion), Besorgnis um andere (statt Selbstbezogenheit), Denken (statt Aktion), Erfahrungslernen (statt Realitätsverzicht), Trauer (statt Rache), Schmerz angesichts eigener Grenzen (statt Omnipotenzgefühlen), Gut-genug-sein (statt Selbstidealisierung), Aufgabenerfüllung (statt Verweigerung) und Zukunftsorientierung (statt Zeitlosigkeit)." So anschaulich diese Aufzählung auch abschließend noch einmal die Spannweite markiert, die sich zwischen den Polen des paranoid-schizoiden und des depressiven Modus der Erfahrungsbildung aufspannt, sosehr wird die darin aufscheinende lineare Entwicklungsrichtung im gegenwärtigen kleinianischen Diskurs doch zunehmend in Frage gestellt. Dies soll in einem kurzen Einschub erläutert werden.

Die Wechselbeziehung zwischen dem paranoid-schizoiden und dem depressiven Modus der Erfahrungsbildung

Obwohl Melanie Klein die paranoid-schizoide und die depressive Position gerade nicht als Entwicklungsetappen verstanden haben wollte und mit dem Begriff der Position auszudrücken suchte, daß diese Positionen im Laufe des Lebens immer wieder wechseln können, die depressive Position letztlich nicht dauerhaft zu erringen ist, wurde in der Tradition des kleinianischen Denkens doch die paranoid-schizoide als eine tendenziell zu überwindende und entsprechend die depressive Position als die anzustrebende Position angesehen (Eigen 1995). Es ist Bions Verdienst, nicht nur auf die beständig oszillierende Bewegung zwischen den beiden Polen Zersplitterung/Desintegration (paranoid-schizoide Position) und Integration (depressive Position) hingewiesen zu haben, sondern darüber hinaus die Aufmerksamkeit „auf die positiven Aspekte der paranoid-schizoiden Position, auf die Notwendigkeit, sich mit der Möglichkeit von katastrophenartigen Desintegrations- und Sinnlosigkeitsgefühlen auseinandersetzen zu können" (Bott Spillius 1995, S. 198), gelenkt zu haben. Bion sieht laut Britton (1998, S. 18) „die Bewegung von der depressiven Position *zur* paranoid-schizoiden Position als integralen Bestandteil der kognitiven Entwicklung an", symbolisiert durch seine Formel PS ↔ D. Diese Formel beschreibt Britton zufolge ein dynamisches Gleichgewicht. Sie beinhaltet „die Vorstellung eines Oszillierens zwischen diesen beiden Positionen als Teil psychischen Wachstums – sowohl im Leben wie auch im Mikrokosmos der analytischen Situation" (ebenda). Desintegration bedeutet nun also, so auch Weiß (2001, S. 169), „nicht mehr notwendigerweise Regression in eine pathologische Entwicklung. Sie kann vielmehr ein notwendiges Zwischenstadium darstellen, in dem eine bestehende Sicherheit aufgelöst wird, um neue, noch unbekannte Erfahrungen zu erschließen, verbunden mit der Hoffnung, sie in eine neue kohärente Gestalt zu integrieren, die in diesem Moment vielleicht noch nicht einmal als Ahnung existiert." Ogden geht noch einen Schritt weiter, in dem er nicht nur an die potentiell wachstumsförderlichen Aspekte der (paranoid-schizoiden) Desintegration anknüpft, sondern gleichermaßen das potentiell Erstarrende einer Vorherrschaft der depressiven Position benennt: „Der paranoid-schizoide Modus und der depressive Modus dienen einander jeweils als notwendiger negierender oder bewahrender Kontext. Der depressive Modus steht für Integration, Lösungsfindung und die Fähigkeit des *Containments*", führt jedoch, „wenn ihm nicht widersprochen wird, zu Gewißheit, Stagnation und Verschlossenheit, zu Arroganz und Erstarrung" (Ogden 1995, S. 30). Der paranoid-schizoide Modus sorgt hingegen, so Ogden weiter, „für die nötige Spaltung von Verbindungen und führt zur Öffnung der Verschlossenheit in der depressiven Position, womit er die Voraussetzung für neue Verbindungen schafft. Der integrative Schub des depressiven Modus wiederum sorgt für die notwendige Antithese zum paranoid-schizoiden Modus, indem er das Chaos begrenzt, das durch die Gedankenzersplitterung, die Erfahrungsdiskontinuität und die Spaltung von Selbst und Objekt entstanden ist" (ebenda).

Dieses dual konzipierte Modell eines Wechselspiels zweier Positionen wird von Ogden nun durch die Einführung einer dritten Position bzw. eines dritten Modus, der/s autistisch-berührenden, zu einem Modell weiterentwickelt, dessen Dynamik oder Dialektik nicht zwischen zwei, sondern zwischen drei Polen spielt. Da im Gegensatz zu den beiden bisher diskutierten Modi die Rezeption des autistisch-berührenden Modus in der klinisch-psychoanalytischen Diskussion erst langsam beginnt und im Kontext psychodynamischer Organisationsforschung meines Wissens überhaupt noch nicht stattgefunden hat, räume ich seiner Begründung, Darstellung, Einordnung und Diskussion im folgenden etwas mehr Raum ein, ohne jedoch das eigentliche Anliegen, den Beitrag dieses Erfahrungsmodus zur sozio-emotionalen Erfahrungsmatrix der Organisation zu klären, aus dem Auge zu verlieren.

3.4.3. Der autistisch-berührende Modus der Erfahrungsbildung

Der autistisch-berührende bzw., wie es im Englischen heißt, der autistic-contiguous Modus der Erfahrungsbildung leitet sich wie die meisten zentralen psychoanalytischen Konzepte, deren grundlegende Bedeutung für die ‚normale' psychische Entwicklung oft erst nach einer gewissen Zeit entdeckt wurde, aus der Analyse und Beschreibung psychopathologischer Phänomene ab. Die zunächst pathologische Erfassung eines universellen psychischen Phänomens trifft auf den Bereich der autistischen Phänomene in besonderem Maße zu, da deren psychische Grundlegung in die allererste Zeit des psychischen Lebens fällt, die Klüwer (1997, S. 151) zufolge „bei einer ungestörten Entwicklung rasch durchschritten wird, ohne selbst als solche aufzufallen", die andererseits jedoch „der Boden ist, auf dem sich faßbares psychisches Leben ansiedelt, und nur bei Störungen faßbare Phänomene" überhaupt ausbildet. Die psychoanalytische Forschung, zu nennen sind hier vor allem Bick (1990), Meltzer et al. (1975) und Tustin (1981; 1990), wendet sich diesem Bereich des psychischen Lebens, der als noch grundlegender anzusehen ist als die von Klein und Bion beschriebenen Phänomene und Positionen, seit Mitte der 70er Jahre verstärkt zu. Ausgehend vom kindlichen Autismus schritten die Forschungen der genannten Autoren über das Aufdecken ähnlicher Phänomene im Seelenleben des Erwachsenen fort zur Formulierung einer autistisch-berührenden Position und der daraus resultierenden Annahme eines dritten erfahrungsbildenden, des autistisch-berührenden Modus (Ogden 1995), mit dem Klüwer (1997, S. 154) zufolge „eine bis dahin unzureichend verstandene Dimension menschlicher Erfahrung" beschrieben wird, die „einen integralen Teil einer normalen Entwicklung repräsentiert".

Bei der Benennung dieses Modus als „autistisch-berührend" lehnt sich Ogden an die Namengebung beim paranoid-schizoiden Modus an, die sowohl die Form der psychischen Organisation als auch die spezifische Form der Abwehr aufnimmt. Beim autistisch-berührenden Modus, so Ogden, „geht die psychische Organisation zu einem großen Teil auf unmittelbare sensorische Nähe zurück, das heißt, es werden durch das Erlebnis sich ‚berührender' sensorischer Oberflächen Beziehungen hergestellt. Ein Zusammenbrechen dieser Organisation führt zur Implementierung autistischer Abwehrmechanismen" (Ogden 1995, S. 32, Fußnote). Klüwer erachtet die Übersetzung von contiguous als „berührend" als unzulänglich, weil sie die mit dem Begriff ‚contiguous' gesetzte Tendenz zum „Verbinden, zum Aneinanderfügen, zum Kontaktieren", die sich der im Begriff ‚autistic' Ausdruck verschaffenden Tendenz zur Isolierung entgegensetzt, nicht hinreichend zum Ausdruck bringt. Es steht

Klüwer zufolge „das Prinzip des Verbindens überhaupt gegen das Prinzip des Isolierens, des Aufhebens von Verbindungen" (1997, S. 155).

Ogden (1995, S. 4) versteht unter dem autistisch-berührenden Modus „einen sensorisch dominierten, vorsymbolischen Erlebnisbereich, in dem die primitivste Form von Bedeutung auf der Grundlage der Organisation von Sinneseindrücken, besonders auf der Hautoberfläche, erzeugt wird. In diesem psychischen Bereich stellt sich eine Form von Angst ohnegleichen ein: die Panik bei dem Gedanken an die Möglichkeit, die Begrenzung der eigenen sensorischen Oberfläche könne aufgelöst werden, was ein Gefühl des Leckens, des Tropfens, des Fallens in einen grenzen- und formlosen Raum zur Folge hätte."

Da der autistisch-berührende Modus des Erlebens wesentlich ein „vorsymbolischer, sensorischer Modus" ist, also aus einer Zeit stammt, in der das Kind des Sprechens noch nicht mächtig ist, ist es äußerst schwierig, ihn zu verstehen und zu versuchen, ihn in Worte zu fassen. Ogden wählt hierfür folgende Beschreibung: „Rhythmuserleben und das Erleben sensorischer Berührung tragen zur frühesten psychischen Organisation in diesem Modus bei. Sowohl Rhythmuserleben als auch Erfahrungen von Oberflächenberührungen sind grundlegend für die frühesten Beziehungen eines Menschen mit Objekten: die Erfahrung des Stillens und die Erfahrung, in den Armen der Mutter gehalten und geschaukelt zu werden, ihre Worte und ihren Gesang zu hören" (ebenda, S. 32). Ogden ist es wichtig zu betonen, daß im Gegensatz zu psychoanalytischen Ansätzen, die, wie beispielsweise Margret Mahler (Mahler, Pine und Bergman 1980), von einer objektlosen Frühzeit der Entwicklung ausgehen, die Erfahrungen im autistisch-berührenden Modus – wenn auch in einem spezifischen und begrenzten Sinne – „objektbezogen" sind: „Die Beziehung zum Objekt ist in diesem Modus mit Sicherheit weder eine Beziehung zwischen Subjekten wie im depressiven Modus, noch eine Beziehung zwischen Objekten wie im paranoid-schizoiden Modus. Vielmehr wird es eine Relation zwischen Form und dem Gefühl des Eingeschlossenseins sein, zwischen einem Taktschlag und dem Gefühl von Rhythmus, zwischen Härte und dem Spüren von etwas Kantigem. Abfolgen, Symmetrien, Periodizität, ‚Verformung' der Hautoberfläche durch Anschmiegen sind Beispiele von Kontiguitäten, die die Ingredienzen bilden, aus denen die Anfänge rudimentärer Selbsterfahrung erwachsen" (ebenda, S. 32f.).

Die frühen Erfahrungen mit sensorischen Berührungen legen Ogden zufolge „eine Oberfläche fest (die Anfänge dessen, was sich einmal zu einem Ortssinn entwickeln wird), auf der Erleben geschaffen und organisiert wird. Diese sensorischen Erfahrungen mit ‚Objekten' (die nur einem außenstehenden Beobachter als Objekte bewußt würden) sind das Medium, durch das die frühesten Formen organisierter und organisierender Erfahrung geschaffen werden" (ebenda, S. 33). Zur sensorischen Oberflächenerfahrung gesellt sich im autistisch-berührenden Modus die Erfahrung von Rhythmen; eine „Rhythmikqualität, die zur Seinskontinuität wird; sie verfügt über die Qualität der Begrenzung, die den Beginn der Erfahrung eines Ortes darstellt, an dem man fühlt, denkt und lebt; sie weist Züge auf wie Form, Härte, Kälte, Wärme, strukturelle Beschaffenheit, die die beginnenden Eigenschaften des Gefühls/Wissens darüber sind, wer man ist" (ebenda, S. 56). Unter normalen Umständen sorgt die in der autistisch-berührenden Position gebildete primitive psychische Organisationsform „für den kaum merkbaren Hintergrund sensorischer Begrenzung aller folgender subjektiver Zustände" (ebenda, S. 52).

Während die Erfahrungsweisen des paranoid-schizoiden Modus bereits eine Zweidimensionalität der Erfahrung, zumindest ein Ich und einen anderen, ein Innen und ein Außen, aus denen heraus und in die hinein projiziert und introjiziert werden kann, sowie (in Worten der kleinianischen Psychoanalyse:) eine verfolgende böse und eine idealisierte gute Brust voraussetzen, steht die Welt der autistisch-berührenden Erfahrung, wie Ogden formuliert, für die Ungetrenntheit der Erfahrung: „Aus der Berührung von Oberflächen (z.B. sich an einander anschmiegende Hautoberflächen, harmonische Töne[17], rhythmisches Schaukeln oder Saugen, symmetrische Formen) erwächst eher das Erlebnis e i n e r sensorischen Oberfläche als das Gefühl von zwei Oberflächen, die entweder voneinander abgehoben oder ineinander verschmelzend zusammenkommen. Es existiert praktisch kein Gefühl für innen und außen, für sich selbst und den anderen; wichtig ist vielmehr das Muster, die Begrenztheit, die Form, der Rhythmus, die strukturelle Beschaffenheit, die Härte, Weichheit, Wärme, Kälte und so weiter" (ebenda, S. 34; Hervorhebung/E.T.). Klüwer (1997, S. 155) schlägt von hier aus den Bogen zur Raumerfahrung: In der Folge formt sich „eine bereits gebildete Oberfläche zu einer Einhüllung ... die die Weiterentwicklung von einer Oberfläche zu einem durch die Oberflächenumschließung sich bildenden Raum markiert". Auch Krejci (1999b, S. 102f.) geht davon aus, daß die Introjektion der Hauterfahrung erste Phantasien von inneren und äußeren Räumen entstehen läßt. Schließlich kommt es Klüwer zufolge durch die „bei der Oberflächengestaltung sich ausbildende

[17] Warsitz 1997, S. 119f. spricht in diesem Zusammenhang von der „Klanghülle des mütterlichen Sprechens", die gemeinsam mit dem „taktil-symbiotischen Erfahrungsraum des gemeinsamen Körpers" unsere allererste „Lebenswelt" darstellt.

Zusammenfassung der verschiedenen Sinnesgebiete" zu einem späteren Zeitpunkt zur Herausbildung eines „common sense" (ebenda). Sicherlich ist es nicht allzu gewagt, in diesen Vorgängen die Grundlegung kultureller Erfahrung zu sehen, vermittelt doch, wie man aus ethnologischen und ethnopsychoanalytischen Studien weiß, der frühe Körperkontakt – vom Stillen über die Sauberkeits- und Pflegerituale bis zu den Weisen des Bettens und Transportierens etc., die Modi und Rhythmik der Zu- und Abwendung, die Bevorzugung und Tabuierung bestimmter Körperregionen, die Enge oder Ferne des körperlichen Kontakts usw. – zutiefst kulturelle Sozialisationsmuster (Douglas 1974; Parin, Morgenthaler und Parin-Matthey 1971).[18]

Wesentliche Aspekte der autistisch-berührenden Erfahrung bezieht Ogden von Esther Bicks (1990) Forschungen über die Bedeutung der Hauterfahrung in der frühen Kindheit, vor allem der Erkenntnis einer sich im Kontext der körperlichen Hauterfahrung bildenden „psychischen" Haut. Bick schreibt dieser psychischen Haut dieselbe haltende Funktion zu wie Bion dem „containing object". In der Formulierung von Staehle (1997, S. 350): „Die sinnlichen Erfahrungen über die Haut des Körpers durch Berührt- und Gehaltenwerden führen beim Säugling zu einem Gefühl des psychischen Zusammenhalts. Die Haut hat die Funktion, die Persönlichkeit passiv zusammenzuhalten, da die einzelnen Persönlichkeitsanteile in diesem ganz frühen Erfahrungsmodus noch nicht durch adhäsive Kräfte verbunden sind." Bick (1990, S. 237) macht den wichtigen Unterschied zwischen der „Unintegriertheit als einem passiven Erleben vollkommener Hilflosigkeit" (dies wäre Ogden zufolge Bestandteil der autistisch-berührenden Erfahrung) und der „Disintegriertheit aufgrund von Spaltungsprozessen als einer aktiven Abwehrfunktion, die im Dienst der Entwicklung steht" (die Version des paranoid-schizoiden Modus).

Bezüglich des Erlebnisinhalts des autistisch-berührenden Modus greift Ogden Tustins (1981, 1990) Unterscheidung zwischen autistischen Formen und autistischen Objekten auf. Die Erfahrung mit autistischen Objekten ist die Erfahrung mit harten, eckigen Eindrücken auf der Haut, „wobei die Haut sich selbst anfühlt, als sei sie hart und schalenartig. Dieser Eindruck wird mit diffusen Gefahren in Zusammenhang gebracht sowie mit im paranoid-schizoiden Modus auftauchenden Vorstellungen der Hautoberfläche als einer harten

---

[18] Meines Erachtens unterschätzt Ogden bei seiner Konzipierung der autistisch-berührenden Position den Umstand, daß sich das Kind zwar in der Tat in einem vorsymbolisch-sensorischen Zustand befindet, die das Kind pflegenden Erwachsenen sich ihrerseits jedoch in einer symbolisch-strukturierten Welt bewegen. Mit Laplanche (1974, 1988) kann man davon ausgehen, daß die Bedeutungen, die das Kind aus der Erfahrung berührender Oberflächen und rhythmischer Verrichtungen gewinnt, von unbewußten Bedeutungsverleihungen aus der Welt der Eltern durchsetzt sind.

Schale, die als Schutzpanzer dient" (Ogden 1995, S. 38). Die Erfahrung einer autistischen Form hingegen beschreibt er als „Gefühl von Weichheit, das wir weit später im Leben mit Vorstellungen wie Sicherheit, Entspannung, Wärme und Zuneigung verbinden. Die Wörter, die meiner Meinung nach der sensorischen Erfahrung am nächsten kommen, sind *beschwichtigen* und *trösten*. Es geht nicht darum, daß eine Mutter ihr Kind tröstet – es geht schlicht um die sensorische Erfahrung des Getröstetwerdens" (ebenda, S. 36f.; Hervorhebung durch den Autor). Weit später in der Entwicklung werden „Wörter wie ‚Behaglichkeit', ‚Linderung', ‚Sicherheit', ‚Verbundenheit', ‚Gehaltenwerden', ‚Kuscheln' und ‚Sanftheit' der Erfahrung von Formen im autistisch-berührenden Modus beigelegt" (ebenda, S. 57f.).

Ogden geht davon aus, daß der Einbruch von Erfahrungen der Getrenntheit vom ‚Objekt' in dieser frühen Zeit des Vorherrschens der autistisch-berührenden Position besonders traumatische Folgen zeitigen kann. In einer normalen Entwicklung ist es die Wechselwirkung der Erfahrung des Einsseins und des Getrenntseins innerhalb der frühen Mutter-Kind-Beziehung, die „die Augenblicke, in denen das Kind sich seiner Separatheit bewußt wird" erträglich macht. Eine „normale Ausbildung der autistisch-berührenden Organisation" hängt nach Ogden „von der Fähigkeit von Mutter und Kind ab, Formen sensorischer Erfahrung herzustellen, die das Bewußtsein um die Separatheit, die eine essentielle Komponente früher kindlicher Erfahrung darstellt (Tustin), ‚heilen' oder ‚erträglich machen'" (ebenda, S. 54). Ist die Mutter-Kind-Dyade nicht in der Lage, so zu funktionieren, daß sie „dem Kind eine heilende sensorische Erfahrung" bietet, kann es zu einer unerträglichen, mit Todesangst verbundenen Bewußtheit körperlicher Getrenntheit kommen (ebenda). Der Zusammenbruch der Kontinuität sensorisch dominierter Erfahrung resultiert Ogden zufolge in der Angst, „daß die Haut zu einem Sieb wird, durch das das Innere herausquillt und in einen end- und formlosen Raum fällt, der keine Oberfläche aufweist und nicht beschrieben werden kann" (ebenda, S. 40). In Anlehnung an Bions Begriff des „namenlosen Grauens", mit dem Bion das Erleben einer der Qualität des Containments und der Bedeutung beraubten Erfahrung faßt, spricht Ogden bezüglich der Natur der Angst im autistisch-berührenden Modus von einem „formlosen Grauen" (ebenda).

Welche Abwehrform verbindet sich nun mit der spezifischen Angst des autistisch-berührenden Modus? Auch bezüglich dieser Frage greift Ogden auf Bick (1990) zurück, die einen Abwehrtypus beschreibt, den sie „Bildung einer zweiten Haut" nennt. Bick faßt damit die Bemühungen, sich selbst zu schützen, indem man versucht, ein Gefühl der Kontinuität und Integrität der eige-

110

nen Oberfläche wiederzubeleben (siehe Ogden 1995, S. 41). Sie geht, so Hinshelwood (1993, S. 424f.) davon aus, „daß der Säugling zu einer bestimmten Reaktion Zuflucht nimmt, wenn das bewahrende Objekt besonders unsicher verankert ist. Um sich selbst zusammenzuhalten, entwickelt der Säugling omnipotente Phantasien, durch die das Bedürfnis nach einem passiven Erleben des Objekts vermieden wird." Bick (1990, S. 237) selbst beschreibt dies folgendermaßen: „Eine Störung der ursprünglichen Hautfunktion kann zur Entwicklung einer ‚Zweithaut-Bildung' führen, die durch den unangemessenen Gebrauch bestimmter geistiger Funktionen – oder vielleicht angeborener Begabungen – mit dem Ziel, einen Ersatz für diese bewahrende Funktion der Haut zu schaffen, die Abhängigkeit von dem Objekt durch eine Pseudo-Unabhängigkeit ersetzt."

Ogden zeigt an Fallbeispielen auf, daß es deshalb schwierig ist, einzelne Erfahrungen als Erfahrungen im autistisch-berührenden Modus zu identifizieren, weil die Herstellung von symbolischen und damit kommunizierbaren Repräsentationen Anleihen beim paranoid-schizoiden und beim depressiven Modus nimmt. Dies führt dazu, daß autistisch-berührende Aspekte des Erlebens in beispielsweise paranoid-schizoiden Inszenierungen erst zu dechiffrieren sind. So hatte ich in einem Beratungsprozeß (siehe Tietel 1999a) sehr früh den Eindruck, daß die Intensität des Mißtrauens und die stark vergiftete Atmosphäre in einem Organisationssegment sowie die schier unüberbrückbare Kluft zwischen Beschäftigten und Leitung, die die Beratungssitzungen permanent zu einem Ort wechselseitiger Vorwürfe und Vorhaltungen werden ließen – eine ausgesprochen paranoid-schizoid geprägte Kultur also –, was in starkem Maße darauf zurückzuführen war, daß im Zuge eines Umstrukturierungsprozesses in der Organisation die angestammten und vertrauten Einheiten aufgelöst und die Arbeit in einer Weise neu organisiert werden sollte, die bei den Beschäftigten das Gefühl hervorrief, daß ihnen der vertraute und liebgewonnene Boden unter den Füßen weggezogen, daß die soziale Haut ihrer gegenwärtigen betrieblichen Lebenswelt beschädigt würde. Die Aussicht, daß sich ein vertrauter und geschätzter Zusammenhang und Zusammenhalt (sowohl räumlich, als auch inhaltlich und personell) aufzulösen drohte, löste m.E. tiefe Ängste auf einer autistisch-berührenden Ebene aus und führte zu einem scheinbar unauflöslichen Anklammern an das Bestehende, wodurch (im depressiven Modus anzusiedelnde) Fragen danach, was sie durch die Neuorganisation durchaus auch gewinnen würden, wie sie diese bewältigen könnten und wie sogar manche ihrer einstigen Klagen über Schwachstellen der bestehenden Arbeitsorganisation aufgenommen worden waren, kaum aufgeworfen, geschweige denn in produktiver Weise besprochen werden konn-

ten. Letzteres gelang erst, als die (sich in paranoid-gefärbte projektive Vorwürfe und Anklagen kleidenden) Beunruhigungen im geschützten Raum eines
sowohl ‚haltenden', als auch reflexiven, d.h. auf verbale Symbolisierung, sowie auf (Wieder-)Herstellung eines freieren Spiels zwischen den drei Erfahrungsmodi abzielenden Settings des Beratungsprozesses aufgegriffen und angesprochen werden konnten.

Dieses Beispiel veranschaulicht in einer ersten Annäherung, was die Erkenntnis des autistisch-berührenden Modus zur Erforschung und zum Verständnis
von organisationskulturellen Phänomen beitragen kann. Ich möchte diese
Frage abschließend noch einmal auf einer etwas allgemeineren Ebene aufgreifen. Meines Erachtens blieben autistisch-berührende Aspekte der Erfahrung
auf einer kollektiven Ebene relativ unproblematisch und unthematisiert, solange gesellschaftliche Institutionen und Organisationen der Arbeitswelt eine
verhältnismäßig stabile, den Einzelnen tendenziell überdauernde Form hatten
und im Schatten ihrer Zweckbestimmtheit auch die „tiefen vitalen, aber auch
geistigen Bedürfnisse der Menschen nach Dauer, Gemeinsamkeit und Sicherheit" (Gehlen 1957) befriedigten. Man kann m.E. sagen, daß Menschen die
Tendenz haben, ihre psychische Haut auf relevante Gruppierungen auszu-
dehnen: auf die soziale Haut ihrer Familie beispielsweise, aber auch auf die
soziale Haut ihrer Arbeitsgruppe, ihres Teams, ihrer Subkultur, ihrer Organisation.

Mit der Herausbildung einer die jeweilige soziale Einheit umfassende sozialen Haut gewinnt man in seinem Erleben eine gemeinsame Oberfläche mit der
Arbeitsgruppe oder der Organisation, einen Ort, an dem man „fühlt, denkt und
lebt" (Ogden 1995, S. 56), einen Ort, der sich auf einer basalen Ebene durch
eines auszeichnet: daß man ‚hierhingehört'.[19] Ein Ort, an dem man wirken,
sich inszenieren, kooperieren und streiten kann, den man lieben und auch hassen kann, weil er durch die adhäsiven Kräfte der ‚Hierhingehörigen' einen
passiven Zusammenhalt stiftet; einen Ort, dessen soziale ‚Haut' oft bis zum
Zerreißen gespannt, meist aber doch äußerst haltbar ist. Ein Ort, dessen Ge-
schehnisse einen unmittelbar ‚berühren' und der im sozialen Feld etwas zur
Verfügung stellt, was Winnicott (1984b, S. 69) mit seinem Begriff des „hol-
ding", der haltenden Umwelt (zuerst repräsentiert durch die mütterliche Halte-
funktion), zu fassen sucht.[20]

---

[19] „Hierhingehören" jedoch nicht in dem Sinne eines ‚mit der Organisation Identifiziert-
Seins'; dies wäre eine spätere Erfahrung und setzt bereits eine Trennung zwischen Subjekt
und Organisation voraus. „Hierhingehören" in dem basaleren Sinne, daß die eigene Identität – zumindest in Teilen – untrennbar mit der Organisation verschmolzen ist.
[20] Kets de Vries (2001, S. 107f.), der ebenfalls die ‚haltende Funktion' einer Organisation
für ihre Mitglieder betont, hebt hervor, daß Organisationen, denen die psychische Gesund-

Zusammenfassend kann man mit Ogden sagen, daß der autistisch-berührende Modus „unter normalen Umständen als Objektbeziehungsmodalität gesehen werden [kann/E.T.], die den begrenzten sensorischen ‚Boden' (Grotstein, 1987) der Erfahrung bereitstellt. Er bietet eine sensorische Einfriedung, die in dialektischer Spannung mit dem Fragmentierungspotential des paranoid-schizoiden Modus steht" (Ogden 1995, S. 46). Ein mögliches Überhandnehmen an paranoid-schizoider Fragmentierung – auch organisatorischen Geschehens – wird somit von zwei Seiten her eingedämmt: „Erstens von ‚oben' durch die bindende Fähigkeit symbolischer Eingliederung, durch Geschichtlichkeit und Subjektivität des depressiven Modus und zweitens ‚von unten' durch die sensorische Kontinuität, durch Rhythmuserleben und die Begrenzung des autistisch-berührenden Modus" (ebenda).

3.4.4. Die sozio-emotionale Erfahrungsmatrix einer Organisation: Das Zusammenspiel des autistisch-berührenden, des paranoid-schizoiden und des depressiven Modus der Erfahrungsbildung

Nachdem ich die drei psychodynamisch fundierten Erfahrungsmodi, das heißt die drei verschiedenartigen Prozesse, durch die Wahrnehmungen in einer bestimmten Art Bedeutung zugeschrieben bekommen, einzeln dargestellt und Anhaltspunkte zu den durch sie (mit-)strukturierten Erfahrungsweisen und Erlebnisinhalten gegeben habe, will ich abschließend den Gedanken der sozio-emotionalen Erfahrungsmatrix einer Organisation entfalten, die sich aus dem dialektische Zusammenspiel der drei Erfahrungsmodi ergibt.

Wie eingangs dargestellt, kann Ogden zufolge jegliche menschliche Erfahrung als Produkt des dialektischen Zusammenspiels der drei geschilderten Arten der Erfahrungsbildung verstanden werden, wobei jeder dieser Modi die beiden anderen sowohl erschafft und erhält als auch negiert: „Genauso wie die Vorstellung des Bewußten, losgelöst von einer Vorstellung des Unbewußten, keinerlei Bedeutung hat, gibt es keinen alleinigen Modus der Erfahrungsbildung, der unabhängig von den anderen existiert. Jeder Modus stellt für die anderen einen ausschließenden Kontext dar" (Ogden 1995, S. 4f.). Raguse setzt die drei Positionen, wie sie von Ogden beschrieben wurden, in bezug zu den drei universellen Kategorien von Peirce (1991): „Mir scheint, daß sich die Nähe der drei universellen Kategorien zu den drei Positionen, wie sie

---

heit ihrer Mitglieder am Herzen liegt, neben einem Gefühl für die Bedeutung ihrer Arbeit ihren Mitgliedern ein elementares Gefühl der Bindung und der Zugehörigkeit vermitteln müssen.

Klein und vor allem Ogden einführen, geradezu aufdrängt: Die autistisch-berührende Position entspricht der Erstheit, insofern in ihr die unmittelbare sinnliche Gewißheit zählt. Die paranoid-schizoide Position korreliert der Zweitheit, insofern sie auf Unterscheidung beruht; auf der Unterscheidung vor allem zwischen „Innen und Außen" und „Gut und Böse". Die depressive Position ist eine Verwirklichung von Drittheit, insofern sie die symbolische Repräsentation von etwas als etwas ermöglicht. Damit ist verbunden, daß erst in der depressiven Position in den sozialen Beziehungen eine Triangularität möglich wird, also eine Beziehung zu Vater und Mutter zugleich, nicht nur eine Beziehung zu je einem der Elternteile. Peirce und Ogden sind sich darin einig, daß ihre Grundkategorien universal und voneinander unabhängig sind. Für Peirce sind sie die Kategorien aller Erscheinungen, für Ogden die psychischen Grundstrukturen, die alle Wahrnehmung formen" (Raguse 1995, S. 88).

Die sozio-emotionale Erfahrungsmatrix einer Organisation (auch einer Subkultur sowie der subkulturübergreifenden intermediären Räume) ist Ausdruck des durch das Zusammenspiel dieser drei Erfahrungsmodi in den alltäglichen Kommunikationen, Kooperationen und Interaktionen geschaffenen emotionalen Kontexts. Dieser emotionale Kontext gibt die psychodynamische Folie ab für die Wahrnehmung, das Erleben und die Bewertung des aktuellen organisatorischen Geschehens sowie die daraus resultierenden Handlungsweisen der Organisationsmitglieder. Versteht man mit Schreyögg (1994, S. 33) unter Unternehmenskultur die „Deutungs- und Orientierungsmuster, die von den Organisationsmitgliedern zur Strukturierung ihrer Erlebniswelt verwendet werden", kann man die sozio-emotionale Erfahrungsmatrix als psychodynamisches Korrelat einer derart begriffenen Organisationskultur ansehen.

Aus der Perspektive einer Dialektik der drei Erfahrungsmodi gewinnt man einen Störungsbegriff, der psychopathologische Vereinseitigungen ebenso wie organisationskulturelle Einschränkungen als Zusammenbruch der Dialektik in Richtung des einen oder anderen erfahrungsbildenden Modus konzipiert. Ogden schreibt hierzu: „Das Ergebnis eines solchen Zusammenbruchs kann ein tyrannisierendes Gefangensein in starren, nichtsymbolischen Formierungen von Sinneseindrücken sein (Zusammenbruch in Richtung des autistisch-berührenden Modus); oder ein Gefangensein in einer Welt omnipotenter innerer Objekte, in der Gedanken und Gefühle als Dinge und Kräfte erlebt werden (Zusammenbruch in Richtung des paranoid-schizoiden Modus); oder die Isolation des Selbst von der Unmittelbarkeit gelebter Erfahrung und der Lebendigkeit körperlicher Empfindungen (Zusammenbruch in Richtung des depressiven Modus)" (Ogden 1995, S. 5). Die Beispiele in diesem Kapitel illustrieren dies; sie haben gezeigt, daß wir es in betrieblichen Zusammenhängen häufig mit Akteuren oder Akteursgruppen zu tun haben, deren Kommunikation und Interaktion sich in zugespitzten Situationen und Konfliktfällen sehr stark in Richtung auf einen Modus zuspitzen oder einschränken, im intersubkulturellen Verkehr häufig auf den paranoid-schizoiden Modus. Aufgabe des psychodynamisch geschulten Beraters ist es dann nicht nur, dabei zu helfen, die konflikthaften Inhalte einer Klärung zuzuführen, sondern vor allem auch, dazu beizutragen, das dialektische Zusammenspiel der Modi wieder bzw. in einer neuen und erweiterten Weise zu ermöglichen. Denn durch die Veränderung der sozio-emotionalen Matrix einer Organisation, der Modifikation des intersubjektiven Kontexts der Inhalte, des, wie Ogden (1995, S. 26) auch sagt, „intersubjektiven Modus des Containments", können die konflikthaften Inhalte, die Interessen- und Perspektivenunterschiede, die wechselseitigen Vorannahmen und Unterstellungen, Wünsche und (unbewußten) Phantasien auf eine neue Art und Weise erfahren und erlebt werden. Ich werde im empirischen Teil dieser Arbeit zeigen, in welch hohem Maße der intersubjektive Kontext der Erfahrung zu Beginn eines Beteiligungsprojekts durch wechselseitiges Mißtrauen, vielfältige Vorstellungen und Phantasien über die feindseligen Absichten der je anderen Akteure, durch Nichtanerkennung anderer Interessen und Perspektiven, und schließlich von Prozessen der Spaltung und Ausgrenzung gekennzeichnet war. Im Zuge der in der vorliegenden Arbeit in Begriffen der Interaktionstriade beschriebenen Aushandlungs- und Lernprozesse zwischen den verschiedenen organisatorischen Subkulturen öffnete sich nach und nach ein Raum für die Tolerierung subkultureller Ambivalenzen und für die Anerkennung der Vielschichtigkeit der jeweiligen Interessen, Perspektiven und Präferenzen. Dadurch konnte, wie ich zeigen möchte, der Modus des defensiven Beharrens auf den eigenen Positionen ein Stück weit ersetzt (vielleicht vorsichtiger formuliert: ergänzt) werden durch eine größere Beweglichkeit im Umgang mit eben diesen Interessen, Perspektiven und Positionen. Ändert sich in dieser Weise der sozio-emotionale Kontext der Erfahrung, können die gleichen Inhalte, Argumente und Verhaltensweisen und nicht zuletzt auch die gleiche einzuführende Technologie auf eine neue Weise erfahren werden. In dem Maße, in dem sich die psychodynamischen Beziehungen zwischen den organisatorischen Akteuren verändern, in dem Maße, in dem die sozio-emotionale Matrix der Organisation in modifizierter Weise erlebt wird, können nicht nur die Interessen, Perspektiven und Positionen der jeweils anderen Akteure in einer neuen Weise wahrgenommen, verarbeitet und toleriert werden, auch den paranoid-schizoid geprägten Durchbrüchen und Desintegrationen kommt dann nicht mehr die Schärfe und Unerbittlichkeit zu, die sie zuvor hatte. Ich werde dies am Ende dieser Arbeit wieder aufgreifen und im Rückgriff auf Brittons (1989) Konzept eines ,triangulären Raumes' als Schritte in Richtung auf eine trianguläre Organisationskultur kennzeichnen.

4. Die Interaktionstriade: Ein subkulturübergreifender Aushandlungsraum zur Planung und Einführung eines rechnergestützten Betriebsleitsystems

In diesem Kapitel – dem empirischen Teil der vorliegenden Arbeit[21] – untersuche ich in anhand exemplarischer Knotenpunkte, Episoden und Schlüsselszenen Aushandlungs- und Lernprozesse bei der Planung und Einführung eines rechnergestützten Betriebsleitsystems (RBL) in einem ÖPNV-Unter-nehmen. Es handelt sich vor allem um Prozesse innerhalb und zwischen folgenden betrieblichen Gruppierungen, die diese Technikeinführung wesentlich getragen haben: (1) einem „Technischen Projekt", bestehend aus Technikern, Mitarbeitern planender und mit der Betriebsdurchführung betrauter Abteilungen sowie Mitgliedern der Führungsebene des Verkehrsbetriebes; (2) eigens für diese Technikeinführung gebildeten Beteiligungsgruppen aus Fahrern und Disponenten und schließlich (3) dem Betriebsrat, vor allem einem für die Begleitung und Betreuung des Beteiligungsprojektes zusätzlich freigestellten Betriebsratsmitglied. Meine besondere Aufmerksamkeit galt hierbei der triadischen Struktur der Aushandlungsprozesse, die die vormals dyadische Verstrickung zwischen Management und Betriebsrat, die eine RBL-Einführung jahrelang verhinderte, ablöste und transformierte. Dieser Übergang von der betriebspolitischen 'Dyade' zu einer differenziertere Kooperationen und Interaktionen ermöglichenden ‚Triade' markiert den Beginn stärker aufgabenorientierter und dialogischer Aushandlungsprozesse. Dies wird von mir im folgenden mit dem Begriff der „Interaktionstriade" gefaßt.

4.1. Zentrale und automatisierte Betriebssteuerung mittels rechnergestützter Betriebsleitsysteme (RBL): Der organisatorisch-technische Kontext

Um zumindest in Ansätzen eine Vorstellung davon zu bekommen, um was es sich bei rechnergestützten Betriebsleitsystemen handelt, welche organisatorischen Veränderungen durch die Einführung eines derartigen Systems in Gang gesetzt und welche Konflikte hiermit evoziert werden können, schildere ich in diesem Kapitel den organisatorisch-technischen Kontext der im folgen-

---

[21] Zu den in dieser Studie angewandten Methoden siehe Leithäuser und Volmerg 1988, Leithäuser, Scherer und Tietel 1997, Schorn 2000 und Tietel 2000a.

den analysierten Aushandlungsprozesse in und zwischen den an dieser Technikeinführung beteiligten organisatorischen Subkulturen. Am Beispiel der Einführung rechnergestützter Betriebsleitsysteme zeigt sich sehr sinnfällig, in welcher Weise technisch-organisatorische Innovationen nicht nur in organisationskulturelle Prozesse eingebunden sind, sondern ihrerseits Ausgangspunkt organisationskultureller Veränderungen sein können.

In den letzten Jahren geraten Unternehmen des Öffentlichen Personennahverkehrs (ÖPNV) zunehmend in Bedrängnis. Büßt der öffentliche Nahverkehr im Zuge des rapiden Anwachsens des Individualverkehrs bereits seit den 60er Jahren an Bedeutung ein, sind die Kommunen angesichts des auf ihnen lastenden Kostendrucks heute immer weniger bereit und in der Lage, die horrenden Defizite des Öffentlichen Nahverkehrs durch Umschichtungen aus profitablen Dienstleistungsbereichen auszugleichen. Hinzu kommt, daß sich ÖPNV-Unternehmen gegenwärtig verstärkt auf dem europäischen Markt gegen andere Anbieter von Verkehrsdienstleistungen behaupten müssen. Die Anforderungen an einen weniger defizitären öffentlichen Nahverkehr zwingen ÖPNV-Unternehmen zu Verschlankungs- und Rationalisierungsmaßnahmen sowie zu vielfältigen Maßnahmen der Attraktivitätssteigerung mit dem Ziel, neue Kunden zu gewinnen. Viele Hoffnungen richteten sich in diesem Kontext bereits seit den siebziger Jahren auf die von den rapiden Verbesserungen der Informations- und Kommunikationstechniken sowohl zur Steuerung betrieblicher Abläufe als auch zur Erhöhung des Kundenkomforts ausgehenden technischen Innovationen: Betriebsplanung (Angebotsplanung, Fahrtanalyse, Fahr- und Dienstplanerstellung), Betriebssteuerung/Betriebsleittechnik (rechnergestützte Betriebsleitsysteme, Fahrgastinformationen) und Instandhaltung (rechnergestützte Instandhaltungsorganisation, Fahrzeugdiagnose) seien hier als Schwerpunkte umfassender Technikprojekte genannt. Im Gleichklang mit industriellen Produktionsstätten stand im Bereich des ÖPNV die Technisierung im Zentrum von Rationalisierung und Effektivierung. Technisiert werden sollte, was erfolgversprechend zu technisieren ging.

Rechnergestützte Betriebsleitsysteme (RBL) als Instrumente der Betriebssteuerung bzw. der Betriebsdurchführung kamen erstmals Mitte der 60er Jahre in Hamburg zum Einsatz, einige wenige Städte zogen bis zum Beginn der 80er Jahre nach. Die eher zögerliche Einführung von RBL-Systemen hängt einerseits damit zusammen, daß die Informationstechnik zu jener Zeit noch eher unausgereift war und der konkrete betriebliche Nutzen eines Einsatzes – verglichen mit den immensen Kosten für ein derartiges System – schwer abzu-

schätzen war. Die breite Einführung von rechnergestützten Betriebsleitsystemen im Bereich des ÖPNV erfolgt erst seit Anfang der 90er Jahre.

Drei Etappen der Betriebssteuerung

Die Betriebssteuerung wird heutzutage im ÖPNV als Herzstück der Betriebsdurchführung angesehen. Von einer zentralen Leitstelle aus sorgen menschliche Disponenten für einen möglichst reibungslosen und pünktlichen Betriebsablauf und wirken eventuellen Störungen entgegen. Die technisch-organisatorischen Voraussetzungen für eine zentrale Betriebssteuerung wurden in den
60er Jahren durch die Einführung eines flächendeckenden Funksystems geschaffen, bis dahin war eine kontinuierliche und vor allem zentrale Überwachung und Steuerung der Betriebsdurchführung nicht möglich. Vordem wurden die Betriebsabläufe weitgehend ohne technische Hilfsmittel dezentral
durch Standposten an bestimmten Verkehrsknotenpunkten beobachtet und bei
Störungen geregelt. Nur bei größeren Problemen nahm das Fahrpersonal oder
das Aufsichtspersonal über Telefon Kontakt mit der Zentrale auf. Strecken-
telefone entlang der Straßenbahntrassen oder Fernsehkameras an Verkehrs-
schwerpunkten bilden weitere technische Etappen auf dem Weg zur Zentralisierung der Verkehrsüberwachung und Betriebslenkung. Doch auch die Einführung des Sprechfunks in den Fahrzeugen, so epochemachend diese Innovation gewesen war, stellte nur den ersten Schritt dar auf dem Weg zu einer
wirklich umfassenden und zuverlässigen Überwachung und Steuerung des
Betriebsablaufs und damit zu einer regelmäßigen Betriebsdurchführung, denn
die stark angewachsenen Aufgaben im Nahverkehr, insbesondere in den
Hauptverkehrszeiten, führten zu Überlastungen des Leitstellenpersonals, das
„allein mit Sprechfunk den planmäßigen und sicheren Ablauf des Betriebs
kaum noch gewährleisten" konnte (Khorovitch u.a. 1991, S. 5). Im Einsatz
von hochleistungsfähigen Rechneranlagen und Datenfunkverkehr für den Informationsaustausch zwischen Fahrzeugen und Leitstelle sah man schließlich die Lösung für eine umfassende Betriebslenkung. Dies war der Ausgangspunkt für die Verwirklichung von rechnergestützten Betriebsleitsystemen, die die dritte und bislang letzte Stufe der Entwicklung der Betriebssteuerung im öffentlichen Personennahverkehr darstellen.

Funktionen eines RBL: Zur konzeptionellen Grundausstattung eines RBL gehören die automatisierte Fahrzeugortung, die automatisierte Fahrplanüber-
wachung (Soll-Ist-Vergleich), Daten- und Sprechfunkkommunikation zwischen Leitzentrale und Fahrzeug, Darstellung der Betriebsabläufe in der Leit-

stelle, Instrumentarien zur Wiederherstellung des planmäßigen Betriebsablaufs nach Störungen sowie statistische Auswertungen der ermittelten Daten. Für jede dieser Komponenten bieten unterschiedliche Hersteller in Details abweichende technische Realisierungen an, die sich an Standardvorgaben orientieren, die schon früh von den Verkehrsbetrieben und von den Verkehrsverbänden (VÖV/VDV) angeregt und mit Hilfe von Bundesfördermitteln entwickelt wurden. Neben den genannten Grundfunktionen werden bei verschiedenen Verkehrsbetrieben weitere Systemfunktionen eingesetzt, beispielsweise zur Beeinflussung von Lichtsignalen (als Beschleunigungsmaßnahme), zur Besetzungserfassung, zur Anschlußsicherung sowie Fahrgastinformationen in Fahrzeugen und an Haltestellen (vgl. Khorovitch u.a. 1991). Zusätzlich zu diesen unmittelbar mit RBL verbundenen Funktionen schreitet die Verbindung zu anderen computergestützten Systemen fort, u.a. zu Zuglenkrechnern, Fahrgelderhebungseinrichtungen, Fahrzeugdiagnostik, Fahrplanauskunfts- und Fahrgastinformationssystemen und Fahr- und Dienstplanprogrammen.

Die 80er Jahre: Die Zeit der großen Systementwürfe

Die Tendenz zu qualitativen und quantitativen Funktionserweiterungen des RBL-Systems und damit zu einer verstärkten Automatisierung nicht nur der Betriebssteuerung sondern auch der Betriebsführung und der Instandhaltung findet sich von Anfang an in den Konzeptionen der mit derartigen Systemen befaßten Ingenieure und Planer in ÖPNV-Betrieben, Herstellerfirmen, VÖV/ VDV und Forschungsförderungseinrichtungen. Die 80er Jahre waren die Zeit der großen – mancher Experte sagt heute: der überzogenen – Systementwürfe; beispielhaft seien hier BON und BISON genannt.[22] Ausschlaggebend für den – konzeptionellen! – informationstechnologischen Boom im Bereich des ÖPNV war neben dem Bemühen um Rationalisierung und Effektivierung betrieblicher Arbeitsabläufe, Anleihen bei Datenerfassungs-, Produktionsplannungs- und Steuersystemen in der Industrie, dem „Stand der Technik" sowie den hierbei wirkenden „professionellen Kulturen" wesentlich auch die zu jener Zeit sich in allen gesellschaftlichen Bereichen ausbreitende Tendenz, zur Lösung vieler betrieblicher Probleme vor allem auf einen erweiterten Einsatz der elektronischen Datenverarbeitung zu setzen. Röske (1986, S. 43) konstatierte bereits Mitte der 80er Jahre im Bereich des ÖPNV die Entstehung

---

[22] BON war der erste Versuch der Entwicklung eines standardisierten Betriebsleitsystems für den öffentlichen Nahverkehr, der mit Förderung durch den Bund im wesentlichen bei der ÜSTRA Hannoversche Verkehrsbetriebe AG durchgeführt wurde (Felz 1981); BISON umfaßte darüber hinaus Programme zur Betriebsführung, Fahrzeuginstandhaltung, Anlageninstandhaltung und Verwaltung (Krüger 1988).

einer „Technikphantasie", die „die Lösung der zur Zeit anstehenden Probleme des ÖPNV in einer Flucht in die Technik" sucht.

Die Ungebrochenheit, mit der seit Jahren an einer umfassenden Informatisierung weiter Teile des Betriebsgeschehens, insbesondere auch der Betriebssteuerung festgehalten wird, erstaunt zuweilen angesichts der doch beträchtlichen Kluft zwischen konzeptionellen Entwürfen und betrieblicher Realisierung. Stellte Herbert Felz, einer der Begründer des BON-Systems bereits 1981 fest, daß „die konzeptionellen Möglichkeiten der Betriebsleittechnik ... bei keinem der bisher entwickelten Betriebsleitsysteme umfassend verwirklicht" wurden (1981, S. 383), so hatte sich das zum Zeitpunkt unserer Erhebung nicht wesentlich verändert. Die Vorstellung, weite Teile des Betriebsgeschehens quasi automatisieren und mit Hilfe von Computern zentralisiert einen reibungslosen Betriebsablauf kontrollieren und garantieren zu können – d.h. letztlich auch, von menschlichen Unzulänglichkeiten schrittweise unabhängig zu werden –, scheint eine große Faszination in einem Bereich auszuüben, der in seiner Betriebsdurchführung und Leistungserbringung in erheblichem Maße von eben diesen Menschen abhängig ist.

Vom Hören-Sagen zum Über-Blick

Werfen wir hierzu einen Blick auf einen Aspekt, der für die Technisierungsabsichten im Kontext der RBL-Einführung eine zentrale Rolle spielt, in der einschlägigen Literatur jedoch kaum expliziert wird. Für Betriebe des ÖPNV war es immer ein Problem, daß sie ihren eigentlichen Betriebsprozeß: das Fahren von Bussen und Bahnen, im Gegensatz beispielsweise zur Betriebsdurchführung in Produktionsbetrieben, nur sehr unzulänglich ermitteln, kontrollieren und steuern konnten. Die Betriebsdurchführung in ÖPNV-Unternehmen unterliegt nicht nur deshalb mannigfachen Unberechenbarkeiten, weil aufgrund der Verkehrssituation in den Städten vielfältige Hindernisse für einen sicheren, pünktlichen und zuverlässigen Fahrbetrieb bestehen, sondern auch, weil mangels ausreichender Informationen nur selten frühzeitig auf Störungen der Betriebsdurchführung reagiert werden kann. Unfälle, Fahrplanabweichungen, Übersetzungen und andere Beeinträchtigungen werden in der Betriebsleitstelle in der Regel erst und nur dann bekannt, wenn Fahrer oder Verkehrsmeister diese Abweichungen auch melden. Ein von uns befragter Experte aus einer Betriebsabteilung schildert deshalb als einen Grund für die Implementierung eines RBLs:

„Es geht darum, bestimmte Kommunikationswege zu automatisie-
ren, weil diese Kommunikationswege halt zum Teil nur zufällig
stattfinden und nicht systematisch und damit immer auch lückenhaft
scheinen." [23]

Ein anderer:

„Wir brauchen dieses Medium, denn dann können wir besser den
Verkehr draußen abwickeln. Wir können in bestimmten Krisensitu-
ationen auch besser eingreifen, steuernd eingreifen."

Der Verkehr, das Fahren, findet *draußen* statt und *draußen* bedeutet eben
auch: außerhalb der Sichtweite und Reichweite des Disponenten, der bezüglich dieses *Draußen* nur insoweit disponierend tätig werden kann, als er davon
Kunde erhält.

Hinzu kommt ein weiterer Aspekt. Die für die Betriebsdurchführung im Nahverkehr ohnehin schon bestehenden erheblichen Ungewißheitszonen wurden
in den ‚Vor-RBL-Zeiten' in bedeutendem Maße von den Beschäftigten selbst,
den Fahrerinnen und Fahrern kontrolliert. Beispielsweise ist die Einhaltung
des Fahrplanes, ein für die Zufriedenheit von Fahrgästen wesentlicher Aspekt,
durchaus nicht nur von der Verkehrslage, sondern auch von der Fahrplan-
disziplin, also vom Verhalten des Fahrpersonals abhängig. Auch diesbezüglich versprechen sich die Unternehmen vom RBL größere Transparenz und einen kontrollierteren Betriebsablauf, wie es folgender Mitarbeiter aus einer
Betriebsabteilung formuliert: RBL dient der *„Vermeidung von Verfrühungen.*
Verspätungen treten eh ein, aber Verfrühungen sind viel ärgerlicher für den
Fahrgast und die passieren halt permanent im Betrieb. Wir sehen das an den
Beschwerdebriefen." Eine Befragung von Verkehrsmeistern im Vorfeld der
RBL-Einführung ergab, daß sich diese schon darauf freuen, daß es den
„Buhmännern" unter den Fahrern, die immer wieder zu früh fahren, endlich
mal gezielter „an den Kragen" geht (Prott 1993, S. 148). Erfahrungen mit e-
xistierenden RBLs bezeugen auch tatsächlich, daß „die für den Fahrgast är-
gerlichen Fahrplanvoreilungen" – wie Verfrühungen im Fachjargon genannt
werden – „im wesentlichen abgebaut worden" sind (Heunemann 1991, S. 50).

Die hier angesprochene Verfrühung ist nur ein Beispiel für gewisse Freiräume
des Fahrerarbeitsplatzes. Neben der Möglichkeit des expliziten Nichteinhal-
tens von Vorschriften und Regeln hat der Fahrerarbeitsplatz traditionell rela-

---

[23] Kursive Stellen sind in der vorliegenden Arbeit, soweit nichts anderes angegeben, Wie-
dergaben wörtlicher Zitate aus dem empirischen Material, d.h. aus aufgezeichneten Gruppendiskussionen und themenzentrierten Interviews.

tiv große Grauzonen, „d.h. Zonen, die von den Fahrdienstlern gestaltet werden können, ohne daß sie durch die Dienstvorschriften unbedingt gedeckt, allerdings auch nicht untersagt sind" (Minssen 1990, S. 8). Solche Grauzonen werden in den Betrieben zumeist toleriert, da sie zur Aufrechterhaltung eines ordnungsgemäßen Betriebsablaufes unter den unberechenbaren Bedingungen des Verkehrsgeschehens durchaus beitragen. Doch ihre Existenz bezeugt eben auch, daß die Möglichkeiten, die Tätigkeit eines Fahrers völlig zu kontrollieren, begrenzt sind, denn in einem konventionellen ÖPNV-Betrieb, in dem der Betriebsablauf noch nicht mittels Informations- und Kommunikationstechniken überwacht wird, erfolgen betriebliche Kontrollen nur als von Inspektoren durchgeführte Stichproben. Minssen folgert daraus: „Was die sachlichen Aspekte seiner Arbeit angeht, führt der Fahrer seine Tätigkeit also in einem vergleichsweise kontrollfreien, weil nur unter viel Mühen und Kosten vom Betrieb zu kontrollierenden Raum aus" (1990, S. 9). Zwar sind die Fahrer angehalten, bei bestimmten Vorkommnissen über Funk Meldungen zu machen bzw. Meldungen zu schreiben; dies geschieht jedoch aufgrund des in ÖPNV-Unternehmen traditionell vorfindlichen problematischen Betriebsklimas zwischen Fahrdienst und Verkehrsmeistern bzw. Verkehrslenkung häufig nicht in der erwünschten Weise.

Ist die Betriebssteuerung traditionellerweise in ihrer Form der Informationsbeschaffung auf den Modus des Hören-Sagens beschränkt, wird mit Hilfe eines RBL-Systems die Informationserzeugung nicht nur komplettiert und systematisiert; sie schafft auch insofern eine größere Übersicht, als erstmals in der Leitstelle im wörtlichen Sinne etwas sichtbar wird: Der Verkehrsfluß wird entweder auf Tafeln oder auf Bildschirmen optisch abgebildet, bestimmte außerordentliche Betriebszustände (beispielsweise Verfrühungen und Verspätungen) werden visuell angezeigt – was in unserer modernen Kultur, die das Auge in Gestalt des kontrollierenden Blickes als den Hauptsinn etablierte, durchaus nicht nebensächlich ist (Wulf 1984).

Der Kern des RBL-Leitbildes: technological fix und control fix

Die Problematik einer im wesentlichen auf das Hören-Sagen angewiesenen Betriebsdurchführung macht verständlich, welche subtilen organisatorischen Erwartungen sich mit einer von menschlichen Präferenzsetzungen weitgehend unabhängigen technischen Lösung verbinden. Dem korrespondierte in den 80er Jahren, in der Zeit also, in der in vielen Nahverkehrsunternehmen Planungen und Implementierungen von RBL-Systemen ihren Anfang nahmen, die Herausbildung einer „Branchen- oder Technikfeldkultur" (Knie und Helmers 1991), die vom Leitbild einer kontrollierten Betriebsdurchführung mittels zentralisiert organisierter Betriebssteuerung geprägt war. So sehr dieses Leitbild einerseits branchenspezifische und unternehmensspezifische Ausprägungen aufweist, so sehr treffen wir andererseits im Kern dieses Leitbildes auf zwei ‚alte Bekannte', die Ortmann et. al. (1990, S. 442f.) folgendermaßen skizzieren: „Auffällig ist ... daß die Leitbilder zwei charakteristische Orientierungen aufweisen: technological und control fix. ... Das Interesse des Managements an Reorganisation und Systemeinführung richtet sich zentral auf Prozeßbeherrschung – und das heißt allemal: auf Kontrolle (*control fix*). Ob es werteorientierte Personalplanung, CIM, automatisierte Konstruktion oder Materialwirtschaft ist: stets soll durch kontrollierte Autonomie, Abbau personaler Verfügung über Machtressourcen, Zentralisierung, Speicherung von Informationen usw. ein Kontrollzuwachs erzielt werden. Ebenso deutlich ist der starke *technological fix*. Leitbilder werden fast automatisch mit neuer Technik, insbesondere EDV, verknüpft. Eine neue Lösung heißt: eine EDV-unterstützte Lösung."

Technik-Einführung in die Organisation als technische Organisation der Einführung

Das Leitbild einer kontrollierten und reibungslosen Betriebsdurchführung prägt nun jedoch nicht nur die Erwartungen an den betrieblichen Einsatz des RBL-Systems, sondern auch die Art und Weise, wie in ÖPNV-Unternehmen dieser Einsatz in der Regel vorbereitet wird, also die betrieblichen Implementierungsstrategien. Die Vorstellung, die Betriebsdurchführung zu automatisieren und damit vom Fahrpersonal sowie den vor Ort überwachenden und steuernden Verkehrsmeistern tendenziell abzukoppeln, legt Technikeinführungsstrategien nahe, die auch innerhalb der Unternehmen wesentlich an den betrieblich-technischen Sachverstand appellieren. Beschäftigte werden nicht nur im technizistischen RBL-Leitbild vor allem als „Störvariable mit relativ großen Kontrollücken" (Rudlof 1993, S. 21) angesehen, sie erscheinen auch in den Augen betrieblicher Planer und Techniker vor allem als Bedrohung eines professionellen Planungsprozesses. Die Implementierungsstrategie, die das skizzierte RBL-Leitbild nahelegt, paßt damit haargenau zu der Weise, wie in Verkehrsbetrieben traditionellerweise Technik geplant und implementiert wird. Minssen (1990) ermittelte in seiner Untersuchung über die Technikimplementation in ÖPNV-Betrieben Ende der 80er Jahre folgende zwei Organisationsformen der Technikimplementation, die auch im Falle des

RBL beschritten wurden: Entweder blieb die Planung und Durchführung im wesentlichen auf einen sehr kleinen Kreis von Personen beschränkt, meist einen (Haupt-)Abteilungsleiter und ein paar wenige Mitarbeiter aus der betrieblich-technischen Abteilung. Oder es kam zur Einrichtung einer überschaubaren Planungsgruppe, die aus Experten weniger Fachabteilungen zusammengesetzt ist und turnusmäßig zusammentritt, um den Stand der technischen Ausarbeitungen (Entwürfe zu einem Lastenheft) zu begutachten und zu diskutieren.

Technikimplementierung als sozialer Prozeß

Die eben skizzierte Implementierungsstrategie legt die Vermutung nahe, daß die durch ein RBL stattfindende Informatisierung der Betriebssteuerung von den mit der Planung und Einführung betrauten betrieblichen Experten nicht als organisationsumgreifender sozialer Prozeß verstanden wurde. Die organisatorische Bedeutung der Einführung einer technisierten und zentralisierten Betriebslenkung sowie die Veränderungen, die dies für die Arbeitsbedingungen des Fahrpersonals, der Disponenten und der Verkehrsmeister mit sich bringt, gerieten bei den technischen Planungen und Durchführungen wenig ins Blickfeld. Statt die Einführung eines derartigen technischen Systems auch zur Einführung moderner Organisations- und Arbeitsformen zu nutzen, wurde häufig lediglich eine Elektrifizierung des Ist-Zustandes ins Auge gefaßt. Diese verengte Sichtweise auf Implementierungsprozesse, die Konzentration auf Sachprobleme des Entwurfs von Aufgaben, Informationsverbindungen, Gerätekonfigurationen und Programmen, ist nicht ÖPNV-spezifisch. Aus den Erfahrungen mit technikzentrierten Implementierungen neuer Technologien wurde zur gleichen Zeit auch in der Implementationsforschung die Forderung nach einer stärkeren Berücksichtigung sozialer Prozesse bei der Implementation von Informations- und Kommunikationstechnologien laut (vgl. Wollnik 1986).

Technikeinführung als konflikthafter Aushandlungsprozeß

Trotz dieser scheinbar klar geregelten technisch-organisatorischen Implementierungsstrategie ist die Entscheidung für den Technikeinsatz sowie die Umsetzung dieser Entscheidung im konkreten Einführungsgeschehen in einen komplexen innerbetrieblichen Abstimmungs- und Verhandlungsprozeß eingebettet. Und zwar nicht nur zwischen dem Management und den in Verkehrsbetrieben traditionell sehr starken Betriebsräten. Auch innerhalb des oberen und mittleren Managements sind Technikentscheidungen meist „Resultat interessengeleiteter Auseinandersetzungen, die sich aus Hoffnungen oder Erwartungen speisen, die von unterschiedlichen Positionsinhabern in unterschiedlicher Weise mit dem Technikeinsatz verbunden" sind (Minssen 1990, S. 109f.). Spätestens bei der konkreten Einpassung des RBL in die verschiedenen betrieblichen Anwendungsbereiche zeigt sich nicht nur, welche Details des betrieblichen Geschehens in der Planung nicht hinreichend berücksichtigt wurden, sondern auch, welche Interessensphären und bereichsspezifischen Empfindlichkeiten nun zum Zuge kommen, die vordem nicht einbezogen worden sind. Weltz und Ortmann spürten diese konflikthaften Aushandlungsprozesse in nahezu allen von ihnen untersuchten Software-Projekten auf; zuweilen als „Kampf aller gegen alle": „Nicht die Entwicklungsaufgabe scheint das Band gewesen zu sein, das die beteiligten Stellen miteinander verband, sondern das Bestreben, die eigenen Belange möglichst weitgehend durchzusetzen, auch wenn dies zu zeitraubenden Auseinandersetzungen führte und dadurch das Entwicklungsvorhaben verzögert oder gefährdet wurde" (1992, S. 125). Auch die RBL-Einführung in dem von mir untersuchten Verkehrsbetrieb hat sich als eben solcher „Doppelprozeß von technischer Entwicklung und Interessenaushandlung" (ebenda, S. 128) gestaltet.

Die innerorganisatorischen Aushandlungsprozesse, die mit der Entscheidung für oder gegen bestimmte Gestaltungsalternativen von neuen Techniken sowie mit der Einführung des gewählten Systems verbunden sind, werden in der sich mit RBL-Einführungen beschäftigenden Literatur kaum thematisiert. In den vielen Artikeln zur Entwicklung und Einführung von rechnergestützten Betriebsleitsystemen in den für den ÖPNV zentralen Zeitschriften „Verkehr und Technik" und „Der Nahverkehr" fällt auf, daß in den 80er Jahren der Betrieb als soziales und organisationskulturelles Handlungsfeld, als Raum von Aushandlungsprozessen und Konflikten verschiedenster Akteursgruppen, nicht in Erscheinung tritt. Probleme beispielsweise, die sich bei der RBL-Implementierung aus mangelnder Akzeptanz bei den Beschäftigten oder der betrieblichen Interessenvertretung ergeben, sind im offiziellen Diskurs von Technikern und Planern offenbar nicht vorgesehen. Es wird so getan, als ginge die Implementierung eines RBL genauso reibungslos und kontrolliert vor sich, wie man sich das für die Betriebsdurchführung nach gelungener Einführung denkt. Doch genau diese in Fachveröffentlichungen unterschlagenen Probleme und Konflikte haben in den von uns untersuchten Betrieben die Einführung eines RBLs lange und beharrlich behindert und zuweilen fast an den Rand des Scheiterns gebracht, denn ÖPNV-Unternehmen haben es traditionell mit starken gewerkschaftlichen Interessenvertretern zu tun und rechnergestützte Betriebsleitsysteme führen gerade wegen des sie tragenden Leitbildes der zentralisierten Betriebslenkung – also ihrer implizierten Organisationskonzeption – gleichermaßen mächtige Gegen-Leitbilder in ihrem Schlepptau. Wir haben diese Gegenleitbilder, das Bild des „gläsernen Fahrers" und das der „elektronischen Leine", an anderer Stelle ausführlich beschrieben (Tietel, Scherer und Leithäuser 1996).

4.2. Von der betriebspolitisch fixierten Dyade zur aushandlungsorientierten Triade: das RBL-Beteiligungsprojekt

Die Geschichte der RBL-Einführung im hier in Rede stehenden Unternehmen[24] reicht bis in die späten 70er Jahre zurück. Es ist die Geschichte verschiedener Anläufe des Unternehmens, ein rechnergestütztes Betriebsleitsystem zu planen und einzuführen, was, neben anfänglichen Kooperationsproblemen mit der Stadtverwaltung sowie finanziellen und konzeptionellen Schwierigkeiten, vor allem am beharrlichen Widerstand des Betriebsrats scheiterte. Meine Analyse setzt Anfang der 90er Jahre ein, als auf Wunsch der Arbeitnehmerseite der Aufsichtsrat des Unternehmens den Beschluß faßte, die RBL-Einführung sozialverträglich, d.h. mittels eines Beteiligungsprojekts durchzuführen. Damit war nicht nur das größte innerbetriebliche Hindernis der Realisierung eines RBL, der Widerstand des Betriebsrats, nach Jahren der Blockierung zwischen Management und Beschäftigtenvertretung aus dem Weg geschafft, sondern darüber hinaus das betriebliche Aushandlungsspektrum in Sachen RBL um einen zusätzlichen Pol erweitert worden: die Beteiligungsgruppen. Kurz und knapp und mit einer gehörigen Portion Machtbewußtsein resümiert folgender Betriebsrat im Rückblick die Entschiedenheit der gewählten Interessenvertretung, daß es ohne Beteiligungsprojekt im Unternehmen kein RBL gegeben hätte:

Wir haben die RBL-Einführung davon abhängig gemacht, sonst hätten sie das alles kaufen dürfen, aber keinen Stecker reinstecken dürfen.

---

[24] Das Unternehmen ist im Bereich von städtischen Versorgungsdienstleistungen (Gas, Wasser, Strom, Verkehr etc.) tätig und hatte zur Zeit der Untersuchung ca. 3000 Beschäftigte. Im Verkehrsbereich waren ca. 1300 Mitarbeiter tätig, davon etwa 850 Personen als Fahrerinnen und Fahrer, die auf mehrere Betriebshöfe verteilt sind. Unsere Untersuchung war auf diesen Verkehrsbereich beschränkt.

Daß es sich hierbei nicht nur um eine Macht- beziehungsweise Größenphantasie des Betriebsrats handelt, belegt nicht nur die vorangegangene Geschichte des RBL-Projektes, sondern wird durchaus auch vom Leitungskreis des Technischen Projektes so eingeschätzt. Hören wir hierzu ein Mitglied des Managements:

> *Aber auf der anderen Seite war mir auch klar, daß dieses [RBL-] Projekt anders nicht umgesetzt werden konnte und man eigentlich mit dieser oder aus dieser Situation das Beste machen mußte.*

Das Beste, das hieß konkret ein Beteiligungszusammenhang, in dem in Kooperation mit dem Technischen Projekt und dem Betriebsrat die weitere Konkretisierung und schließlich auch die betriebliche Umsetzung eines rechnergestützten Betriebsleitsystems sowohl konzeptionell angegangen als auch einvernehmlich zwischen den verschiedenen Akteursgruppen ausgehandelt werden konnte. Und so kam es auch: Mit der Etablierung des Beteiligungsprojektes bekam die organisatorisch-technische Dimension des RBL einen neuen Rahmen, in dem das System tatsächlich realisiert werden konnte – und zwar erstmals unter Mitwirkung derjenigen, die unmittelbar mit dem künftigen System in Bus und Leitstelle würden arbeiten müssen, von den bisherigen Planungen jedoch immer ausgeschlossen waren. Doch nicht nur die organisatorisch-technischen Aspekte der RBL-Einführung bekamen durch das Beteiligungssetting einen Rahmen, in dem sie auf andere Weise als zuvor bearbeitet werden konnten, sondern auch die Aspekte, die für die wechselseitige Blockierungspolitik der Vorjahre ausschlaggebend gewesen waren: neben den unterschiedlichen Interessen und Perspektiven von Unternehmen und Betriebsrat (Beschäftigten) vor allem die durch die Kontroll- und Überwachungsfunktionen der RBL-Technologie aufs Äußerste belebten betriebspolitischen und unternehmenskulturellen Projektionen, Phantasien, Unterstellungen und Vorwürfe. Wobei die auf der Arbeitnehmerseite dominierende Evokation einer totalen technisierten Überwachung auf fatale Weise mit den auf der Seite des Unternehmens bestehenden Vorstellungen einer allumfassenden Informatisierung und Automatisierung korrespondierte.[25]

Im Unterschied zu einem anderen von uns untersuchten ÖPNV-Unternehmen, in dem nach einem ähnlichen Sozialverträglichkeitsbeschluß ein integriertes Projektteam aus Technikern, Planern, Betriebsräten, einem Sozialverträglichkeitsvertreter aus dem Personalbereich sowie einem externen Experten für Hard- und Softwareergonomie und Fragen des Datenschutzes gebildet wurde,

---

[25] Siehe Tietel, Scherer und Leithäuser 1996

gab es in dem Unternehmen, von dem hier die Rede ist, einflußreiche Personen, die Angst hatten, die geplante Mitarbeiterbeteiligung könnte *zu sehr in das technische Projekt hineinregieren.* Von daher galt es, eine Organisationsform zu finden, in der *das Beteiligungsprojekt möglichst wenig in das andere Projekt intervenieren konnte.* Ich verstehe das so, daß in den Kreisen der Planer, Ingenieure und Leitungspersonen des Verkehrsbereichs die aus den vergangenen leidvollen Erfahrungen resultierende Befürchtung bestand, die alte Frontstellung mit dem Betriebsrat könnte durch erneutes betriebspolitische Wirrsal mit den ja wiederum vom Betriebsrat geforderten Beteiligungsgruppen abgelöst werden. Ergebnis hiervon war ein Projektaufbau, in dem das bereits bestehende Technische Projekt, ein komplexer Projektverbund mit der formalen Bezeichnung „Betriebsleitzentrale/RBL" unverändert bestehen blieb und um die eigenständige Projektstruktur der Beteiligungsgruppen ergänzt wurde. Diese Lösung schützte jedoch – nachträglich besehen – nicht nur die betrieblich-technischen Arbeitsgruppen vor einer allzu großen Einflußnahme der Beteiligten, sie ermöglichte es umgekehrt auch, daß die Anliegen der Fahrer und Leitstellenmitarbeiter sich erst einmal relativ unbeeinflußt von den technischen, organisatorischen und vor allem finanziellen Argumenten der Techniker, Planer und Managementvertreter im geschützten Raum der Beteiligungsgruppen artikulieren und entwickeln konnten. Ein vielleicht auf den ersten Blick paradoxes Ergebnis dieser doppelten Projektstruktur bestand darin, daß dieses scheinbar mit einer geringen Interventionstiefe ausgestattete Projektsetting durch den konkreten Projektverlauf eine Dynamik bekam, die weitreichendere organisatorische Aushandlungs- und Lernprozesse initiiert hat, als dies vom Unternehmen beabsichtigt war. Denn im Übergang von der betriebspolitisch festgefahrenen Dyade zwischen Management und Betriebsrat zur Triade öffnete sich im buchstäblichen Sinne ein organisatorischer Aushandlungs- und Lernraum, der die Kooperations-, Kommunikations- und Interaktionsfähigkeit aller an der RBL-Planung und Einführung Mitwirkenden ziemlich herausforderte. Dieser triadisch strukturierte Aushandlungs- und Lernraum wird von mir mit dem Begriff der „Interaktionstriade" gefaßt.

Doch bevor ich mit der eingehenden Beschreibung und Interpretation der wechselvollen Geschichte zwischen Technischem Projekt, Beteiligungsgruppen und Betriebsrat beginne, seien vorweg kurz die Struktur sowie die zentralen Regularien des Beteiligungsprojektes skizziert.

Aufbau und Arbeitsweise des Beteiligungsprojektes

Den Kern des Beteiligungsprojektes bildeten die Beteiligungsgruppen. Hierzu zählten drei Gruppen aus dem Fahrdienst mit je sechs Fahrerinnen und Fahrern sowie eine Gruppe aus dem Bereich der Betriebslenkung, ebenfalls mit sechs Mitgliedern (Verkehrs- bzw. Fahrmeistern). An den vier Beteiligungsgruppen waren also insgesamt 24 Beschäftigte beteiligt. In einer Informationsschrift des Unternehmens wurden die Aufgaben der Beteiligungsgruppen wie folgt beschrieben: In den Beteiligungsgruppen „sollen Gestaltungsvorschläge erarbeitet und auf ihre praktische Umsetzbarkeit überprüft werden. Die Themen, mit denen sich die Beteiligungsgruppen deshalb beschäftigen, beziehen sich auf Fragen der Arbeitsplatzgestaltung, der Arbeitsinhalte und der Arbeitsorganisation bei einem RBL-Einsatz sowie Fragen der sich daraus ergebenden Schulungserfordernisse" (aus: Informationen 1994, o. S.). Die Teilnehmerinnen und Teilnehmer der Beteiligungsgruppen wurden für ihre Arbeit im Beteiligungsprojekt für ca. 36 Stunden jährlich freigestellt. Die Gruppen trafen sich anfangs jeweils ungefähr im monatlichen Abstand und wurden von einem externen Moderator (einem sowohl bezüglich des ÖPNV als auch in Beteiligungsfragen erfahrenen Sozialwissenschaftler) sowie von der internen Projektkoordinatorin (einer Referentin des Arbeitsdirektors, die das Projektbüro des RBL-Beteiligungsprojektes betreute) moderiert.

Eine wichtige Funktion für das Beteiligungsgeschehen kam der „Arbeitsgruppe Sozialverträglichkeit" zu. Diese wurde vom Personalchef des Unternehmens geleitet und von der Referentin des Arbeitsdirektors koordiniert. Zur AG Sozialverträglichkeit zählten weiterhin der externe Moderator, zwei Fahrer und zwei Disponenten aus den Beteiligungsgruppen, zwei Betriebsräte sowie zwei Mitglieder des Technischen Projektes. „Die AG Sozialverträglichkeit ist eine Koordinations- und Vermittlungsstelle zwischen den einzelnen Beteiligungsgruppen und den von den Verkehrsbetrieben eingerichteten RBL-Planungsgruppen. In ihr werden Informationen, Vorschläge, Anregungen oder auch ablehnende Stellungnahmen einer Beteiligungs- bzw. Arbeitsgruppe behandelt. In der AG Sozialverträglichkeit werden konsensfähige bzw. nicht konsensfähige Vorstellungen auf jeder Stufe des Planungs- und Einführungsprozesses entschieden. Kommt es zu keiner Einigung, wird die Projektgruppe und evtl. der Projektausschuß Betriebsleitzentrale eingeschaltet. Die AG Sozialverträglichkeit begleitet das gesamte Beteiligungsprojekt" (Informationen 1994, o.S.).

Als zentraler Aspekt des Beteiligungsprozesses sei die Entscheidungsbeteiligung genannt. Röske (1993b, S. 10) skizziert diese wie folgt: „Diejenigen, die als Beschäftigte direkt von der RBL-Einführung betroffen sind, sollen ihren Einfluß auf die Gestaltung ihres zukünftigen Arbeitsinstrumentes und ihrer zukünftigen Arbeitsorganisation haben können und das heißt, sie sind an Entscheidungen zu beteiligen. Und da Entscheidungsbeteiligung nicht verordnet werden kann, sollte diese Einflußnahme auf Entscheidungen in einem kommunikativen Prozeß stattfinden; es muß ein Verfahrensweg der Beteiligung an der Konsensfindung über Vorschläge, ihre Umsetzung, strittige Probleme und ähnliches gefunden werden."[26] Schaltstelle in diesem kommunikativen Vermittlungsprozeß war die schon genannte Arbeitsgruppe Sozialverträglichkeit, für deren effektive Arbeit „Beteiligungsregeln" geschaffen wurden.

Mit dem Hinweis auf die an der RBL-Einführung beteiligten Akteursgruppen habe ich den Organisationsausschnitt bzw. das Organisationsniveau benannt, auf dem sich die in der Folge beschriebenen Aushandlungs- und Lernprozesse ereignen. Ein Wort noch zum Entwicklungsstand der RBL-Implementierung. Meine Interpretation setzt zum Zeitpunkt des beginnenden Beteiligungsprojektes und der sich entwickelnden Dynamik zwischen dem Technischen Projekt und dem Beteiligungsprojekt ein und umfaßt ungefähr den dreijährigen Förderzeitraum des Beteiligungsprojektes (1993 – 1995). Die RBL-Implementierung im betreffenden Unternehmen war zu dieser Zeit bereits so weit fortgeschritten, daß ein ausgearbeitetes, innerhalb der technisch-planerischen Abteilungen abgestimmtes Lastenheft vorlag, die Ausschreibung erfolgt war und die Prüfung der Angebote verschiedener Systemlieferanten begonnen hatte. In den analysierten Zeitraum fällt nach der Entscheidung für einen Hersteller die Erstellung des Pflichtenheftes, d.h. die detaillierte Spezifizierung der die Hardware und Software der verschiedenen Systemkomponenten betreffenden Anforderungen. Durch die im Beteiligungsprojekt unter dem Gesichtspunkt seiner Tauglichkeit für die Anwendung stattfindende Prüfung des Lastenheftes und den daraus entwickelten Gestaltungsvorschlägen wurde die im Lastenheft beschriebene Konfiguration teilweise überarbeitet und in Einzelfällen unter Berücksichtigung des veränderten Standes der Technik gar modifiziert. In den Untersuchungszeitraum fällt weiterhin der Beginn des Probebetriebes, d.h. die ersten Erfahrungen mit dem realisierten, in ausgewählten Bussen sowie an einem Arbeitsplatz in der Leitstelle installierten System. Und es fallen in den Untersuchungszeitraum schließlich heftige Aus-

---

[26] An der Reichweite der Entscheidungsbeteiligung bemißt sich nach Bogumil und Kißler (1998), ob Beschäftigte in Modernisierungsprozessen wirklich einen Akteursstatus erzielen oder letztlich doch nur ‚Agierende' bleiben: „Die Verfahrensregeln der Partizipation entscheiden über deren Reichweite; zu unterscheiden sind Verfahren, die ein bloßes Mitreden erlauben, von solchen Verfahren, die eine Mitwirkung oder, mit noch höherem Verbindlichkeitsgrad, eine Mitbestimmung zulassen" (S. 303).

einandersetzungen bezüglich der Erstellung der Betriebsvereinbarung über die betrieblichen Anwendungsbedingungen des sich in der Phase der betrieblichen Umsetzung befindlichen Systems. Erwähnt werden soll noch, daß sich in etwa zeitgleich zu dem hier dokumentierten und unter dem Aspekt von Aushandlungs- und Lernprozessen interpretierten RBL-Einführungsgeschehen eine grundlegende Umorganisation des gesamten Unternehmens vollzog. Es handelte sich um einen großflächigen Reengineeringsprozeß mit dem Ziel einer in zweierlei Hinsicht deutlichen Verschlankung der gesamten Organisation: einer horizontalen Verdichtung durch Prozeßoptimierung (Integration von zusammengehörigen Aufgaben) und einer vertikalen Verdichtung durch Abflachen der Hierarchie sowie der Delegation von Verantwortung an die im Prozeß jeweils Zuständigen. Diese Umorganisation des Unternehmens, vor allem auch die Einführung von Teamstrukturen im Fahrdienst, blieb nicht ohne Auswirkung auf die organisatorische Realisierung des RBLs, gerade auch für die unter dem Gesichtspunkt des Organisationslernens wichtige Frage nach dem Transfer der im RBL-Kontext möglich gewordenen Lernprozesse in die gesamte Organisation.

Ich wende mich jetzt dem Planungs- und Realisierungsprozeß des rechnergestützten Betriebsleitsystems im hier in Rede stehenden Unternehmen zu, wie er sich mir durch Interviews, Gruppendiskussionen und teilnehmende Beobachtung erschlossen hat. Der Zugang zur Projektgeschichte über erzählte Geschichten und geschilderte Situationen von an diesem Prozeß Beteiligten rückt naturgemäß besonders verdichtete und das heißt in vielen Fällen konflikthafte Knotenpunkte in den Vordergrund und läßt den Großteil des eher unauffälligen Alltagsgeschehens unthematisiert. An diesen ‚Knack-' und Knotenpunkten orientiert sich auch die folgende Darstellung. Gelingende Aushandlungsprozesse in Organisationen haben m.E. viel damit zu tun, ob es gelingt, die an bestimmten symbolisch meist hoch besetzten Knotenpunkten sich entzündenden Konflikte und Desintegrationsprozesse wieder zu integrieren, was in der Regel mit einer Modifizierung der Unternehmenskultur, insbesondere der sozio-emotionalen Erfahrungsmatrix einhergeht.

Die Anfänge der Triade: Das Beteiligungsprojekt nimmt seine Arbeit auf

Der Beginn des Beteiligungsprojektes fiel in die Phase der Pflichtenhefterstellung. Die Pflichtenhefterstellung ist insofern eine wesentliche Etappe des Implementierungsprozesses, als die Entscheidung für ein bestimmtes System gefallen ist und die Funktions- und Leistungsbeschreibungen des Lastenheftes nun in Abstimmung mit den ausgewählten Systemlieferanten spezifiziert und konkretisiert werden. Man kann sagen, daß die Pflichtenhefterstellung den Übergang von der Planungsphase zur Einführung des technischen Systems markiert. Während im Lastenheft für diese Phase der Pflichtenhefterstellung ein Zeitraum von drei Monaten vorgesehen war, dauerte dessen Erstellung mehr als das Dreifache der veranschlagten Zeit. Röske (1994, S. 1) zufolge dokumentiert diese zeitliche Verzögerung „den enormen Klärungsbedarf über die betrieblichen Festlegungen zwischen Anwender und Hersteller. So führten – trotz eines recht umfangreichen und teilweise sehr detaillierten Lastenheftes – vor allem die notwendigen Klärungen inhaltlicher Details des RBL, ihre betriebliche Einplanung und damit verbundene betriebliche Entscheidungsfindung zu der nicht unerheblichen Zeitverschiebung." Sind derartige Verzögerungen aus der Sicht der für die Einhaltung des Zeit- und Finanzrahmens verantwortlichen Projektleiter vor allem ein Ärgernis, erwies sich die zeitliche Streckung für den Beteiligungsprozeß als glückliche Fügung, denn die von den Beteiligungsgruppen angestoßenen organisatorischen Aushandlungs- und Lernprozesse hätten unter Bedingungen größeren Zeitdrucks wohl kaum stattgefunden.

Im Gegensatz zum Geschehen in den einzelnen Beteiligungsgruppen begann der Beteiligungsprozeß im gesamten RBL-Projektverbund ausgesprochen zäh. Die Beteiligungsgruppen setzten sich in ihren monatlichen Treffen mit dem Lastenheft auseinander, formulierten Gestaltungsalternativen und reichten diese gemäß den vereinbarten „Spielregeln" über die Arbeitsgruppe Sozialverträglichkeit an die Arbeitsgruppe RBL/Technik weiter. In dieser wurde geprüft, wie mit dem Vorschlag verfahren werden sollte, ob also der Gestaltungsvorschlag aus der Sicht des Unternehmens zu befürworten oder abzulehnen sei und anschließend erfolgte wiederum eine schriftliche Stellungnahme der AG RBL/Technik an die AG Sozialverträglichkeit. Gemäß der Spielregel „Entscheidungsfindung" hatte das Technische Projekt die Pflicht, den Beteiligungsgruppen auf ihre Gestaltungsvorschläge nicht nur überhaupt eine Antwort, sondern eine begründete Antwort zu geben. Dies fiel den verantwortlichen Ingenieuren und Planern, wie uns vom Moderator berichtet wurde, durchaus nicht leicht:

Die Spielregeln waren dafür da, daß die Rückkopplung funktioniert, und zwar heißt es dort, daß Ablehnungen begründet werden müssen. Und das war also eine der wichtigsten Erfahrungen, die wir gemacht haben, daß im Rahmen der Arbeitsgruppe Sozialverträglichkeit das Management, das im Prinzip bisher nie was begründet hat, zum ersten Mal zumindest offiziell etwas begründen sollte. Das hat denen schon zu schaffen gemacht.[27]

Es hat ihnen nicht nur *zu schaffen gemacht*, sondern, wie wir gleich noch sehen werden, hat sich darin ihr Widerstand gegen die Beteiligung manifestiert, ein Widerstand, der weniger formuliert als inszeniert wurde.

Ein weiterer Aspekt kommt hinzu: Während sich die Mitglieder des Beteiligungsprojektes mit den für sie außerordentlich schwierigen Details des Lastenheftes herumschlagen mußten, um auf ihre Fahr- oder Leitstellenpraxis bezogene Gestaltungsvorschläge machen zu können, waren die auf einem Vorschlagsformular knapp gehaltenen Gestaltungsvorschläge der Beteiligungsgruppen für Techniker und Planer nicht immer verständlich. So berichteten uns Mitglieder des Technischen Projektes, daß es manchmal lange dauerte, bis sie verstanden hatten, worum es den Fahrern eigentlich ging und auf welchem Erfahrungshintergrund der jeweilige Gestaltungsvorschlag beruhte. Beispielsweise im Fall des später noch ausführlich zu schildernden Konfliktes um die Aus- und Einfahrtbake:

Das haben wir ja vorher nie für möglich gehalten, daß das so 'n zentrales Anliegen war, bis wir überhaupt mal dahinterkamen, was dahinter steckte. Bis dieses Problem mal identifiziert war und bis i c h zum Beispiel auch erkannte, worum es da ging, das hat 'ne Zeit gedauert.

Waren schon den Technikern und Planern, die direkt mit der RBL-Einführung befaßt waren, die Gestaltungsvorschläge der Beteiligungsgruppen nicht immer verständlich, vergrößerte sich dieses Problem mit wachsender Entfernung zum unmittelbaren Planungsprozeß. Hören wir hierzu folgende Führungsperson aus dem technischen Bereich:

Wissen Sie, ich sitze hier und bin in diesen Prozeß ja auch nicht so eingebunden. Ich krieg' dann irgendwann 'ne Liste mit den ersten 20 Gestaltungsvorschlägen, dann kommen die nächsten oder so 'n Arbeitspapier. Und dann steht da ein Satz, da ist dann dieser Gestaltungsvorschlag kurz dargestellt, so wie er von der Gruppe oder von der Einzelperson formuliert ist. Da gab's dann auch Effekte, wo ich zunächst da völlig was anderes rein-interpretiert habe und hab

---

[27] Im Jargon der Beteiligungsgruppen und der vom Moderator verfaßten Beteiligungsberichte umfaßt der Begriff „Management" nicht nur die Ebene der oberen und mittleren Führungskräfte, sondern im Prinzip alle Mitglieder des Technischen Projektes, also auch Techniker und Planer auf Sachbearbeiterebene. Also letztlich all diejenigen Personen, die von Fahrern als ‚die da oben' bezeichnet werden.

gesagt: Mensch, was soll das denn, das haben wir doch. Bis ich
dann merkte, das ist völlig harmlos, weil es letztendlich nur für
mich nicht verständlich dargestellt war auf diesem Papier.

Die Verfahrensweise, daß die Kooperation zwischen dem Technischen Projekt und dem Beteiligungsprojekt zunächst wesentlich auf dem Austausch von Papier beruhte, führte dazu, daß die jeweiligen Adressaten in hohem Maße auf ihre Interpretationen angewiesen waren. Und dies mobilisierte die betriebspolitisch und unternehmenskulturell ohnehin bereitliegenden Phantasien und Befürchtungen darüber, welche Zumutungen von den Beteiligten ausgehen würden, mit dem genannten Effekt, daß in *völlig harmlose* Gestaltungsvorschläge *völlig was anderes reininterpretiert* wurde. Nicht-Verstehen mündete in dieser Anfangszeit des Beteiligungsprojektes flugs in einem von Abwehrhaltung geprägten Miß-Verstehen. Zu präsent waren den Mitgliedern des Technischen Projektes die jahrelangen erbitterten Auseinandersetzungen mit dem Betriebsrat, die Verdächtigungen und Unterstellungen, die vor persönlichen Anfeindungen nicht Halt machten. Und zu sehr war umgekehrt auch der Blick vor allem der Beteiligungsgruppen der Fahrer durch den betrieblichen Mißtrauensdiskurs gegenüber Technikern und Planern geprägt. Dieses stark von Vorurteilen und Projektionen geprägte Feld erhielt neue Nahrung dadurch, daß die ersten Gestaltungsvorschläge sich nicht nur um die stärkere Einbeziehung der Fahrer in den technisch gesteuerten Kommunikationsprozeß zwischen Leitstelle und Bus sowie die Verbesserung des IBIS-Gerätes und damit der Arbeitssituation im Fahrzeug drehten, sondern bereits der erste von den Fahrern erstellte Gestaltungsvorschlag um das leidige Thema ‚technische Kontrolle' und ‚Überwachung der Fahrer' durch das RBL ging. Das konnte von den Mitgliedern des Technischen Projektes kaum anders denn als Fortsetzung alter Grabenkämpfe erlebt werden. Und da in der ersten Zeit nur gelegentlich persönliche Treffen zwischen den verschiedenen Unterprojekten des Gesamtprojektes „Betriebsleitzentrale" und den Beteiligungsgruppen stattfanden, sich die Beteiligung vielmehr hauptsächlich auf der geschilderten Ebene schriftlicher Vorschläge abspielte, gab es wenig Gelegenheit, sich anzunähern und im Gespräch über wechselseitige Fragen und Irritationen auszutauschen. Beteiligung blieb so für beide Seiten eher abstrakt und wurde als wenig produktiv erlebt. Die Situation war dadurch geprägt, daß beide Gruppierungen je für sich arbeiteten: Die einen arbeiteten sich in die für sie schwierige und fremde technische Materie ein und erstellten erste Gestaltungsvorschläge; die anderen setzten ihre Arbeit fort, doch offenbar so, als ob das Beteiligungsprojekt ein Fremdkörper im Planungsprozeß war, den man weitgehend ignorieren konnte. Zumindest berichten die Beteiligungsgruppen von ausgesprochen wenig Entgegenkommen:

> *Geärgert haben wir uns, als Rückmeldungen kamen von Vorschlägen, die von uns gegeben worden sind und die in keinster Weise positiv aufgenommen worden sind, sondern einfach kategorisch erstmal abgelehnt worden sind durch Herrn X* [Leiter Technisches Projekt/E.T.]. *Mit der Begründung: zu teuer oder geht nicht, läßt sich nicht umsetzen usw. Es sind da in keinster Weise Überlegungen angestellt worden, wie man das doch vielleicht in dieses RBL mit einbringen kann. Da ärgert man sich schon. Irgendwo hat man sich Gedanken gemacht und dann so lapidare Antworten zu bekommen.*

Dieses Nebeneinander der beiden Projektteile konnte nicht lange gut gehen und in der Tat kam es nach kurzer Zeit zu einem Knall, der von allen Beteiligten unter dem Stichwort ‚Alibi-Verdacht' erinnert wird.

4.3. Der ‚Alibi-Verdacht' – ein Konflikt um den Rahmen des Beteiligungsprojektes

Gründe zum Mißtrauen fanden die Beteiligungsgruppenmitglieder von Anfang an. Während sie beispielsweise in ihren ersten Sitzungen noch die Vertreter für die sie betreffenden Untergruppen des Technischen Projektes, die Arbeitsgruppe Technik und die Arbeitsgruppe RBL, wählten, legte das Technische Projekt die beiden bis dahin getrennt arbeitenden Arbeitsgruppen (aus arbeitsorganisatorischen Gründen, die auf dem Hintergrund des Standes des Planungsprozesses durchaus begründet und nachvollziehbar erscheinen) flugs zusammen, womit sich der Zugang von Beteiligten zu Arbeitsgruppen des Technischen Projektes halbieren sollte, und bestimmte obendrein ohne Rücksprache mit den ohnehin verärgerten Beteiligungsgruppen, wer von diesen als Vertreter in die neue Projektgruppe entsandt werden sollte. In der ersten Sitzung dieser neu gebildeten Arbeitsgruppe RBL/Technik schränkten die Vertreter des Technischen Projektes den Spielraum der Beteiligten zusätzlich dadurch ein, daß sie eine kleine Untergruppe bildeten, die, in Zusammenarbeit mit dem Systemlieferanten, das Pflichtenheft erstellen sollte und in der allenfalls ein Mitglied der Beteiligungsgruppen vorgesehen war. Die Beteiligten irritierte und empörte die Art und Weise, in der sie sich zurückgesetzt, wenn nicht gar ignoriert sahen; sie bekamen den Eindruck, es werde *etwas durchgezogen.* Vorgängiges Mißtrauen und aktuelle Erfahrungen verdichteten sich im

Vorwurf, daß es sich beim Beteiligungsprojekt nur um ein Aushängeschild handeln würde. Der von Anfang an bereitliegende Alibi-Verdacht erhielt Nahrung und verschaffte sich jetzt lautstark Ausdruck.

Auf unsere Frage, welche konkreten Erfahrungen einst zu diesem Alibi-Verdacht geführt hatten, berichtete ein Mitglied der Fahrerbeteiligungsgruppen folgendes:

Also ganz konkret war das für uns in der Gruppe, das ging da in den ersten Sitzungen darum, wo wird das System bestellt. Und dann hieß es: die Firma ist klar, das System wird bestellt. Wir dachten: Hoppla, wir haben doch grade erst angefangen, warum wird das System jetzt schon bestellt? Und dann tauchte schnell der Gedanke auf, daß das eine Alibifunktion sein könnte, um dann einfach allen anderen Fahrern und dem Vorstand und dem Betriebsrat gegenüber zu sagen: ,Haben Sie [die Beteiligungsgruppen/E.T.] *doch selber so gewollt'. ,So wollen Sie's doch' – und da dachten wir: wofür dann das Ganze noch?*

War für das Technische Projekt durch den langen Vorlauf, den die Planung hatte, die Entscheidung für einen bestimmten Systemlieferanten inzwischen klar, mußten die Beteiligten die Tatsache, daß parallel zu ihrem ,Auftakt' die zentrale Systementscheidung ohne ihr Mitwirken getroffen wurde, als schroffe Abweisung erleben. Es stellte sich die Frage, an welchen Planungen sie eigentlich noch beteiligt werden sollten, wenn die Bestellung schon unterwegs war. Wollte das Technische Projekt etwa mittels des betriebspolitischen ,Gleitmittels' Beteiligung genau jenes RBL durchkriegen, das es ohnehin schon immer wollte? Sollten sie nur dazu dienen, daß gegenüber dem Vorstand und vor allem gegenüber dem Betriebsrat, der ohne Beteiligungsprojekt der Einführung nicht zugestimmt hätte, gesagt werden konnte, sie seien doch bei der Bestellung und Einführung des RBL dabeigewesen? Und sollten sie am Ende gar noch als Argument herhalten, falls sich in der Fahrerschaft Widerstand gegen das neue System regte?! Klar war jedenfalls, daß sich ihr Gestaltungsspielraum erheblich einschränken würde, wären ihre Aktivitäten nur noch auf die betriebliche Anpassung und Umsetzung einer bereits bestellten technischen Konfiguration beschränkt.

Die Beteiligungsgruppenmitglieder aus der Betriebslenkung teilten den Alibiverdacht der Fahrer:

Wir schaffen also was an und nehmen jetzt mal 24 Mitarbeiter, die beteiligen wir, die finden das ganz toll und dann machen wir doch, was wir wollen. So war der Anfangsgedanke.

Zwar speiste sich das Mißtrauen der Disponenten nicht so sehr aus Vorbehalten dem technischen System gegenüber, dessen Nutzen für ihre Arbeit offensichtlich war, wohl aber aus den vergangenen Erfahrungen, daß sie bislang nie gefragt wurden, wenn es zu Veränderungen in ihrem Arbeitsbereich kam und es nun so aussah, als würde sich trotz Beteiligung letztlich doch ausgesprochen wenig daran ändern: *und dann machen wir doch, was wir wollen, war der Anfangsgedanke* – der Anfangsgedanke der Beteiligungsgruppen, der in dieser Formulierung wohlgemerkt nicht als ihr Gedanke formuliert, sondern den Planern und Entscheidungsträgern des Unternehmens unterstellt wird. Unterstellung

Man muß nun gar nicht behaupten, daß die Verantwortlichen des Technischen Projektes die skizzierten Projektentscheidungen in der bewußten Absicht betrieben, den Präsenz-, Mitsprache- und Einflußbereich des Beteiligungsprojektes einzuschränken; die geschilderten – sowie weitere, hier nicht angeführte – Maßnahmen lagen schlechterdings in der Logik eines technikzentrierten Implementierungsprozesses, wie er nicht nur in diesem ÖPNV-Unternehmen üblich war. Das Technische Projekt setzte den Einführungsprozeß in der gewohnten und von ihm bevorzugten Weise fort, das heißt im Rückgriff auf planerische und ingenieurwissenschaftliche Kriterien und Regeln sowie die bisherige betriebliche Erfahrung mit Technik-Einführungsprozessen.[28] Mit dem Unterschied allerdings, daß in den genannten Arbeitsgruppen neuerdings Mitarbeiter aus dem Fahrdienst und Disponenten der Leitstelle als Vertreter der Beteiligungsgruppen zugegen waren – nicht unbedingt Böswilligkeit also, wohl aber ein gehöriges Ausmaß an kulturellen Kommunikationsbarrieren auf Seiten der das Projekt vorantreibenden Ingenieure und Planer. Chris Argyris' (1996, S. 114f.) Beschreibung der defensiven Organisationsroutinen zugrundeliegenden Strategien – von ihm „angewandte

---

[28] Schein (1997, S. 66) skizziert die „Kultur der Techniker", die sich sowohl als Subkultur in jedem größeren Unternehmen finden läßt als auch eine quasi weltumspannende Berufsgemeinschaft bildet, wie folgt: „Techniker ... sind pragmatische Perfektionisten, die ‚menschenleere' Lösungen bevorzugen. Die Idealwelt der Techniker ist die Welt gediegener Maschinen und Prozesse, die in perfekter Präzision und Störungsfreiheit laufen, ohne Zutun des Menschen. Techniker sind ganz auf Reibungslosigkeit eingestellt und treffen zu diesem Zweck übermäßig viele Vorkehrungen." Und weiter: „Aber im Grunde sind diese technischen Schöpfungen daraufhin konstruiert, ihren menschlichen Nutzern Standardreaktionen abzufordern, oder, im Idealfall, Menschen sogar überflüssig zu machen. ... In der Kultur der Techniker hat eben das Bemühen besonderes Gewicht, Problemlösungen zu erreichen, die den Menschen aus Betriebssystemen eher heraushalten als ihn einzubeziehen."

Theorien" genannt – skizziert diesen Sachverhalt treffend: Im Mittelpunkt steht „die Kontrolle über die anderen" und die „eigene Absicherung ... nicht selbst von den anderen kontrolliert zu werden". Die Überlegungen „kreisen ums Gewinnen und Kontrollieren" und nicht darum, sich „dem Lernen zu öffnen"; hervorgehoben sei, daß es dabei um die „einseitige Kontrolle der relevanten Umgebung und der Aufgaben" und um den „einseitigen Schutz seiner selbst" (Argyris 1993, S. 186) geht. Immer wieder stießen wir in den Beschreibungen über die Anfangszeit des Beteiligungsprozesses auf dieses Szenario von auf defensiven Routinen basierenden Kommunikationsbarrieren. Folgende Sequenz aus einer Gruppendiskussion mit Disponenten mag das veranschaulichen:

> Herr A.: *Wenn uns irgendwelche technischen Fragen nicht klar waren – wir sind nun mal keine Techniker -, dann haben wir gesagt: gut, dann möchten wir mit demjenigen sprechen, der das haben will und der soll uns das erklären. Und da passierte nämlich auch wieder die Sache, der sagte dann: ‚Das halte ich nicht für notwendig.' Und dann haben wir gefordert, daß er mit uns spricht. Und nach einiger Zeit, so nach einem Jahr oder eineinhalb Jahren, war das für die dann selbstverständlich. Die kamen dann auch mal von sich aus und haben mit uns geredet.*
> Herr B.: *Aber das dauerte.*
> Herr A.: *Das dauerte!*
> Herr C.: *Das war ein Kampf.*
> Herr A.: *Das kannten sie vorher nicht.*

Zum Eklat kam es, als in einer Sitzung der gemeinsamen Arbeitsgruppe RBL/Technik die bis dahin vorliegenden Gestaltungsvorschläge der Beteiligungsgruppen massiv abgewertet und belächelt wurden. Laut Röske (1993b, S. 20) wurden die Gestaltungsvorschläge „Abfall", „Schrott" und „Pipifax" genannt und die Vertreter des Technischen Projektes bekundeten ihr Desinteresse an der Beratung dadurch, daß die Gestaltungsvorschläge ohne Diskussion unter dem Punkt Verschiedenes abgehandelt wurden, wobei obendrein einige Vertreter des Managements die Sitzung vorzeitig verließen.

Aus dem Alibi-Vorwurf wurde eine handfeste Interaktions- und Vertrauenskrise, alle Gremien des Beteiligungsprojektes waren mit dieser Krise befaßt; es dokumentierte sich deutlich, daß das Beteiligungsverfahren zwar zwischen Management und Betriebsrat einvernehmlich ausgehandelt worden, in der alltäglichen betrieblichen Praxis jedoch noch ausgesprochen wenig verankert

war. Der Arbeitsdirektor, für den Beteiligungsprozeß zuständiges Vorstandsmitglied, erinnert sich:

> *Dann kam eine Phase, das war eine der ersten Etappen, wo meine*
> *Assistentin mich darauf aufmerksam gemacht hat, daß eine Glaub-*
> *würdigkeitskrise gekommen ist. Also wir haben das Beteiligungs-*
> *modell gehabt, in Papierform, hatten es personell besetzt und haben*
> *dann angefangen damit. Und dann kam natürlich das erste Ken-*
> *nenlernen, das erste Ausprobieren, das erste Bekanntmachen mit*
> *dem erst am grünen Tisch sozusagen entwickelten Ding, und dann*
> *hat sich ziemlich schnell herausgestellt, daß die RBL-Beteiligungs-*
> *gruppen – sowohl bei Fahrern als auch bei den Disponenten –, also*
> *ich sag mal, manche der Techniker haben geglaubt: na gut, jetzt*
> *haben sie auf Papier geschrieben, aber wir kriegen trotzdem unsere*
> *alten Vorstellungen durch, nich.*

Das Spielfeld der Beteiligung war abgesteckt, die Spieler waren ausgewählt,
die Spielregeln formuliert und auf Papier festgehalten, Spielregeln, die gegenüber dem bisher im Unternehmen üblichen Modus der Planung und Einführung neuer Technologien deutlich einen Unterschied markierten. Dies
führte jedoch nur sehr rudimentär dazu, daß die betrieblichen Akteure und
Akteursgruppen sich an diesen Spielregeln auch praktisch orientierten.

Es wird eben auch von oben unwiderruflich getragen! Der Arbeitsdirektor als Garant des Beteiligungsrahmens

In dieser Situation war die Unternehmensspitze gefordert, ihre Einfluß-
möglichkeit geltend zu machen: als Repräsentant der Beteiligungsentschei-
dung und als Kontrollinstanz der Einhaltung und Umsetzung dieser Entscheidung. Konkret bedeutete das, den Rahmen des Beteiligungsverfahrens auch
gegenüber den mit der RBL-Einführung betrauten betrieblichen Planungsinstanzen und -akteuren einzuführen, durchzusetzen und für den fort-
laufenden RBL-Implementierungsprozeß aufrechtzuerhalten und zu garantieren. Diese Aufgabe übernahm wiederum das bereits bei der Beantra-
gung und Einrichtung des Beteiligungsprojektes tonangebende Vorstandsmitglied: der Arbeitsdirektor. Die folgende Episode hat in die Geschichtsschreibung des Beteiligungsprozesses Eingang gefunden, sie ist sicherlich ‚Platz-
halter' für eine Menge informelles Hintergrundgeschehen:

Und da bin ich reingegangen, da kann ich mich noch erinnern, in
ein oder zwei Sitzungen. Und da hab ich gesagt: Ich steh hier per-
sönlich dafür, punktum. Ich sag euch, das läuft! Und das tat es
dann auch. Da haben wir zwar jetzt fast zwei Stunden diskutiert,
glaub ich, aber ich hab gesagt: das ist die Botschaft. Und wenn's
da Ecken gibt, ich steh dafür zur Verfügung und ich regle das,
Punkt. Das hat dann, glaub ich, getragen und dann war auch der
Durchbruch nachher da. Also das ist wieder so 'n Eckpunkt, wo
man sich auch persönlich hinstellen muß und sagen muß: Ich hab
das alles hier nicht für die Katz' gemacht, sondern ich mein' das
auch ernst und dann machen wir das so. Fertig! Es wird eben auch
von oben unwiderruflich getragen!

Der Arbeitsdirektor, als konkret in Erscheinung tretende, handelnde Person,
vor allem aber als ‚Rollenträger', als Mitglied der Führungsspitze des Unternehmens und damit Repräsentant organisatorischer Macht, bürgte mit seiner
Intervention für den wirklichen Beginn einer den vereinbarten Spielregeln
entsprechenden Kooperation zwischen Beteiligungsgruppen und Technischem
Projekt. Er versicherte offenbar glaubhaft, daß die Beteiligten auch in weiteren Konflikt- und Krisenfällen – *wenn's da Ecken gibt* – seinen Einfluß und
seine Regelungskompetenz würden in Anspruch nehmen können. Mit der
Versicherung, daß die Beteiligung *auch von oben unwiderruflich getragen*
wird, übernahm er für den weiteren Beteiligungsprozeß eine Art ‚Hinter-
grundgarantie' und festigte damit das bis dahin noch sehr fragile und wenig
konsolidierte RBL-Beteiligungs-‚Behältnis'[29]. Daß der Arbeitsdirektor in dieser Weise die Garantie für den Beteiligungsrahmen in Aussicht stellen mußte,
hängt mit der oben bereits beschriebenen spezifischen Struktur des Beteiligungsprojektes in diesem Unternehmen zusammen. Durch die Existenz zweier konzeptionell parallel arbeitender Gruppierungen (dem Technischen Projekt sowie den Beteiligungsgruppen) gab es letztlich keinen wirklich institutionalisierten Rahmen (quasi als gemeinsame Klammer) um die beiden
Projektteile des RBL-Projektes. Die institutionell vorgesehene Vermittlungsinstanz zwischen den beiden Projektteilen, die Arbeitsgruppe Sozialverträglichkeit, konnte diese rahmengarantierende Funktion im Falle des den gesamten Projektzusammenhang in Frage stellenden Alibi-Konfliktes nur unzureichend ausüben. Diese Leerstelle an institutionellem Rahmen hat der Ar-

---

[29] Das Bild eines „Behältnisses" wird im ‚Dialog-Projekt' des Massachusetts Institute of
Technology verwendet zur Bezeichnung einer Art von Rahmen, innerhalb dessen dialogische (Aushandlungs-) Prozesse in Organisationen möglich werden (Isaacs 1996 und Schein
1996).

beitsdirektor qua persönlicher Intervention temporär besetzt, was dem ‚Geist' des Beteiligungsdesigns insofern entspricht, als sich der Vorstand die Letztentscheidung in allen jenen strittigen Fragen vorbehalten hatte, die innerhalb des Beteiligungsrahmens nicht würden geklärt werden können.

Die Erfahrung, daß es einem Vorstandsmitglied wert war, sich persönlich in die Niederungen der Beteiligung zu begeben, um Fahrern und Disponenten zu versichern, daß ihre Mitarbeit von ‚ganz oben' wirklich gewollt wird, glättete nicht nur die Wogen, sondern erhöhte für die Beteiligten schlagartig die Glaubwürdigkeit der Beteiligungsabsicht. Und was noch wichtiger war: Die beteiligten Mitarbeiterinnen und Mitarbeiter fühlten sich durch diese Intervention persönlich in ganz anderem Maße *von oben getragen*:

> *Daraufhin haben wir unsern Arbeitsdirektor eingeladen zur Klärung dieses Sachverhaltes. Und da haben wir lange drüber diskutiert, also ich glaub' drei Stunden war er dann bei uns in der Gruppe, und der hat also dieses Argument entkräften können und stand denn auch wirklich dazu und hat gesagt, wenn solche Vermutungen noch mal auftauchen sollten, wird er gerne uns noch mal zur Verfügung stehen und daß wir dann darüber diskutieren können.*

Es blieb nicht bei der Beteuerung des Arbeitsdirektors: Das Verkehrsmanagement entschuldigte sich kurz darauf bei den Beteiligten und für die weitere Kooperation zwischen Beteiligungsprojekt und Technischem Projekt wurde die Lösung gefunden, daß doch zumindest ein Vertreter aus jeder Beteiligungsgruppe an den gemeinsamen Sitzungen mit dem Technischen Projekt beteiligt war und Gehör fand. Aus Andeutungen von Mitgliedern des Technischen Projektes kann geschlossen werden, daß der Vorstand nicht nur den Beteiligungsgruppen die zitierte Garantie gab, sondern tatsächlich gegenüber den Mitarbeitern der planenden Abteilungen deutlich machte, daß diese mit den Beteiligungsgruppen zu kooperieren haben und daß es nicht im Interesse des Vorstandes ist, immer wieder intervenieren zu müssen.

Trotz all der geschilderten Vorkommnisse erscheint es mir zu einfach, die Alibi-Krise nur dem Technischen Projekt anzulasten. Hatten die Beteiligungsgruppen auch genügend Anlässe, daran zu zweifeln, ob das Technische Projekt den Beteiligungsgedanken ernst nehmen und einer Kooperation mit ihnen aufgeschlossen gegenüber stehen würde, waren die Moderatoren des Beteiligungsgeschehens doch überrascht, *wie stark das Alibi-Argument kam und wie massiv es war*. Es tauchte mit einer Intensität auf, die nicht allein auf die realen Erfahrungen (Enttäuschungen) mit dem Technischen Projekt und die damit verbundenen Phantasien und Unterstellungen über die Instrumentalisierung der Beteiligung für betriebliche Zwecke zurückzuführen war. Es gab augenscheinlich einen Bedeutungsüberschuß, ein sich vor allem affektiv inszenierendes ‚Mehr', das darauf hinweist, daß der Alibi-Vorwurf noch für etwas anderes stehen mußte. Aus den Erzählungen unserer Interviewpartner habe ich den Schluß gezogen, daß sich die Beteiligten auf dem Hintergrund ihrer Erfahrungen nicht vorstellen konnten, im Unternehmen wirklich Gehör zu finden. Zu häufig erlebten vor allem die Fahrer in der Vergangenheit, daß Verbesserungsvorschläge, die sie aus ihrer tagtäglichen Erfahrung mit Fahrzeugen, Fahrplänen, Linienverläufen, Haltestellen, Kundenwünschen etc. machten, in der Verwaltung kaum Resonanz fanden. Warum sollte sich das alles plötzlich geändert haben? *Die Beteiligten konnten das einfach nicht glauben*, resümiert einer der Beobachter des Beteiligungsprozesses; ein anderer: *Die haben das nicht wirklich ernst genommen, beteiligt zu sein.*

Ich bekam aus meinen Gesprächen den Eindruck, daß der Alibivorwurf seinen affektiven Überschuß auch daraus bezog, daß die Mitglieder der Beteiligungsgruppen sich anfangs selbst in ihrer Beteiligungs-Rolle, in ihrem ‚Beteiligt-Sein' nicht wirklich ernst nehmen konnten. Dies ist sicherlich zum einen kulturell zu verstehen, gehört es doch zur subkulturellen Sozialisation von Fahrern (und in abgeschwächtem Maße von Disponenten) in Verkehrsbetrieben, zu lernen, daß ‚unten' gefahren und ‚oben' geplant und entschieden wird. Eine dermaßen umfassende Beteiligung, wie sie das RBL-Beteiligungsprojekt vorsah, mußte erst einmal subkulturelle Sozialisationsbarrieren aktivieren – und für einen Ort sorgen, an dem diese besprochen und durchgearbeitet werden konnten. Denn nicht nur speisen sich diese subkulturellen Sozialisationsbarrieren aus beharrlichen Projektionen, sie neigen auch dazu, diese in allen Erfahrungen zu reproduzieren und damit zu stabilisieren. Der projektive Aspekt besteht darin, daß die eigenen Unsicherheiten und Zweifel – beispielsweise bezüglich der eigenen fachlichen Kompetenz oder der mit dem Beteiligtsein verbundenen Sonderrolle gegenüber den Kollegen – Angehörigen anderer betrieblicher Subkulturen unterstellt und damit als von ‚außen' kommend erlebt werden. An die Stelle der Fragen: „Wie ernst nehme ich mein bzw. nehmen wir unser Beteiligtsein?" tritt der Vorwurf an das Technische Projekt (wenn nicht gar an das Unternehmen als solches): „Ihr nehmt uns ja gar nicht ernst!" „Wir sind für euch ja bloß ein Alibi!" Wie immer im Fall von Projektionsverhältnissen gelingt dies um so einfacher, je mehr sich das jeweilige Gegenüber als geeignetes Objekt für derartige Projektionen anbietet. Und daran bestand, wie geschildert, im vorliegenden Fall kein Mangel. Diese Interpretation legt den Schluß nahe, daß die Beteiligten, indem sie das Unter-

nehmen in puncto ‚Glaubwürdigkeit' herausforderten und damit die Repräsentanten des Beteiligungsrahmens auf den Plan riefen, nicht nur eine organisatorische Beteiligungsgarantie erwirkten. Die von ihnen (heraus-)
geforderte und erzielte ‚äußere' Beteiligungssicherheit bot gleichermaßen ihren ‚inneren' subkulturell verankerten Zweifeln und Unsicherheiten bezüglich
ihrer Beteiligung einen gewissen Halt.

Daran anschließend möchte ich im folgenden noch einmal eingehender der
Frage nachgehen, warum der Etablierung und Aufrechterhaltung eines Rahmens im beginnenden Beteiligungsgeschehen, genauer: in der Etablierung
eines Projektzusammenhangs als subkulturübergreifendem intermediären
Aushandlungsraum, eine zentrale Bedeutung zukommt.

Zur Bedeutung der Etablierung und Aufrechterhaltung eines Rahmens

Der Etablierung eines soliden Beteiligungsrahmens galt bereits bei der Einrichtung des Beteiligungsprojektes besondere Aufmerksamkeit. Gerade auf
dem Hintergrund der konfliktreichen RBL-Geschichte war dem Koordinator
des Beteiligungsprojektes von Anfang an augenfällig, daß nur ein k l a r e r, d.h.
explizit formulierter und s t a b i l e r, d.h. hinreichend mit organisatorischer Ent-
schlossenheit und Macht versehener Rahmen dem Beteiligungsgeschehen
Aussicht auf Erfolg, und das hieß Chancen für die zu erwartenden Gestaltungsvorschläge, garantieren würde. Die Entscheidung, die zwischen dem
Technischen Projekt und den Beteiligungsgruppen vermittelnde und für den
Beteiligungsprozeß zentrale Arbeitsgruppe Sozialverträglichkeit außerhalb
des Organisationsbereichs des Verkehrsunternehmens[30] anzusiedeln und die
Leitung dieser Arbeitsgruppe einer dem oberen Management zugehöriger
Führungskraft, dem Personalchef des Unternehmens, anzuvertrauen (wobei
die Koordination dieser Arbeitsgruppe zusätzlich der Referentin des Arbeitsdirektors übertragen wurden), dokumentiert die praktische Umsetzung dieser
Einsicht in die Bedeutung eines quer zu den betriebspolitischen Kräftelinien
des Verkehrsbereiches situierten, hierarchisch hoch angesiedelten Beteiligungsrahmens.

Wie nötig dies war, zeigen die von Anfang an stattgefundenen Bemühungen
der betrieblichen RBL-Kontrahenten, auf die Struktur und Gestaltung des

---

[30] Es sei nochmals daran erinnert, daß das betreffende Unternehmen sowohl den Verkehrsbereich als auch verschiedene Teile des kommunalen Versorgungsbereichs umfaßt und daß
sowohl der Personalchef als auch die Referentin des Arbeitsdirektors nicht der Linienorganisation des Verkehrsbereichs angehörten.

Beteiligungsprojektes Einfluß zu nehmen. *Es wollte jeder wieder noch dran rumdrehen*, äußerte ein Mitglied des Moderatorenkreises. Das Technische Projekt wollte unbedingt die Letztentscheidung über die Zustimmung oder Ablehnung der Gestaltungsvorschläge haben, womit sie nicht nur Aushandlungspartner der Beteiligungsgruppen, sondern in allen strittigen Fragen diesen übergeordnet gewesen wären, wodurch die Beteiligten den – im wörtlichen Sinne – entscheidenden Teil ihrer Aushandlungssouveränität gar nicht erst bekommen hätten. Denn die kommunikativ zu vollziehende, in aufeinanderfolgenden Etappen auszuhandelnde Entscheidungsfindung macht gerade die Qualität und Tragweite dieser Beteiligungskonzeption aus. Das Technische Projekt und die Führungsebene der Verkehrsbetriebe konnten sich jedoch mit ihrer Forderung, den RBL-Entscheidungsprozeß letztinstanzlich in der Hand zu behalten, nicht durchsetzen, behielt sich doch der Vorstand das Recht auf die oberste Klärungs- und Entscheidungsinstanz in all jenen Fragen vor, die in dem abgestuften kommunikativen Entscheidungsprozeß des Beteiligungsprojektes nicht würden geklärt werden können.

Auch der Kontrahent des Technischen Projektes in Sachen RBL, der Betriebsrat, hatte seine Not mit dem zunächst vorgesehenen Rahmen des Beteiligungsprojektes. Nicht daß dieser ebenfalls die führende Rolle im Beteiligungsprozeß angestrebt hätte; das Problem für den Betriebsrat bestand vielmehr darin, überhaupt einen ihm angemessen erscheinenden Ort im Beteiligungsprozeß einnehmen zu können. Das Unternehmen stimmte zwar einer über die gesetzliche Mitbestimmung hinausgehenden Freistellung eines weiteren Betriebsratsmitglieds für die Begleitung der Beteiligungsprozesse zu, doch sollte der Betriebsrat als Institution in den verschiedenen Arbeitsgruppen des Technischen Projektes durch Mitglieder der Beteiligungsgruppen ersetzt werden. Dieses Ansinnen ging wesentlich auf die das Beteiligungsprojekt finanziell fördernde Institution zurück, die, als Ergänzung oder Alternative zur gesetzlich verbürgten Form der Mitbestimmung, exemplarisch die Partizipation von unmittelbar von der Technikeinführung Betroffenen unterstützen und untersuchen wollte. Zur Irritation und – wie die nachfolgende Äußerung belegt – auch zum Leidwesen manchen Vertreters des Technischen Projektes, tauchte der Betriebsrat nach einer Weile über Wege, die sich mir nicht erschlossen haben, doch wieder sowohl personell in der Arbeitsgruppe RBL/Technik als auch im formalen Projektaufbau des Beteiligungsprojektes auf:

Das Beteiligungsprojekt war ja auch so angelegt, daß die institutionalisierte Vertretung abgelöst werden sollte durch neue Formen der

Beteiligung. War auch einer der Hauptfördergründe, nicht der einzige, aber einer, um solche Formen der Beteiligung und auch Mitwirkung der direkt Betroffenen auszuprobieren. Das hat sich nicht durchhalten lassen. Es fing damit an, daß die Beteiligung der Betriebsräte in den Arbeitsgruppen ersetzt werden sollte durch eine Beteiligung durch Betroffene, die in die Arbeitsgruppen rein sollten. Auch in die nach wie vor bestehenden technischen Arbeitsgruppen. Und dieser Punkt ist gleich von vornherein schiefgegangen, als die Projektstruktur auf dem Tisch lag mit „Ersatz der Betriebsratsvertreter in den Projektgruppen durch Betroffene". Das ist nie offen ausdiskutiert worden. Man merkte nur, daß es da rumorte. Auf einmal kam der Betriebsrat wieder zu den Sitzungen und es dauerte dann auch nicht lange, da tauchte der Betriebsrat auch wieder in einem Kästchen in dieser Projektstruktur auf.

So viel zu den mikropolitischen Einflußnahmeversuchen bei der Etablierung des Beteiligungsrahmens. Worin liegt nun die Bedeutung des Rahmens für das Beteiligungsprojekt und damit für die Aushandlungs- und Lernprozesse im gesamten RBL-Einführungsprozeß? Zur Beantwortung dieser Frage greife ich auf Erfahrungen und Erkenntnisse aus verschiedenen Interventionsfeldern zurück, in denen die Bedeutung der Etablierung des Rahmens für Lern-, Entwicklungs- und Veränderungsprozesse eingehend untersucht wurde.

Am Grunde des Problems des Rahmens, so die Erkenntnis aus Goffmanns Rahmenanalyse, steht die Frage: „Was geht hier eigentlich vor?". Goffmann (1977, S. 16) schreibt: „Ich gehe davon aus, daß Menschen, die sich gerade in einer Situation befinden, vor der Frage stehen: Was geht hier eigentlich vor? Ob sie nun ausdrücklich gestellt wird, wenn Verwirrung und Zweifel herrschen, oder stillschweigend, wenn normale Gewißheit besteht – die Frage wird gestellt, und die Antwort ergibt sich daraus, wie die Menschen weiter in der Sache vorgehen" (1977, S. 16). Was geht hier eigentlich vor: Haben wir Fahrer und Disponenten eine Alibi-Funktion oder ist die Beteiligung ernst gemeint? Was geht hier eigentlich vor: Sollen wir als Techniker und Planer auf unserem angestammten Feld der Technikimplementierung in unserer Expertenrolle eingeschränkt und in unserer organisatorischen Bedeutung zurückgesetzt werden? Was geht hier eigentlich vor: Sollen wir als Betriebsrat auf gesetzlich garantierte Mitbestimmungsrechte verzichten? Usw. usw. Die Frage nach dem Rahmen ist sowohl die Frage nach den Inhalten und Themen, um die es geht und den Regeln, nach denen gespielt wird, als auch die Frage nach einer strukturierenden Umgrenzung, nach einem formgebenden „Behältnis" (Isaacs 1996, 183), das den Zusammenhang und den Zusammenhalt herstellt. In der Dialektik von Behältnis und Inhalt[31], von Rahmen und Prozeß stellt die Etablierung eines Rahmens bereits die erste – und wie manche meinen: die entscheidende – Kommunikation dar. Damit bin ich aber unversehens zu einem weiteren Aspekt des Rahmenthemas hinübergeglitten. Spricht Goffmann in seiner Rahmenanalyse mit der Frage ‚Was geht hier eigentlich vor?' ein grundlegendes Problem der Sinnkonstitution jeglicher sozialen Situation an (Willems 1997, Hildebrand 1999), so gibt es in professionellen und organisatorischen Settings Repräsentanten und/oder ‚Garanten' des Rahmens, die über einen gewissen professionellen oder institutionellen (beispielsweise hierarchischen) Vorsprung bezüglich der Rahmen-Frage verfügen. Die insofern darüber verfügen, als sie in der Lage und bevollmächtigt sind, den Rahmen, innerhalb dessen die Frage nach dem Rahmen gestellt werden kann und gestellt werden wird, auszuhandeln (oder zu entscheiden), einzuführen, zu vertreten und aufrechtzuerhalten, um ihren Mitarbeitern bzw. den Mitgliedern eines Projektzusammenhangs eine gewisse Sicherheit und Klarheit bezüglich dessen zu vermitteln, was hier eigentlich vor sich geht, was hierher und was nicht hierher gehört.

Wenn vorhin vom Arbeitsdirektor als Garanten des Rahmens gesprochen wurde, dann also nicht bloß in seiner Funktion als Träger institutioneller Autorität und Macht, sondern als jemand, dem diese institutionelle Autorität und Macht dazu verhilft, allen am RBL-Einführungsprozeß beteiligten Personen und Gruppen klarzumachen, daß die vereinbarten ‚Ziele, Abmachungen und Konventionen' (Wellendorf 1996a) des gerade nicht auf institutionelle Autorität und Macht bauenden, sondern Kooperation, Öffnung, Dialog und Anerkennung erfordernden Beteiligungszusammenhanges Gültigkeit haben und dieser Rahmen von allen Beteiligten für derartige Prozesse genutzt werden soll und genutzt werden kann.

Die konstitutive Bedeutung des Rahmens für den Prozeß wird auf dem Feld der Organisationsberatung seit Jahren vehement von Fürstenau vertreten. Veränderungs- und Entwicklungschancen hat Fürstenau zufolge ein Beratungssetting – ich würde hinzufügen: ein Beteiligungssetting – nur insoweit, wie

---

[31] Das Verhältnis von Behälter und Inhalt, von ‚Container' und ‚Contained', das in den 90er Jahren im Kontext von Ansätzen zum ‚organisationalen Lernen' vor allem im Umfeld des Dialog-Projektes des MIT eine große Rolle spielte, hat durchaus ältere Wurzeln. Es war bereits in den 60er Jahren eines der grundlegenden Themen des Psychoanalytikers und Gruppenanalytikers Wilfred Bion (1990). Institutionsanalytiker und Organisationsberater wie Lazar (1994), Obholzer und Zagier Roberts (1994), Wellendorf (1995) und Bain (1998) haben die Bion'schen Erkenntnisse für die Arbeit in und mit Organisationen fruchtbar gemacht.

„die Einrichtung der Beratung als Ritual (Regelung) effektiv einen Unterschied zur bisherigen Praxis des Klientensystems setzt" (1992, S. 44/ Hervorh. vom Autor). Effektiv einen Unterschied ‚setzen' heißt, daß das Beratungssetting (bzw. im vorliegenden Falle das Beteiligungssetting) gegenüber den den Alltag der Organisation bestimmenden strukturellen, funktionellen und kulturellen Dimensionen und Prozessen einen Unterschied macht, der – mit einer Formulierung Batesons – einen Unterschied macht – einen Unterschied, der bezüglich der Frage: ‚Was ist hier eigentlich los?' zumindest eines für alle Mitwirkenden spürbar signalisiert: ‚Hier ist etwas anders; hier wird und soll etwas anders sein!' Dies ist, so Fürstenau an anderer Stelle (1994, S. 205), eine wesentliche Voraussetzung dafür, daß es gelingt, die Klienten (im vorliegenden Falle die an der RBL-Einführung beteiligten Akteure) auf die „Veränderungen, die durch die Arbeit innerhalb des Rahmens [des Beteiligungsprozesses/E.T.] bewirkt werden sollen, ausdrücklich und klar einzustellen und bereitzumachen, zu ‚öffnen'".

Der Lösung von Rahmenkonflikten, wie der beschriebenen Alibi-Krise, kommt im Prozeß der Etablierung des Rahmens eine besondere Bedeutung zu. Denn in ihnen wird nicht nur auf den Rahmen rekurriert, es werden nicht nur die bestehenden Rahmenbedingungen bestätigt; Rahmenkonflikte initiieren vielmehr Interventionen zur Aufrechterhaltung des Rahmens, die einerseits der Festigung beziehungsweise – wie im vorliegenden Fall – der tatsächlichen Etablierung des Projektrahmens in der Unternehmenspraxis dienen, und andererseits die potentiellen Repräsentanten und ‚Garanten' des Rahmens in dieser ihrer Rolle ‚aktivieren', sie also dazu bringen, diese Rolle auch tatsächlich zu übernehmen. Es sei gestattet, zur Illustrierung dieses Zusammenhangs die Äußerung des Arbeitsdirektors noch einmal zu zitieren:

Und da hab ich gesagt: Ich steh hier persönlich dafür, punktum. Ich sag euch, das läuft! Und das tat es dann auch. ... Ich hab gesagt: das ist die Botschaft. Und wenn's da Ecken gibt, ich steh dafür zur Verfügung und ich regle das, Punkt. Das hat dann, glaub ich, getragen und dann war auch der Durchbruch nachher da. Also das ist wieder so 'n Eckpunkt, wo man sich auch persönlich hinstellen muß und sagen muß: Ich hab das alles hier nicht für die Katz' gemacht, sondern ich mein das auch ernst und dann machen wir das so. Fertig! Es wird eben auch von oben unwiderruflich getragen.

Die Arbeit am Rahmen und die Lösung von Rahmenkonflikten hat indes nicht nur eine elementare Funktion für die Festigung des Rahmens und die (tatsächlich handlungswirksame) Einsetzung und Verpflichtung von Rahmenrepräsentanten, sondern auch für diejenigen, die sich innerhalb dieses Rahmens auf neue Erfahrungen und neue Prozesse einlassen wollen, sollen oder müssen. Ich habe bereits erwähnt, daß im Zuge der Alibi-Krise das Technische Projekt in stärkerem Maße auf die Rahmenbedingungen des Projektes, konkret auf die Einhaltung der Beteiligungs-‚Spielregeln‘ verpflichtet wurde. Welche Bedeutung aber hat der Konflikt um den Beteiligungsrahmen für die Beteiligten selbst?[32] Der Umgang der Rahmenrepräsentanten – vom zuständigen Vorstandsmitglied bis zur Moderatorenrunde – mit den Rahmenbedingungen des Beteiligungsprojektes vermittelt den Beteiligten Hinweise auf deren ausgesprochene und unausgesprochene Absichten und auf deren Zuverlässigkeit. Gerade in einer von Mißtrauen und Vorsicht geprägten Unternehmenskultur, mit der wir es zu Beginn des Beteiligungsprojektes in diesem Unternehmen noch zu tun hatten, werden Beschäftigte die Ernsthaftigkeit und Zuverlässigkeit eines Rahmens, der dafür bürgen soll, daß Bewegung in überholte Strukturen kommt, anfangs testen und immer mal wieder herausfordern. Dadurch bekommen die Beteiligten ein Gefühl dafür, ob das Unternehmen sich dem Beteiligungsgedanken verpflichtet fühlt oder ob es das Projekt letztlich doch als unwichtig erachtet; ob es selbst zu Veränderungs- und dialogischen Lernprozessen bereit ist oder ob es das Beteiligungsprojekt – sei es absichtlich oder unabsichtlich – instrumentalisiert und zu seinem Vorteil ausnützt. Indem die Beteiligten das Unternehmen bezüglich des Rahmens des Beteiligungsprojektes herausfordern, können sie überprüfen, ob es eine verläßliche gemeinsame Wirklichkeit jenseits der bei allen beteiligten Akteuren vorhandenen Phantasien, Projektionen und Unterstellungen gibt. All dies haben die Beteiligten m.E. in dem „Alibi-Krise" genannten Geschehen herauszufinden versucht. Der Arbeitsdirektor trifft diesen Aspekt präzise, wenn er, wie oben zitiert, vom Alibi-Konflikt als eine „Glaubwürdigkeitskrise" spricht.

Zusammenfassend: Die Bedeutung des Rahmens liegt also darin, daß wesentlich von der Art und Weise, ob und wie im Unternehmen ein stabiler und glaubwürdiger Projektrahmen etabliert wird, abhängt, ob sich innerhalb dieses

---

[32] Die folgenden Gedanken nehmen Anleihe an der Erkenntnis der Bedeutung des Rahmens in psychotherapeutischen Prozessen. Vor allem in der Psychoanalyse fand in den letzten Jahren eine breite Diskussion über die therapeutische Bedeutung des Rahmens für Veränderungsprozesse statt (Green 1975; Bleger 1993; Trimborn 1994 u. 1995), die auch Eingang in psychoanalytisch-orientierte Institutionsanalyse und -beratung gefunden hat (Lazar 1994; Wellendorf 1995, 1996a und 1996b).

Rahmens ein geschützter, subkulturelle Öffnung und subkulturübergreifende Beweglichkeit ermöglichender Beteiligungsraum bildet, in dem sich alle Beteiligten auf einen Prozeß einlassen können, der – in obigem Sinne – effektiv einen Unterschied macht, in dem also neue Erfahrungen und Lernprozesse stattfinden können. Wenn sich der Rahmen in der Lösung von Rahmenkonflikten als stabil erweist, wenn er sich Angriffen gegenüber – von welcher Seite auch immer – gewachsen zeigt, zeitigt er – wie eine die disparaten und auseinanderlaufenden Strebungen zusammenhaltende ‚soziale Haut' – in einer Art unauffälliger Hintergrundpräsenz eine eminent wirksame Bedeutung und Funktion für den innerhalb dieses Rahmens stattfindenden Beteiligungsprozeß. Dies insofern, um es noch einmal zu wiederholen, als ein stabiler und zuverlässiger Beteiligungsrahmen einen Beteiligungsraum als Raum für neue Erfahrungen in der Kommunikation, Kooperation und Interaktion, für sachorientierte Aushandlungsprozesse und dadurch für organisatorische Lernprozesse eröffnet, garantiert und aufrecht erhält. In der Begrifflichkeit der sozio-emotionalen Erfahrungsmodi kann man sagen, daß die geschilderte rahmenetablierende Intervention sowohl der paranoid-schizoid gefärbten Mißtrauenstendenz bei allen Beteiligten entgegentrat, vor allem aber ein noch weitergehendes Auseinanderfallen der einzelnen Projektteile mit der damit verbundenen Tendenz, daß sich die einzelnen Akteursgruppen in erster Linie in ihrer je eigenen subkulturellen sozialen Haut stabilisierten, verhinderte.

Im Vorgriff auf das Schlußkapitel dieser Arbeit möchte ich noch anfügen, daß der Rahmen in der Komplexität, in der er hier entfaltet wurde, einen zutiefst triangulierenden Aspekt enthält. Er ist, um mit Körner (2000, S. 178) zu sprechen, „jenes Dritte, welches die handelnden Akteure einer sozialen Situation umgibt und welches die Regeln ihres Verstehens und Handelns stiftet." Körner ergänzt die soziologische Perspektive, aus der vor allem die Regeln interessant sind, „die das Handeln steuern und die Hintergrundannahmen für die wechselseitige Verständigung bereitstellen" (ebenda, S. 179), um die psychoanalytische Perspektive, der zufolge der Rahmen einer Situation nicht nur festlegt, „wie gehandelt und nach welchen Vorannahmen interpretiert werden soll", sondern auch, „welche Fantasien bewußt werden dürfen und welche nicht" (ebenda).

Wird der Beteiligungsrahmen über die Dauer des Prozesses hinreichend aufrechterhalten, kann er schließlich von den innerhalb dieses Rahmens kooperierenden Akteuren ‚in sich hineingenommen', psychoanalytisch ausgedrückt: introjiziert werden. Damit ist gemeint, daß im kulturellen ‚Binnenraum' der jeweiligen Akteursgruppe (sowie in den hierzu zählenden Personen) die zur jeweiligen Subkultur und deren herkömmlichen Kooperations- und Interaktionsformen differenten Rahmenbedingungen als Modifizierung und Erweiterung subkultureller Verarbeitungsformen ihren Niederschlag finden. Durch die (partielle) Introjektion des Beteiligungsrahmens, der Beteiligungsnormen und -regeln sowie der innerhalb des Beteiligungsrahmens stattfindenden subkulturübergreifenden Aushandlungsprozesse kann es gelingen, die häufig anzutreffende enge Bindung der Akteure an ihre je eigenen Interessen und Perspektiven sowie die Fixierung an einen bestimmten Modus der Kooperation und Interaktion ein wenig zu lösen und damit dem Beteiligungsprozeß – als technischem Gestaltungsprozeß und als subkulturübergreifendem organisatorischen Lernprozeß – eine auch innere Kohärenz, Stabilität und Beweglichkeit zu verleihen.

Zurück zum weiteren Geschehen im Beteiligungsprojekt. Die Beilegung der Initialkrise ‚Alibi' hat viel dazu beigetragen, daß sich das RBL-Beteiligungsprojekt als eigenständiger subkulturübergreifender Aushandlungsraum im betriebspolitischen Feld etablierte. Vor allem die Beteiligungsgruppen verfügten nun über einen gefestigteren organisatorischen Ort sowie über ein gestärktes Zutrauen, sich an diesem Ort handelnd und gestaltend zu bewegen. Und doch war die Etablierung eines Beteiligungsrahmens erst die – notwendige – kontexterzeugende Bedingung für die Aktivitäten der Beteiligungsgruppen und die subkulturübergreifende Kommunikation, Kooperation und Interaktion innerhalb des Beteiligungsprojektes. Um auch praktisch kreative Gestaltungsvorschläge entwickeln zu können und um zu einer eigenen inneren Beteiligungshaltung zu kommen, war über die Etablierung eines organisatorischen Beteiligungsrahmens hinaus die Herausbildung von Lern- und Gestaltungsräumen in den Beteiligungsgruppen selbst nötig. Dies wird im folgenden am Beispiel der Beteiligungsgruppen der Fahrer aufgezeigt.

4.4. *Da sind wir im Prinzip selbst drauf gekommen, die Ingenieurseite, die hat da gar nicht dran gedacht.* Die Entstehung von Lern- und Gestaltungsräumen in den Beteiligungsgruppen der Fahrer

Die Beteiligung am RBL-Einführungsprozeß ermöglichte einer Gruppe von Fahrerinnen und Fahrern eine ihnen bis dato vorenthaltene Chance auf technisch-organisatorische und soziale Mitgestaltung, das heißt auf die stärkere Berücksichtigung der von ihnen repräsentierten Anwenderperspektive bei der

Systemgestaltung, der Systemeinführung sowie der Herbeiführung einer anwenderfreundlichen Eingebundenheit des technischen Systems in die Organisation; ihre Beteiligung bot darüber hinaus aber auch die Chance der Herstellung eines modifizierten, weniger von Spaltung, Konfrontation und Mißtrauen geprägten sozio-emotionalen Klimas zwischen den an der RBL-Einführung beteiligten Akteuren aus den verschiedenen betrieblichen Subkulturen. Aus der Analyse des empirischen Materials lassen sich folgende Problemfelder benennen, die für diesen modifizierten Aushandlungsprozeß von Bedeutung waren und die von den Fahrerinnen und Fahrern innerhalb des Beteiligungskontextes in einer produktiven Weise angegangen wurden. Sie bilden in gewissem Sinne die Eckpfeiler einer sich herausbildenden Beteiligungsidentität, die den Fahrerinnen und Fahrern die nötige innere Beweglichkeit dafür gab, sich auf produktive subkulturübergreifende Kommunikations- und Kooperationsprozesse mit den anderen Akteuren einzulassen:

- Um das RBL-System anwendungsbezogen mitgestalten zu können, stellte sich den Fahrerinnen und Fahrern die Aufgabe, zu dieser neuen Technologie eine Beziehung herzustellen, d.h. sich auf die technisch-organisatorischen Details des von ihnen künftig zu benutzenden Systems einzulassen und das System als ein auch für sie zu Gebrauchendes zu entdecken.
- Zum zweiten mussten sie lernen, sich innerhalb des Beteiligungsprojektes sowie in der Kommunikation, Interaktion und Kooperation mit dem Technischen Projekt als Beteiligte ernst zu nehmen und ihre Autorität als Mitgestaltende zu entfalten.
- Drittens konnten sie RBL nur in dem Maße als eine auch für sie verwendbare Technik entdecken, wie es ihnen in der Interaktion mit Repräsentanten des Unternehmens gelang, die im betriebspolitischen Mißtrauensdiskurs unterstellte Gleichsetzung des Kontroll- und Überwachungsinstruments RBL mit entsprechenden personenbezogenen Kontroll- und Überwachungsinteressen des Unternehmens (des Managements, des Technischen Projektes etc.) zu durchbrechen.
- Viertens hatten sie sich vor der Vereinnahmung durch den Betriebsrat und einer möglichen Instrumentalisierung im betriebspolitischen Diskurs zu hüten und ihre anwendungsbezogene, d.h. stärker sachbezogene Sichtweise auch diesem gegenüber zur Geltung bringen.

Im vorliegenden Kapitel konzentriere ich mich auf die ersten drei der genannten Aspekte. Es versteht sich, daß die im folgenden nacheinander beschriebenen Aspekte des Lernprozesses in den Fahrerbeteiligungsgruppen im Hinblick auf das technische System, das eigene Selbstverständnis und den

Bezug zwischen Management und RBL nicht getrennt voneinander zu sehen sind, sondern verschiedene Gesichtspunkte ein und desselben Prozesses sind. Sie laufen miteinander verflochten ab und verweisen stetig aufeinander, wenngleich in der Praxis des RBL-Einführungsprozesses die einzelnen ‚Aufgaben' durchaus zu verschiedenen Zeitpunkten unterschiedlich gut ‚gelöst' wurden. Es versteht sich weiterhin, daß die im folgenden analysierten Prozesse nicht als isolierte Leistung der Fahrerinnen und Fahrer anzusehen sind, sondern in ständiger Wechselbeziehung stehen mit dem innerhalb der Beteiligungsgruppen stattfindenden Geschehen, den Prozessen zwischen Beteiligungsgruppen und Technischem Projekt sowie überhaupt der wachsenden Rolle, die dem RBL-Beteiligungszusammenhang innerhalb des Unternehmens zukam.

Das geistige Annehmen der RBL-Maßnahmen – Die Entstehung eines Beteiligungs- und Gestaltungsraumes in den Beteiligungsgruppen der Fahrer

Um sich beteiligen, d.h. mitgestalten zu können, mußten die Fahrer sich auf das technische System, das zu gestalten war, überhaupt erst einmal einlassen. Und da der Beginn des Beteiligungsprojektes in die Zeit der Erarbeitung des Pflichtenheftes fiel, das Lastenheft also schon fertig vorlag, kamen die Fahrer nicht darum herum, sich in ihren Beteiligungsgruppensitzungen vor allem mit diesem Lastenheft, einem dicken Ordner mit vielen schwer verständlichen technischen Darstellungen zu beschäftigen. Röske (1994, S. 14) beschreibt die Annäherung der Beteiligten an den Lastenheftordner wie folgt: „Er erschien wie ein Buch mit sieben Siegeln und löste Distanz aus. Denn er verkörperte eine ‚andere Welt', eine Welt für Techniker und Ingenieure, aber nicht die Welt der Fahrerinnen und Fahrer ... Es ist nicht nur eine andere Sprache, es ist eine andere Art der Darstellung", die, wie ich ergänzen möchte, eine andere Kultur zum Ausdruck bringt. Damit die Fahrer mit den anderen an der RBL-Einführung beteiligten Akteuren über die zu gestaltende Technik ins Gespräch kommen konnten, mußten sie sich zu dieser Welt, zu dieser ihnen fremden Kultur in Beziehung setzen. Ein Verharren in Mißtrauen, Ablehnung oder Verweigerung wie im betriebspolitischen Diskurs der Vorjahre hätte den potentiellen Gestaltungs- und Lernraum der Interaktionstriade nicht eröffnet. In-Beziehung-Setzen hieß zunächst einmal Übersetzungsarbeit leisten. Übersetzungsarbeit aus der Sprache, der Darstellungsweise und der dahinterstehenden kulturellen Denk- und Wissensform technischer Experten in die Erfahrungs- und Vorstellungswelt des Fahrpersonals; Übersetzungsarbeit dergestalt, daß den Fahrern vorstellbar wurde, wie die geplante Hard- und Software des IBIS-Gerätes ihre konkrete Arbeit im Bus verändern würde, welche Funktionen und Tätigkeiten wegfallen bzw. hinzukommen sollten und was dies für ihren Kontakt zu den Fahrgästen, für die Kooperation mit ihren Kollegen aus dem Fahrdienst und für ihren Verkehr mit der Leitstelle bedeuten würde.

Doch nicht nur die Denk- und Sprachwelt der Ingenieure bereitete den Fahrern Schwierigkeiten, sie mußten sich erst einmal auch mit der kränkenden Erfahrung auseinandersetzen, daß es ausgesprochen wenig zu den eingeübten Fertigkeiten ihrer eigenen Kultur gehörte, Gedanken und Vorschläge in für andere verständliche Worte zu fassen:

Was ich extrem schwierig fand – die Gestaltungsvorschläge, die wir gemacht haben, wir haben über ein Problem, was wir uns vorgenommen hatten, haben wir lange Zeit diskutiert, sind zu einem Ergebnis gekommen. Haben uns hingesetzt. Und jetzt das in halbwegs schriftlicher Form, verständlicher Form zu Papier zu bringen. Da haben wir manchmal länger dran gesessen als an dem eigentlichen Problem. Und je länger das dann dauerte desto zögernder ging das, das ist klar. Das ist man einfach so nicht gewöhnt. Vom Fahrzeug runter und dann sitzt man da, soll sich da schriftlich was aus den Fingern saugen und dann vorher noch dadrüber diskutieren. Das war also schon sehr anstrengend.

In der ersten Zeit kam dem die Beteiligungsgruppensitzungen koordinierenden und moderierenden Sozialwissenschaftler deshalb eine ausgesprochen zentrale Bedeutung für den beginnenden Beteiligungs- und Gestaltungsprozeß zu. Anfangs weniger in der Rolle des Koordinators und Moderators, sondern in den Rollen eines Projekt-Initiators, eines RBL-Experten, in gewisser Weise eines Beteiligungs-Lehrers. Das für RBL zuständige Betriebsratsmitglied beschreibt dies so:

Weil die Beteiligungsgruppenleute zu Beginn da überhaupt nicht dazu in der Lage waren. Ich hab also da gesehen, wie die innerhalb von ein paar Monaten erst mal gelernt haben, wieder 'nen ganzen Satz zu schreiben, weil sie ja 15 Jahre nur Bus gefahren sind im Extremfall. Oder eine Gliederung, eine Inhaltsangabe, was weiß ich, irgend etwas zu machen, damit sie anderen mitteilen können, was sie eigentlich wollen. So und das haben die vom Projektmode-

rator gelernt, das, ich will ruhig sagen, das ist wie so 'n Telekolleg gewesen.

Zwei Fahrer berichten in einer Gruppendiskussion von den Zumutungen, die das Projekt am Anfang an sie stellte:

Es war irgendwo ja ein neues Gefühl oder ein neuer Denkprozeß, der auch erstmal von uns verarbeitet werden mußte, eben damit in der Gruppe zu arbeiten, nich, und da denn auch produktiv am RBL zu arbeiten.

Ich glaube, das hat ein paar Sitzungen gedauert, bis man da so ein Gefühl dafür hatte, worum es überhaupt ging und daß man da zusammen sich was dazu ausgedacht hat.

Beide Fahrer beschreiben einen doppelten Prozeß: zum einen *ein neues Gefühl oder einen neuen Denkprozeß*, sich etwas in einer *Gruppe* zu erarbeiten, sich *zusammen* etwas *auszudenken*, was für Fahrer, die während ihrer ganzen Schicht Kontakt mit Kollegen nur flüchtig beim Ablösen und beim Vorbeifahren und damit also einen relativ isolierten Arbeitsplatz haben, nicht nur eine ungewohnte inhaltliche, sondern auch eine ungewohnte soziale Anforderung war, die *erstmal von* ihnen *verarbeitet werden mußte*. Zum anderen die Hinwendung zu einer neuen und ungewohnten Sache: *ein neuer Denkprozeß* auch bezogen darauf, *produktiv am RBL zu arbeiten*, ein *Gefühl dafür* zu bekommen, *worum es überhaupt geht* und sich so auf die Sache einzulassen, daß es möglich wurde, daß sie sich *zusammen was dazu ausgedacht* haben. Um mitgestalten zu können, mußten die Fahrer sich in die technisch-organisatorischen Zusammenhänge des RBL eindenken, sie mußten sich der Sache RBL gegenüber öffnen, RBL quasi ‚in sich hineinlassen', sich im Denken probeweise dem System ein Stück weit überlassen, um darüber das technische System sich, d.h. ihrer Fahrpraxis und ihrer betrieblichen Eingebundenheit, anverwandeln zu können. Einer der beteiligten Fahrer bringt diese Anforderungen des ‚In-sich-Hineinlassens' auf eine gelungene Formel, wenn er vom *geistigen Annehmen der RBL-Maßnahmen* spricht. *Geistiges Annehmen* bedeutete zum einen, sich mit dem RBL-System inhaltlich vertraut zu machen. Um sich aber mit diesem technologischen System und seinen organisatorischen Implikationen auf eine Weise vertraut machen zu können, die die produktive Beschäftigung damit ermöglichte, mußten die beteiligten Fahrer RBL nicht nur in sich aufnehmen, sondern es vor allem auch *annehmen*, d.h. zu RBL zumindest probeweise „ja" sagen. Auch dies drückt die Redewendung vom *geistigen Annehmen* aus.

Wir sind in der Materie, wir sitzen hinter'm Lenkrad und wir haben den Nutzen davon. **Das Erarbeiten einer fahrerbezogenen Anwendungsperspektive**

Die durch das *geistige Annehmen der RBL-Maßnahmen* möglich gewordene sachliche Beschäftigung mit den verschiedenen RBL-Komponenten führte die Beteiligten rasch zu der Erkenntnis, daß nicht nur das Unternehmen, sondern auch sie selber von der neuen Technologie profitieren würden. Eine Vielzahl von Tätigkeiten, die früher vom Fahrpersonal manuell ausgeführt werden mußten, würden über ein modernes, mit dem Rechner in der Leitstelle über Datenfunk in ständiger Verbindung stehendes IBIS-Gerät (den Bordrechner) automatisch abgewickelt werden können. Denn an dieses IBIS-Gerät sollten die außen am Bus sich befindlichen Zielanzeigen, die Haltestellenansage, die Haltestellen-Innenanzeige, die Fahrscheinentwerter, der Fahrscheindrucker, die Infrarot-Sende- und Empfangsanlage für Lichtsignalanlagensteuerung und eine technische Fahrzeugdiagnose zur Überprüfung der Peripherie gekoppelt werden, was dem Fahrer spürbare Entlastung versprach. Die Erkenntnis des unmittelbaren Nutzens, den sie von einem RBL haben würden, kam natürlich seinerseits dem genannten *geistigen Annehmen* entgegen.

Schritt für Schritt wurden in den Treffen der Beteiligungsgruppen die im Lastenheft niedergelegten Vorstellungen der Abteilungen Technik und Betrieb nachvollzogen, auf ihre mutmaßliche Brauchbarkeit für die Fahrpraxis überprüft und gegebenenfalls durch Gestaltungsvorschläge modifiziert. Doch die Beteiligungsgruppen blieben nicht bei der Überprüfung der bereits von den Technikern entwickelten Komponenten und Konfigurationen stehen, sondern entwickelten aus ihrer Fahrerfahrung heraus Phantasien und Vorstellungen, wie sie das RBL noch anders nutzen konnten, als dies von Seiten des Unternehmens bis dahin vorgesehen war. Für diese Entwicklung stand wiederum der Projektmoderator Pate, der die Fahrer dazu anregte, ihre Erfahrungen ernst zu nehmen und zu überlegen, wie die neue RBL-Technik ihre Tätigkeit als Fahrer unterstützen könnte. Ein Fahrer formuliert die an sie gerichtete Aufforderung durch den Moderator so:

Machen Sie sich mal Gedanken, was Sie fordern können, was das RBL können soll für Sie als Fahrer.

Beispiele für Fahrerinitiativen sind eine Bus-zu-Bus-Taste, mit der sich Fahrer, die bisher im ‚geschlossenen Funk' fuhren und dies auch weiterhin tun würden (d.h. nur mit der Leitstelle, nicht aber untereinander sprechen konnten), in einem bestimmten Umkreis mit in der Nähe befindlichen Bussen verständigen und abstimmen können sowie ein in das IBIS-Gerät aufgenommenes „Abwartezeichen vor Engstellen", das bewirken soll, daß sich entgegenkommende Busse nicht an bestimmten Engstellen begegnen und wechselseitig bei der Durchfahrt blockieren. Weitere Gestaltungsvorschläge betrafen die Bedienung des IBIS-Gerätes und die Funktionen des IBIS-Gerätes auf der Strecke, wozu auch Fragen der Arbeitsteilung und Abstimmung mit der Leitstelle gehören. Die in den Beteiligungsgruppen erfolgte Erarbeitung einer fahrerorientierten Anwendungsperspektive realisiert zumindest in Ansätzen, was Susanne Maaß (1995, S. 231) als Ziel einer partizipativen Systemgestaltung beschreibt: „Die Einbeziehung der Benutzer in Veränderungsprozesse ermöglicht die Nutzung ihres Fachwissens und ihrer Erfahrungen und ein besseres Eingehen auf ihre Bedürfnisse bei der Arbeit; als Form der präventiven Arbeitsgestaltung führt sie zu besseren Systemen, an denen weniger nachträgliche Korrekturen zu erwarten sind und gegen deren Einführung weniger Widerstand geleistet wird." Diese Effekte hätten sich sicherlich noch umfassender eingestellt, wenn die unmittelbar vom künftigen RBL-Einsatz betroffenen Mitarbeitergruppen bereits zu einem früheren Zeitpunkt in die Planungen einbezogen worden wären. So blieb trotz mancher innovativer Idee das schon bestehende Lastenheft letztlich Dreh- und Angelpunkt des Beteiligungsgeschehens.

Nach und nach entwickelte sich durch die Mitwirkung am Entwicklungsprozeß neben den nach wie vor bestehenden Bedenken bezüglich mancher Kontrollkomponenten des RBL eine Identifizierung der beteiligten Fahrer mit dem zu installierenden System, die in den Gesprächen mit uns in Äußerungen des Stolzes auf ihre kreativen technischen Neuerungen zum Ausdruck kam:

> *Mensch, und dann hatten wir wirklich tolle Ideen. Wenn ich mal dran denke an Engstellen, daß man sagt, im Display erscheint: „Abwarten, Gegenzug kommt" – und ja da stieg die Begeisterung. Das hat man natürlich mit nach Hause genommen und dann auch sofort der Frau erzählt und, und so weiter.*

Äußerungen des Stolzes, bei denen untergründig meist der Vorwurf mitschwang, daß diejenigen im Unternehmen, die für die Planung und Konzipierung technischer Innovationen zuständig sind, sich nicht selbst mehr Gedanken über die Situation derer gemacht haben, die tagtäglich mit dieser Technik würden arbeiten müssen:

Fahrer A.: *Da sind wir im Prinzip selbst drauf gekommen die Technik, also sag ich mal die Ingenieur-Seite, die hat da gar nicht dran gedacht.*

Fahrer B.: *Da hat sich wohl nie einer Gedanken darüber gemacht.*

Einher mit der gewachsenen Identifizierung mit dem technischen System ging eine stärkere Bejahung des Unternehmens, was sich durch die Tatsache, daß trotz der Verteuerung des Systems um gut 10 Prozent nahezu alle Gestaltungsvorschläge vom Unternehmen akzeptiert und realisiert wurden, noch gefestigt hat:

Unsere Forderungen wurden fast alle verwirklicht. Das ist ein ganz tolles Erfolgserlebnis.

Das waren zwar noch mal Mehrkosten, ich meine das sind fast alles Mehrkosten, aber im Prinzip wurde es abgesegnet, nich, und da standen die auch hinter uns, muß man ehrlich sagen.

Die, womit nicht nur das Technische Projekt, sondern wesentlich auch die Unternehmensspitze gemeint ist, die die Mehrkosten *im Prinzip abgesegnet* hat, *standen hinter uns*, sagt dieser Fahrer, die Anerkennung der Beteiligung durch das Unternehmen positiv bilanzierend. Erst die Gewißheit, daß das Unternehmen der Realisierung der Gestaltungsvorschläge wirklich zugestimmt hat und den damit verbundenen finanziellen Mehraufwand auf sich nahm, versicherte den Fahrern rückwirkend die Glaubwürdigkeit des gesamten Beteiligungsprozesses und bezeugte damit die Ernsthaftigkeit des Beteiligungsanliegens. Denn ein Rest an Argwohn scheint das Projekt die ganze Zeit über begleitet zu haben, wie man aus dem Nachsatz ‚*muß man ehrlich sagen*' noch erahnen kann.

Das aus den Äußerungen der Fahrer sprechende Selbstvertrauen bezüglich ihrer Mitwirkung an der RBL-Gestaltung sowie ihr deutlich gewachsenes organisatorisches Selbstbewußtsein stehen am Ende eines dreijährigen Prozesses, in dem die Beteiligten „ihre Stimme gefunden haben und ... ihre eigene Autorität akzeptieren" – was Sievers (1985, S. 46) zufolge nicht nur als punktueller und isolierter Lern- und Entwicklungsprozeß von einzelnen Organisationsmitgliedern zu verstehen ist, sondern immer auch das in einer Organisation vorhandene Maß an Autorität, auf die diese in ihrer organisatorischen Weiterentwicklung bauen kann, erhöht. Mit einigen Aspekten, die der Herausbildung eines derartigen Selbstvertrauens zu Beginn des Beteiligungsprojektes im Wege standen, will ich mich jetzt beschäftigen.

Oh Mensch, sag nichts Verkehrtes, das kann ganz schlimm in die Hose gehen! Bevollmächtigung und Selbstbevollmächtigung – von der Schwierigkeit, sich als Beteiligter ernst zu nehmen

Zu Beginn des Beteiligungsprozesses waren die Fahrer nicht nur mit erheblichen Qualifikationsanforderungen bezüglich der technischen und organisatorischen Dimensionen des zu gestaltenden Systems konfrontiert, sie hatten auch zu lernen, ihre neue Rolle als Beteiligte auszugestalten und ihr Beteiligt-Sein ihrerseits anzunehmen. Der „Bevollmächtigung" durch das Unternehmen mußte eine „Selbstbevollmächtigung" folgen, was unter anderem impliziert, sich vorstellen zu können, Experten aus Technik und Planung als Experten der Fahrpraxis gegenüber- und (wenn es sein muß) entgegenzutreten.

Zunächst hatten die Fahrerinnen und Fahrer, die sich für das Beteiligungsprojekt beworben hatten, kaum eine Vorstellung davon, was mit ihrer Teilnahme am Beteiligungsprojekt auf sie zukommen würde. Über die einzuführende RBL-Technik waren sie zu Projektbeginn ausgesprochen wenig informiert; sie kannten noch am ehesten die im Unternehmen kursierenden ‚Gläserne-Fahrer'-Gerüchte. Motiviert hat sie die Aussicht, mal was anderes zu machen, als bloß zu fahren, das Unternehmen, in dem sie teilweise schon viele Jahre arbeiteten, mal auf eine andere Weise (*auch mal die Hintergründe*) kennenzulernen und obendrein die Chance zu bekommen, bei einer auf sie zukommenden (technisch-organisatorischen) Veränderung *mal mitreden* zu können:

> Fahrer C.: *Ich wollte mal ergänzen, daß es für uns alle auch interessant war der Gedanke, daß man mal mitreden kann. Man kannte bis jetzt nur das fertige Produkt. Man bekam das vorgesetzt, damit mußte man leben. Und jetzt hatten wir die Möglichkeit – und wir sind alle begeistert, was daraus geworden ist –, mal mitzureden, die Möglichkeit hatten wir. Das war also der positivste Punkt eigentlich.*
>
> Fahrer D.: *Daß man überhaupt mal die Möglichkeit bekommt, als Praktiker sozusagen an irgendwelchen zukünftigen Sachen teilzunehmen und eventuell, soweit möglich, überhaupt darauf Einfluß zu nehmen, nich. Wie gesagt, das hat man bisher gar nicht gekannt.*

Der Hoffnung oder, wie der Kollege aus dem Fahrdienst sich ausdrückt, dem *Gedanken, mal mitreden zu können*, stand die langjährige Erfahrung entgegen, daß man Neuerungen einfach *vorgesetzt bekam und damit leben mußte.* Konnte man dem Angebot trauen? Um auf produktive Weise *mitreden zu können* mußte man sich erlauben können, selbst das Wort zu ergreifen und seine eigene Meinung zu äußern. Und zwar ohne befürchten zu müssen, daß man von denjenigen, die gewöhnlich das Sagen haben und von denen man bisher alles *fertig vorgesetzt* bekam (Vorgesetzte also), negative Konsequenzen zu erwarten hatte. Darauf zu vertrauen, war für die Fahrer alles andere als selbstverständlich. Denn bisher stellte die in diesem Unternehmen – wie überhaupt im Bereich des ÖPNV – ausgeprägt autoritär-hierarchische Kultur ein nahezu unüberwindbares Hindernis für die Kommunikation von ,unten nach oben', für die Delegation von Verantwortung von ,oben' nach ,unten' und damit auch für die zum Zwecke der Mitarbeiteraktivierung erforderliche Bevollmächtigung dar. Die folgende Sequenz aus einer Gruppendiskussion bringt aus der Sicht der Fahrer den vormals ausgeprägt hierarchischen Zug der Kultur in ihrem Unternehmen auf eine knappe Formel:

Fahrer E.: *Es gab ja nur ,oben' und ,Fahrer', mehr gab es nicht.*
Fahrer F.: *Das war in meinen Augen sowieso 'ne Sache, die gar nicht gehen kann. Also wir arbeiten alle miteinander und nicht gegeneinander. Und so war's früher gewesen. Da wurde von oben aus bestimmt: du machst das und wenn du irgend 'n Scheiß gebaut hast, auf deutsch gesagt, [hebt den Zeigefinger/E.T.] du, du, du und Theater. Und das ist jetzt in den letzten zwei Jahren besser geworden, bedeutend besser geworden.*

Es gab nur oben und Fahrer – immer wieder stießen wir auf derartige Schilderungen eines feudal anmutenden Herr-Knecht-Verhältnisses: auf der einen Seite die über allem thronende Sphäre der Vorgesetzen: der „Chefs", Betriebshofleiter, Oberverkehrsmeister und Verkehrsmeister. Und davon, wie durch eine unüberbrückbare Kluft getrennt, der betriebliche Bodensatz: der Fahrdienst – so, als wäre der Prozeß der „Anerkennung des Arbeitsbürgers im demokratischen Betrieb" (Müller-Jentsch 1994, S. 659) an den Verkehrsbetrieben spurlos vorbeigegangen.

So verwundert es nicht, daß die von uns befragten Fahrerinnen und Fahrer im Rückblick neben ihrem Mitsprache- und Mitgestaltungswunsch auch ihre Ängste schilderten, die sie bei den ersten Beteiligungstreffen verspürten:

Wir haben ja auch erstmal lernen müssen, damals so war Chef und Untergebene, ich hab persönlich gedacht die erste Zeit, also die ersten zwei, drei Sitzungen: Oh Mensch, sag nichts Verkehrtes, das kann ganz schlimm in die Hose gehen oder so. So war's ja früher auch gewesen und ich hab mittlerweile erfahren, daß das nicht der Fall ist, daß man sich frei äußern kann, wie man's denkt – und ich finde das gut.

Auf diesem Hintergrund kann man sich vorstellen, daß die aus Gründen der Etablierung eines tragfähigen Beteiligungsrahmens notwendige hierarchisch hohe Einbindung des Beteiligungsprojektes in das Unternehmen auf die beteiligten Fahrerinnen und Fahrer nicht nur beruhigend, sondern auch verunsichernd wirkte. Der Personalchef als Leiter der Arbeitsgruppe Sozialverträglichkeit, die Referentin des Arbeitsdirektors als innerbetriebliche Begleiterin und Stütze des Beteiligungsprozesses, ein Herr Doktor als Moderator, mehrere Abteilungsleiter aus den betrieblichen und technischen Abteilungen, die sich auf einer ‚Auftaktveranstaltung' den Beteiligten vorstellten – ein zugleich beeindruckendes wie einschüchterndes Szenario für ‚einfache' Mitarbeiter, die bisher vor allem eines kannten: Bus zu fahren und sich hierbei möglichst genau an Fahrpläne und das betriebliche Regelset zu halten. Überraschend ist, daß selbst der zur Durchführung und Betreuung des Beteiligungsprojektes engagierte externe Moderator von Beteiligten erst einmal als einer von der anderen Seite wahrgenommen wurde:

Mir ist es anfangs nicht leicht gefallen. Mir ist es sehr schwer gefallen. Ja und ich wußte nicht, daß der Moderator gar nicht zum Unternehmen gehört. Ich hatte also große Vorurteile und es hat sich alles um 180 Grad gedreht. Er ist also wirklich 'n Pfundskerl. Aber zuerst hab ich gedacht: Oh weh, wieder so einer aus der Verwaltung.

Bislang wurden die vorstehenden Äußerungen nur unter dem Aspekt der autoritär-hierarchischen Kultur des Verkehrsbetriebes aufgegriffen. Es spricht sich jedoch in den präsentierten Äußerungen auch die Konstruktion einer zeitlichen Kluft aus: Früher sei das so gewesen, vor dem Beteiligungsprojekt bzw. zu Beginn des Beteiligungsprozesses sowie – was hinsichtlich der hier verhandelten Problematik eine große Rolle spielt – vor der Reorganisation des Unternehmens mit ihren weitreichenden Veränderungen bezüglich der Führungsformen (flache Hierarchien, Gruppenstrukturen im Fahrdienst) und der Führungspersonen (relativ junge, dynamische Führungskräfte übernahmen fast alle Schlüsselpositionen in den die Fahrer betreffenden Bereichen des

Verkehrsbetriebes; die Gruppenleiter der Fahrer wurden nicht aus der alten Garde der Verkehrsmeister rekurriert usw.). Heute sei das alles anders, *in den letzten zwei Jahren* sei es *besser geworden, bedeutend besser geworden, Vorurteile* hätten sich *um 180 Grad gedreht*, man habe erfahren, *daß man sich frei äußern kann, wie man's denkt.* Dies bestätigt zunächst einmal die Beobachtungen Kotthoffs (1995, S. 434), daß gerade für gering qualifizierte Beschäftigte die neuen Beteiligungsverfahren „tatsächlich mit einem Zuwachs an Anerkennung" verbunden sind. Die Beteiligungsfahrer signalisieren aber nicht nur einen Zuwachs an Anerkennung von Seiten des Unternehmens, sie dokumentieren auch einen Zuwachs an Selbstbewußtsein und Kompetenz und vermitteln deutlich, daß sie sich inzwischen als Beteiligte in einem Technikeinführungsprojekt nicht nur von anderen ernst genommen fühlen, sondern sich auch selbst überaus ernst nehmen. Aus dem oben vom Betriebsrat so genannten *Telekolleg Beteiligungsprojekt* ist, wie der Personalchef bestätigt, im Zuge der Beteiligung unter der Hand ein profundes *Personalentwicklungsprogramm* geworden. Liest man im Wissen um den immer auch mythischen Charakter derartiger ‚Früher-Heute'-Erzählungen die obigen Äußerungen nicht nur als Anzeichen dafür, daß sich die Beziehungen zwischen Fahrdienst und vorgesetzten Stellen verbessert haben, sondern als Geschichten über die Art und Weise, wie die Beteiligten sich im Unternehmen verändert wahrnehmen, erleben und in Szene setzen, dann muß man konstatieren, daß sich innerhalb der Laufzeit des Beteiligungsprojektes aus der Bevollmächtigung durch das Unternehmen ein ganzes Stück weit Selbstbevollmächtigung entwickelt hat.

Die Betonung liegt auf ‚ein Stück weit', denn nach wie vor beschreiben die Fahrer des Beteiligungsprojektes die größer gewordenen Äußerungs- und Mitgestaltungsspielräume weniger als die i h r e n, sondern als Spielräume, die ihnen quasi *von oben* gegeben werden. Nach wie vor wird die Bedingung dafür, ob man *sich frei äußern kann* oder ob man besser den Mund hält, im Unternehmen, und das heißt: außerhalb von ihnen, lokalisiert. So sehr die Äußerungen über die ‚alte' Unternehmenskultur auf Erfahrungen beruhen mögen, so sehr dienen derartige Schilderungen doch auch der Abwehr dagegen, wahrzunehmen und anzunehmen, wie wenig man selbst praktische Schritte auf etwas zu unternahm (oder zumindest ausprobierte), dessen Mißlingen man immer schon als faktisch gegeben voraussetzte, um sich gar nicht erst in diese Richtung bewegen zu müssen. Das Sich-Einrichten im Gefühl der Nicht-Anerkennung durch das Unternehmen bzw. durch die Vorgesetzten schützt einen davor, wahrnehmen zu müssen, wie wenig man s i c h s e l b s t bezüglich dessen anerkennt, worin man von anderen anerkannt werden möchte. Die ei-

162

gene ‚innere' Nichtanerkennung bleibt verdeckt, das eigene Unzulänglich-
keitsgefühl bleibt hinter dem Eindruck verborgen, vom Unternehmen als unzulänglich angesehen zu werden. In dem zuweilen geäußerten Gefühl: *Die
oben können uns Fahrer sowieso nicht leiden,* kommt die Sehnsucht zum
Ausdruck, vom Unternehmen angenommen zu werden, damit man sich auch
selbst annehmen und anerkennen kann.

Mit diesen Überlegungen soll nicht geleugnet werden, daß in heutigen Ar-
beitsverhältnissen die Frage der Anerkennung (in der doppelten Bedeutung
sowohl des Anerkannt-Werdens als auch des Sich-selbst-anerkennen-
Könnens) eng mit Fragen der Position, des Status, des Gehaltes, der Macht
und der narzißtischen Gratifikation verbunden sind, soll nicht geleugnet werden, daß ‚oben' und ‚unten' reale Dimensionen der betrieblichen Lebenswelt
sind. Und doch sind die Fahrer nicht nur ‚Opfer' einer beteiligungsfeindlichen
Unternehmenskultur, als die sie sich in ihren Schilderungen präsentieren,
sondern mehr, als sie selbst sehen und akzeptieren können, ‚aktiver' Teil eines bestehende organisatorische Machtverhältnisse reproduzierenden und damit lernhinderlichen Teufelskreises: In dem Ausmaße, in dem sie die Verantwortung für ihre Anerkennung sowie ihre Äußerungs- und Mitgestal-
tungsmöglichkeiten letztlich dem Management zuweisen, hindern sie – wie
Argyris (1996, S. 121) aufzeigt – jenes mit daran, von „der starren Von-oben-
nach-unten- und Befehl-und-Kontrolle-Mentalität zu lassen, die Bevollmächtigung [und damit auch Selbstbevollmächtigung/E.T.] unterbindet".

***Was stellen sich die da oben eigentlich unter einem RBL vor?* Raum schaf-
fen für die vielseitige Verwendbarkeit des RBL durch Herauslösung von
RBL aus der symbolischen Gleichsetzung mit dem Management**

Damit die Gruppe der Fahrer die mit der Beteiligung sich prinzipiell eröffnenden Gestaltungsspielräume auch handlungswirksam nutzen und anwendungsbezogene, technisch-organisatorische Alternativen hervorbringen
konnte, mußte der mit bestimmten Vorerfahrungen, Vorannahmen und Unterstellungen gefüllte betriebspolitische und unternehmenskulturelle Raum sowie
die (hierdurch) ebenfalls mit Vorannahmen und Unterstellungen überformte
Technik erst einmal ein Stück weit ‚freigeräumt' werden. Erst durch das partielle und probeweise Heraustreten aus dem durch Zuschreibungen und Projektionen verstellten Raum zwischen den Akteursgruppen und den in diesem
Kontext evozierten Bildern und Vorstellungen über die organisatorische Be-

deutung der neuen Technologie konnte die Technik überhaupt *als Technik*[33] und obendrein als *von ihnen verwendbare* und nicht nur gegen sie verwandte Technik in den Blick kommen.

Etwas idealtypisch vereinfacht kann man sagen, daß der betriebspolitische Diskurs der Vorzeit des Beteiligungsprozesses das betriebliche Aushandlungsgeschehen unverrückbar und unüberbrückbar dichotomisiert hat: auf der einen Seite der Betriebsrat (als Vertretungsorgan vor allem des Fahrdienstes) als Streiter gegen die durch die Technisierung drohende elektronische Kontrolle und Überwachung und auf der anderen Seite Planer, Techniker, Aufsichtspersonal (Leitstelle) und Management, denen diesem Schema gemäß das Interesse nach lückenloser personeller Kontrolle und Überwachung unterstellt wurde. Man kann dies als Schema einer betriebspolitischen Identifizierung und Gegenidentifizierung bezeichnen, das insofern Lern- und Gestaltungsprozesse blockiert, als der Raum zwischen verschiedenen Akteursgruppierungen so mit Unterstellungen und Projektionen vollgepfropft ist, daß kaum Freiräume beziehungsweise Spielräume für eine wirkliche Bewegung in der Sache übrig bleiben. Übrig blieb allenfalls die betriebspolitische Struktur des ‚do ut des': Gibst Du mir, geb' ich Dir!

Diese betriebspolitische Identifizierung wurde nun ergänzt und verfestigt durch einen auf die Technik bezogenen Identifizierungsprozeß: das (ebenfalls) unauflösbare In-Eins-Setzen der neuen RBL-Technologie mit dem Management (und in der Folge mit der Betriebslenkung). Daraus ergab sich die Gleichung: Management (hier in Gestalt der Betriebslenkung) = Überwachung und Kontrolle = RBL (und die komplementäre Gegengleichung: Fahrerschaft und Betriebsrat = Kampf gegen Kontrolle und Überwachung = Verhinderung von RBL). Blickt man aus diesem betriebspolitischen Blickwinkel auf RBL, taucht im Hintergrund der Technik das von Kontroll- und Überwachungswünschen getriebene Management auf. Und blickt man auf das Management (bzw. das Technische Projekt oder die Leitstelle) erscheint im Hintergrund das RBL als omnipotentes Kontroll- und Überwachungsinstrument.

Wie inszeniert sich diese Problematik nun im vorliegenden Beteiligungsprozeß? Auch in diesem trat den Fahrern RBL als eine technische Neuerung entgegen, die vom Unternehmen gewollt war – und das, so lehrten vergangene

---

[33] Ich betone das deshalb so, weil ich den Eindruck hatte, daß bei den Auseinandersetzungen zwischen Management und Betriebsrat in den 80er Jahren RBL *als Technik* und vor allem als in vielfältiger Weise *benutzbare* und *gestaltbare* Technik kaum in den Blick kam, sondern nahezu gänzlich vom gesellschaftlichen und betriebspolitischen Diskurs über Kontrolle und Überwachung sowie vom – letztlich von beiden Seiten geteilten – Mythos einer omnipotenten Technik (Tietel u.a. 1996, S. 70) überformt war.

Technisierungen und damit verbundene Rationalisierungen, war nicht immer zum Vorteil der Beschäftigen. Zumal im Fall von RBL auch den Fahrern, die sich unter dem konkreten technischen System wenig vorstellen konnten, zumindest eines nicht entgangen war: daß der Betriebsrat eindringlich vor den Gefahren dieser Kontroll- und Überwachungstechnologie warnte. Der Schlachtruf des ‚gläsernen Fahrers' im betriebspolitischen Diskurs der vergangenen Jahre war nicht zu überhören gewesen, was nicht nur die sich mit RBL eingehend beschäftigenden Fahrerinnen und Fahrer der Beteiligungsgruppen bestätigen, sondern auch durch die von uns arrangierten Gruppendiskussionen mit nichtbeteiligten Fahrern bezeugt wird:

Also erst war das ja nur ein Gerücht mit der Einführung und später wurde es dann Tatsache. Wir haben jetzt also auch Schulungen bekommen, wie es funktionieren soll, welche Voraussetzungen da sind und daß also keine totale Überwachung ist, sondern, ja was soll ich sagen, eine Erleichterung für uns im Fahrdienst, weil wir haben doch erst geglaubt, also daß es eine totale Überwachung wär' unter dem Motto ‚George Orwell', nich.

Drückt auf den Computer und schon weiß die ganze Obrigkeit von der Verwaltung bis auf dem Betriebshof, wo du bist.

Vor diesem Hintergrund ist es nachvollziehbar, daß sich die Fahrerbeteiligungsgruppen am Anfang mehr für die Absichten interessierten, die das Unternehmen mit der Einführung von RBL verband, als für die verschiedenen Systemtypen, Gerätekonfigurationen und Funktionen des RBL, wie sie im Lastenheft ausführlich beschrieben vorlagen. Sah der ‚Fahrplan' des Beteiligungsprojektes eigentlich die Klärung der Frage vor, welchen Einfluß RBL auf die Arbeitsgestaltung und -organisation ausüben wird, wollten die Beteiligten vielmehr wissen, wie das Management und die Planer der Verkehrsbetriebe über das RBL dachten, was – in ihren Worten – *die da oben sich eigentlich vorstellten.*

Mit diesen Fragen und entsprechenden Aktivitäten zu ihrer Beantwortung haben die Beteiligungsgruppen erste Schritte in Richtung auf die Befragung der Perspektiven und Interessen des betrieblichen Gegenübers getan, womit sich die Chance eröffnete, die eigenen Unterstellungen, Vorannahmen und Phantasien über die Absichten der Techniker, Planer und Managementvertreter in der Begegnung mit jenen zu konfrontieren und gegebenenfalls zu revidieren (bzw. zu modifizieren). Im vorliegenden Zusammenhang ist aber noch ein weiterer Aspekt ausschlaggebend. Die spürbar weniger von Mißtrauen geprägte Zuwendung der Fahrerinnen und Fahrer zu den Sichtweisen und Absichten des Technischen Projektes öffnete nicht nur einen gedanklichen Raum, in dem die inhaltliche technisch-organisatorische Perspektive der anderen Akteure erkundet und geprüft werden konnte, sie kann auch als Indikator dafür gelten, daß der sozio-emotionale Erfahrungsmodus, der dem Aufeinander- und Zusammentreffen der mit der RBL-Einführung befaßten Akteursgruppen und Akteure zugrunde lag, sich gegenüber den Vorjahren deutlich gewandelt hatte. Dieser Wandel im sozio-emotionalen Erfahrungsmodus innerhalb des Beteiligungszusammenhangs in Richtung auf gegenseitiges Vertrauen kann einerseits als Folge der gelungenen Integration des in der Alibi-Krise offen aufgebrochenen Mißtrauens und des hierdurch gewachsenen Vertrauens in die Verläßlichkeit und Glaubwürdigkeit der Beteiligung angesehen werden; er ist andererseits sicher auch auf die technisch-sachlichen, organisatorischen, interessen- und machtbezogenen sowie sozio-emotionalen Übersetzungsleistungen der Moderatorengruppe zurückzuführen. Interesse für die Absichten anderer Akteure kann man nur in dem Maße entwickeln, wie man nicht vorgängig zutiefst davon überzeugt ist, daß diese Absichten prinzipiell gegen einen selbst gerichtet sind und man somit tendenziell alle von jenen ausgehenden Aktivitäten als Angriffe oder Übergriffe erlebt. Ist man dieser letztgenannten Überzeugung, interessieren einen die Absichten des Anderen nur aus dem Grund, daß man über diese zumindest so viel wissen muß, wie man braucht, um sich davor schützen bzw. sich dagegen wappnen zu können. Vor dem Hintergrund eines sich verändernden Modus der Erfahrung wurde den Fahrern nicht nur die Erkundung der Interessen und Perspektiven des Technischen Projektes (des Unternehmens) möglich, sondern auch die partielle Zurücknahme der eigenen Vorbehalte, Unterstellungen und Projektionen. Der im folgenden Kapitel geschilderte Verlauf der Auseinandersetzungen über die Bake wird dies exemplarisch dokumentieren. Damit entwickelte sich in den Beteiligungsgruppen der Fahrer ein veränderter Blickwinkel auf die Interessen des Unternehmens und auf das technische System; es wurde möglich, die skizzierte Identifizierung des Managements mit Überwachung und Kontrolle und beider Aspekte mit dem technischen System etwas aufzulösen. Es entwickelte sich Raum dafür, daß an die Stelle vereindeutigender Zuschreibungen (bzw. ‚symbolischer Gleichsetzungen') eine gewisse Wahrnehmung der Vielschichtigkeit der Interessen und Bezüge betrieblicher Abteilungen zum RBL treten konnte. Und es entwickelte sich Raum für die Wahrnehmung der vielschichtigen Verwendbarkeit des RBL. Beides zusammengenommen erzeugte dann schließlich Raum für die Unterscheidung zwischen RBL als zu gestaltender und von verschiedenen Akteuren

verwendbarer Technik auf der einen, und interessen- und perspektivenge-
leiteten betrieblichen Akteuren auf der anderen Seite.

Ein letzter Aspekt soll noch angedeutet werden: Das von den Fahrern entwickelte Interesse an der Sichtweise und den Absichten des Technischen Projektes signalisiert nicht nur einen Schritt in Richtung auf eine an der Sache
orientierte Kommunikation und Kooperation. Es signalisiert nicht nur, daß es
unterschiedliche Perspektiven gibt, sondern daß es unterschiedliche Perspektiven – und damit so etwas wie Perspektivität – geben darf. Solange relativ
ungebrochenes Mißtrauen und ein auf der Überzeugung, daß die Absichten
des Anderen verwerflich seien, beruhender Machtkampf vorherrschende Modi
der betriebspolitischen Begegnung sind, wird das Anliegen des Anderen als
prinzipiell illegitim angesehen. Perspektivität in dem Sinne, daß es verschiedene Akteursgruppen in der Organisation gibt, deren Sichtweisen und Anliegen prinzipiell anerkennbar und in einem dialogischen Diskussionsprozeß
aushandelbar sind, daß also überhaupt differente Perspektiven bestehen können, ist ein bedeutender Schritt in Richtung auf die Stärkung der Symbolisie-
rungsfähigkeit, die mit dem depressiven Modus der Erfahrungsbildung einhergeht und damit auch der Konstituierung des triangulär strukturierten Aushandlungsraums, den ich mit dem Begriff der Interaktionstriade zu fassen suche.

Ich bin einfach froh, daß die wissen, wo ich bin! **Das Aufblitzen eines Si-
cherheitswunsches im Probebetrieb – die Dialektik von Kontrolle und
Sicherheit**

Kurz vor dem Abschluß unserer empirischen Erhebung begann auf einigen
ausgewählten Linien der Probebetrieb des RBL-Systems, was es uns ermöglichte, in einigen Gruppendiskussionen und Gesprächen erste Eindrücke dieses Umsetzungsschrittes zu gewinnen. In einer Gruppendiskussion mit Fahrern, die sowohl am Beteiligungsprojekt teilgenommen als auch erste Erfahrungen mit dem technischen System auf dem Bus gemacht hatten, interessierten mich vor dem Hintergrund der vergangenen Diskussionen auch ihre
Eindrücke mit dem Kontroll- und Überwachungsaspekt, der zu diesem Zeitpunkt im Unternehmen – nachdem er innerhalb des Beteiligungszusammenhangs zunehmend an Bedeutung verloren hatte – im Zuge der maßgeblich
vom Betriebsrat geführten Verhandlungen über eine Betriebsvereinbarung zur
Regelung der betrieblichen Anwendung des RBL wieder virulent wurde. In
der Gruppendiskussion äußerte nun einer der Fahrer, daß er sich beim Fahren

auf einer der Probelinien darüber Gedanken gemacht hat, daß die Leitstelle immer wußte, wo er gerade war. Ich verstand diese Äußerung als Anspielung auf den Überwachungskontext, fragte in diese Richtung nach – und wurde von folgender Gesprächssequenz überrascht:

DL: *Und das Gefühl mit der Überwachung. Da muß ich jetzt doch noch mal nachfragen. Das ist tatsächlich, da haben Sie sich schon Gedanken drüber gemacht?: „Die wissen jetzt, wo ich bin".*

Fahrer 1: *Die wissen, wo ich bin. Ja, hab ich mir Gedanken gemacht. Obwohl ich hab' mir keine negativen Gedanken drüber gemacht, aber ich sag', die wissen genau, wo ich bin.*

DL: *Das ist ja spannend für uns, was das so auslöst. Ob das dann irgendwie so 'n Stück – wie das erfahren wird von Ihnen.*

Fahrer 1.: *Ich kann eigentlich sagen, das Gefühl ist eigentlich nur positiv. Ich bin einfach froh, daß die wissen, wo ich bin.*

DL: *Ach tatsächlich eher so?*

Fahrer 1: *Ja, also nicht negativ.*

Fahrer 2: *Ich bin auch froh, daß die wissen, wo ich bin. Wenn mal was passiert, ist ja besser.*

Fahrer 3: *Das gab's ja früher nie, wenn irgendwas war, man ging mit Notruf raus, es funktionierte nicht, weil es mit dem Funk nicht klappte. Und so wissen die: da und da muß das Auto jetzt stehen. Sehen sie direkt: halt, stop.*

Fahrer 1: *Wenn man die Linie mal verläßt, dann muß das Gründe haben, sag ich mal und dann meldet man sich auch. Es sei denn, man will sich verdrücken, aber dafür ist es ja nicht gemacht.*

Zunächst klingt es ganz neutral: Der betreffende Fahrer hat sich *Gedanken gemacht*. Gedanken darüber, daß das Unternehmen, daß die Leitstelle ganz genau wußte, wo er im Augenblick gerade war. Doch diese Gedanken, wie er gleich hinzufügt, seien keine *negativen Gedanken* gewesen. Im Gegenteil, auf Nachfrage teilt er mit, daß *das Gefühl eigentlich nur positiv* war. Liegt hier einfach eine Umkehrung vor? Eine im Zuge der Partizipation vollzogene Umarbeitung der langjährigen Ablehnung in eine positive Annahme dieses Kontroll- und Überwachungsaspekts? Bestätigen sich hier die Befürchtungen des Betriebsrats bezüglich der betriebspolitisch affirmativen Wirkung der Beteiligung? Doch warum wieder diese Einseitigkeit: *eigentlich nur positiv*? Darf es nach wie vor nur das eine oder das andere geben? Das Ende dieser Gesprächssequenz weist in diese Richtung. So als stünden sie mit ihrer Anschauung im Betrieb noch immer mit dem Rücken zur Wand und müßten die Kontrollfunktionen des RBL nach wie vor den Kollegen gegenüber legitimieren, argumentiert der betreffende Fahrer, daß diese Kontrollfunktion nicht fürchten muß, wer sich den Regeln gemäß verhält – beziehungsweise gute (d.h. betriebliche oder verkehrsbezogene) Gründe für eine Abweichung hat: *Wenn man die Linie mal verläßt, dann muß das Gründe haben, sag ich mal und dann meldet man sich auch. Es sei denn, man will sich verdrücken, aber dafür ist es ja nicht gemacht.* Müssen also nur Drückeberger das RBL fürchten?

Doch die Erfahrungen und Anschauungen der sich über ihre ersten Eindrücke mit dem Probebetrieb austauschenden Kollegen aus dem Fahrdienst erschöpfen sich nicht in dieser identifikatorischen Umarbeitung. Es tauchen neue, höchst interessante Aspekte auf, wenn der erste Fahrer seinem *eigentlich nur positiven Gefühl* die Begründung hinzufügt: *Ich bin einfach froh, daß die wissen, wo ich bin.* Sein Kollege stimmt ein und benennt hierfür einen weiteren Grund: *Ich bin auch froh, daß die wissen, wo ich bin. Wenn mal was passiert, ist ja besser.* Und auch der dritte im Bunde äußert sich in die gleiche Richtung: *Das gab's ja früher nie, wenn irgendwas war, man ging mit Notruf raus, es funktionierte nicht, weil es mit dem Funk nicht klappte. Und so wissen die: da und da muß das Auto jetzt stehen. Sehen sie direkt: halt, stop.* In diesen Äußerungen kommt ein Aspekt zur Sprache, der im Kontroll- und Überwachungsdiskurs keinen Ort hatte: Man ist als Fahrer alleine auf seinem Bus. Alleine auf seinem Bus, außerhalb der schützenden Umfriedung des Betriebshofs, den Wirrnissen des Verkehrs und der Unberechenbarkeit manchen Fahrgastes überlassen. Wenn einem was passiert, dann steht man erst einmal allein da. Wenn das Unternehmen, wenn die Leitstelle dann noch nicht einmal weiß, wo man ist, dann ist das durchaus (mehr oder minder bewußt) auch eine Quelle von Angst. Für diesen – für mich erstmals – hier in Worte gekleideten Doppelcharakter von Kontrolle: den Überwachungsaspekt und den Sicherheits- und Schutzaspekt gab es in den betriebspolitischen Auseinandersetzungen über das RBL-System keinen Artikulationsraum. Der (negativ getönte) Überwachungs- und Kontrolldiskurs war lange Zeit so total und platzgreifend, daß der Schutzaspekt daneben ein Schattendasein fristete. Die hier miteinander sprechenden Kollegen haben erstmals die praktische Erfahrung gemacht, wie es ihnen damit geht, zu wissen, daß ihr Standort auf dem Bildschirm sichtbar ist. Und sie erleben beide Aspekte: Sie erleben den Kontrollaspekt und richten sich in ihrer Fahrweise darauf ein und sie erleben den

Schutzaspekt; die *elektronische Leine* ist nicht nur eine, an der man gegängelt wird, sondern auch eine, die einen beschützenden Kontakt mit dem Betrieb herstellt und hält, den es vorher nur sehr unzulänglich gegeben hat. Dieses kleine Beispiel führt eindrucksvoll den Lernprozeß vor, der möglich wird, wenn in einem von wechselseitigen Ausgrenzungen dominierten Feld ein wenig Differenzierung und damit – in einem noch zu klärenden, positiv gemeinten Sinne – Ambivalenz einzieht.

4.5. *Also wir haben jetzt wirklich ein toffes Verhältnis. Das hilft auch dann das RBL positiver zu sehen.* Fahrer und Disponenten: der Differenzierungsprozeß zwischen den beiden Beteiligungsgruppierungen

Zwischen den Fahrern und den Disponenten bestand im Beteiligungsprojekt zu Beginn ein fragiles Verhältnis von Kooperation und Konfrontation, von Zusammengehörigkeitsgefühl und Animosität. Vorderhand einte sie ihre Mitgliedschaft im gleichen Beteiligungsprojekt, das – zumindest soweit es die Beteiligungsgruppen betrifft – wesentlich aus Angehörigen beider Berufsgruppen bestand. Gemeinsam war ihnen weiterhin, daß sie die ersten unmittelbar von einer Technikanwendung Betroffenen aus den unteren hierarchischen Ebenen waren, die jemals vom Unternehmen bei einer organisationsumgreifenden Technikimplementation in einer nennenswerten Weise zu Rate gezogen wurden. Und nicht zuletzt sind die Disponenten und die Fahrer die künftigen unmittelbaren Benutzer der neuen RBL-Technik; sie repräsentieren gemeinsam die Perspektive der Anwendung. Doch genau an diesem Punkt setzt auch schon die Differenz ein: Wie aus den bisherigen Schilderungen deutlich wurde, bestanden Spannungen und Konflikte gerade in der Beziehung zwischen Fahrern und ‚Aufsicht' (wie die Mitarbeiter der Verkehrslenkung im ÖPNV traditionell genannt werden). Das in dieser Beziehung latent bereitliegende Konfliktpotential aktualisierte sich angesichts der Verbreitung rechnergestützter Betriebsleitsysteme, wobei die Art und Weise, wie der Betriebsrat in allen von uns befragten Unternehmen in der RBL-Frage argumentierte und agierte, ein übriges dazu tat, daß sich die unterschiedlichen Perspektiven und Interessen von Fahrern und Disponenten in der RBL-Frage zuweilen unversöhnlich gegenüberstanden.

Rückblickend läßt sich feststellen, daß angesichts des traditionellen Konfliktpotentials zwischen diesen beiden Gruppierungen sowie angesichts des konfliktreichen Vorlaufs der RBL-Debatten die im Zuge des Beteiligungsprojekts stattfindenden Aushandlungs- und Lernprozesse zwischen den Fahrergruppen und der Gruppe der Disponenten eine Bedeutung erlangen konnten, die die Aufgabe der technisch-organisatorischen Ausgestaltung eines RBL-Systems weit überstieg. Es wurde zum einen die Chance genutzt, im Zuge der Einführung eines technischen Systems, das die alltägliche Kooperation zwischen Fahrern und Leitstelle neu ordnet, auch die traditionell vorurteilsbeladenen kommunikativen und interaktiven Beziehungen zwischen diesen betrieblichen Subkulturen ein wenig neu zu ordnen. Die Annäherung zwischen den Beteiligungsgruppen konnte darüber hinaus Anstöße zur Bearbeitung von Blockierungen und Verhärtungen zwischen weiteren an der RBL-Einführung beteiligten organisatorischen Subkulturen geben, insbesondere dem Technischen Projekt und dem Betriebsrat. Damit wurden die Beteiligungsgruppen eine Art Keimzelle für subkulturübergreifende organisatorische Lernprozesse, was wiederum in rekursiver Weise die weitere Zusammenarbeit der Beteiligungsgruppen beförderte.

Doch bevor (vielleicht sogar eher: damit) die Fahrer und die Disponenten innerhalb des Beteiligungsprojektes zu einem stärker kooperativen Umgang miteinander kommen konnten, sollten sich die sie trennenden und auf Abstand haltenden subkulturellen Differenzen zwischen den von ihnen vertretenen Gruppierungen noch einmal heftig aktualisieren und inszenieren; wie so häufig in der von mir hier analysierten Geschichte der RBL-Einführung ging kooperativen und damit auch gegenseitige Lernmöglichkeiten eröffnenden Integrationsprozessen (neuen ‚Zusammen-Setzungen‘ also) ein Prozeß der Desintegration, ein Prozeß der ‚Auseinander-Setzung‘ voraus. Im vorliegenden Fall inszenierte sich diese Dynamik an der Frage einer Aus- und Einfahrtbake.

Keine Aus- und Einfahrtbake! Der Konflikt um die Bake im Schnittpunkt von technologischer Evokation und organisatorischer Projektion

In allen ÖPNV-Unternehmen, die wir aufsuchten, konzentrierten sich die bei der RBL-Einführung regelmäßig um das Thema Überwachung und Kontrolle auftretenden Auseinandersetzungen auf einige wenige, zuweilen eher periphere technische Details, die quasi zu einer Art Bedeutungsknoten im betrieblichen Konfliktgeschehen kristallisierten. In dem Unternehmen, von dem hier die Rede ist, inszenierte sich die Furcht vor Kontrolle und Überwachung sowie das Ringen um verbleibende Freiheitsgrade für das Fahrpersonal an der Frage einer Aus- und Einfahrtbake.

Was hat es damit auf sich? Als die Beteiligungsgruppen ihre Arbeit aufnahmen, war im Lastenheft eine Aus- und Einfahrtsbake festgelegt worden. Am Ausgang jedes Betriebshofes installiert sollte bei Vorbeifahrt automatisch die Kursnummer überprüft und der Aus- und Einfahrtszeitpunkt des Busses an die Leitstelle übermittelt werden. In den Fahrerbeteiligungsgruppen stießen diese Formulierungen – bzw. überhaupt die Forderung des Unternehmens nach einer Aus- und Einfahrtbake – sofort auf Mißtrauen und Ablehnung. Bereits der erste „Gestaltungsvorschlag", der in den Beteiligungsgruppen von den Fahrern erarbeitet wurde, lautete: „Keine Ausfahrt- bzw. Einfahrtbake."

Der Beteiligungsgruppe der Betriebslenkung war die kategorische Ablehnung der Bake durch ihre Beteiligungskollegen nicht nachvollziehbar; die betriebliche Notwendigkeit einer derartigen Bake leuchtete den Disponenten spontan ein, sie wollten an dieser Bake unbedingt festhalten. Und so kam es erneut zu einem Beteiligungskonflikt. Während jedoch der Alibi-Konflikt das sich noch im Aufbau befindliche Beteiligungsprojekt und dessen organisatorischen Rahmen grundsätzlich in Frage stellte und – wie beschrieben – in einer Konsolidierung der Binnenstruktur des Beteiligungsprojektes mündete (wobei beide Beteiligungsgruppierungen hier an einem Strang zogen), wurde der Konflikt um die Bake innerhalb des stabilisierten Beteiligungsrahmens ausgetragen – und machte vor den Beteiligungsgruppen nicht halt. An der Bake schien sich zu erweisen, wer auf welcher Seite stand. Und hierbei stach einfach ins Auge, daß im zukünftigen RBL-vermittelten Arbeitsalltag die Einen bei ihrer Vorbeifahrt am Sendeort der Bake (an der Betriebshofausfahrt) registriert, während die Anderen am Empfangsort (am Bildschirm in der Leitstelle) die elektronischen Botschaften erfassen und gegebenenfalls entsprechende Handlungen einleiten würden. Die Diskussion um die Bake entzweite nicht nur die Fahrer und das Technische Projekt; die Frage der Bake trieb auch einen Keil zwischen die beiden Beteiligungsgruppierungen und machte deren Differenz sichtbar – und damit angehbar.

Ich fasse das Geschehen kurz zusammen: Die Disponenten stimmten in der Frage der Notwendigkeit einer Bake mit dem Technischen Projekt überein. Sie teilten deren Sichtweise weitgehend und unterstützten auch die aufeinanderfolgenden Kompromißvorschläge, die das Technische Projekt ausarbeitete. Sie begannen weiterhin, selbst Alternativlösungen zu entwickeln und vorzuschlagen, die wiederum von den Mitgliedern des Technischen Projektes unterstützt werden konnten. Während Technisches Projekt und Disponenten aus ‚betrieblichen' und ‚technischen' Gründen auf einer technischen Baken-Lösung beharrten und immer wieder neue (wechselnde) Begründungen nachschoben, argumentierten die Fahrer, daß sie sich gar nicht gegen bestimmte mit der Bake intendierte Datenerhebungen stellten, daß hierfür aber nicht unbedingt ein technisches Ortungsinstrument gebraucht würde. Dann doch lieber die vertraute – wenngleich auch ungeliebte – Form der Überwachung durch entsprechendes Aufsichtspersonal auf dem Betriebshof. Das Technische Projekt gestand in der Folge zu, keine Aus- und Einfahrtkontrolle durchzuführen, blieb jedoch dabei, auf die Bake nicht verzichten zu können. Diese Beharrlichkeit machte die Fahrer erst recht mißtrauisch und sie drohten damit, daß so etwas wie die Bake die Akzeptanz des RBL in der Fahrerschaft sehr erschweren würde. Es leuchte ihnen nicht ein, daß die Bake aus Gründen der „sicheren Standortverfolgung" und „zur statistischen Auswertung der Kilometerleistungen auf Aus- und Einfahrtswegen" notwendig sei. Argumente gingen hin und her, ohne daß man sich verständigen konnte. Immer wieder schienen Kompromisse in Sicht und wurden wieder verworfen. Schließlich konzentrierte sich die Argumentation des Technischen Projektes und der Disponenten auf die Feststellung, daß nur mittels einer Bake der Bestand der Fahrzeuge auf dem Betriebshof sicher festzustellen sei. Doch auch diese Position erzeugte Widerspruch beim Fahrpersonal. Mittlerweile war ein halbes Jahr ins Land gegangen, die beteiligten Akteure waren genervt, *können es langsam nicht mehr hören*. In der Gruppe der Disponenten kam Unmut auf: *Wie lange sollen wir noch das Problem der anderen Gruppen diskutieren, wir kommen nicht weiter*.

Schließlich bot der Leiter der Arbeitsgruppe RBL/Technik an, die Frage der Bake von der Pflichtenheftvereinbarung abzukoppeln und separat betrieblich zu regeln. Zugleich erarbeitete diese Arbeitsgruppe einen 4-Punkte-Vorschlag, der in 3 Punkten konsensfähig war: 1. Beim Stecken des Zündschlüssels, wird das Fahrzeug mit seiner technischen Fahrzeugnummer in der Leitstelle angemeldet. Die Anmeldung ist mit keiner Zeiterfassung verbunden. 2. Die betriebliche Anmeldung erfolgt durch die Eingabe der Linien/-Kursnummer. Der Leitrechner überprüft diese. 3. Das Fahrpersonal meldet die Ausfahrt aus dem Betriebshof über die Betätigung einer Taste. Die Meldung ist mit keiner Zeiterfassung verbunden. Der 4. Punkt aber: Der Leitrechner der Leitstelle überprüft, ob die Ausfahrt einer Linien-/Kursnummer überfällig ist, Entsprechendes für die Einfahrt, blieb umstritten.

Kleine Freiheiten: Die Sache mit den Brötchen

Während eher im Dunkeln bleibt, warum die Beteiligungsgruppenmitglieder aus dem Fahrdienst sich ausgerechnet an dem Aspekt festbissen, ob die Leitstelle automatisch feststellen darf, wann sie den Betriebshof verlassen und wann sie an ihrer Einsatzhaltestelle ankommen, scheint es für die betriebliche Argumentation gute Gründe zu geben; einer der Disponenten vergegenwärtigt die Funktion, die die Bake für sie haben sollte, im Interview wie folgt:

Da hatten wir am Anfang unheimlich drauf bestanden, weil wir als Disponenten eigentlich nur wissen wollen, nicht wann die ihre Bildzeitung kaufen oder ihre Brötchen zwischendurch, wir wollen nur wissen, daß der vom Hof ist und es auch wirklich in der Zeit noch schafft, da oben am Einsatzpunkt pünktlich anzukommen, damit da kein Ausfall ist und die Leute, die da den ersten Bus haben möchten, den auch bekommen. Und das sollte eigentlich diese Ein- und Ausfahrtsbake realisieren.

Die Disponenten formulieren das Anliegen einer umfassenden, im Dienste des Kunden stehenden Prozeßkontrolle: Vom Ausrücken des ersten Busses am Morgen bis zum Einrücken des letzten Busses am Abend wollen sie über den Prozeßzustand, d.h. über den jeweiligen Standort der Busse informiert sein, um nicht nur im Falle bereits erfolgter Verzögerungen reagieren, sondern frühzeitig intervenieren zu können, damit es zu keinem Ausfall kommt. Wie äußert sich dieser Disponent nun über das Anliegen der Fahrer? Sollte es den Fahrern tatsächlich nur darum gegangen sein, unbemerkt *zwischendurch ihre Bildzeitung oder ihre Brötchen kaufen* zu können? Deshalb eine so lange und harte Auseinandersetzung? Daß die Sache mit den Brötchen nicht nur eine Abwertung des Anliegens der Fahrer durch die Disponenten ist, bezeugt folgende Erinnerung aus der Gruppe der Fahrer:

Es ging lustigerweise auch um die Brötchen. Da sagte dann einer: ,Da kann ich ja gar nicht an der Bäckerei vorbeifahren und meine Brötchen morgens holen.' Und dann hieß es: ,Doch Du kannst Deine Brötchen weiterhin holen. Hauptsache, Du bist pünktlich an der Einsatzhaltestelle.'

Für das Fahrpersonal ging es also tatsächlich auch um *ihre Zeitung und ihre Brötchen*. Dies jedoch nicht nur in der ausgesprochen konkretistischen Weise lesbarer Zeitungen und eßbarer Brötchen; Brötchen und Zeitungen haben eine eminent symbolische Bedeutung. Sie sind eine Metapher für die verbliebenen kleinen Freiräume im Fahralltag. Im Erleben der Fahrerinnen und Fahrer war

das „*letzte Stück Freiheit*" in Gefahr; es drohte der Wegfall der letzten un-
kontrollierten Wegstrecke, gleichzeitig der einzigen Strecke, die nicht unmittelbar unter der Knute des Fahrplanes stand.

Zugriff hat, wer die Information hat

Die geplante Einführung einer Aus- und Einfahrtbake symbolisiert jedoch
nicht nur die Enteignung dieses ‚letzten Stückchens Freiheit', worüber sich
mancher unserer nicht aus dem Fahrdienst stammenden Gesprächspartner zuweilen etwas ironisch und abwertend äußerte. Die Bake symbolisiert ein
Weiteres: die zunehmende, technisch vermittelte Enteignung der Kontrolle
der Fahrer über ihre Arbeit, das heißt: die Verlagerung der Kontrolle immer
weiterer Tätigkeiten vom Fahrpersonal in die Zentrale, sprich: zu den Disponenten. Hierbei ging es beispielsweise um folgende Fragen: Gehen bestimmte Daten automatisch an die Leitstelle (teilweise gar, ohne daß der Fahrer Kenntnis dieser Daten erhält) oder gehen die Daten dann an die Leitstelle,
wenn der Fahrer das veranlaßt? Wie ist es im Fall defekter Geräte oder Einrichtungen im Bus, deren Ausfall elektronisch festgestellt wird? Wer bekommt die Information? Die Leitstelle oder der Fahrer? Die Position der Beteiligungsgruppenfahrer war klar: „Zuerst ist das Fahrpersonal Ansprechpart-
ner". Bis in die schließlich gefundene Lösung der Bakenfrage dreht sich der
Konflikt letztlich um die Frage der verbleibenden Autonomie der Fahrer. Ich
komme darauf zurück.

Die Frage der Arbeitsaufteilung und Zuständigkeitsverteilung zwischen Fahrern und Leitstelle ist darüber hinaus eingebunden in einen organisatorischen
Kontext, der in der Diskussion um die Bake ebenfalls angesprochen wird und
den ich wenigstens kurz andeuten möchte. Hören wir zunächst folgenden Fahrer:

> *Da ging es darum, da wollten die wissen, wann die Fahrzeuge*
> *ausfahren, um da noch mal eingreifen zu können. Da habe ich ge-*
> *sagt: Die Leitstelle kann da nicht eingreifen. Das ist ein ganz fal-*
> *scher Ansatz, das ist total verkehrt. Eingreifen kann der Betriebs-*
> *hof, wenn das Fahrzeug auf dem Betriebshof ist. Was ihr lediglich*
> *wissen müßt ist, wenn ein Fahrzeug nicht ausfährt. Das waren auch*
> *unsere Forderungen.*

Damit deutet sich ein weiteres Aushandlungsfeld an: die Frage der Abstimmung zwischen Leitstelle und Betriebshof. Die Probleme, die beispielsweise

mit dem Ausfall eines Fahrzeugs oder dem Fehlen eines Fahrers zusammenhängen, wurden in der Vergangenheit vom Betriebshofpersonal in Abstimmung mit den dort stationierten Fahrern selbst in die Hand genommen. Die
Äußerungen der Disponenten bezüglich der Bake werden von dem zitierten
Fahrer so erlebt, als seien sie auf dem Betriebshof nicht mehr in der Lage, ei-
genhändig für eine Lösung zu sorgen, als könnten sie *das nicht selbst organisieren*, wie es an anderer Stelle heißt. In diesem Kontext fällt auch das Stichwort *Kompetenzgerangel*. Es geht also über die Frage der technisch vermittelten Koordination zwischen Fahrern und Disponenten hinaus auch um die
Frage der Arbeitsteilung und Kompetenzverteilung zwischen zentraler Betriebsleitstelle und dezentralen Betriebshöfen. Es geht um die Frage: Wer ist
wann und in welcher Weise für sich andeutende Ausfälle zuständig? Die Fahrer, das Betriebshofpersonal oder die Leitstelle? Und das ist nicht zuletzt eine
Frage der Information – und damit ein Konflikt um die Information. So lange
die Leitstelle keine genauen Informationen über die Ausfahrt eines Busses
besitzt, kann sie nicht eingreifen. Und so lange bleibt die Verantwortung hierfür im Bereich des Betriebshofes.

Virulent wurde die Frage der Arbeitsteilung und Kompetenzverteilung zwischen Leitstelle und Betriebshöfen zusätzlich durch die zu dieser Zeit stattfindende Einführung von Teamstrukturen im Fahrdienst. Die Weisungsbefugnis
sowie die Personalverantwortung für alle die Fahrer betreffenden arbeitsbezogenen und disziplinarischen Fragen sind nicht mehr wie in der Vergangenheit
auf im Prinzip alle Personen verteilt, die hierarchisch über den Fahrern stehen
(das waren sehr unterschiedliche Personen auf dem Betriebshof, die Verkehrsmeister auf der Strecke, die Verkehrsmeister in der Leitstelle etc.), sondern
beim für den betreffenden Fahrer zuständigen Gruppensprecher gebündelt.
Das „L" in Betriebslenkung steht nicht mehr, worauf ein Betriebsrat entschieden hinweist, für „*Leitung*" und für personelle Verantwortung, sondern nur
noch für "*Lenkung*". Und an dieser Stelle schließt sich der Bogen zu RBL:

> Das „L" kommt wieder für Lenkung, Verkehrslenkung und nicht,
> die Leute zu lenken. Nach dem Motto: der Bus wird von RBL über-
> wacht, die Leute nicht!

Damit wären wir bei der Rolle der Betriebsräte im Baken-Konflikt angelangt,
deren Macht ja letztlich auf ihrer Verwurzelung in der Fahrerschaft der Betriebshöfe beruht. Einst selbst Fahrer gewesen, wurden sie von ihren Kolleginnen und Kollegen auf den Betriebshöfen gewählt; hier haben sie ihre soziale Herkunft und ihre organisatorische Basis. Es hätte auf dem Hintergrund

der bisherigen RBL-Geschichte ja auch verwundert, wäre der Betriebsrat bei einem derart beharrlichen Konflikt nicht maßgeblich beteiligt gewesen.

Thema Ausfahrt-Einfahrtkontrolle war für uns also das böse Übel schlechthin. Die Rolle des Betriebsrats im Konflikt um die Bake

Während die Beteiligungsgruppe der Disponenten in der Bakenfrage ihre Übereinstimmung mit dem Technischen Projektes entdeckte, suchte auf der anderen Seite der Betriebsrat in dieser Frage den Einklang mit den Beteiligungsgruppen der Fahrer. Denn das *Thema Ausfahrt-Einfahrtkontrolle,* so ein Betriebsrat im Gespräch mit uns – wobei für mich nicht zu erkennen war, ob dies mit ein wenig oder gänzlich ohne einen Anflug relativierenden Augenzwinkerns gesagt wurde –, *war für uns also das böse Übel schlechthin.* Es war nicht herauszufinden, inwiefern Fahrer und Betriebsrat in dieser Frage von Anfang an Hand in Hand gingen, beziehungsweise wem die im Lastenheft beschriebene Bake zuerst ein Dorn im Auge war. Im Gespräch mit uns heftet sich der Betriebsrat das Augenmerk auf dieses Thema ans Revers. In einer längeren Ausführung, in der ein Teilnehmer einer Gruppendiskussion von Betriebsräten zunächst beschreibt, bei welchen Anlässen der Betriebsrat die Fahrerbeteiligungsgruppen unterstützt hat, kommt er gegen Schluß seiner Rede darauf zu sprechen, wie die Fahrer im umgekehrten Fall ihrerseits bei manchen den Betriebsrat herausfordernden Themen zum Betriebsrat gestanden haben. Als Beispiel hierfür nennt er die Bake:

> *Auf der andern Seite unterstützen sie unsere Meinung, wenn wir denen da – ich meine, was die Fahrer teilweise nicht gesehen haben, Ein- und Ausfahrtkontrolle zum Beispiel. Damals am Anfang war das für die gar kein Problem. Aber nach intensiven Diskussionen darüber gingen sie auch mit unserer Meinung. Das heißt, wir haben sie nicht überzeugt. Die sagen auf jeden Fall, es ist sinnvoll, so zu verfahren, nich. Also schon überzeugt. Überredet haben wir sie auf keinen Fall, nich. Aber das ist auch nicht so einfach bei 18 Mann, wenn da ab und zu auch nur ein Betriebsrat dabei ist. Es ist ja auch nicht so, daß bei allen Sitzungen des RBLs da immer ständig ein Betriebsrat dabei ist.*

Überreden hätten sie die Fahrer in der Bakenfrage nicht müssen, wohl aber *überzeugen,* so dieser Betriebsrat. Diese Äußerung klingt ganz so, als hätte der Betriebsrat im Hintergrund die Fäden gezogen und die Beteiligten zumindest in der Bakenfrage auf Linie gebracht. Daß die Bake für die Fahrer *am*

Anfang gar kein Problem gewesen sein soll, ist auf dem Hintergrund des Engagements, mit dem die Fahrer noch in den Gesprächen mit uns über diese Frage sprachen sowie angesichts der Beharrlichkeit, mit der sie bezüglich der Bake aktiv wurden und selbst nach Lösungen gesucht haben, eher unwahrscheinlich.[34] Wie auch immer das genaue Zusammenspiel gewesen sein mag – die Fahrer selbst haben sich zur Rolle des Betriebsrats in der Bakenfrage nicht geäußert –, die indirekt intervenierende, d.h. über seinen Einfluß auf die Beteiligungsgruppen der Fahrer vermittelte Rolle des Betriebsrats ins Beteiligungsgeschehen wird jedoch von den Disponenten bestätigt und beklagt.

> Disponent 1: *Es wäre sicherlich Verschiedenes früher zum Abschluß gekommen, das ist meine persönliche Meinung, wenn der Betriebsrat nicht so 'n großen Einfluß auf diese Beteiligungsgruppe gehabt hätte.*
>
> Disponent 2: *Ich nenn' das, ich nenn' das teilweise schon Stimmungsmache, was da also abgegangen ist.*
>
> Disponent 1: *Denn das ist wirklich, ich sag mal, wir von der Aufsicht und die Fahrer wir hätten uns sicherlich ganz schnell irgendwo geeinigt.*

Doch es kam auch so zu einer Einigung in der Baken-Frage, einer Einigung auf eine überaus einfache technisch-organisatorische Lösung, deren ‚Sinnhaftigkeit' man vermutlich nur auf dem Hintergrund des langen Konfliktverlaufs hinreichend würdigen kann.

Die Lösung der Baken-Frage

Die Lösung der Baken-Frage zeichnete sich während eines Treffens von Mitgliedern des Technischen Projektes und Vertretern der Beteiligungsgruppen mit dem Hersteller ab. Ein an dieser Besprechung beteiligter Fahrer erzählt die folgende Episode über seine Mitwirkung am Zustandekommen der schließlich einvernehmlichen Lösung:

---

[34] Ich war immer wieder davon überrascht, wie sehr die jeweiligen von uns befragten Personen oder Akteursgruppen Ereignisse an Schlüssel- oder Knotenpunkten der RBL-Einführung so bilanzierten bzw. darstellten, als sei das geschilderte Geschehen unmittelbare Wirkung gerade ihrer Handlung oder Intervention. Beziehungsweise – im komplementären Fall – als sei das geschilderte Geschehen unmittelbare Wirkung der (machtvollen) Handlung oder Intervention eines bestimmten anderen Akteurs. Diese häufig linear konstruierten Handlungs- bzw. Leidensschemata werden der Dynamik und Komplexität der geschilderten Situation nicht gerecht, scheinen aber ein bevorzugtes Verarbeitungsmuster in Verbindung mit der Konstitution und Aufrechterhaltung des persönlichen oder subkulturellen (organisatorischen) Selbstbildes zu sein.

> *Und dann kam eine ganz einfache Lösung an sich zustande, wo ich*
> *da mit bei war, da habe ich einfach nur so aus Blödsinn gefragt:*
> *Kann man da nicht irgendwas reinmachen in den Bordrechner, so:*
> *„Ausfahrt Fragezeichen." Einfach aus Blödsinn mal gefragt. Da*
> *sagt der: Ja das ist möglich, und die Antwortmeldungen verschwin-*
> *den dann, wenn man das quittiert hat. Und seit dem steht die Lö-*
> *sung. So einfach ist das. Aber da hat sich vorher niemand Gedan-*
> *ken darüber gemacht.*

Die Lösung sieht so aus, daß die Ausfahrt des Fahrzeuges nicht automatisch qua Bake mit genauer Uhrzeit an die Leitstelle gemeldet wird, sondern der Fahrer durch die Betätigung einer Taste am IBIS-Gerät innerhalb eines gewissen zeitlichen Parameters die Ausfahrt selbst bekannt gibt. Die Leitstelle bekommt dadurch die für sie notwendigen Informationen: Sie weiß durch Einstecken des Zündschlüssels, daß der Bus in Betrieb genommen, der Fahrer also auf dem Betriebshof erschienen ist (bzw. ein Reservefahrer für diese Linie bereitsteht), und sie erfährt vor dem Erreichen der Einsatzhaltestelle, daß der Bus tatsächlich dorthin unterwegs ist, den Betriebshof also verlassen hat. Die Bedenken der Fahrer bezüglich einer exakten Überwachung ihrer Einsatzzeit oder gar ihres Einsatzweges waren mit dem Finden dieser Lösung hinreichend zerstreut und auch die Betriebslenkung, wie folgender Disponent unter Zustimmung seiner Kollegen kundtut, war mit der gefundenen Lösung überaus zufrieden:

> *Jetzt haben wir eine super Lösung eigentlich gefunden, die, sag' ich*
> *mal, noch besser ist als diese Aus- und Einfahrtbake.*

Man mag verwundert darüber sein, wie lange und wie heftig man im Unternehmen über etwas gestritten hat, was schließlich in der Verteidigung einer winzigen Differenz mündet. Eine unter technischen und organisatorischen Gesichtspunkten winzige Differenz, die aber im Gefühl der beteiligten Fahrer einen großen Unterschied macht. Denn – um es noch einmal zu wiederholen – bei diesem singulären Arbeitsakt entscheidet der Fahrer selbst, wann er der Leitstelle die Ausfahrt bekannt gibt, wann er sich also in die ‚Fänge' der elektronischen Überwachung begibt. Es bleibt eine winzige Lücke in der absoluten elektronischen Ordnung, und den Fahrern bleibt das Gefühl, etwas Bedrohliches verhindert und einen Freiraum behauptet zu haben. Im Rückblick auf den Gesamtprozeß der Beteiligung werden jedenfalls von den Fahrern genau die eben angesprochenen Aspekte des Baken-Konfliktes sowie – dies weist noch auf eine weitere symbolische Dimension des Erfolges hin – die Tatsache, daß sie *hart darum gekämpft haben,* als ihr Erfolg benannt:

*Das war der größte Erfolg, möchte ich fast sagen, weil wir da in-
nerhalb des Projektes ziemlich hart drum gekämpft haben. Und ich
glaub', wir haben auch eine ganze Menge dazu beigetragen, daß so
verschiedene potentielle Überwachungsmöglichkeiten und Kon-
trollmechanismen abgebaut werden: Aus- und Einfahrtbake kommt
nicht, erst Standortverfolgung ab Einsatzhaltestelle. Solche Forderungen kamen von uns, und das haben wir umgesetzt.*

In diesen Worten drückt sich nicht zuletzt ein erheblicher subjektiver Gewinn
für die beteiligten Fahrer aus. Die Erfahrung, sich in dem für sie entscheidenden Aspekt der Bakenfrage durchgesetzt zu haben, stärkte spürbar ihr Selbstbewußtsein, desgleichen ihr Gefühl, vom Unternehmen in ihrer Beteiligungs-
rolle wirklich anerkannt zu sein. Über die alltagspraktische Relevanz der gefundenen Lösung – auch für die Fahrer – kann man durchaus geteilter Meinung sein und ist man im Betrieb auch unterschiedlicher Meinung. Was am
Konflikt um die Bake als dessen symbolische Dimension aufgewiesen werden
konnte, gilt entsprechend für dessen Lösung, die im Rückblick als Exempel
für die erfolgreiche Beteiligung dient: Mit diesem Ergebnis können sie ihren
Kollegen gegenübertreten und ihre Beteiligung am RBL-Projekt als erfolgreich rechtfertigen. Falls hierdurch die Lösung des Baken-Konfliktes zum
Abbau von Überwachungsphantasien in der Fahrerschaft und zur Akzeptanz-
erhöhung des RBL unter den Fahrern beiträgt, zeitigt der symbolische Konflikt im Nachhinein doch noch äußerst reale betriebspolitische Wirkungen.

Ein erstes Resümee: Am Thema Bake wurden nicht nur die unterschiedlichen
betrieblichen und technisch-organisatorischen Problemstellungen bezüglich
der Frage der Kontrolle bzw. Nicht-Kontrolle der Ein- und Ausfahrt durchbuchstabiert, sondern hierbei die jeweiligen Interessen und Perspektiven ein
Stück weit offengelegt und hinterfragt. Die Legitimität des jeweiligen Interesses und der jeweiligen Perspektive stand mit zur Diskussion und Disposition,
unter der Hand gebilligte Regelungen im Sinne einer ‚verborgenen Situation'
(Thomas 1964) traten ins Licht der betrieblichen Öffentlichkeit und wurden,
wenngleich nicht offiziell gebilligt, so doch transparent und in gewisser Weise in Kauf genommen.[35] An der Bake wurden die mit der RBL-Einführung

---

[35] Etwa, wenn ein Mitglied aus dem mittleren Management sich uns gegenüber in folgender Weise äußert: *Sie wissen auch, warum das auf dem Ein- und Aussetzweg manchmal so
etwas abweicht von dem offiziellen Weg. Da wollte man auf Fahrerseite natürlich absolut
verhindern, daß so etwas nun kontrollierbar war. Was dem Betrieb – ja gut, ich meine, es
ist nicht schön, wenn da so 'n Bus irgendwo vor der Kaffeebude steht oder der Fahrer –
einfach aus Kundensicht und Imagesicht. Aber es passiert ja nun, es ist ja auch nicht tra-
gisch und deswegen kriegen wir hier nicht Dutzende von Leserbriefen. Insofern scheint das
auch kein all zu großes Problem für den Betrieb zu sein.*

verbundenen organisatorischen Kontroll- und Überwachungsphantasien inszeniert, an der Bake wurden sie exemplarisch und stellvertretend zwischen
allen am RBL-Projekt beteiligten Akteuren ausgetragen und an der Bake
wurde ihr projektiver und evokatorischer Überschuß in gewisser Weise gebannt. Denn nach Beobachtung der Moderatorenrunde des Beteiligungsprojektes war für die Beteiligten in der Zeit nach der Lösung des Baken-
Konflikts, bis zur Rückkehr dieses Themas im Kontext der Verhandlungen
über die Betriebsvereinbarung, Kontrolle und Überwachung kein brennendes
Thema mehr.

Das Wechselspiel von Desintegration und Integration und die Entwick-
lung von Ambivalenztoleranz

Mit dem von der traditionell engen Verflechtung zwischen Betriebsrat und
Fahrerschaft getragenen Einfluß des Betriebsrats auf die Fahrerbeteiligungsgruppen sowie mit der beschriebenen Nähe der Disponenten zum Technischen Projekt drohte dem Beteiligungsprojekt, von der betriebspolitischen
Dichotomie Arbeitgeber versus Arbeitnehmer eingeholt zu werden. Wir haben eben schon gehört, in welch kritischer, ja ablehnender Weise sich Disponenten über das Engagement des Betriebsrats im Beteiligungskontext geäußert haben und wie sehr sie – auch wenn das eher implizit anklingt – darunter
litten, wie sich ihre Kolleginnen und Kollegen aus den Fahrerbeteiligungsgruppen ihrer Meinung nach vom Betriebsrat beeinflussen ließen. Nicht genug damit, es konnte auf dem Hintergrund des latent stets vorhandenen und
durch vielerlei Anlässe aktualisierbaren verdachtspolitischen Freund-Feind-
Schemas nicht anders kommen, als daß sie ihrerseits wegen ihrer Nähe zum
Technischen Projekt in den Verdacht gerieten, zur anderen Seite zu gehören:

*Man hat mir vorgeworfen: du bist ja auf der Arbeitgeberseite. Mit
der Aus- und Einfahrtbake das Problem. Ja, da kam dann eben diese Diskussion und da war 'n wir dann am Anfang natürlich die
Buhmänner. Weil wir ja sowieso schon als Aufsicht oder Verkehrslenkung – hört sich jetzt etwas besser an – eben diese Kluft hatten
zwischen Fahrern und Aufsicht durch diese Hierarchie früher.*

Du bist ja auf der Arbeitgeberseite hieß: ‚Du bist zwar formal im Beteiligungsprojekt, aber eigentlich gehörst Du mehr zu den anderen. Ertappt!
Wußten wir doch schon immer! Jetzt ist es raus!' Die psychoanalytische Einsicht, daß bei einer psychischen Konstellation, in der Aufspaltung der vorherrschende Mechanismus und Mißtrauen und ständig auf der Hut sein zu

müssen die vorherrschenden Vorstellungen und Affekte sind, sich der Bezug zu anderen schlagartig umkehren kann, kann auf Prozesse in Unternehmen übertragen werden, in denen Mißtrauen einen dominierenden Zug der Organisationskultur bildet. Man findet dann auch in Beziehungen zwischen Organisationsmitgliedern bzw. in der Interaktion zwischen Subkulturen ein im Bereich der klinischen Psychoanalyse gut erforschtes Phänomen, das von Thomas Ogden folgendermaßen formuliert wird: „Jedesmal, wenn ein gutes Objekt Enttäuschung verursacht, wird es nicht mehr als gutes Objekt erfahren – und nicht einmal als enttäuschendes gutes Objekt – sondern als enttarntes schlechtes Objekt. Anstelle der Erfahrung von Ambivalenz ergibt sich eine Erfahrung der Wahrheitsfindung durch Entlarvung" (Ogden 1995, S. 19). So werden unversehens aus Beteiligungskollegen *Buhmänner* – etwas, was sie im Grunde *als Aufsicht ja sowieso schon* tendenziell sind.

Es wird den Disponenten aber nicht nur zuweilen von den Fahrern vorgeworfen, *auf der Arbeitgeberseite* zu stehen, sie selbst scheinen über keinen anderen Bezugsrahmen für ihre Selbstverortung zu verfügen, als über das gewohnte Schema zweier dichotomer Lager:

Wo die ganze Sache aber sich ausdehnte, beispielsweise mit Beginn der Schulung dann, pendelt man so 'n bißchen zwischen Arbeitgeber- und Arbeitnehmerseite. Was auch immer intensiver wird, wenn man mit Fahrern spricht, man hat andere Informationen als die Fahrergruppen zum Beispiel, wo man mit hinter 'm Berg bleiben sollte oder muß. Kann man sehen wie man will. Man kommt da also leicht in Konfliktsituationen. Das ist also manchmal recht schwierig.

Der Baken-Konflikt war längst vorüber, die Gestaltungsvorschläge formuliert und vom Unternehmen abgesegnet, zwischen der Beteiligungsgruppe der Disponenten und dem Technischen Projekt baute sich die angedeutete gute und produktive Kooperation weiter aus. Sie wurde dadurch noch gefestigt, daß ein Angehöriger der Disponentengruppe zugleich Mitglied des mit der konkreten betrieblichen Umsetzung des Systems betrauten „RBL-Teams" – im Verbund mit einem Techniker und einem Mitarbeiter der betrieblichen Planungsabteilung – wurde und dadurch die Grenzen zwischen Disponentengruppe und den betrieblichen Planungsinstanzen noch offener und durchlässiger wurden. Hinzu kam ferner, worauf die obige Äußerung verweist, daß die mit der RBL-Einführung einhergehenden umfangreichen Schulungsmaßnahmen (es mußten alle Fahrer und Disponenten geschult werden) weitgehend von einigen Mitgliedern der Disponentengruppe durchgeführt werden sollten (und schließlich auch durchgeführt wurden) und dadurch die Beteiligungsgruppe der Disponenten in der Realisierung der RBL-Einführung nicht nur in den Beteiligungsprozeß eingebunden war, sondern weitere betriebliche Funktionen übernahm. Durch all diese Aspekte war das *Pendeln zwischen Arbeitgeber- und Arbeitnehmerseite* institutionell angelegt. Es ist nur allzu verständlich, daß dies die Disponenten *leicht in Konfliktsituationen* brachte und sie ihre *immer intensiver* werdende Zwischenposition schon *manchmal* als *recht schwierig* empfanden. Vereinzelte Versuche der Vereinnahmung der Disponenten durch Vertreter des Managements taten ihr Übriges zu diesem Konflikt[36], der – wiewohl ein institutioneller Konflikt des Beteiligungskontextes – von den Disponenten immer auch als innerer Konflikt erlebt und ausgetragen werden mußte.

Wenngleich weder die Beteiligungsgruppen der Fahrer noch die Beteiligungsgruppe der Disponenten in ihrer organisatorischen Selbstverortung das Beteiligungsprojekt als eine sich in gewissem Maße der traditionellen betriebspolitischen Dichotomie entziehende und diese Dichotomie ein wenig modifizierende dritte Kraft verstehen konnten, kommt im Bild des *Pendelns*, des Oszillierens zwischen verschiedenen Perspektiven und Haltungen ein Aspekt zum Vorschein, der gegenüber der zuvor zitierten *Buhmänner*-Äußerung eine Entwicklung markiert. Der Vorwurf, *auf der Arbeitgeberseite zu sein*, kann als eine vereindeutigende Zuschreibung durch andere, in gewisser Weise als (momentaner) Ausstoßungs- bzw. Ausschlußversuch aus der Beteiligungsgemeinschaft betrachtet werden, und vermutlich wurde dies von den Disponenten auch so erlebt. Während sich jedoch in der gekränkten Reaktion der Disponenten (paraphrasiert): ‚Ja, ja, wir von der Aufsicht sind wie immer die Buhmänner’, dieser Vorwurf als weiteres Steinchen in das Mosaik aus ihrer Sicht unberechtigter Vorwürfe der Fahrerschaft gegen die Aufsicht eingefügt – und damit zurückgewiesen werden konnte, wird in der zweiten Äußerung die Stellung *zwischen Arbeitgeber- und Arbeitnehmerseite* von ihnen selbst problematisiert. Dies weist darauf hin, daß sie zuweilen auch in der Lage waren, ein betriebspolitisches Konfliktfeld sowie die damit verbundene Anfeindung nicht nur als projektive Zuschreibung zu sehen und diese gleichfalls projektiv zurückzuweisen, sondern als etwas aufzunehmen und anzunehmen, dem sie sich aufgrund ihrer r e a l e n Zwischenstellung im Unternehmen und

---

[36] Ich kann nur andeuten, daß durchaus nicht nur der Betriebsrat auf die Beteiligungsgruppen der Fahrer eingewirkt hat, sondern auch Vertreter des Management verschiedentlich mit bestimmten Anliegen an einzelne Mitglieder der Beteiligungsgruppe der Disponenten herangetreten sind, die diese Mitarbeiter in ihrer sowieso schon schwierigen Zwischenstellung als Verkehrsmeister der Betriebslenkung und als Mitglieder der Beteiligungsgruppen zusätzlich in Loyalitätskonflikte und Verhaltensschwierigkeiten gebracht haben.

im Beteiligungsprojekt tatsächlich auch zu stellen hatten. Der organisationsstrukturelle und -kulturelle Konflikt rückt also gewissermaßen nach ‚Innen',
fordert und findet in der Subkultur der Disponenten sowie den einzelnen
Disponenten (als Personen) in solchen Augenblicken einen ‚Raum', innerhalb
dessen die mit ihrem Ort im betrieblichen Kooperations- und Aushandlungsgeschehen strukturell verbundenen Spannungen und Konflikte v o n i h n e n
s e l b s t ein bißchen mehr ausgehalten und ‚bei sich gehalten' werden können.
Nicht nur *kommt man da leicht in Konfliktsituationen* mit der anderen Be-
teiligungsgruppierung – das war man ja schon immer – man ist dann auch in
einem inneren Konflikt. Und hierfür gilt in verstärktem Maße: *Das ist also
manchmal recht schwierig.*

Aus den Äußerungen der Disponenten erschließt sich, daß sich innerhalb des
Beteiligungsprojektes zwischen den beiden Beteiligungsgruppierungen der
Fahrer und der Disponenten Prozesse ereignet haben, die es ermöglichten, daß
sich ansatzweise etwas entwickeln konnte, was in seiner subjektiven wie organisatorischen Bedeutung gar nicht überschätzt werden kann: die Fähigkeit,
die innerhalb des Unternehmens, zwischen den Subkulturen, innerhalb der
eigenen Subkultur und nicht zuletzt im eigenen Erleben bestehenden ambivalenten[37] Gefühle und Regungen nicht mehr nur aufzuspalten und projektiv
abzuwehren (indem die ungeliebten negativen Regungen an andere Personen
und Subkulturen bzw. an die Gesamtorganisation delegiert werden), sondern
nach und nach ein Stück weit aushalten und damit integrieren zu können.[38]
Man lernt damit organisatorische Subkulturen (auch die eigene) als Subkulturen mit verschiedenen Seiten kennen, die aus unterschiedlichen Perspektiven und mit unterschiedlichen gefühlsmäßigen Tönungen betrachtet werden
können. In diesem Sinne bezeichnen Giesecke und Rappe-Giesecke (1997,
S. 688f.) die „positiven Auswirkungen der Ambivalenz" als „Voraussetzung,
Chance und Produkt" gelingender institutioneller Kommunikation.

Die Fähigkeit, ambivalente Aspekte der eigenen Person (Kernberg 1988) und
der eigenen Subkultur sowie ambivalente Beziehungen zu anderen Subkulturen (die einem im konkreten betrieben Alltag wiederum über Personen entge-
gentreten) auszuhalten, ist gleichermaßen Ergebnis und Voraussetzung von
Integrationsprozessen, die das sozio-emotionale ‚Niveau' von subkulturüber-

---

[37] „Der auf E. Bleuler zurückgehende Begriff der Ambivalenz lässt sich als gleichzeitige
Gegenwärtigkeit widersprüchlicher Empfindungen und Strebungen definieren" (Waldvogel
2000, S. 55)
[38] Dies setzt voraus, daß die beteiligten Akteursgruppen (bzw. Subkulturen) Differenzen zu
den eigenen Absichten und Ansichten tolerieren können und daß sie die Fähigkeit besitzen,
den anderen Akteuren den legitimen Anspruch auf die Respektierung ihrer Interessen und
Perspektiven zuzugestehen (vgl. hierzu Mayntz 1993, S. 49).

greifenden Verständigungs- und Lernprozessen erhöhen. Dieser Prozeß ist nicht als linearer Entwicklungsprozeß verstehbar, sondern als ein dialektischer Prozeß, dessen Integrationspotential immer wieder von partiellen Desintegrationen herausgefordert und in Frage gestellt wird. Die Dynamik von partieller Desintegration und potentieller Re-Integration auf einem höheren Niveau der gemeinsam getragenen Ambivalenzspannung (Ambivalenztoleranz) ist nicht nur Voraussetzung für einen kooperativen und stärker problemlösungsorientierten Lernprozeß, diese Desintegrations-Integrationsdynamik stellt selbst einen bedeutenden Aspekt des Lernprozesses dar. In einem Pendeln zwischen Desintegration und Integration werden organisatorische Lernprozesse möglich, die gerade auch die affektiven und emotionalen Erfahrungen nicht unterschlagen (vgl. Wellendorf 1995, S. 254).[39] Der hier skizzierte Desintegrations-/Integrationsprozeß ähnelt Crozier und Friedbergs Überlegungen zum „kollektiven Lernen", die nicht nur den affektiven Komponenten einen bemerkenswerten Stellenwert einräumen (1993, S. 248f.), sondern explizit auf dem „Modell einer nicht-regressiven Krise" basieren (S. 252), in denen die „Beschaffenheit und Regeln" der organisatorischen „Spiele" verändert (S. 247) und die „Ressourcen und Fähigkeiten der Beteiligten für den Aufbau neuer Spiele mobilisiert oder gar geschaffen" werden (S. 246).[40] Auch psychoanalytisch betrachtet geht, wie ich im Kapitel über den sozio-emotionalen Kontext organisatorischer Erfahrung gezeigt habe, die Entwicklung von Ambivalenztoleranz mit einer Veränderung der Beschaffenheit und Regeln des organisatorischen Zusammen-Spiels, mit einer Modifizierung der sozio-emotionalen Erfahrungsmatrix der Organisation einher.

---

[39] Auch Hinshelwood (1993, S. 571) betont, daß die „Toleranz, ein bestimmtes Maß an Desintegration zu ertragen, ohne sich in omnipotente, primitive Abwehrmechanismen zu flüchten ... für das kreative Denken von wesentlicher Bedeutung [ist]".

[40] Ähnliche Gedanken finden sich bereits in Simmels Bestimmung der vergesellschaftenden Funktion des Streites in seiner 1908 erschienen „Soziologie" (Simmel 1992). Utz (1997, S. 48f.) faßt das von Simmel am Beispiel des Streites beschriebene innere Verhältnis von Einigkeit und Dissens wie folgt zusammen: Im Gegensatz zum Alltagsverständnis, das „primär den dissoziierenden Charakter von Konflikten" hervorhebt und damit deren „assoziierende Effekte als elementare Form der Vergesellschaftung ausblendet", ermöglicht die Wechselwirkungsform Streit „den Austrag von Antagonismen und bindet divergierende Kräfte, die sonst nur zentripetale Energien entfalten und die Auflösung sozialer Beziehungen bewirken. Für die Existenz sozialer Einheiten ist Streit oder Dissens ebenso wichtig wie Einigkeit oder Harmonie, da sie erst durch die gleichzeitige Wirksamkeit und Interpenetration beider Tendenzen Form, Stabilität und Dynamik gewinnen. In diesem Sinne ist der Streit nicht a priori ein ‚bloß negativer sozialer Faktor', sondern vielmehr konstitutiver Bestandteil gesellschaftlichen Lebens, der einen negativen und positiven Funktionswert für die Struktur eines sozialen Gebildes annehmen kann. Ferner vergesellschaften Konflikte auch dadurch, daß sie bestehende Beziehungen vertiefen und intensivieren. Die Streitform Kampf setzt Elemente zueinander in Beziehung, die vordem beziehungslos nebeneinander existierten, und kann bei günstiger Entwicklung sogar der erste Schritt zu einer gemeinschaftlichen Wechselwirkung darstellen. Die Streitform Konkurrenz zwingt die Bewerber zur Wechselwirkung mit dem Umworbenen, der das Gut besitzt, das sie anstreben."

Im Rückblick artikulieren auch die Fahrer, daß sie mit den Disponenten durch eine *schwere Krise* gegangen sind, die ihr Verhältnis zur Beteiligungsgruppe der Disponenten jedoch grundlegend gewandelt hat:

Fahrer 1: *Haben wir 'ne schwere Krise gehabt!*

DL: *Wie, im Beteiligungsprojekt?*

Fahrer 1: *Ja, mit der Gruppe A* [Disponenten] *jetzt. Aber wir müssen sagen, also ich kann zumindestens sagen, das Verhältnis von der Gruppe A Disponenten und Leitstellenpersonal ist auf jeden Fall wesentlich besser geworden zu B, C, D, also Fahrern. Also wir haben jetzt wirklich ein toffes Verhältnis.*

Fahrer 2: *Das hilft auch dann das RBL positiver zu sehen. Weil man sagt sich einfach: Mensch, wenn der da oben sitzt, der will dir nichts Böses und das spielt jetzt 'ne Rolle.*

Das Verhältnis von der Gruppe Disponenten zu den Fahrern *ist wesentlich besser geworden*, äußert der erste Fahrer. *Wesentlich besser*, das kann man in der von mir vorgeschlagenen Weise verstehen, daß sich die Toleranz gegenüber anderen Interessen und Perspektiven sowie das Niveau aushaltbarer Ambivalenz erhöht hat. Es scheint aber doch immer wieder auch schwierig zu sein, Differenzen und Differenziertheiten zu ertragen und stehen zu lassen, denn der Nachsatz mit dem saloppen Hinweis auf das *toffe Verhältnis* tilgt letztlich wieder die Ambivalenz und legt das – sicherlich so nicht stimmende – Bild eines nur guten Verhältnisses nahe. Sein Kollege ist etwas vorsichtiger: *Wenn der da oben sitzt, der will dir nichts Böses und das spielt jetzt 'ne Rolle.* Das spielt jetzt eine Rolle neben anderen nach wie vor bestehenden Aspekten. Die Formulierung: *der will dir nichts Böses* drückt auch in Form einer Negation noch einmal die Ängste aus, die bezüglich der Aufsicht bestanden haben. Beschrieben wird der – vermutlich eher partielle – Abbau nicht nur realer Kontrolle und Bevormundung durch die Verkehrsmeister der Leitstelle, beschrieben wird vor allem auch die Rücknahme der eigenen projektiven Phantasien, daß in der Leitstelle ein Aufsichtspersonal sitzt, das einem Böses will. Damit wird die Beziehung zu diesem Aufsichtspersonal ein wenig realer und rationaler, denn auch so *der nichts Böses will*, hat er nach wie vor seine eigenen Interessen und Perspektiven, die sich sehr wohl von denen der Fahrer unterscheiden, die jetzt aber als differente Interessen und Perspektiven und nicht als böswillig gegen die Fahrerschaft gerichtete Intentionen und Verhaltensweisen wahrgenommen werden können. Subkulturübergreifende Verständigungs- und Lernprozesse sind eng geknüpft an das beschriebenen Zusammenspiel von Projektionsabbau (bzw. -rücknahme), Ambivalenztole-

ranz und Anerkennung unterschiedlicher Interessen und Perspektiven, letztlich überhaupt der Annahme und Anerkennung von Perspektivität, die, wie
ich im Kapitel über trianguläre Kulturen in Organisationen noch ausführen
werde, immer auch mit einer gewissen Anerkennung der Begrenztheit der eigenen Perspektive zusammenhängt.

Die beschriebenen subkulturübergreifenden Verständigungs- und Lernprozesse umgreifen nicht nur die am Beteiligungsprojekt teilnehmenden Fahrer und
Disponenten; beide Gruppen entwickelten gemeinsam innovative Ideen, wie
die Kommunikation zwischen Fahrdienst und Leitstelle generell verbessert
werden könnte – und inzwischen auch verbessert wurde. Beispielsweise bezüglich der Vermittlung von RBL an die nicht-beteiligten Fahrer: Während
eine Gruppe von Fahrern das IBIS-Gerät auf dem Bus kennenlernt und aus-
probiert, verfolgt eine zweite Gruppe von Fahrern das Geschehen am Bildschirm in der Leitstelle, lernt auf diesem Wege sowohl die Leitstelle als auch
einige Disponenten kennen und bekommt – neben der Gelegenheit zum Perspektivenwechsel – ein realistischeres Bild von dem, was die Disponenten in
der Leitstelle mittels des RBL von ihnen zu sehen bekommen. Eine weitere
Maßnahme zum Abbau subkultureller Kommunikationsbarrieren zwischen
Disponenten und Fahren sei mit den Worten eines Betriebsrats genannt:

Und diese Leute aus der Fahr- und Verkehrsmeisterei haben sogar
Sprechstunden eingerichtet auf den Betriebshöfen, die aus dieser
Teamstruktur entstanden sind. Die sind aber bei RBL, bei dem Be-
teiligungsprojekt angeregt worden. Das kam nicht vom Unterneh-
men, das kam aus diesen sechs bzw. 18 Leutchen heraus und seit
der Zeit läuft das besser.

Einer seiner Betriebsratskollegen kommt kurz darauf in der Gruppendiskussion auf die Beziehung der Fahrer zu den Disponenten im Beteiligungsprojekt
zurück und betont seinerseits noch einmal, daß er auf dem Hintergrund der
eher ungünstigen Ausgangsbedingungen für die Kooperation und Kommunikation zwischen diesen beiden Gruppierungen mit diesem subkulturübergreifenden Lernprozeß nicht gerechnet hatte:

Aber bei uns war halt immer ein Problem auch durch das ange-
spannte, ich möchte sagen, schlechte Verhältnis zwischen Fahrper-
sonal, Leitstand und Verkehrsmeistern auf der Strecke. Hat auch
immer so zum Scherz geführt: „VEB“: Verfolgen, Erwischen, Be-
strafen. Das ist aber, das muß ich sagen, hab' ich gar nicht erwar-

tet, von diesen Beteiligungsgruppen unter sich geregelt und abgebaut worden.

Dieser subkulturübergreifende Anerkennungs- und Lernprozeß zwischen den
Fahrern und Disponenten im Rahmen des Beteiligungsprojektes veränderte
schließlich nicht nur die Beziehungen der Akteure zueinander, sondern – und
damit schließt sich der Bogen zum Thema der Technikimplementierung –
auch den Bezug zur Technik. Ich greife aus dem obigen Zitat die diesbezügli-
che Fahreräußerung nochmals auf:

> Das hilft auch dann das RBL positiver zu sehen. Weil man sagt sich ein-
> fach: Mensch, wenn der da oben sitzt, der will dir nichts Böses und das
> spielt jetzt 'ne Rolle.

Was im Kapitel über die Herausbildung von Lern- und Gestaltungsspielräu-
men in den Beteiligungsgruppen der Fahrer am Beispiel der Identifizierung
von Management und RBL beschrieben wurde, trifft in gewisser Weise auch
auf das Identifiziert-Werden der Disponenten mit dem RBL zu: Phantasiert
man die Disponenten als Gruppe, die den Fahrern etwas – ich bleibe bei dieser Metapher – Böses wollen, dann ist auch dem RBL zu mißtrauen. Denn als
rechnergestütztes Überwachungsinstrument in den Händen dieser Disponenten kann es – im Assoziationskontext dieser Phantasie! – die Macht des Bösen
nur vergrößern. Umgekehrt verändert der Bezug zu den Disponenten auch den
Bezug zum technischen Instrument: Geht man auf dem Hintergrund mehrjäh-
riger gemeinsamer Erfahrung im Beteiligungsprojekt davon aus, daß *der da
oben sitzt* einem *nichts Böses will, hilft das* einem *dann auch, das RBL positiver zu sehen.* In der Formulierung „*positiver zu sehen*" bleibt eine gewisse
Relativierung, eine gewisse Ambivalenz erhalten. RBL verliert seinen projektiven Charakter als ausschließliches Kontroll- und Überwachungsinstrument,
es wird – wie ich im betreffenden Kapitel gezeigt habe – von den Fahrern im
Beteiligungsprozeß als von ihnen verwendbares informationstechnologisches
System angenommen und mitgestaltet. Ja, nicht nur mit-gestaltet, sondern es
wird als auf dem Hintergrund ihrer Perspektiven und Interessen erneut ‚durch-
gearbeitetes' und umgestaltetes System, mit dem sie sich auch subjektiv und
subkulturell identifizieren können, in gewisser Weise als von ihnen mit-her-
vorgebracht erlebt. Ähnlich ist der Bezug der Disponenten zum RBL. Auch
sie haben das Gefühl, nicht nur peripher beteiligt gewesen zu sein, sondern
letztlich den Leitstellenteil des RBL als ihr RBL erschaffen zu haben. Nicht
zuletzt diese Erfahrung verbindet beide Beteiligungsgruppierungen auf einer
sehr grundlegenden Ebene; die wachsende Toleranz gegenüber bestehenden
(subkulturellen) Ambivalenzen erhält ihre Kraft auch aus der gemeinsamen

Erfahrung, sich innerhalb des ihnen zur Verfügung stehenden Beteiligungsrahmens in einer Weise verwirklicht zu haben, daß sie in dem letztendlich realisierten System einen bleibenden Spiegel ihrer Kreativität haben.

Vorgreifender Nachtrag: Die Anfälligkeit von subkultureller Differenzie-
rungsfähigkeit und Ambivalenztoleranz für den Virus des „Grundwider-
spruchs"

Die einmal erreichte subkulturübergreifende Verständigung, die eng mit dem
Tolerieren von Perspektivität und von Ambivalenzen (in sich selbst, in der
eigenen Subkultur sowie in angrenzenden Subkulturen) verbunden ist, ist innerhalb des Feldes betriebspolitischer Koalitionsbildungen und Interessenver-
strickungen ständig davon bedroht, den einmal erreichten ‚Stand' an Kommunikation, Kooperation und Interaktion – vorübergehend oder dauerhaft – wieder zu verlieren. Es zeigt sich dann, daß die in einer Organisation erreichte
wechselseitige Anerkennung und vertrauensvolle Kooperation kein stabiler,
ein für allemal erreichter Zustand ist, sondern in veränderten Konfliktkontex-
ten partiell oder gar generell wieder zur Disposition stehen kann.[41] Dies ist
besonders dann der Fall, wenn im Zuge der Entwicklung vertrauensvoller
sachbezogener Kooperation eine der für den betreffenden Sachverhalt relevante Gruppierung nicht in hinreichendem Maße in den kollektiven Aushand-
lungs- und Lernprozeß einbezogen war bzw. sich ihrerseits nicht ausreichend
an diesem subkulturübergreifenden Geschehen beteiligt hat. Das trifft im vorliegenden Beteiligungskontext auf den Betriebsrat zu. Betrachten wir hierzu
die folgende Äußerung eines Mitglieds der Fahrerbeteiligungsgruppen:

*Wir haben über ein Thema ganz hart gesprochen, als wir die große
Sitzung hatten, das war jetzt die letzte, die allgemeine Sitzung des
Beteiligungsprojektes. Und da ging's darum, inwieweit jetzt der
Kollege angesprochen wird von der Betriebsleitstelle. Der Arbeitgeber möchte gerne, daß er sprechen muß mit ihm. Sprechen, jetzt
wirklich, also durch den Mund sprechen, nicht über IBIS. Und wir
wollen uns das offenhalten. Der Betriebsrat vertritt da unsere Position auch, daß dem Kollegen freigestellt werden sollte, ob er über
IBIS antwortet oder ob er wirklich über Sprechtaste mit ihm
spricht, ja. Für uns ist das keine Schwierigkeit, ich hab das auch*

---

[41] Mit dem oben entfalteten Konzept einer Dialektik zwischen den drei Erfahrungsmodi
könnte man sagen, daß in derartigen Situationen der depressive Modus der Erfahrungsbildung mehr oder weniger zurücktritt und vom paranoid-schizoiden Modus überlagert wird.

erst sehr spät nur eingesehen, ich vertrat da auch 'n bißchen ande-
re Richtung, weil für mich war das nicht so gravierend, aber der
Betriebsrat und auch die andern Kollegen haben mich dann mit
aufgeklärt und auch durch's Gespräch eben, ganz intensiv, wir ha-
ben eineinhalb Stunde haben wir bald dadrüber diskutiert, und ich
denk mal, so klar ist dem Arbeitgeber bestimmt das nie gewesen,
daß das so sein kann. Weil er schon über die Stimme eben halt er-
kennen kann, welcher Kollege ist da zum Beispiel, weil man sich
untereinander kennt und man muß den Kollegen aber ermöglichen,
daß sie eben „ja" oder „nein" antworten über IBIS, eben über ko-
dierte Meldungen.

In der *letzten großen Sitzung des Beteiligungsprojektes* – wobei offen bleibt, ob damit die zeitlich am kürzesten zurückliegende Sitzung oder überhaupt die letzte große Sitzung innerhalb des Beteiligungszeitraumes gemeint ist – in dieser Sitzung jedenfalls wurde nach einer längeren Zeit des relativ einvernehmlichen Austausches wieder einmal *ganz hart über ein Thema gespro-chen. Ganz hart*, das erinnert an die Frühzeit des Beteiligungsprojektes, das erinnert an den geschilderten Baken-Konflikt, das erinnert an die Problematik von Überwachung und Kontrolle, an den Modus der projektiven Zuschrei-bung personaler Überwachungsinteressen an das Unternehmen im allgemei-nen und die Leitstelle im besonderen. *Ganz hart*, das klingt weniger nach Di-alog und Verständigung als nach Interessenbehauptung und Macht. Und in der Tat ging es wieder um die durch die Leitstelle potentiell ausgeübte Kon-trolle und Überwachung der Fahrer. Es *ging darum, inwieweit jetzt der Kolle-ge angesprochen wird von der Betriebsleitstelle. Der Arbeitgeber möchte gerne, daß er sprechen muß mit ihm. Sprechen, jetzt wirklich, also durch den Mund sprechen, nicht über IBIS – und wir wollen uns das offenhalten.* Unver-sehens werden die Kollegen aus der Betriebsleitstelle wieder mit dem Arbeit-geber identifiziert, denn auch wenn es der Arbeitgeber ist (vermittels seiner Vertreter in den RBL-Verhandlungen), der will, daß die Fahrer mündlich Auskunft zu geben haben, ist es doch nicht der Arbeitgeber, sondern der Disponent in der Leitstelle, der im betrieblichen Alltag über Funk ein Anlie-gen an den betreffenden Fahrer hat. Kehrt die Imagination des *Bösen* nun zu-rück? Muß man doch davon ausgehen, daß der Disponent dem Fahrer Böses will? In der Forderung der Beteiligten, die Entscheidung über die Art der Antwort dem jeweiligen Fahrer zu überlassen, diese Entscheidung also *offen-zulassen* klingt erneut der im vorstehenden Kapitel analysierte Wunsch an, Bruchstellen im umfassenden rechnergestützten und rechnerkontrollierten Mensch-Maschine-Organisation-System zu verteidigen, Leerstellen in dieser

Mensch-Maschine-Organisation-Einheit *offen-zu-lassen*. Und sei es mittels der negativen Freiheit, den *Mund* zu halten. Es ist schon eine eigentümliche Verkehrung, wie jetzt, nachdem das RBL nicht zu verhindern war, die einstmals verfemte virtuelle Leine zwischen dem IBIS-Gerät im Bus und dem Bildschirm in der Leitstelle als Medium der Verweigerung dienen soll. Und wie man im gleichen Zuge das, was man im Widerstand gegen RBL als ausreichende Kommunikationsmöglichkeit vertreten hatte, eingeschränkt haben möchte: den Sprechfunk zwischen Fahrzeug und Leitstelle.

Klang es zu Beginn der Äußerung so, als ob dieses Anliegen sich in den Reihen der Fahrer des Beteiligungsprojektes gebildet hätte: *Der Betriebsrat vertritt da unsere Position auch*, so deutet sich im Fortgang der Äußerung an, daß, wie so häufig, wenn es um das beharrliche Thema der personenbezogenen Überwachung geht, wohl auch diesmal eher die betriebsrätliche Beharrlichkeit Anlaß zu dieser Diskussion gegeben hat. Denn *für uns*, fährt der betreffende Fahrer fort, *für uns ist das keine Schwierigkeit*. Die Fahrer, die am Beteiligungsprojekt teilgenommen haben, haben genug Selbstbewußtsein erlangt, daß es ihnen nichts ausmacht, wenn der Kollege in der Leitstelle sie an ihrer Stimme erkennt. Und dabei werden diese gerade sie, die sich in den letzten Jahren öffentlich engagiert haben, an ihrer Stimme erkennen. Sprach er gerade noch für alle Fahrer, kommt er nun auf sich persönlich zu sprechen: Er räumt ein, daß er die Forderung, die er inzwischen mitvertritt, *erst sehr spät nur eingesehen* hat, weil er *da auch 'n bißchen eine andere Richtung vertrat*. Für ihn *war das nicht so gravierend*. Vermutlich nicht nur *nicht so gravierend*, sondern auch wenig plausibel, sonst hätte er dies vielleicht früher *eingesehen* und es hätte auch nicht eines *eineinhalb Stunden* dauernden *intensiven Gesprächs* bedurft, in dem er durch den *Betriebsrat und auch die anderen Kollegen aufgeklärt* wurde. Wenn er nun weiter äußert, daß *es dem Arbeitgeber so klar bestimmt nie gewesen ist, daß das so sein kann*, so bekommt man als Zuhörer das Gefühl nicht los, daß es auch ihm *so klar* eigentlich nicht ist. Die gesamte Argumentationslinie bleibt eigentümlich unklar und diffus. Wieder wird der Arbeitgeber genannt und ist doch vom Kollegen in der Leitstelle die Rede: *Weil er schon über die Stimme eben halt erkennen kann, welcher Kollege ist da zum Beispiel, weil man sich untereinander kennt*. Denn – wie gesagt – es ist nicht der Arbeitgeber, der die Stimme aus dem Lautsprecher hört, es ist der Disponent in der Leitstelle. Die undifferenzierte Weise, in der in dieser Äußerung Disponent und Arbeitgeber unversehens in eins gesetzt werden, überhaupt der gesamte Tenor und die Tönung dieser Äußerung irritierte mich bereits in der Gruppendiskussion und noch mehr während des Interpretierens, paßt sie doch wenig zur Gesamttendenz der Diskussion und

---

zu den anderen Äußerungen über die Disponenten. Der Betriebsrat scheint sich auf diesen Aspekt eingeschossen zu haben, weil seine grundsätzliche Haltung darin besteht, den Disponenten jegliches personelle Aufsichtsrecht und jegliche Leitungsfunktion über Personen streitig zu machen.[42] Man kann es als Ausdruck des Einflusses des Betriebsrats auf die Fahrer sowie als Ausdruck der Loyalität der Fahrer zu ‚ihrem' Betriebsrat verstehen, daß die Fahrer sich in dieser Frage vom Betriebsrat haben überzeugen (oder überreden?) lassen. Dominiert im betriebspolitischen Diskurs die Sichtweise des ‚Grundwiderspruchs', des Gegensatzes von Arbeitgeber und Arbeitnehmer, so werden die von den Akteursgruppen (hier: Fahrer und Disponenten des Beteiligungsprojektes) repräsentierten Pole in einer Weise auseinandergezogen (polarisiert), daß die Subkulturgrenzen überschreitende Brücke der erreichten Verständigung und der tolerierbaren Ambivalenz keinen Halt mehr findet und sowohl die erreichten Differenzierungen als auch der errungene Sachbezug in die tiefe Kluft des Grundwiderspruchs stürzen. Wenngleich ansatzweise zu spüren ist – und vor allem zu hoffen bleibt – mit einem gewissen Zögern und Unbehagen auf Seiten der Beteiligungsfahrer.

An der diskursiven Macht der Berufung auf den Grundwiderspruch von Arbeitgeber und Arbeitnehmer brechen sich auch nach Jahren der Beteiligung differenzierende Aushandlungs- und Lernprozesse. Das differenzierende und Ambivalenzen bewahrende und tolerierende „einerseits/andererseits" des aufgabenorientierten und vertrauensbasierten Dialogs wird in betriebspolitischen, d.h. interessendominierten und machtorientierten Auseinandersetzungen wieder zurechtgestutzt auf das vereinfachte und vereinfachende dichotome „entweder – oder", „Freund – Feind", „ja – nein".

Doch was für ein Bild vermittelt der Betriebsrat – und vermitteln mit ihm die Beteiligungsfahrer – von ihren Fahrerkollegen, wenn sie, statt auch jenen Stimme und damit Autorität zu verleihen, die Technik dazu nutzen lassen möchten, ihnen zu gestatten, sich auf ein sprachloses „Ja oder Nein" zu beschränken: *Man muß den Kollegen aber ermöglichen, daß sie eben „ja" oder „nein" antworten über IBIS, eben über kodierte Meldungen.* Damit würde der Kampf gegen die digitalisierte Überwachung in einem stummen „Ja-Nein" münden, das wie kaum etwas anderes die digitale Logik der Informationstechnik symbolisiert.

---

[42] Ich erinnere an die bereits zitierte Äußerung eines Betriebsrats, derzufolge im Zuge der Neuordnung der Verantwortlichkeiten durch die Einführung der Teamstrukturen im Fahrdienst *das „L" wieder für Lenkung kommt, Verkehrslenkung, und nicht, die Leute zu lenken. Nach dem Motto: der Bus wird von RBL überwacht, die Leute nicht!*

4.6. Annäherungen zwischen Technischem Projekt und Beteiligungsgruppen über ein gemeinsames Drittes: Die Zuwendung zum technischen System

Die technisch-organisatorische Differenziertheit der Baken-Lösung, das heißt die detaillierte Abstimmung und Ausbuchstabierung von arbeitsorganisatorischen Nuancen nach circa eineinhalb Jahren des Beteiligungsprozesses, dokumentiert, daß sich gegenüber der Grobschlächtigkeit der Vorwürfe zu Beginn (und gar der Vorzeit) des Beteiligungsprojektes der Modus der Aushandlungen innerhalb des RBL-Projektzusammenhangs spürbar verändert hat. Die Zufriedenheit der Disponenten und Fahrer mit der gefundenen Lösung ist ein weiterer Beleg hierfür – trotz aller nach wie vor bestehenden Interessenunterschiede und Differenzen zwischen diesen Repräsentanten zweier zentraler betrieblicher Subkulturen. Hinzu kam die intensivere Kontaktaufnahme nicht nur der Disponenten sondern auch der Beteiligungsgruppenfahrer zu Mitarbeitern des Technischen Projektes, die sich ihrerseits in der Baken-Frage große Mühe gaben, die Vorbehalte und Bedenken der Fahrer aufzugreifen, um nicht nur beschwichtigende Formulierungen, sondern technisch-organisatorische Lösungen zu finden, die das Anliegen der betrieblichen Abteilungen mit dem der Fahrer und Disponenten abzugleichen erlaubten. Auch der für das RBL-Beteiligungsprojekt freigestellte Betriebsrat würdigt das veränderte Aushandlungs- und Lernklima:

> *Das Schöne ist dabei, so Spitzen, über die wir Jahre vorher, Betriebsrat mit dem Management, uns richtig gestritten hatten, ähnlich wie jetzt in den Verhandlungen mit Leistungs- und Verhaltenskontrolle, haben diese Leute* [im RBL-Projekt/E.T.] *keinen fadenscheinigen Kompromiß gefunden, nein, sie haben eine Lösung gefunden.*

Kann man sich auf dem Hintergrund der bisherigen Interpretation der Formulierung: *keinen fadenscheinigen Kompromiß gefunden*, soweit es das Attribut *fadenscheinig* betrifft, ohne Abstriche anschließen, besteht m.E. der der Baken-*Lösung* innewohnende Verständigungs- und Einigungsmodus dennoch in einem zwischen den Akteursgruppen ausgehandelten *Kompromiß* – einem Kompromiß, der noch stark geprägt war von der „Perspektive des Interessenausgleichs (bargaining)" (Mayntz 1993, S. 47f.), dem Modus der von Scharpf (1993, S. 69) so genannten „negativen Koordination". Der unter dem Gesichtspunkt des Organisationslernens weitergehende Schritt zu einer „positiven Koordination" (ebenda), zu einer „den Interessenausgleich dominierenden „Problemlösungsorientierung", (Mayntz 1993, S. 50), einem kooperativen Zusammenwirken also unter der Perspektive einer Sach- und Organisations-rationalität, kann am Beispiel der Bakenlösung erst in Ansätzen konstatiert werden.

Doch ‚unterhalb' des lärmenden Konfliktes um die Bake fand in der Stille des alltäglichen Austausches ein Prozeß statt, der es ermöglichte, daß nicht mehr in erster Linie Spaltung und Ausgrenzung, Mißtrauen und Vorsicht, Vorwürfe und Rechtfertigungen die RBL-Szenerie bestimmten, sondern Ansätze von vielschichtigen und differenzierten Beziehungen zwischen den Beteiligungs-gruppen sowie zwischen den Beteiligungsgruppen und dem Technischen Projekt – und dies obendrein unter Einbeziehung des für RBL freigestellten Betriebsratsmitglieds. Wenngleich von Seiten der Techniker und Planer an-fangs noch eher zurückhaltend und vielleicht überhaupt vor allem deswegen, weil weitere Verletzungen des Beteiligungssettings – man denke an das ‚Machtwort' des Arbeitsdirektors anläßlich der ‚Alibi'-Krise – Sanktionen von der Unternehmensleitung nach sich gezogen hätten, entwickelte sich ent-lang der von den Beteiligungsgruppen erstellten Gestaltungsvorschläge nach und nach ein stärker sachbezogener Austausch zwischen den beiden Hälften des RBL-Projektes. Beide, sowohl das Technische Projekt als auch die Betei-ligungsgruppen, waren zudem in der Umsetzung ihrer Vorstellungen aufein-ander angewiesen und so war es schon allein unter strategischen Gesichts-punkten für alle Mitwirkenden zweckdienlicher, mit den je anderen Akteuren zu kooperieren. Sowohl das Technische Projekt als auch die Beteiligten mußten hierbei lernen, nicht nur eigene technisch-organisatorische Entwürfe zu entwickeln und entsprechende Vorschläge und Forderungen auf den Ent-scheidungsweg zu bringen, sondern diese der je anderen Gruppierung gegen-über zu begründen. Dies führte zum einen natürlich dazu, daß die einzelnen Akteure begannen, ihre Vorstellungen über die technisch-organisatorische Gestaltung der verschiedenen RBL-Komponenten so zu ‚verpacken', daß sie den anderen eher zuträglich waren und sie daher weniger Widerstand zu er-warten hatten. Es bedeutete aber auch, den anderen Akteuren nach und nach den eigenen Standpunkt, die eigene Sichtweise und die eigenen Relevanzen zu erläutern und um ein Verständnis für die eigene Perspektive zu werben. Im vorliegenden Kapitel möchte ich zeigen, wie sich im Schatten der interes-sengeleiteten Aushandlungsprozesse beziehungsweise, wie manche Organisa-tionswissenschaftler heute sagen würden, des mikropolitischen Geschehens (Ortmann 1995b; Neuberger 1995b u. 1996; Bogumil und Kißler 1998), durch die gemeinsame Zuwendung zum technischen System eine dialogische

Dimension zu entwickeln begann, die den weiteren RBL-Einführungsprozeß entscheidend mitgestaltete, und auch nicht ohne Rückwirkung auf das interessenorientierte Aushandlungsgeschehen blieb.

Beginnen wir mit folgender Stellungnahme eines leitenden Mitgliedes des Technischen Projektes:

> *Ich war auf der einen Seite etwas skeptisch, genau in die Richtung, die Sie gerade andeuteten. Nicht im Sinne von 'das geht wieder von vorne los', sondern mir ist eigentlich klar, je mehr Leute in einen Entscheidungsprozeß eingebunden sind, um so komplizierter kann er werden. Muß er nicht, aber kann er werden. Aber bei so 'ner etwas geladenen Situation und Atmosphäre war eher mehr Komplexität angesagt als Vereinfachung. Das war die eine Seite. Auf der andern Seite hab ich auch 'ne Chance gesehen, so wie das Beteiligungsprojekt ursprünglich angelegt war, weg von der politischen, betriebsratspolitischen, gewerkschaftspolitischen Diskussion zu kommen hin zu der sachlichen Auseinandersetzung und Abarbeitung der Punkte und Probleme, weil halt eben nun Leute mit ins Geschäft kamen, die wissen, ich sag das jetzt auch mal ganz bewußt, wovon sie sprechen. Und ich persönlich oder auch hier die anderen Mitarbeiter, die in dieses Projekt eingebunden waren, denen ist es also lieber, sie können sich auch durchaus mal auseinandersetzen mit jemandem, der einem sagt: ,Mensch, der Betrieb draußen sieht ja ganz anders aus, hier geht ihr von falschen Voraussetzungen aus, so, da müssen wir ansetzen und das müssen wir lösen', als jemand der immer so im Hinterkopf Gewerkschaftspolitik hat.*

Die anfängliche *Skepsis* dieses Mitgliedes des Technischen Projektes richtete sich nicht in erster Linie, wie die Diskussionsleiter zunächst vermuteten, darauf, daß mit dem Beteiligungsprojekt all die Diskussionen und wechselseitigen Unterstellungen noch einmal *von vorne losgehen* könnten, sondern auf die immens gewachsene Komplexität, die mit den zusätzlich an der RBL-Einführung beteiligten Akteuren gegeben sein würde. Wobei er die gestiegene Komplexität angesichts der damals bestehenden *geladenen Situation und Atmosphäre* im Rückblick doch eher als Vorteil betrachtet. Für den vorliegenden Zusammenhang von Belang ist der zweite Teil seiner Äußerung: die Hoffnung des Technikers und Planers, *weg von der politischen, betriebsratspolitischen, gewerkschaftspolitischen Diskussion zu kommen*. Seine diesbezüglichen Hoffnungen bezog er zu Beginn des Beteiligungsprojektes aus dem *ursprünglichen* Konzept, das – wie ich bereits ausgeführt habe – von einer deutlich geringeren Teilnahme des Betriebsrats ausgegangen war, als es dann letztendlich im Unternehmen realisiert wurde. Diesen – übrigens ja nicht minder politischen – Schlenker gegen den Betriebsrat wollte er sich im Interview nicht nehmen lassen. Beruhte seine Hoffnung also zunächst auf dem geringeren Einfluß des Betriebsrats, so vor allem deshalb, weil er erwartete, daß damit im weiteren Planungs- und Einführungsprozeß die *sachliche Auseinandersetzung und Abarbeitung der Punkte und Probleme* eher gegeben sein würde, als dies mit dem Betriebsrat in der Vergangenheit möglich war. Denn mit den Beteiligungsgruppen würden *Leute mit ins Geschäft kommen,* die die unmittelbare betriebliche Praxis aus der Perspektive des Fahrdienstes oder der Leitstelle tagtäglich erleben und die doch in einer gewissen Ferne zu dieser Praxis das RBL konzipierenden Techniker und Planer mit den Erfahrungen des Arbeitsalltags konfrontieren würden: *Mensch, der Betrieb draußen sieht ja ganz anders aus, hier geht ihr von falschen Voraussetzungen aus, da müssen wir ansetzen und das müssen wir lösen.* Mit einer dergestalt konstruktiven Kritik, ,konstruktiv' hier auch im ganz buchstäblichen Sinne der Relevanz für die zu leistende Konstruktion des technisch-organisatorischen RBL-Systems, könnten er und auch die anderen Mitarbeiter des Technischen Projektes durchaus leben. Mit so *jemandem* würden *sie sich durchaus mal auseinandersetzen.* Im Fortgang des Gespräches wird deutlich, daß sich seine diesbezüglichen Erwartungen an das Beteiligungsprojekt erfüllten. Es kam trotz der stärkeren Präsenz des Betriebsrats, ja man kann sagen, gerade unter Mitwirkung des RBL-Betriebsrats, zu den gewünschten *sachlichen Auseinandersetzungen* und es wurden konkret und detailliert *die Punkte und Probleme abgearbeitet,* auf die die Beteiligungsgruppen bei ihrem Durcharbeiten des Lastenheftes stießen und die sich in der Folge für die Techniker und Planer aus den Änderungsvorschlägen der Beteiligten ergaben.

Hören wir hierzu einen weiteren Mitarbeiter aus dem Technischen Projekt, der, wiederum in deutlicher Abgrenzung zu den vorhergegangenen betriebspolitischen Auseinandersetzungen und vermutlich auch nur auf diesem Hintergrund nachvollziehbar, angesichts der erreichten praktischen Kooperation mit den Beteiligten sogar ein wenig ins Schwärmen kommt:

Das war ganz toll, mit den Fahrern zusammen darüber reden, auch die Leute, die da gewählt waren, da waren ja ausgewählte Vertreter der Beteiligungsgruppen, die mit uns dann zu den Lieferanten gefahren sind. War ganz toll. Es ist klar. Das sind auch nicht Leute

*dann, die da – das ist ja keine politische Verhandlungssituation.
Das ist ja einfach das Arbeiten.*

Die ungeliebte *(betriebs-)politische Verhandlungssituation* ist das eine, etwas
anders ist *einfach das Arbeiten*. Arbeiten eben im Sinne des *Abarbeitens* der
praktischen *Punkte und Probleme*, die sich im Kontext von RBL zuhauf
stellten. Auf die von Technikern und Planern verschiedentlich vorgenommene
problematische Trennung zwischen *politischer Verhandlungssituation* und
sachlicher Arbeit, Arbeit an der *Sache*, so als gäbe es im organisationalen Geschehen, im Bereich industrieller Beziehungen etwas, was gänzlich außerhalb
einer interessengeleiteten Sphäre existierte, soll hier nicht weiter eingegangen,
wohl aber darauf hingewiesen werden. Im vorliegenden Kontext interessiert
jedoch mehr, daß dieses *Arbeiten* und *Abarbeiten* auf eine andere Dimension
als die betriebspolitische zielt, beziehungsweise von einer anderen Sicht auf
den Gegenstand getragen und hervorgebracht wird: der konkret dinglich-
sachlichen RBL-Technologie sowie den im engeren Sinne damit zusammenhängenden technisch-arbeitsorganisatorischen Fragestellungen.

Konnten in der sachorientierten Kooperation mit den Beteiligten die Befürchtungen, Vorbehalte und Phantasien der Planer und Techniker bezogen
auf ein vom Betriebsrat gefordertes Sozialverträglichkeitsprojekt nach und
nach relativiert werden, bot umgekehrt die konkrete Zusammenarbeit mit
Mitarbeitern des Technischen Projektes den Beteiligten einen modifizierten
Zugang zum technischen System. So wie einerseits von den Angehörigen einer Organisation systemische bzw. organisatorische Dynamiken häufig als
Eigenschaften und Eigenheiten von Personen attribuiert werden, nach dem
Motto: „Das liegt nur an dem und dem ..." (Buchinger 1997, S. 16f; Giesecke
und Rappe-Giesecke 1997, S. 480), vermitteln andererseits tatsächlich häufig
Personen den Zugang zu abstrakten Systemen. Giddens (1997, S. 107ff.)
nennt folgerichtig die Personen, die zwischen abstrakten Systemen, beispielsweise eben technischen Systemen, und Laien eine vertrauensstiftende
Beziehung herstellen ‚Zugangspunkte': „Zugangspunkte sind Stellen, an
denen eine Verbindung zustande kommt zwischen Einzelpersonen oder Kollektiven ohne Fachkenntnisse und den Vertretern abstrakter Systeme. Dies
sind Orte, an denen abstrakte Systeme verwundbar sind, aber zugleich Kreu-
zungspunkte, an denen Vertrauen gewahrt oder aufgebaut werden kann"
(ebenda, S. 113). Die Zugangspunkte abstrakter Systeme, so Giddens weiter,
„bilden den Bereich, in dem gesichtsabhängige und gesichtsunabhängige Bindungen miteinander in Berührung kommen" (ebenda, S. 107). Angesichts der
Abstraktheit und Undurchschaubarkeit „entbetteter" Systeme kommt Giddens

zufolge dem persönlichen Kontakt mit Experten für den Aufbau von Vertrauen zu den abstrakten Systemen ein besonderes Gewicht zu: „An Zugangspunkten beinhalten die gesichtsabhängigen Bindungen, durch die Aktoren ohne Expertenwissen in Vertrauensbeziehungen eingebunden werden, normalerweise Darbietungen unübersehbarer Vertrauenswürdigkeit und Integrität in Koppelung mit einer ‚Alles-läuft-normal'-Haltung oder einer gewissen Unerschütterlichkeit. Obwohl jeder weiß ‚daß sich der eigentliche Sitz des Vertrauens im Inneren des abstrakten Systems und nicht in den Einzelpersonen befindet, die das System in spezifischen Zusammenhängen ‚vertreten', wird an Zugangspunkten daran erinnert, daß es (potentiell fehlbare) Menschen aus Fleisch und Blut sind, die das System in Betrieb halten" (ebenda, S. 109). Inwieweit sich Vertrauen in abstrakte Systeme herstellt oder Mißtrauen verstärkt oder gar erst gebildet wird, ist Giddens zufolge in nicht unerheblichem Maße von den „Erfahrungen an Zugangspunkten" abhängig. Für das hier untersuchte RBL-Projekt bedeutet dies, daß mit dem in der konkreten Zusammenarbeit mit Technikern und Planern erfolgten Abbau von Mißtrauen und Vorbehalten sich nicht nur die kommunikativen, kooperativen und interaktiven Beziehungen zwischen diesen Gruppen verbesserten, sondern auch der Bezug von Fahrern und Disponenten zum RBL-System.

In der sich entwickelnden Zusammenarbeit zwischen dem Technischen Projekt und den Beteiligungsgruppen (und zwar sowohl den Beteiligungsgruppen der Disponenten als auch den Beteiligungsgruppen der Fahrer) tauchte so nach und nach der zu gestaltende Gegenstand als gemeinsames Drittes auf. Ein gemeinsames Drittes, das einen Raum schuf, der gleichermaßen als Entwicklungsraum des RBL und als Lernraum der beteiligten Akteure fungierte[43] – als technisch-organisatorischer Gestaltungsraum und als betrieblichsozialer Anerkennungsraum. Es entwickelten sich nach und nach Anerkennungsprozesse, die gleichermaßen gegenstandsorientierte und soziale waren. Anerkennungsprozesse, in denen die Techniker und Planer, wie das folgende Zitat dokumentiert, in der konkreten Gestaltungsarbeit des IBIS-Gerätes, der Leitstellensoftware, den Abstimmungsfragen zwischen Bus und Leitstelle etc. nicht nur die beteiligten Fahrer und Disponenten, sondern auch die beteiligten

---

[43] Brown und Duguid (1999, S. 85) nennen Objekte, die in der subkulturübergreifenden Kooperation und Interaktion die Funktion eines gemeinsamen Dritten einnehmen können, Grenzobjekte: „Grenzobjekte sind für jede der beteiligten Gemeinschaften von Interesse, werden jedoch jeweils anders wahrgenommen oder verwendet. Ob es sich dabei um gemeinsame physische Objekte oder Verfahrensweisen handelt – sie machen deutlich, was Gemeinschaften mit anderen gemeinsam haben und wie sie sich hinsichtlich ihrer Praktiken und Anschauungen unterscheiden. Sie verdeutlichen einer Gemeinschaft auch die eigenen Grundannahmen und fördern so in einer 'zweiten Schleife' Reflexion und Lernen (Argyris und Schön 1978)."

Betriebsräte, vor allem den freigestellten RBL-Betriebsrat, menschlich und fachlich kennen- und schätzen lernten:

> *Der Mitarbeiter, wenn er sich damit beschäftigt, oder selbst der Betriebsrat, der quasi ja auch Mitarbeiter ist in dem Sektor, also der busfahrende Betriebsrat. Der erkennt irgendwann, wenn er sich dran setzt, dann erkennt er: wenn man das anders macht, dann wär' das für mich besser. Und dann begreift er auf einmal, wo er da betroffen ist, direkt. Und dann kommen auch Ideen. Die haben ganz hervorragende Ideen da entwickelt. Da trat dieser Effekt auf, der auch in jedem Wertanalyse-Team auftritt. Diese gegenseitige Befruchtung der verschiedenen Fachdisziplinen.*

Waren die Berührungsängste und Befürchtungen ein Stück weit überwunden, die wechselseitigen Übergriffs-Phantasien ein wenig relativiert, die Beziehungen zwischen den Gruppierungen ‚realer' und damit auch ‚realistischer' geworden, konnte die starre Verteidigung der eigenen Perspektive ein wenig zurücktreten und ‚Raum' freimachen für Begegnungen, die (um es vorsichtig zu formulieren: zumindest auch) *die gegenseitige Befruchtung der verschiedenen Fachdisziplinen* ermöglichten. Die vorher bestehende, vor allem auf die Verteidigung des je eigenen ‚Reviers' gerichtete Haltung[44] ließ sich ein wenig modifizieren zugunsten der Nutzung von Synergieeffekten, die dann auftreten können, wenn Planungsperspektive und Anwendungsperspektive miteinander ins Gespräch, in einen Dialog kommen. In einen Dialog nicht nur auf kommunikativer Ebene, sondern auch auf der Ebene der konkreten Kooperation und Koordination. Der Interaktionsraum zwischen den Akteuren der Interaktionstriade bekam Züge eines Lernraums, in dem im dialogischen und sachorientierten Zusammenspiel technisch-organisatorische und soziale Phantasie und Kreativität freigesetzt wurde: *Und dann kommen auch Ideen. Die haben ganz hervorragende Ideen da entwickelt.*

Was eben über die Mitarbeiter aus dem Fahrdienst gesagt wurde, gilt, wie folgender Mitarbeiter der technischen Abteilung berichtet, auch, wenn nicht gar in verstärktem Maße, für die Disponenten:

---

[44] Eine auf die Verteidigung des je eigenen Reviers gerichtete Haltung läßt sich nach Aussagen eines Mitarbeiters aus dem mittleren Management der Verkehrsbetriebe nicht nur für die Aushandlungsprozesse zwischen Technischem Projekt, Beteiligungsprojekt und Betriebsrat sondern bereits für die eher traditionellen Planungsgespräche in der Vorzeit des Beteiligungsprojektes zwischen den verschiedenen betrieblichen Subeinheiten, sprich Techniker, Planer, Betriebshöfe, Verkehrslenkung, Finanzen etc. konstatieren. Auch hier galt seiner Ansicht nach in der Vergangenheit die Devise: *Jeder seine unabdingbaren Dinge, jeder sein Evangelium, jeder etwas, wovon er nicht abrücken konnte.*

Die Technikakzeptanz bei den Fahrern, die ist gegeben. Wo es jetzt neu ist, ist eben im Bereich der Disponenten. ... Insofern hat sich dort schon eine Entwicklung vollzogen. Die Disponenten hatten vorher, die haben also nur mit 'ner Menge an Zetteln und Papier und Bleistift dort gearbeitet und dann auch mühsam wieder Dinge zusammengetragen. Wobei dort, nach meinem Eindruck, die Akzeptanz eigentlich sehr gut ist, da die Disponenten sehr viele einen PC zu Hause hatten und da also dann auch mit einer wahren Begeisterung dort weitergearbeitet haben und auch sehr gute Vorschläge noch für die, die Bildgestaltung und auch Menüführung da entwickelt haben.

Die *wahre Begeisterung,* mit der die Beteiligungsgruppe der Disponenten die *Bildgestaltung und Menueführung* in die Hand genommen hat, um diese in Kooperation mit weiteren, offiziell nicht zum Beteiligungsprojekt gehörigen Disponenten aus der Leitstelle, den zuständigen Technikern sowie Vertretern des Herstellers in jene Form zu bringen, die schließlich auf den Leitstellenrechnern implementiert wurde, diese *wahre Begeisterung* konnten wir noch in unseren Gesprächen mit den Disponenten spüren. Dies konkretisiert auch, was oben mit Synergieeffekten gemeint war: die innovative technisch-organisatorische Lösungen hervorbringende Kooperation über die Subkulturgrenzen hinweg. Auf unsere Nachfrage hin unterstreicht der Techniker noch einmal die Leistung der Disponentengruppe:

Wir hatten eine menügeführte Oberflächengestaltung schon vorgeschlagen, aber jetzt wirklich die Art der Ausgestaltung mit Fenstertechnik und den verschiedenen Menüs, die wir jetzt dort auch letztlich als Auftrag bestellt haben, die sind doch sehr stark in den Beteiligungsgruppen entwickelt worden.

Das allmähliche Entstehen einer Beteiligungskultur

Die Kooperation und Koordination zwischen den verschiedenen Akteuren des Beteiligungsprojektes war in der Alltagspraxis der RBL-Implementation zunehmend weniger an das formale Schema der Spielregeln gebunden; es entwickelten sich personelle Überschneidungen (einige der Disponenten bekamen neue betriebliche Aufgaben zugewiesen, die sie in einem Überlappungsbereich zwischen Beteiligungsgruppen und Technischem Projekt situierte) und damit ein teils offizieller, teils informeller intermediärer Bereich zwischen den verschiedenen Akteuren des RBL-Projektes:

Zum einen ist natürlich 'n sehr hoher Koordinierungsbedarf gegeben. Wir haben es jetzt dadurch auch noch bei der Realisierung wirklich abgefangen, daß wir gesagt haben: wir bilden dort ein Team, ein dreiköpfiges Team, das sowohl von der Planung und zwar Planung des Verkehrsangebotes als auch von denjenigen, die dieses Hilfsmittel RBL einsetzen, nämlich auch den Disponenten jemand dabei hat sowie die beratende technische Stelle, die sagt: ‚O.k. das geht und mit dem Rechner geht es und die Rechner müssen so angeschlossen werden und so weiter'. Wir haben also dieses Dreier-Team gebildet und die waren auch schon von Anfang an immer bei den Beratungen mit der Fremdfirma dabei, die waren auch immer schon eingebunden in den gesamten Projektablauf sowohl mit Beteiligungsgruppen, das waren auch diejenigen, die in die Beteiligungsgruppen mal gegangen sind und zu einzelnen Problemen dort Informationen gegeben haben. Oder aber auch, die gesagt haben: diese Dinge, so kann man es beispielsweise lösen, guckt was ihr da haben wollt oder macht was ganz anderes.

Das Technische Projekt wandte sich qua „RBL-Team", wie dieses Dreier-Team im betrieblichen Jargon hieß, an die Beteiligungsgruppen, und die Beteiligungsgruppenmitglieder konnten sich ihrerseits bezüglich technischer oder organisatorischer Sachfragen an die Mitglieder des RBL-Teams wenden. Die verschiedenen Teile des RBL-Projektes wuchsen auf diesem Wege mehr und mehr zusammen. Dieses Zusammenrücken von Technischem Projekt, Beteiligungsgruppen und RBL-Betriebsrat brachte nicht nur die beschriebenen Synergieeffekte mit sich; mittels kürzerer und flexiblerer informeller Kommunikationskanäle kam es auch zu dem ein oder anderen expliziten ‚Tauschgeschäft' nach dem Motto: ‚*Wenn wir Euch beim IBIS-Gerät entgegenkommen, dann möchten wir im Gegenzug folgendes haben ...*' bzw. überhaupt zur Entwicklung informeller „Tauschbörsen", mittels derer es möglich wurde, die Feinsteuerung des RBL-Projektes „durch Aushandlung und Tausch selbst zu regeln" (Ortmann 1996, S. 37). Die beiden Projektteile lernten zunehmend, sich wechselseitig zu ‚verwenden'. Verwenden jetzt nicht ausschließlich und vielleicht noch nicht einmal in erster Linie in einem instrumentellen Sinne, sondern, wie der Moderator des Beteiligungsprojektes beobachtete, in einer betriebspolitisch ‚listigen' Weise:

Nachdem sie [die Mitarbeiter des Technischen Projektes/E.T.] gemerkt haben, daß offenbar die Beteiligungsgruppen über die AG Sozialverträglichkeit auch etwas umsetzen können und Rückhalt

haben, wurde dann so an bestimmten Punkten versucht, die Frage
gestellt: ‚Was halten denn die Beteiligungsgruppen da und da und
da von.' So. Und wenn die natürlich sagten: ‚Das finden wir gut',
dann: ‚Ja, dann macht doch mal 'nen Gestaltungsvorschlag dazu'.

Da das Technische Projekt, gerade auch gegenüber dem Hersteller, stärker als
die Beteiligungsgruppen an die Festlegungen im Lastenheft gebunden war,
bestand im hier angedeuteten ‚Verwenden' der Beteiligungsgruppen für die
Techniker und Planer in gewissem Umfang die Möglichkeit, bestimmte technisch-organisatorische Konfigurationen noch einmal in Frage zu stellen und
vor allem bestimmte technologische Neuerungen, die zur Zeit der Erstellung
des Lastenheftes noch nicht entwickelt, noch nicht verfügbar oder noch nicht
bezahlbar waren, über die Beteiligungsgruppen vorschlagen zu lassen. Denn
die Techniker und Planer standen vor dem prinzipiellen Dilemma, daß sie angesichts der raschen Entwicklungen bei Informations- und Kommunikationstechnologien im allgemeinen und bei der RBL-Technologie im besonderen
Entscheidungen mit dem zuweilen bitteren Gefühl treffen mußten, daß der
technologische Fortschritt im Laufe des Planungs-, Entscheidungs- und Implementierungsprozesses die getroffene Systementscheidung noch während der
Einführung als überholt erscheinen lassen würde. Bis im Falle dieses komplexen technologischen Systems der Beschluß für eine bestimmte Konfiguration gefallen war, bis die betrieblichen Entscheidungsinstanzen durchlaufen
waren, die Lieferung erfolgt und das System in der Praxis erst erprobt und
dann flächendeckend eingeführt sein würde, verging nach Aussagen der
Techniker so viel Zeit, daß *die Entscheidung, die man für ein System fällt, die*
von gestern sein wird. Ist leider so. Folgende Episode soll das veranschaulichen:

Eine Episode: Es wird für ein RBL ein Gebäude konzipiert, ein altes
vorhandenes ist umgebaut worden für diese Technik. Ein Rechner-
raum, vollklimatisiert mit unterbrechungsfreier Stromversorgung ist
eingerichtet. Das würde man heute nicht mehr machen, die Rech-
nertechnik ist so fortgeschritten, daß man heute so 'ne Kiste unter
den Schreibtisch stellen kann. Diese Visionen waren vielleicht da,
aber man mußte erst mal anhand der vorhandenen Technik weiter
zur Entscheidung kommen.

Zur Zeit der Planung der neuen Leitstelle ging man von einem bedeutend größeren Rechnersystem aus, das hohe Anforderungen an die räumliche Aus-
stattung und an technische Versorgungseinrichtungen stellte. Nun hat man
einen großen, klimatisierten, notstrommäßig abgesicherten Raum – und es

steht kaum etwas darin. Die Äußerung dieses Technikers weist auf ein grundlegendes organisatorisches Problem bei Technikimplementationen hin: Die Entwicklung zur Miniaturisierung der Informationstechnologie war in Ansätzen schon antizipierbar: *diese Visionen waren vielleicht da*, aber man konnte seinen Abteilungsleitern und Vorständen keine Visionen zur Entscheidung vorlegen, sondern nur konkrete technische und bauliche Lösungen mit möglichst genauen Preisangaben.

Der Fakt, daß im Zuge des Beteiligungsverfahrens bestimmte Details des IBIS-Gerätes, des Funkkonzeptes, der Gestaltung der Leitstellen-Hard- und -Software noch einmal zur Diskussion und partiell zur Disposition standen, ermöglichte es also dem Technischen Projekt, seinerseits noch einmal darüber nachzudenken, und das, was innerhalb ihrer eigenen hierarchischen Entscheidungslinien nicht durchsetzbar erschien, an das Beteiligungsprojekt und dessen Infrastruktur, als in der RBL-Frage durchaus einflußreichem Faktor innerhalb des Unternehmens, heranzutragen:

> *Die Beteiligungsgruppen wurden genutzt als Durchsetzungsmöglichkeit gegenüber den eigenen Vorgesetzten. Weil man sagt: die Beteiligungsgruppen fordern das aber!*

Diese Äußerung des Moderators legt nahe, daß sich die Einflußnahme auf das Beteiligungsprojekt hier nicht gegen die Beteiligten richtete, nicht eine einseitige Verwendung der Beteiligten durch Mitglieder des Technischen Projektes darstellte, sondern verstanden werden kann als ein wechselseitiges ‚Gebrauch-Machen' von den betriebspolitischen Einflußmöglichkeiten der jeweiligen Akteure, eine Art stille Allianz zwischen den Mitgliedern des RBL-Projektes im Dienste der Erzielung, ja Durchsetzung eines technisch besseren und aktuelleren RBL-Systems. In dem Maße, in dem die verschiedenen ‚Eckpunkte' der RBL-Interaktionstriade begannen, mehr und mehr an einem Strang zu ziehen, änderten sich die Grenzverläufe, es bildeten sich neue Konstellationen von Innen und Außen, sozusagen ein gemeinsam geteilter subkulturübergreifender intermediärer Aushandlungsraum zwischen den relevanten Akteuren des RBL-Projektes. Man kann m.E. sagen, daß entgegen der ursprünglichen Zweiteilung des RBL-Projektes in ein Technisches Projekt und die Beteiligungsgruppen (sowie den Betriebsrat), die das RBL realisierten Akteure zu einer vielfältig kommunizierenden und kooperierenden Projektgruppierung zusammenwuchsen, die Ansätze zu einer neuen und eigenen Kultur ausgebildet hat: In der RBL-Interaktionstriade entwickelte sich eine dialogische und vertrauensvolle „Beteiligungskultur", die – wie ich noch ausführen werde, zunehmend trianguläre Züge annahm. Doch bevor ich auf die

Aspekte von Dialog und Vertrauen in der Interaktionstriade eingehe, will ich noch kurz schildern, in welcher Weise eine der beteiligten Akteursgruppen, der Betriebsrat, mit der sich entwickelnden Beteiligungskultur Probleme bekam.

Probleme des Betriebsrats mit der sich bildenden Beteiligungskultur

Wie so häufig in Dreiecksverhältnissen wird – oder fühlt sich – ein Akteur durch das Zusammenrücken der beiden anderen Akteure an den Rand gedrängt oder ausgeschlossen. Dieses Schicksal des „marginalisierten Dritten" (Schorn 2002, S. 253) holte im RBL-Projekt den Betriebsrat ein. Eine häufige Antwort auf eine Ausschlußdrohung besteht nun darin, seinerseits zu versuchen, mit einem der beiden anderen Akteure ein Bündnis zu schließen, ihn auf seine Seite zu ziehen, d.h. mit einem Zweiten um den Dritten in Konkurrenz zu treten. Genau dies tat der Betriebsrat mit den Beteiligungsgruppen (vor allem den Beteiligungsgruppen der Fahrer) und zwar auf unterschiedlichste Weisen: Er versuchte werbend die Fahrer für sich zu gewinnen, er versuchte, sie vor den Intentionen des Managements und des Technischen Projektes zu warnen und er versuchte, sie über die Schiene der Arbeitnehmersolidarität auf seine Linie zu verpflichten. Doch die Beteiligungsgruppen erwiesen sich durchaus als eigen-willige ‚Braut' zwischen den betriebspolitischen Rivalen. Sehen wir uns folgende Sequenz aus einer Gruppendiskussion mit Verkehrsbetriebsräten an:

> BR 1.: *Und das sehen unsere Kollegen, die jetzt bei RBL Mitbeteiligung geübt haben anders, weil die also ein ganz tolles Entgegenkommen -*
> BR 2.: *Jaa, jaa!*
> BR 1.: *– beim Arbeitsdirektor, bei dem Personalchef, bei dem Leiter dieses RBL-Projektes, dem Herrn X, da sehen die also offene Türen. Die Leute sind also besser als so 'n Geisterfahrer, so unheimlich entgegenkommend, die [Beteiligten/E.T.] merken aber nicht, wie sie da irgendwie mit umgarnt werden, daß sie gewisse Schlingen nicht merken. So und da wollen wir sie vor warnen und darum haben wir eben dieses Projekt so gesteuert, daß wir immer wieder Rücksprache nehmen.*

Dieser Äußerung vorangegangen war die Schilderung, wie schwer es der Betriebsrat zuweilen hat, beim Management bestimmte Forderungen durchzukriegen. Zwischen Betriebsrat und Management muß in der Regel *zäh ver-*

handelt werden, *klein, klein,* wie es auch heißt. Im Gegensatz hierzu *sehen* die Kollegen aus dem RBL-Projekt der obigen Schilderung zufolge die betriebspolitischen Verhältnisse sehr *anders* als der Betriebsrat. Sie *sehen* sie nicht nur anders, sie e r l e b e n oder e r f a h r e n sie – wie der Satz wohl fortzusetzen wäre – auch anders, sie erleben oder erfahren – und sein Kollege stimmt aus vollem Herzen ein: *jaa, jaa! – ein ganz tolles Entgegenkommen.* Und zwar nicht von irgendwem, sondern: *beim Arbeitsdirektor, bei dem Personalchef, bei dem Leiter dieses RBL-Projektes,* bis ganz nach oben *sehen die also offene Türen.* Es bleibt von der Wortwahl her unklar, ob die Beteiligten bei den genannten betrieblichen Führungskräften tatsächlich offene Türen finden, ob sie diese Türen nur illusionärerweise offen s e h e n, oder ob sie sich diese Türen vielleicht auch nur offen w ü n s c h e n? Daß die Kolleginnen und Kollegen aus dem Beteiligungsprojekt die Situation aber offenbar nicht nur verkennen, ergibt sich aus dem Fortgang der Äußerung: Die genannten Personen scheinen den Beteiligten gegenüber tatsächlich auf eine Weise *entgegenkommend* zu sein, die dem Betriebsrat *unheimlich* erscheint. So *unheimlich entgegenkommend*, wie ein *Geisterfahrer,* ja *besser* gar *als so 'n Geisterfahrer.* Damit zeigt sich nun, daß der Betriebsrat dieses *Entgegenkommen,* diese *offenen Türen* letztlich doch für eine Illusion der Beteiligten hält, denn diese *merken* seines Erachtens gar *nicht, wie sie da irgendwie mit umgarnt werden,* leise und unauffällig *umgarnt,* bis aus den feinen und sich wohlig anschmiegenden Garnfäden *Schlingen* werden, die sich um ihre Gelenke – vielleicht gar um ihren Hals? – legen. Und immer noch *merken sie es nicht.* In diesen Worten schwingt die Befürchtung mit, die Beteiligten könnten sich – wie es ein Kollege von ihm an anderer Stelle ausdrückt – von ihrem neuen Ansehen im Betrieb und dem damit verbundenen Umgang so geschmeichelt fühlen, daß sie ihre Wachsamkeit und Kritikfähigkeit verlieren und dem Unternehmen Zugeständnisse machen, die – zumindest aus Sicht des Betriebsrats – für die Beschäftigten nachteilig wären.[45] Das ruft den Betriebsrat auf den Plan: *Und da wollen wir sie vor warnen und darum haben wir eben dieses Projekt so gesteuert, daß wir immer wieder Rücksprache nehmen* – in weiterer Hinweis auf die im letzten Kapitel beschriebene Einflußnahme des Betriebsrats auf das Beteiligungsprojekt.

---

[45] Bezüglich der Teilnahme von Beteiligungsgruppenmitgliedern an Sitzungen des Projektbeirates und des Aufsichtsrates äußert ein Mitglied des Betriebsrats seine Besorgnis, daß dies den Beteiligten schon etwas in den Kopf steigen könnte: *Dort ist der Professor Doktor, das ist der Arbeitsdirektor und das sind die Vorstände und im Aufsichtsrat, wenn man damit mal zu tun kriegt, dann hab ich da mit dem Oberbürgermeister zu tun. Also erstmal hab ich da einen natürlichen Respekt und ich fühl' mich geschmeichelt oder ich fühl da in dem ersten Moment, wenn ich da mit den Leuten zu tun bekomme, fühl' ich mich als was besonderes. Die Brust, die schwillt und ich hab damit zu tun und ich bin jetzt wer.*

Kommen wir noch einmal auf die Äußerung zurück und zwar auf das Bild des *Geisterfahrers*. In einer ersten Annäherung könnte man argumentieren, daß dem betreffenden Betriebsrat zum Stichwort *entgegenkommend* assoziativ das Bild des Geisterfahrers eingefallen ist, da dieses gewissermaßen die ‚Gefahr durch Entgegenkommen' in prototypischer Weise versinnbildlicht. Und wem wird nicht *unheimlich* zumute, wenn er im Autoradio hört, daß sich ein Geisterfahrer auf seiner Strecke befindet? Ist das Bild also bloß einem momentanen Einfall geschuldet, der die eigene Argumentation metaphorisch verstärken soll und hat darüber hinaus keine Bedeutung? Was aber, wenn man das Bild vom Geisterfahrer beim Wort nimmt und auf die betriebspolitische Situation im eigenen Unternehmens bezieht? Hierbei merkt man rasch den tieferen Sinn, der dieser Metapher im vorliegenden Kontext zukommt. Besteht die Gefahr, die von Geisterfahrern ausgeht, nicht darin, daß sie sich auf der falschen Fahrbahn bewegen, daß sie einem also auf der eigenen Seite entgegenkommen?! Dann könnte das Bild vom Geisterfahrer nahelegen, daß es der Betriebsrat als *unheimlich* erlebt, wenn ihm – da er sich mit den beteiligten Fahrern in einer Fahrgemeinschaft wähnt – der Arbeitgeber auf der eigenen Seite entgegenkommt. Und in der Tat ist dies eine Sorge, die viele Betriebsräte angesichts der neuen management-initiierten Partizipationsansätze umtreibt: daß der Arbeitgeber den Beschäftigten in einer Weise entgegenkommt und sie dort abholt, wo sich die gewählte Interessenvertretung selbst in Sachen Partizipation nicht weiter vorwagt. Damit droht manchem einer traditionellen Vorstellung von Interessenvertretung verpflichteten Betriebsrat – und nun wechsle ich im Bild –, vom Arbeitgeber auf der eigenen Spur überholt zu werden.

Im Bild des Geisterfahrers sind nur zwei Fahrbahnen vorgesehen, die in entgegengesetzte Richtungen führen. Das macht es so tauglich für die symbolische Darstellung des betriebspolitischen Grundkonflikts als polaren Gegensatzes zwischen Arbeitgeber- und Arbeitnehmerseite. In dieser Polarität denkt der Betriebsrat und auf diese Dichotomie will er die Beteiligten verpflichten. Er will das sperrige Gefährt ‚Beteiligungsprojekt' so *steuern*, daß es nicht von der Spur abkommt. Dies läßt die Frage aufwerfen, ob der Betriebsrat nicht auch die beteiligten Fahrer als *Geisterfahrer* erlebt. Im wörtlichen Sinne als ‚Geister-Fahrer', die in Gefahr sind, ihre Spur zu verlieren, ohne klare Orientierung im betriebspolitischen Raum herumzuirren und möglicherweise auf die schiefe Bahn zu geraten. Der Betriebsrat muß dann *immer wieder Rücksprache nehmen*, damit nicht ihm am Ende das blüht, vor dem er die Beteiligungsgruppen meint warnen zu müssen: daß nämlich d i e s e ihm *unheimlich entgegenkommen* und er *da irgendwie mit umgarnt* wird, daß er vielleicht am

206

Ende gar nicht merkt, wie sich um seine scheinbar klare betriebspolitische Position die *Schlinge* legt.[46]

Doch genug der metaphorischen Rede, so sehr sie der mitschwingenden Interpretation von Texten – und seien es gesprochene Texte – angemessen ist. Die Interpretation obiger Betriebsratsäußerung legt den Schluß nahe, daß der Betriebsrat die Beteiligungsgruppen (noch?) nicht als eine eigenständige dritte Kraft im betriebspolitischen Konflikt- und Aushandlungsgeschehen wahrzunehmen und anzuerkennen gewillt ist. Die Beteiligungsgruppen werden vom Betriebsrat, wie ich noch ausführlich zeigen werde, eher als so etwas wie eine punktuelle, auf die Vorbereitung der Einführung einer bestimmten Technologie begrenzte Unterstützung seiner eigenen Arbeit gesehen. Damit gibt es keinen Raum für einen eigenständigen dritten Akteur, ist die Figur der Triade im Denken und Handeln, in der politischen Landkarte des Betriebsrats nicht vorgesehen.

Ich führe es auf diese relativ unflexible und wenig reflektierte (wenig reflektiert deshalb, weil sich weite Teile des Betriebsrats über die Bedeutung des Beteiligungs-Aspektes an der Beteiligung offenbar kaum Gedanken gemacht haben) Einstellung des Betriebsrats gegenüber den Beteiligungsgruppen zurück, daß er sich (zumindest als Betriebsratsgremium) bezüglich des RBL-Projektes wieder eher ins Abseits manövrierte. Denn die Beteiligungsgruppenmitglieder hatten, so loyal sie (zumindest die Fahrer) zum Betriebsrat als ihrer Interessenvertretung standen, nicht das Gefühl, vom Betriebsrat bezüglich der sie beschäftigenden technischen, organisatorischen und sozialen Fragen eine hinreichend differenzierte Unterstützung erwarten zu können. Im Gegenteil. Kamen wir in unseren Gruppendiskussionen auf den Betriebsrat zu sprechen, erzielten wir in aller Regel deutlich zwiespältige Reaktionen:

DL: *Das wär ja, so traditionell würde man ja denken, daß die Kollegen zum Betriebsrat gehen, wenn sie da solche Ängste und Fragen haben.*

Fahrer 1.: *Ja, aber, das ist bei uns im Unternehmen etwas anders, nich, weil diesbezüglich mit unserm Betriebsrat da großar-*

---

[46] Einen Aspekt möchte ich zumindest noch anmerken, der mir anhand des zu interpretierenden Materials nicht abgesichert erscheint, dem vielleicht aber doch eine Bedeutung zukommt: Die Rede ist vom Neid. Es kann einen schon auch neidisch machen, wenn man sich tagtäglich *klein, klein* abstrampelt und ständig *zäh verhandelt* und dann erleben muß, wie sich Anderen Türen öffnen, die einem selbst oft genug vor der Nase zugeschlagen worden sind. Doch Neid – nicht umsonst eine der sieben Todsünden – ist nicht nur ein schwierig an- und besprechbarer Affekt, es zeichnet den Neid geradezu aus, daß man eher die Errungenschaften anderer destruiert, als bei sich selbst wahrzunehmen, neidisch zu sein (Beland 1999, Lohmer 2000b).

> *tige Diskussionen zu führen, ich glaub, das fällt nicht auf*
> *sehr fruchtbaren Boden.*

DL: *Nein?*

Fahrer 1.: *Nein!*

Fahrer 2.: *Da ist teilweise auch nicht die große Kompetenz in Bezug*
             auf RBL, nich.

Sprach man Betriebsratsmitglieder oder gar den Betriebsrat als Gremium auf RBL an, konnte man offenbar nicht erwarten, konkret und detailliert die Fragen und Punkte zu klären, die die Beteiligten gerade bezüglich der anwendungsorientierten Ausgestaltung des RBL-Systems beschäftigten, sondern man riskierte, wieder in *großartige Diskussionen* verwickelt zu werden, in allgemeine Diskussionen über RBL, in Diskussionen über Aspekte von Überwachung und Kontrolle. Es ist schon erstaunlich, wie sich manche Äußerungen von Beteiligungsfahrern Bemerkungen annäherten, die wir aus dem Kreise des Technischen Projektes erhielten. Auch dort hieß es von verschiedensten Seiten, daß man mit dem Betriebsrat kaum über konkrete Einzelheiten des RBLs sprechen konnte, ohne immer wieder zu riskieren, in *Grundsatzdiskussionen* über das RBL verwickelt zu werden.

Zuweilen ärgerten sich die Beteiligungsgruppenmitglieder auch, wenn der Betriebsrat mal wieder versuchte, Zwietracht im RBL-Projekt zu säen. Hören wir folgenden Fahrer:

> *Also ich hatte so den Eindruck, der Betriebsrat sagte dann: ich*
> *weiß was ganz Tolles. Die sind ja auch manchmal ganz toll die Be-*
> *triebsräte, also so ganz überzeugt bin ich auch nicht manchmal von*
> *denen. Und dann erzählen die dann wieder so 'n Hammer über 'ne*
> *Äußerung auf der Arbeitgeberseite, daß die uns bei vier Minuten*
> *Verspätung doch anfunken wollen – und wir regen uns furchtbar*
> *auf.*

Dies ist ein weiteres Beispiel dafür, wie der Betriebsrat versuchte, die Beteiligten auf seine Seite zu ziehen. Wohl spürend, wie brüchig die gemeinsamen Bande des Mißtrauens gegenüber Technikern, Planern und Führungskräften geworden waren, verfolgten derartige Schilderungen offenbar die Absicht, die Beteiligten wieder auf die gemeinsame Linie, auf das gemeinsame Feindbild einzuschwören. Paraphrasiert: ‚Seht her, wie schön sie auch immer reden mögen; wenn es um die Realisierung geht, zeigen sie ihren wahren Charakter'. Herrscht der Modus des Mißtrauens und Feindbildes, tritt – gemäß der oben bereits zitierten psychoanalytischen Einsicht – an die Stelle der Erfahrung von

Ambivalenz die Wahrheitsfindung durch Entlarvung. Dies versuchte der Betriebsrat offenbar mit derartig zugespitzten Schilderungen den Beteiligten vorzuführen. Und für einen Augenblick erreicht er sein Ziel: Die Beteiligten *regen sich furchtbar auf.* Doch der Betriebsrat unterschätzte die erreichte Ambivalenztoleranz der Beteiligten, er unterschätzte die erreichte Autonomie und Autorität der Beteiligten, die mittlerweile durchaus in der Lage waren, nach beiden Seiten eine gewisse Spannung auszuhalten und wahrzunehmen, daß sie mit den beiden scheinbar unvereinbaren Perspektiven des RBL-Projektes und des Betriebsrats jeweils manches verbindet und manches trennt. Der *Hammer über 'ne Äußerung auf der Arbeitgeberseite* schlägt partiell auf die Hämmernden zurück; er wird auch zu einem *Hammer über 'ne Äußerung* des Betriebsrats: *Die sind ja auch manchmal ganz toll die Betriebsräte, also so ganz überzeugt bin ich auch nicht manchmal von denen.*

Meiner Meinung nach geriet der Betriebsrat – der Betriebsrat als Institution, nicht das freigestellte RBL-Betriebsratsmitglied als zur Beteiligungskultur gehörige Person – in dem Maße, in dem die Beteiligungsgruppen und das Technische Projekt zu einer Projektkultur zusammenwuchsen, innerhalb des RBL-Projektes wieder in die Defensive. Er geriet in dem Maße, in dem die konkrete Realisierung des RBL-Systems zum treibenden Motiv aller Beteiligten wurde, mit seinem Beharren auf grundsätzliche und betriebspolitische Fragestellungen ins Abseits. Ich interpretiere diese Dynamik als einen Prozeß wechselseitiger Abkapselung, der das RBL-Projekt anläßlich der Erstellung einer Betriebsvereinbarung über die betrieblichen Anwendungsbedingungen des RBL noch einmal in eine kritische Situation bringen sollte.

4.7. Die Bedeutung des Beraters für die Entstehung einer dialogischen und vertrauensvollen Beteiligungskultur

An vielen Stellen dieser Arbeit ist angeklungen, daß für die Entwicklung der geschilderten produktiven Beteiligungskultur einer bestimmten Person (vielleicht besser: Rolle) besondere Verdienste zukommen: dem externen Berater, einem in Beteiligungsfragen erfahrenen Sozialwissenschaftler, der für den Zeitraum von gut 3 Jahren das Beteiligungsprojekt begleitete und moderierte. Die Funktionen dieses Beraters als Projekt-Initiator, als RBL-Experte und in gewisser Weise als ‚Beteiligungslehrer' wurde bereits an anderen Stellen beschrieben. Im vorliegenden Kapitel möchte ich mich darauf konzentrieren, die Bedeutung eines Beraters für die Herausbildung einer vertrauensvollen und dialogischen Beteiligungskultur aus einer stärker psycho-dynamischen Perspektive zu skizzieren und hierbei das Bion'sche Konzept des „Containers", auf das in verschiedenen Kapiteln dieser Arbeit Bezug genommen wird, zusammenhängend darzustellen.

Der externe Berater konnte die Bedeutung, die er im Beteiligungsprozeß hatte, m.E. nur erlangen, weil er, obgleich er früher explizit Berater des Betriebsrats gewesen war, so ziemlich von Anfang an von allen beteiligten Gruppierungen in seiner, wie es im Betrieb heißt, „Neutralität" – ich würde eher sagen: in seiner Allparteilichkeit – akzeptiert wurde. Dies bezeugen verschiedene Äußerungen, so beispielsweise die folgende des für RBL zuständigen Betriebsratsmitglieds:

> *Er kontrolliert und koordiniert praktisch wertneutral. So daß sowohl das Management als auch der Betriebsrat und auch die Beteiligungsgruppen ihn akzeptieren.*

In ähnlicher Weise äußert sich der Personalchef des Unternehmens über den Berater:

> *Ich hatte den Eindruck, daß er sich in diesem Prozeß relativ neutral eingebracht hat, daß er nicht von vornherein die Position eingenommen hat: ‚Wir müssen jetzt erreichen, daß ihr ganz starke Mitbestimmung oder sonst was kriegt', das hat er nicht. Das ist jedenfalls mein Eindruck aus diesem bisherigen Prozeß heraus.*

Er fügt die Beobachtung hinzu, daß der Berater vom Betriebsrat akzeptiert wird, obgleich er mit diesem nicht immer einer Meinung ist:

> *Er wird akzeptiert von den Mitarbeitern. Und er wird auch akzeptiert vom Betriebsrat. Ich hab also auch bemerkt, daß sich jetzt in dieser Phase nicht immer die Auffassungen des Herrn X mit denen des Betriebsrats decken. Aber trotzdem hat er auch das volle Vertrauen vom Betriebsrat, was für mich auch wichtig ist.*

Auch der technischer Leiter des RBL-Projektes stellt fest, daß die Moderation nicht dazu führt, daß alle Beteiligten einer Meinung wären oder sich die verschiedenen betrieblichen und betriebspolitischen ‚Seiten' auflösen würden:

> *Wir bleiben auf unterschiedlichen Seiten sitzen und manchmal ist es nach wie vor festgefahren. Aber wir haben in der externen Moderation eine Art Vermittlungs- und Lösungsinstanz, eine Art Konfliktlösungsweg, der letztendlich allen Beteiligten weiterhilft in diesem Projekt.*

Hier wird eine wichtige Funktion des Beraters angesprochen: als *Moderator*, als *Vermittlungsinstanz*[47], als *Konfliktlösungsweg*[48], als etwas, was *letztendlich allen Beteiligten* des Beteiligungsprojektes *weiterhilft*. Ohne die Begleitung durch einen externen ,Dritten', darin sind sich letztlich alle Beteiligten einig, wäre der Beteiligungsprozeß beileibe nicht so produktiv abgelaufen, wie man das rückblickend feststellen kann. Hören wir hierzu noch einmal den Personalchef des Unternehmens:

> *Und ob wir das ohne eine solche externe Begleitung auch so gut geschafft hätten, möchte ich bezweifeln. Das ist schon wichtig. Da fehlt uns die Erfahrung.*

Ein weiterer Aspekt der Funktion des Beraters im Beteiligungsprojekt ist seine bereits im Kapitel über den „Baken-Konflikt" angesprochene Funktion als Repräsentant des Rahmens und damit als Repräsentant der die partialen Interessen und Perspektiven der Akteursgruppen übergreifenden Beteiligungsaufgabe – Repräsentant des Beteiligungsrahmens sowohl innerhalb des Beteiligungsprojektes gegenüber den einzelnen Projektmitgliedern, als auch gegenüber dem „Betrieb", gegenüber den aus der Perspektive des Beteiligungsprojektes externen Einflüssen von Seiten des Managements, von Seiten bestimmter betrieblicher Abteilungen, von Seiten des zur gleichen Zeit stattfindenden unternehmensweiten Reorganisationsprozesses, von Seiten der Gewerkschaften etc. Als Repräsentant des Beteiligungsrahmens bezieht er seine institutionelle Verortung nur zum geringen Teil aus der seine Rolle als Moderator strukturierenden aktuellen betrieblichen (Konflikt-)Dynamik. Wie die Moderatoren-Rolle eine gewisse dem Prozeß entzogene dritte Sichtweise voraussetzt, ein Set an professionellen Regeln und ein Mindestmaß an ,Distanz', aus der heraus überhaupt nur moderiert werden kann, so gilt in besonderem Maße für den Repräsentanten des Rahmens, daß er die Rahmenbedingungen allen Beteiligten gegenüber einführen, vertreten und aufrechterhalten muß. Einen Bezugspunkt und Halt findet er dabei in seinen professionellen sozialwissenschaftlichen Regeln und Normen sowie seinen beratungstheoretischen und -praktischen Erfahrungen, die gegenüber dem betrieblichen Geschehen eine differente, und damit, wie ich im ,Triangulie-

---

[47] Wie später mit Simmel noch deutlich werden wird, ist dies eine der zentralen Funktionen der ,dritten Partei' in strittigen Situationen.
[48] Auch als Konfliktschlichter: *Der schlichtet auch schon mal. Es kann ja schon mal zu einem, ich sage mal vorsichtig, Streit oder Wortwechsel kommen oder eine totale Meinungsverschiedenheit, wie da bei der Aus- und Einfahrtkontrolle, da haben wir uns echt gefetzt. Da kamen so die alten tiefen Gräben das VEB-Stadtwerke [= Verfolgen, Erwischen, Bestrafen/E.T.] so richtig hoch. Ähnlich wie jetzt hier bei Leistungs- und Verhaltenskontrolle. Dann müssen wir immer wieder den X mit einschalten, wir müssen nicht, wir wollen es, weil er die Leute wieder an den Tisch zurückruft.* (RBL-Betriebsrat)

rungskapitel' begründen werde, ‚dritte Sichtweise' einführen. Dies steht im übrigen nicht im Widerspruch dazu, daß die Rahmenbedingungen des Beteiligungsprojektes, wie etwa die beschriebenen Beteiligungsspielregeln, diskursiv entstanden, d.h. in einem gemeinsamen Abstimmungsprozeß ausgehandelt worden sind. Im weiteren Beteiligungsprozeß ist es jedoch die Aufgabe des Moderators, diese dann zu vertreten und die eintretenden – letztlich immer erwartbaren – Rahmenkonflikte diagnostisch und intervenierend zu nutzen. Im folgenden Interviewauszug kommt der Moderator selbst auf seine Rahmenfunktion zu sprechen; es geht um die Regel, daß die Mitglieder des Technischen Projektes, also die Techniker und Planer auf die Vorschläge der Beteiligungsgruppen in angemessener Weise und Zeit reagieren müssen:

> *Beispielsweise durch die Regel, sie müssen antworten. Durch diese Regel haben sie eine Struktur, in der sie antworten müssen. Und es gibt Personen, die sich darum kümmern, daß, wenn nicht geantwortet wird, nachgehakt wird. Insofern hat der Moderator eine Art Supervisionsfunktion, zu gucken, ob diese Spielregeln auch eingehalten werden.*

Neben seiner Funktion als Repräsentant des Beteiligungsrahmens übernahm der Berater im vorliegenden Fall explizit die Funktion[49], den gesamten Beteiligungsprozeß reflexiv zu begleiten und die Ergebnisse seiner Erkundungen und Beobachtungen in regelmäßigen Abständen allen Beteiligten zur Verfügung zu stellen – wodurch sie noch einmal einem Prozeß kommunikativer Validierung unterzogen wurden. Schon zu Beginn des Projektes legte er eine „Kommunikationsanalyse" (Röske 1993a) vor, die nach Ansicht des Personalchefs zwar nichts wirklich Neues an den Tag brachte, immerhin aber eine betriebliche Öffentlichkeit über Themen herstellte, die bislang nur in informellen Zusammenhängen kommuniziert oder in Form von Sticheleien angedeutet wurden: *Also das war nicht neu. Das wird nur nie gesagt. So unterschwellig, nich, oder durch ironische Bemerkungen.* Die Kommunikationsanalyse führte, ebenso wie die jährlich folgenden Beteiligungsbilanzen, zum einen dazu, wichtige inhaltliche Fragen aus dem Bereich des *Unterschwelligen*, den betrieblichen Unter- und Hinterbühnen (Neuberger 1995a, S. 44f.), herauszuholen und der Vorderbühne, dem betriebsöffentlichen Diskurs und damit einem rationaleren Umgang zugänglich zu machen. Die veröffentlichten Berichte boten zum anderen aber auch die Möglichkeit, die anfangs doch sehr auseinanderklaffenden Selbstbeschreibungen und Fremdzuschreibungen mit einer ‚dritten' Sicht zu konfrontieren, die sich von Anfang an der

---

[49] Und sicherte dies in seiner Aufgabenbeschreibung auch zeitlich und finanziell ab.

gemeinsamen Aufgabe orientierte: einen gelingenden Beteiligungsprozeß in Gang zu bringen mit dem Ziel, ein möglichst für alle akzeptables und brauchbares RBL-System zu entwickeln.

Eine dritte Sicht und damit Perspektivität führte der Berater jedoch nicht nur dadurch ein, daß er selbst in seinen Berichten Stellung genommen hat, sondern auch darüber, daß er die einzelnen Gruppierungen dazu brachte, ihre je eigenen Interessen und Perspektiven bezüglich des technischen Systems in kritischer Spannung zu den Präferenzen der anderen Akteure und Akteursgruppen zu erarbeiten und zu formulieren, so daß diese unterschiedlichen Interessen, Perspektiven und Präferenzen unter seiner Moderation im Beteiligungsprozeß als etwas Drittes – als von den subkulturellen Akteuren partiell abgelöster auszuhandelnder Gegenstand – verhandelt werden konnten. Ein Fahrer gibt die beharrliche Aufforderung des Moderators wie folgt wieder:

Machen Sie sich mal Gedanken, was Sie fordern können, was das RBL können soll für uns als Fahrer. .

Und einer der Disponenten bringt mit folgender Äußerung zum Ausdruck, wie schwierig, ja mißverständlich die Aufforderungen des Moderators nach Hinterfragen der eigenen Positionen wie der Standpunkte der anderen für ihn anfangs gewesen ist:

Er wollte uns dahinbringen, daß wir die Probleme erkennen. Ist ja am Anfang wirklich schwierig gewesen. Wie er dann immer wieder durch Nachfragen, durch Bohren: Ja seid ihr damit einverstanden? Ist das so? Wollt ihr das wirklich? Diese Hinterfragung, wo wir uns dann gedacht haben: Wenn er uns schon so fragt, dann muß da irgendwo ein Haken sein. Und dann also noch mal nachgedacht, ist das denn wirklich so gut, was wir da wollen? Also er hat nicht gesagt: Also ihr müßt da aufpassen, dieses und jenes, sondern nur durch dieses Hinterfragen, wollt ihr das wirklich so.

Durch diese Praxis des zirkulären Konfrontierens und Hinterfragens erreichte der Moderator, daß die unterschiedlichen Beteiligungsgruppierungen, wie der Personalchef es ausdrückt, *wirklich von sich aus agiert und Vorschläge gemacht haben, ohne das direkt von sich aus zu steuern. Das kann er, das hat er gut gemacht.*

Auf dem sozio-emotionalen Hintergrund einer anfangs noch eher von Mißtrauen geprägten Kultur zwischen den Fahrern und den Disponenten konnte die Beharrlichkeit, mit der der Berater versucht hat, die einzelnen

Gruppierungen zu einer Klärung ihrer aufgabenbezogenen Interessen und zur ‚Schärfung' ihrer Sichtweise zu ermutigen, aber auch als Aufforderung zu einer unfreundlichen Konfrontation verstanden werden:

Mir fällt auf Anhieb ein, daß der Mann das alles ganz gut im Griff hat, parteilos zu sein. Hat bei mir häufig den Eindruck vermittelt, zumindest am Anfang, hinterher hat sich das ja eingespielt: So, jetzt nehmen wir uns mal die Disponenten vor und jetzt sagen wir denen mal, was die alles machen müssen und dann hat er sich die Fahrer geschnappt und den Fahrern gesagt, wo sie drauf aufpassen müssen, was die Disponenten nicht machen sollten. So und so kamen dann die Konfliktpunkte aufeinander zu. Er hat also vom Prinzip Konflikte geschürt, damit wir nachdenken, wie kann man's besser machen, zumindest seh' ich das heute so. Damals hab ich gedacht: Oh Gott, der hetzt uns gegeneinander auf. Mittlerweile seh' ich das mit anderen Augen. Er hat bewußt Konflikte geschaffen, damit man diese Konflikte irgendwie lösen kann, irgendwelche Lösungsmöglichkeiten sieht.

Der Berater hat in den Worten dieses Disponenten *vom Prinzip Konflikte geschürt, damit wir nachdenken, wie man's besser machen kann.* Dieses ‚Prinzip': die inhaltliche Konfrontation nicht zu scheuen und auch die Auseinandersetzung zwischen den Gruppen nicht zu scheuen, mit der Absicht und im Vertrauen, daß dies nicht ins Destruktive umkippt, sondern einen Beitrag zum Erkenntnisprozeß und zur gemeinsamen technischen Lösung leistet – diese Arbeitsweise stellt hohe Anforderungen nicht nur an die Professionalität, sondern auch an die Person des Beraters. Es führt zu der Frage, wieviel eigenen Binnenraum der Berater für diese komplexe Dynamik zur Verfügung hat, wie er es in sich schafft, als Repräsentant des Systems Beteiligungsprojekt den einzelnen Personen und Gruppen gegenüberzutreten, ohne sich von deren Partialperspektiven und Sonderinteressen vereinnahmen zu lassen und ohne selbst (allzu sehr) Vertreter einer dieser Partialinteressen zu sein oder als solcher zu erscheinen. Beziehungsweise, noch einmal anders betrachtet, wie es der Berater schafft, mit den immer mal wieder aufflackernden Befürchtungen und Verdächtigungen aller Beteiligten umzugehen, er könne letztlich doch auf einer bestimmten Seite stehen, d.h. Repräsentant eines bestimmten Interesses sein. Mit diesen Bündnisverdächtigungen, aber auch vielfältigen Bündnisangeboten so umzugehen, daß sie diskursiv angehbar und damit auch affektiv integrierbar sind, ist, wie im Triangulierungskapitel noch ausgeführt werden wird, eine der schwierigen Herausforderungen in Dreiecks- oder anderen

214

Mehrecks-Beziehungen. Die Zitate legen nahe, daß es dem externen Berater gelungen ist, im Beteiligungsprojekt mit diesen sowohl mikropolitischen Strategien als auch sozio-emotionalen Impulsen hinreichend gut umzugehen.[50]

---

[50] Der Projektverlauf macht offenkundig, daß neben strukturellen, funktionalen und aufgabenbezogenen Aspekten enorme emotionale Anforderungen das Beteiligungsgeschehen prägten. Dieses emotionale Geschehen machte vor dem Berater nicht halt, im Gegenteil: Es forderte seine Beziehungskompetenz heraus; ja, in manchen Etappen des Projektes bzw. in einer Reihe von Situationen mußte er sich vor allem auf dieser Ebene zu verhalten wissen. Letztlich steht er in derartigen Projekten beständig vor der schwierigen Aufgabe, zwischen dem Sich-Einlassen auf das emotionale Geschehen (was immer auch heißt, sich von seinem Klientel verwickeln zu lassen) und dem entgegengesetzten Bemühen, einen außenstehenden Standpunkt zu bewahren und diese Verstrickungen immer wieder produktiv aufzulösen, zu oszillieren und zwischen diesen beiden Polen eine professionelle Balance zu halten. Wilfred R. Bion legte mit dem Konzept des Containments einen Ansatz für das Verständnis und den produktiven Umgang mit emotionalen Erfahrungen in Beratungsprozessen vor. Im Zentrum von Bions bereits in den frühen 60er Jahren entwickelten Konzeptes des Containments (Bion 1990) steht das Modell eines ‚Behälters', der nicht nur fähig ist, Emotionen so wie sie sind aufzunehmen, sondern die Fähigkeit besitzt, emotionale Erfahrungen umzuwandeln und auf diesem Wege auch zu verändern (siehe hierzu eingehender Tietel 2000b).

5. Trianguläre Kulturen in Organisationen

Im Terminus „Trianguläre Kulturen in Organisationen", so schrieb ich eingangs, spricht sich die Zuversicht aus, daß Organisationen nicht nur Orte instrumentellen und strategischen Handelns sind, Arenen mikropolitischer Auseinandersetzungen, in denen individuelle und kollektive Akteure ihre Ziele und Interessen durchzusetzen suchen, sondern sie auch Orte des Ringens um „gute Arbeit" sein können (Senghaas-Knobloch 2001), Orte gelingender Kooperation, sachorientierten Dialogs und gegenseitiger Anerkennung. Orte also, an denen die Organisationsmitglieder bei der Vertretung ihrer individuellen und kollektiven Interessen und beim Einnehmen ihrer jeweiligen Perspektiven eine produktive Spannung zu den Aufgaben und Zielen, zur Struktur und Kultur ihrer Organisation herstellen und aufrechterhalten. Der sich in dieser Formulierung aussprechende utopische Gehalt der Triangulierungs-Idee ist in den vorstehenden Kapiteln immer wieder angeklungen und soll nun systematisch ausgearbeitet werden. Ich nehme hierzu die verschiedenen inhaltlichen Fäden dieser Arbeit wieder auf und führe sie in der These von der Möglichkeit triangulärer Kulturen in Organisationen zusammen. Dies betrifft vor allem:

- die Thematik organisatorischer Subkulturen, vornehmlich die Problematik subkulturübergreifender Aushandlungsprozesse, die eher als triadische denn als dyadische Verhältnisse zu konzipieren sind;
- die psychodynamische Dimension der Organisationskultur, vor allem den sozio-emotionalen Kontext organisationskultureller Erfahrung, dessen Dialektik sich erst unter Bedingungen triangulärer Verhältnisse wirklich entfalten kann;
- die Analyse der Aushandlungsprozesse bei der beteiligungsorientierten Einführung eines RBL-Systems in einem Betrieb des Öffentlichen Personennahverkehrs – ein empirisches Beispiel für die Herausbildung einer ansatzweise triangulären Aushandlungskultur;
- und schließlich die Entfaltung des Konzepts der Triade in seinen soziologischen und psychoanalytischen Aspekten, insbesondere die auf Ronald Britton (1989) zurückgehende Vorstellung eines triangulären Raums.

216

Die Triade: Grundform des Sozialen und Strukturprinzip entwickelter Persönlichkeit

Die Einsicht in die grundlegende sozialisierende – und das heißt: strukturierende – Bedeutung der Triade reicht weit in die Frühzeit psychoanalytischen und soziologischen Denkens zurück. Als Wegbereiter soziologischen Verständnisses triadischer Verhältnisse ist Georg Simmel zu nennen, der in seiner im Jahr 1908 erschienenen „Soziologie" (Simmel 1992) eine differenzierte Analyse triadischer Verhältnisse vorgelegt hat, die zeigt, daß die Dreizahl einen zentralen „Knotenpunkt der Soziologie" (Freund 1976, S. 101) bildet. Allert (1997, S. 33) zufolge hat Simmel in dieser Schrift „als erster die innere Logik triadischer Konstellationen rekonstruiert." Simmels Analysen triadischer Verhältnisse haben Walter L. Bühl in den 70er Jahren dazu angeregt, eine programmatische Wende in der Soziologie in Richtung auf das „Paradigma einer triadischen Soziologie" zu fordern. Ich wende mich Simmel sowie den soziologischen Analysen im Gefolge von Simmel in diesem Kapitel in einem Exkurs zu.

In der Psychoanalyse reicht die Thematisierung triadischer Verhältnisse bis auf ihren Begründer Freud zurück. Nicht nur die universalen Formen der sozialen Ordnung tragen triadische Züge, auch die entwickelten Formen des menschlichen Seelenlebens erfordern eine triadische Struktur, die im konflikthaften Durchlaufen und Auflösen des Ödipuskomplexes (Freud 1923) erworben wird.[51] Doch erst der nachfreudschen Psychoanalyse, beginnend mit Melanie Kleins Entdeckung präödipaler Triangulierungskonflikte (Klein 1928), gelang der Nachweis, daß die ödipale Triade vielfältige Vorläufer in der frühen Triangulierung besitzt. Der Begriff „Triangulierung" selbst wurde in den 70er Jahren (Abelin 1971) im Gefolge einer stärkeren Zuwendung zum Vater als triangulierendem Dritten in der „Mutter-Kind-Symbiose" (Mahler, Pine und Bergman 1980) zu einem festen Bestandteil der psychoanalytischen Terminologie, bevor die Triade dann, vorbereitet durch Lacan (1975), zum

[51] Im Gegensatz zu verbreiteten trivialisierenden Vorstellungen vom Ödipuskomplex wird dieser in der gegenwärtigen Psychoanalyse als ein hochkomplexes Geschehen gefaßt, das „nicht nur die Gesamtheit der kindlichen Liebes-, Haß- und Schuldgefühle gegenüber den Eltern" umfaßt; er wird auch begriffen als „das Resultat interpersoneller und familiendynamischer Vorgänge, die sich zwischen Eltern und Kind ereignen und die das Aushandeln der Generationengrenze, die Anerkennung der kindlichen Psychosexualität, bei gleichzeitiger allmählicher Ablösung der erotischen Bindungen an die Eltern, die Durcharbeitung aggressiv rivalisierender und narzißtisch ödipaler Ansprüche, aber auch immer wieder die Frage nach dem eigenen Ursprung (Urszene) und der Zeit davor, betreffen. Während von Freud überwiegend die kindliche Triebnatur thematisiert wurde, bezeichnet der Ödipuskomplex somit aus heutiger Sicht die Gesamtheit der Entwicklungsaufgaben, die sich aus der Dreiecksstruktur und der Soziodynamik der Eltern-Kind-Beziehung ab der Geburt ergeben, wobei auch unbewußte psychosexuelle, narzißtische und aggressive Strebungen und Konflikte der Eltern berücksichtigt werden" (Mertens 2000, S. 514).

„strukturellen Apriori der Entfaltung menschlichen Daseins" (Lang, 1978, S. 76) avancierte. Die Formulierung eines „triangulären Raumes" durch Britton (1989) kann als weiterer Meilenstein psychoanalytischen Verständnisses triangulärer Verhältnisse angesehen werden. Vor allem auf dieses Konzept werde ich mich im vorliegenden Kapitel beziehen.

5.1. Der empirische Ausgangspunkt: Die Interaktionstriade bei der Einführung eines RBL-Systems in einem Unternehmen des Öffentlichen Personennahverkehrs

In den vorangegangenen Kapiteln habe ich anhand ausgewählter Aushandlungsprozesse, Konflikte und Episoden (re-)konstruiert, wie sich in der RBL-Interaktionstriade eine Aushandlungs- und Abstimmungskultur entwickelt hat, die es ermöglichte, daß die Interessen, Präferenzen und Perspektiven der diese Triade bildenden betrieblichen Akteursgruppen im Vergleich mit dem früheren Aushandlungsgeschehen in einer offeneren und stärker dialogischen Weise eingebracht, abgeglichen, ausgehandelt bzw. in rekursiven Schleifen überhaupt erst entwickelt werden konnten. Man kann auch sagen, die Interaktionstriade wurde zu einem Raum, in dem neben instrumentellen und strategischen, d.h. macht- und einflußorientierten Interessenbekundungen und -durchsetzungen, dialogische, d.h. vertrauens- und verständigungsorientierte Aspekte eine Rolle spielen konnten und zunehmend auch spielten. Aus vormals von Bündnissen und wechselseitigen Ausschließungen geprägten Beziehungen emergierte so innerhalb der Triade ansatzweise etwas, was ich als trianguläre Kultur bezeichnen und im vorliegenden Kapitel theoretisch begründen möchte.

Die Ausgangssituation: RBL auf dem Kampfplatz der betriebspolitischen Dichotomie

Ich erinnere noch einmal an die Ausgangslage: In Sachen RBL standen sich mehrere Jahre zwei Parteien ziemlich unversöhnlich gegenüber, nämlich

- das ‚Technische Projekt' und das Management (also Techniker, Ingenieure, Planer und alle mit RBL befaßten Leitungspersonen von der Abteilungs- bis zur Vorstandsebene) einerseits sowie
- der Betriebsrat als Repräsentant der Belegschaft (vor allem der Fahrerschaft) und als gewerkschaftlichem Denken verpflichtetes Organ der Interessenvertretung andererseits.

218

Über den Zeitraum von mehreren Jahren verhinderten macht- und interessen-
dominierte Auseinandersetzungen das Zustandekommen von sach- und lö-
sungsorientierten Aushandlungsprozessen und damit von organisatorisch-
technischen Entscheidungen zur Einführung eines rechnergestützten Betriebsleitsystems. Die beiden betrieblichen Gruppierungen standen sich – zumindest bezüglich des Gegenstandes RBL – wie zwei polare Lager gegenüber; zwei Lager, die, um es mit einer psychodynamischen Formulierung zu
fassen, wie im Falle von ‚Ablehnungsbindungen' sowohl untrennbar miteinander verbunden waren, als auch sich gleichzeitig unnahbar auf Abstand
hielten. Diese Struktur kann durch das Bild zweier fest durch eine Stange verbundene Einheiten symbolisiert werden, bei der die Bewegung der einen Einheit zu einer entsprechenden (Gegen-)Bewegung auf der anderen Seite führt,
wobei die Distanz zwischen beiden immer gewahrt bleibt.

Technisches Projekt/   Betriebsrat
Management

Die beiden Anwendergruppen des RBL, die Fahrer und die Disponenten, waren in diesem Abschnitt des Planungsprozesses lediglich als Planungsgrößen
vorgesehen. Sie wurden noch nicht einmal als potentielle Informanten zu Rate
gezogen, geschweige denn als mitsprache- oder gar entscheidungsberechtigte
Akteure.

Mit dem Beschluß für eine sozialverträgliche RBL-Einführung und der daraus
resultierenden Einsetzung eines Beteiligungsprojektes betraten nun Repräsentanten der Fahrerschaft und der Betriebslenkung die betriebspolitische
Bühne; die Dyade erweiterte sich zu jenem von mir Interaktionstriade bezeichneten Akteursdreieck, dessen wechselhaftes Aushandlungsgeschehen in
dieser Arbeit an exemplarischen Episoden und Prozessen analysiert und interpretiert wurde.

Von der betriebspolitischen Dyade zur Interaktionstriade

Die Frage nach den Chancen dritter Akteure, die die klassische betriebspolitische Dichotomie von Kapital und Arbeit, von Arbeitgeberseite und gesetzli-

cher Interessenvertretung der Arbeitnehmer aufbrechen und eine neue Art von Aushandlungsspielräumen in den Unternehmen eröffnen würde, hat durchaus eine längere Tradition. Zu nennen sind hier die Konzepte zu einer „Mitbestimmung am Arbeitsplatz", wie sie in Deutschland Ende der 60er und Anfang der 70er Jahre diskutiert wurden. Unter dem Wahlspruch „Mitbestimmung in der ersten Person" wurden dort – im Einklang mit den Ende der 60er Jahre beginnenden Demokratisierungsbewegungen in vielen gesellschaftlichen Bereichen – direktere Formen von Demokratie auch am Arbeitsplatz gefordert (Vilmar 1971). Vorgeschlagen wurden Arbeitsgruppen mit selbstgewählten Sprechern und einer eigenen Verhandlungskompetenz. Die Betriebsräte als Repräsentanten der Gesamtbelegschaft sollten dieser Konzeption entsprechend „nur im Falle einer wechselseitigen Blockade von Management und Teilkollektiven aktiviert werden" (Dörre 1996, S. 9). Hierzu zählen auch die skandinavischen Aktionsforschungsansätze, die etwa im Konzept des „demokratischen Dialogs" auf eine Mischung von gewerkschafts- und belegschaftsgetragenen Verhandlungsansätzen setzten (Gustavsen 1994). Zu nennen sind weiterhin all die Partizipationsformen, die im Zuge der Forschungs- und Praxisansätze des Bundesprogramms „Humanisierung der Arbeit" seit den 70er Jahren und des Landesprogramms „Sozialverträgliche Technikgestaltung" seit den 80er Jahren entwickelt wurden. Diese Ansätze wurden auf betrieblicher Ebene zuweilen jedoch ziemlich ambivalent aufgenommen. So beklagt beispielsweise Fürstenberg (1984, S. 1) bezüglich der Humanisierungsforschung die beträchtliche Diskrepanz, ja Konfrontation zwischen „dem Veränderungsidealismus der Sozialforscher und dem machtorientierten Pragmatismus der [betrieblichen/E.T.] Politiker". Waren die Sozialforscher, so Fürstenberg, in der Forderung nach Einrichtung „teilautonomer Gruppen" durchaus an der Stärkung dritter Akteursgruppen in den Betrieben interessiert, stießen diese Bemühungen häufig auf einen „meist von Betriebsräten getragenen Widerstand" (ebenda).

Seit den 90er Jahren gewinnen im Gefolge neuer Managementstrategien Ansätze zur Etablierung dritter Akteure in Betrieben aus einer ganz anderen Richtung an Bedeutung. Dezentralisierung von Organisationen, die Bildung von überschaubaren Profitcentern, Team- und Gruppenarbeit, Empowerment und Delegation von Entscheidungsbefugnissen sowie Verantwortung nach unten ziehen im Gefolge des Booms von Unternehmenskultur- und Lean-Management-Ansätzen sozusagen ‚von oben' in die Arbeitswelt ein. Humanisierung und Wirtschaftlichkeit sollen kein Gegensatz mehr sein, die kreativen Ressourcen der Beschäftigten sollen sowohl jenen größere Arbeits-, Gestaltungs- und Mitsprachespielräume ermöglichen als auch in Gestalt ständiger

Verbesserungen von Produkt und Prozeß die Effizienz und Effektivität des Unternehmens erhöhen; Prozesse, die wiederum nicht nur den Eignern zugute kommen sollen, sondern auch den Beschäftigten ihre Arbeitsplätze zu sichern versprechen. Während Minssen (1999, S. 151) davon ausgeht, daß die Erweiterung des tradierten institutionellen Arrangements der Interessenvertretung durch Ansätze von partizipativem Management dazu führen könnte, daß sich die „Interessenvertretung auf Betriebsebene dualisiert, zu einer eher kollektiven Interessenvertretung durch den Betriebsrat und einer eher individualisierten Interessenvertretung durch die Gruppensprecher oder andere Gruppenmitglieder", vertreten Müller-Jentsch und Sperling (1995) die weitergehende These, daß auf dem Hintergrund von Qualitätszirkeln, Gruppenarbeit und Zielvereinbarungen die industriellen Beziehungen in Deutschland auf dem Weg zu einem flexiblen triadischen System sind: „Früher oder später könnten die strukturellen Merkmale des deutschen Modells modifiziert werden: das duale System könnte einem triadischen System von Interessenvertretung weichen mit industrieweiten Aushandlungsprozessen zwischen Gewerkschaften und Zusammenschlüssen (Assoziationen) von Beschäftigen, unternehmensweiten Verhandlungen zwischen Betriebsräten und Management, und direkter Partizipation von Arbeitsgruppen mit gewählten Teamleitern. Dies setzt voraus, daß das hoch formalisierte und hochgradig repräsentative Modell umgeformt werden würde" (Müller-Jentsch und Sperling 1995, S. 26f.).

Es gibt jedoch auch kritische Stimmen. Greifenstein, Jansen und Kißler (1993) untersuchten am Beispiel einer dieser neuen organisatorischen Innovationen – der Qualitätszirkel – die Frage, ob hier vom Aufkommen einer dritten Akteursgruppe neben Management und betrieblicher Interessenvertretung gesprochen werden kann. Voraussetzung hierfür wäre, so die Autoren, daß der neue Akteur, wie die beiden anderen Gruppierungen auch, sein Partizipationsrecht kollektiv wahrnehmen kann, zum Beispiel in Form von Mitspracheruppen. Ihre Untersuchung zeigt jedoch, daß „die Verfahren der direkten Partizipation ohne Mitwirkung der Adressaten des Beteiligungsangebots von den etablierten kollektiven Akteuren in ein Konzept gegossen worden" sind (ebenda, S. 320). Ihr Fazit: Die wissenschaftlichen Beobachter neuer Partizipationsverfahren glaubten „zwischen den beiden traditionellen Kollektivakteuren das Aufkommen eines dritten Akteurs mit Definitionsmacht zu erkennen und sichtete(n) doch bloß neue Agierende" (ebenda, S. 324).

Während Greifenstein, Jansen und Kißler bei der Beurteilung der Existenz einer dritten Akteursgruppe den strengen Maßstab einer umfassenden Entscheidungsbeteiligung anlegen, vertreten Liebau und Mückenberger (1997) auf dem Hintergrund eines offeneren Akteurbegriffs die These, daß die industriellen Beziehungen seit der Einführung der gesetzlichen Mitbestimmung immer schon durch drei Akteursgruppen bestimmt sind. Sie nennen das die industriellen Beziehungen prägende Dreiecksverhältnis „Akteursdreieck" (ebenda, S. 7) oder auch „Beziehungsdreieck" (ebenda, S. 105) und verstehen darunter die triadische Beziehung zwischen Leitung, Beschäftigten und betrieblicher Interessenvertretung.

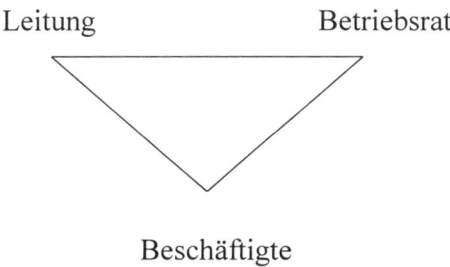

Leitung   Betriebsrat

Beschäftigte

Ähnlich meinen Überlegungen zur Interaktionstriade gehen die Autoren der Frage nach, wie sich die betrieblichen Aushandlungsbeziehungen gestalten, wenn man nicht von einem dyadischen Grundverhältnis, sondern von den drei Beziehungslinien ausgeht, die sich zwischen den Polen des Dreiecks aufspannen. Nach dem folgenden Abschnitt über die imaginäre Triade werde ich den Argumentationsstrang von Liebau und Mückenberger nachzeichnen, da sich meine Gedanken zu einem triangulär strukturierten betrieblichen Aushandlungsraum hieraus gut entwickeln lassen.

Die imaginäre Triade

Die Tatsache, daß von drei statt von zwei in Beziehung stehenden Akteuren die Rede ist, konstituiert zwar ein Dreiecksverhältnis, jedoch noch keinen triangulär strukturierten Aushandlungsraum, keine ‚entfaltete' Triade. Hiervon legt der in dieser Arbeit analysierte Beteiligungsprozeß beredtes Zeugnis ab. Mit der Einsetzung eines Beteiligungsprojektes erweiterte sich das Aushandlungsspektrum zwar um eine dritte Gruppierung: die Beteiligungsgruppen mitsamt deren Infrastruktur; vorderhand übertrugen sich jedoch die Erfahrungen und Vorbehalte der Vorzeit des Beteiligungsprojektes auf die neue Beteiligungsstruktur. Konkret hieß das beispielsweise, daß die Beteiligungsgruppen von den Mitarbeitern des Technischen Projektes zunächst nicht als eigenständige Akteursgruppe angesehen wurden, sondern gleichsam als verlängerter Arm der betriebsrätlichen Macht. Dies fand im Selbstverständnis des Betriebsrates durchaus seine Entsprechung, reduzierte dieser doch die Arbeit der Beteiligungsgruppen seinerseits auf eine Art sachbezogener Zuarbeit zur betriebsrätlichen Entscheidungsfindung.

Genau besehen wurden in der Anfangszeit des Beteiligungsprojektes von allen Gruppierungen nicht nur die bisherigen betriebspolitischen und arbeitsbezogenen Erfahrungen auf die anderen Akteure der Triade übertragen, sondern auch und vor allem die mit diesen Erfahrungen verbundenen Vorstellungen und Phantasien – mit all den daraus resultierenden wunsch- und bedenkengeleiteten Zuschreibungen. Dieser (organisationskulturelle) Zuschreibungsprozeß weist tief in die Vorzeit des Beteiligungsprojektes zurück, beispielsweise auf die Vorstellungen, Erwartungen und Phantasien, die die Initiatoren des Beteiligungsprojektes mit seiner ‚Gründung‘ verbanden. Hier herrschten keineswegs triadische Vorstellungen vor, sondern neugestrickte dyadische Phantasien: Der externe Geldgeber des Beteiligungsprojektes wollte die Ersetzung der institutionalisierten Mitbestimmung durch Gruppen von Beschäftigten erproben (also den Betriebsrat ein Stück weit heraushalten); auch das Technische Projekt hoffte sehr auf die Ersetzung des Betriebsrates durch Beteiligte, fürchtete jedoch gleichzeitig eine Verstärkung der betriebsrätlichen Macht; der Betriebsrat wollte seine Verhandlungsmacht um den anwendungsorientierten Sachverstand der Beteiligten erweitern, die Beteiligten aber keinesfalls in die Arena der Mitbestimmung aufnehmen. Meines Erachtens hatte am ehesten das Management eine vage Vorstellung von der Ausweitung des Aushandlungsgeschehens um eine dritte Akteursgruppe, jedoch weniger, um die Beschäftigten als dritte Akteursgruppe ins Spiel zu bringen und im Spiel zu halten, sondern eher, um den Sand aus dem Getriebe der RBL-Einführung zu beseitigen. Es zeigte sich jedenfalls später, daß auch dem Vorstand nicht klar war, was er sich mit einem derartigen Beteiligungsprojekt und der damit einhergehenden Öffnung des betriebspolitischen Aushandlungsspektrums eingehandelt hatte.

Man erkennt bereits aus diesen Andeutungen, daß der Beteiligungsprozeß von Anfang an nicht nur ein Prozeß der Zuwendung zur gemeinsamen technischen Entwicklungsaufgabe und zur Herstellung von kooperativen Beziehungen und Strukturen war, sondern eng verknüpft blieb mit der Bearbeitung der diesen Prozeß begleitenden, vielleicht besser: einbettenden imaginären Szenarien. Für die Beteiligungsgruppen hieß dies, zwischen sich und den Phantasien ihrer ‚Erzeuger' einen Spielraum zu schaffen; für alle Mitwirkenden bedeutete es die Arbeit an der Modifizierung der wechselseitigen Zuschreibungen, die jede Gruppierung in ihrem ‚Gepäck' mit in den Beteiligungsprozeß brachte. Man kann sich dies jedoch nicht als einen intentionalen oder gar einmaligen Akt vorstellen; die im Konstituierungsprozeß der Triade hochgradig wirksamen (nur zum Teil bewußten) Phantasien und Vorstellungen, die ich die „imaginäre Triade" nennen möchte, mußten im Laufe des Projektes immer wieder aufs Neue, meist eingebunden in die Bewältigung konfliktuöser bzw. krisenhafter Situationen, ab- und durchgearbeitet werden.

Wie im Kapitel über die „Alibi-Krise" geschildert, spürten die Beteiligungsgruppen sehr früh, daß ihnen der Platz, der in der formalen Projektstruktur des RBL-Projektes für sie vorgesehen war, in der Realität des Planungs- und Einführungsprozesses nicht wirklich zur Verfügung stand; ihr Ort als neue Akteursgruppe mußte von ihnen eingeklagt, ja erfochten werden. Doch auch nach der durch die Lösung der „Alibi-Krise" erfolgten tatsächlichen Etablierung eines dritten Pols in den Aushandlungsbeziehungen war das RBL-Beteiligungsprojekt noch weit von triangulär zu nennenden Beziehungen entfernt. Es inszenierte sich nun in verschiedenen Varianten eine Konstellation, die Liebau und Mückenberger eine „1-aus-3-Beziehung"[52] nennen: die „Koalitionsbeziehung".

5.2. Koalitionsbeziehung und Ausschlußbeziehung

In dem von Liebau und Mückenberger beschriebenen Akteursdreieck sind drei potentielle Koalitionsbildungen möglich: erstens eine Koalition zwischen der Leitung und den Beschäftigten, zweitens eine Koalition zwischen der Leitung und dem Betriebsrat und drittens schließlich eine Koalition zwischen dem Betriebsrat und den Beschäftigten. Letztere Koalitionsmöglichkeit, ein Bündnis zwischen Beschäftigten (bzw. deren Repräsentanten in den Beteiligungsgruppen) und Betriebsrat, befürchtete das Management und die ihm unterstellten Techniker und Planer. Doch Koalitionsbildungen können sich komplizierter gestalten: so, wenn sich Teile einer Akteursgruppe, wie die Disponenten als Teil der Beteiligungsgruppen, mit dem Technischen Projekt (den Technikern und Planern) und ein anderer Teil der Beteiligungsgruppen, die Fahrer, mit dem Betriebsrat verbünden. Ich habe diese Koalitionsbildungen in ihren wechselnden Verhältnissen im Kapitel „*Also wir haben jetzt*

---

[52] „1 aus 3" deshalb, weil nur eine der drei Beziehungslinien des Dreiecks als Vertrauensbeziehung bezeichnet werden kann.

224

wirklich ein toffes Verhältnis. Das hilft auch dann das RBL positiver zu se-hen" nachgezeichnet.

Koalitionsbildung markiert in Dreiecksverhältnissen die am häufigsten anzu-treffende Möglichkeit, mit Sach-, Perspektiven- und Interessenunterschieden zwischen den Akteuren und dem hierin enthaltenen Konfliktpotential in einer Weise umzugehen, daß sich die Gewichte zu Gunsten von zweien der drei Akteure verändern. So betrachtet sind Koalitionen Bündnisse zur Stärkung der beiderseitigen Position gegenüber einem Dritten, der sich nun nicht mehr zwei selbständigen und tendenziell unabhängigen Akteuren, sondern einem (zumindest partiell und temporär) vereinigten Akteur gegenüber sieht. Bei der Koalitionsbildung wird gleichwohl keine Interessengleichheit zwischen den beiden koalierenden Partnern angestrebt; Koalitionsbildungen sind vielmehr „kalkulierte Zweckbündnisse"; beabsichtigt ist laut Neuberger (1995b, S. 144) „ein kalkuliertes und kalkulierendes Arbeitsbündnis zur individuellen Vor-teilsicherung." Lawler und Bacharach (1983) formulieren, daß man Koalitio-nen als die wichtigsten taktischen Mechanismen zum Gewinn, Erhalt und Einsatz von Macht in Organisationen bezeichnen kann. Bosetzky (1987) sieht Koalitionsbildungen im Zentrum mikropolitischer Strategien und Spiele in Organisationen; ja, er bestimmt Mikropolitik geradezu als den „Versuch von Organisationsmitgliedern, durch Koalitionsbildung in der und gegen die Or-ganisation die eigenen wie die gruppenspezifisch-partikularistischen Ziele zu erreichen und die Verteilung der organisationalen Belohnungen (Positionen mit mehr Entgelt, Macht und Prestige und mit größeren Selbstverwirkli-chungschancen) zu eigenen Gunsten bzw. zu Ungunsten Anderer zu verän-dern" (ebenda, S. 134).

Anknüpfend an Simmels (1992) Analyse triadischer Verhältnisse spüren Sofsky und Paris (1994) den vielschichtigen machtpolitischen Möglichkeiten des Koalitionsspiels nach: „Sobald Dritte die Bühne betreten, verändert sich der soziale Konflikt grundlegend. Er überspringt die einsame Dyade und wendet sich dem Dritten zu. Jener löst eine Konkurrenz aus, die den direkten Zwist überlagert und verschärft. Damit er sich nicht auf die Gegenseite schlägt, muß man ihn mit Angeboten ködern. Man wirbt um ihn, sucht nach Gemeinsamkeiten, verhandelt über die Bedingungen einer Koalition. Gleich-zeitig setzt man alles daran, den Rivalen auszustechen, man denunziert ihn, bringt ihn in Mißkredit, sucht ihn in die Isolation abzudrängen. Die Triade fächert die taktischen Aktionen auf. Mit dem Dritten sucht man die Zusam-menarbeit, gegen den Zweiten geht der Kampf weiter" (Sofsky und Paris 1994, S. 249). Koalitionsbildungen in der Triade setzen also ein Spiel von

Dissoziation und Assoziation in Szene: Die koalierende Triade dissoziiert, schließt ein Mitglied aus, indem sie (sich gegen dieses) assoziiert, zusammenschließt; sie assoziiert, indem sie dissoziiert.

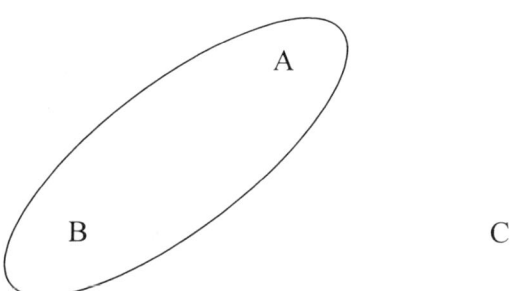

Im Vordergrund der koalitionären Partnerschaft, so Sofsky und Paris, steht der „äußere Gegensatz. Man findet zueinander, weil man gemeinsam mehr zu erreichen glaubt als allein. Koalitionen unterstehen dem Primat der Außenorientierung, sie sind *strategische Kooperationen*, die vornehmlich gegen etwas, nicht für etwas sind. ... Gefühle der Zusammengehörigkeit können ein Bündnis stärken, sie bringen es aber nicht hervor" (ebenda, S. 250). Da es dergestalt nicht um die Zugehörigkeit, sondern um die „Wirkung nach außen" geht, kommt es in Koalitionen, anders als in der entwickelten Triade, nicht auf die „innere Verbindung, sondern die Verbindlichkeit der Verbindung" an (ebenda, S. 251). Während soziologische Koalitionstheorien ein besonderes Augenmerk auf die Problematik der Macht werfen und sich dementsprechend Fragen der Machtverteilung und Machtverschiebung in Koalitionen zuwenden (Caplow 1968), beschäftigen sich psychodynamisch orientierte Ansätze eher mit Fragen des emotionalen Erlebens und der Beziehungsgestaltung in Koalitionen. Da im folgenden die Frage der sozio-emotionalen Erfahrung im Mittelpunkt der Analyse triangulärer Prozesse in Organisationen steht, werde ich kurz darauf eingehen, was aus dieser Forschungsperspektive zur Frage von Koalitionsbildungen in Triaden gesagt werden kann.

Psychodynamische Überlegungen zu Koalitionsbildungen beziehen sich hauptsächlich auf das soziale System der Familie. Neuberger (1991) zeichnet die Ansätze nach, die sich aus Perspektive der systemischen Familientherapie mit psychodynamischen Aspekten der Koalitionsbildung in der familialen Triade beschäftigen, wobei es hierbei vor allem um das Problem der Verschmelzung und damit einhergehender Grenzverwischungen zwischen den Familienmitgliedern geht. Meiner eigenen Theoriebildung näher ist der Ansatz von Thea Bauriedl (1998), die sich seit geraumer Zeit mit familiären Koalitionen, vor allem der Frage von Bündnisbildung und Ersatzpartnerschaften beschäftigt. Sie fokussiert hierbei auf die Thematik der Ausschlußbewegung durch Koalitionsbildung und beschreibt aus ihren Erfahrungen mit der Behandlung familialer Beziehungsstörungen die Problematik des Ausschließens, Ausgeschlossen-Werdens und Sich-Ausgeschlossen-Fühlens wie folgt: „Von drei Personen schließen sich zwei zusammen, der oder die Dritte wird ausgestoßen. ... Der Bündnispartner/die Bündnispartnerin wird in dieser Struktur als verschlingend erlebt, der oder die ausgestoßene Dritte und das ausstoßende Paar werden als bedrohliche Feinde erlebt. Die Situation wird noch komplizierter dadurch, daß nicht nur jede der drei Personen der oder die Ausgestoßene sein kann und dagegen kämpft, ausgestoßen zu werden, sondern daß gleichzeitig jede der drei Beziehungen im Dreieck hoch ambivalent ist. Auf einer tieferen Ebene ist nämlich in der Phantasie der ‚Feind' immer auch ein potentieller Bündnispartner gegen den derzeitigen Bündnispartner. Es herrscht also viel Angst in diesem System, die mit allen möglichen intrapsychischen und interpsychischen Abwehrmechanismen in Schach gehalten wird" (1998, S. 133). Bauriedl beschreibt hier eine hoch ambivalente Beziehungsstruktur: nicht nur erlebt der ausgeschlossene Dritte das sich gegen ihn verbündende Paar ganz im Sinne des im ersten Teil dieser Arbeit beschriebenen paranoid-schizoiden Modus der Erfahrungsbildung als bedrohlich – und die Koalierenden müssen sich um das sorgen, was jener sich einfallen läßt, um seine Position wieder zu verbessern –, auch die Koalitionsbeziehung selbst ist nicht frei von einer untergründigen Ambivalenz. Da es sich bei Koalitionsbildungen in Organisationen (zumindest vorderhand) um Zweckbündnisse handelt, und keine Partei ausschließen kann, daß der heutige Koalitionspartner nicht morgen schon seine Zwecke in einem Bündnis mit dem Dritten besser gewahrt sieht und man unversehens selbst als der Ausgeschlossene dasteht, wird man bemüht sein, sich der Loyalität des Koalitionspartners ebenso beständig zu versichern, wie man günstigerweise die Tür zum ausgeschlossenen Dritten niemals völlig zuschlägt. Damit ergibt sich strukturell eine heikle Gratwanderung zwischen den eigenen Loyalitätsbekundungen dem Koalitionspartner gegenüber, dezenten Hinweisen darauf, daß man auch ganz anders könnte (in dem Fall, daß der Koalitionspartner überzogene Forderungen stellt), dem Aufrechterhalten der Ausgrenzung des Dritten und dem Bemühen, diese Beziehung dennoch auf einer Ebene zu halten, die mögliche Veränderungen in der Dreiecksbeziehung nicht gänzlich unmöglich werden läßt. Doch die Balance zwischen Nähe und Distanz im koalitionären Verhältnis ist nicht nur vom potentiellen Wechsel des Koalitionspartners, also von Auflösung bedroht, hinzu kommt die Problematik unabgegrenzter Nähe, was Bauriedl mit dem Begriff des „Verschlingens" faßt. So sehr Koalitionen in Organisationen auch in erster Linie aus Interessensgründen geschlossen werden, bilden sich doch häufig auf einer untergründigen Ebene moralische Loyalitätsanforderungen und sozio-emotionale Umschließungstendenzen heraus, die über die Zweckbindung weit hinausgehen und von den koalierenden Parteien durchaus als verschlingend, als Einverleibung in den betriebspolitischen und kulturellen Wirkungsbereich des Koalitionspartners und damit als Bedrohung der eigenen subkulturellen Identität erlebt werden können.

In der Konsequenz führen Koalitionsbildungen in Triaden dazu, daß die Struktur des Dreiecks in eine Abfolge von Dyaden zerfällt. In den Worten von Sofsky und Paris (1994, S. 304f.): „Mit dem Ende des Dritten sind alle Bündnismöglichkeiten ausgetrocknet. Alle haben sich entschieden. Die Figuration zerfällt in zwei Lager. Wie Koalitionen das soziale Netz einreißen, wenn sie ihre äußeren Kontakte zentralisieren, so zerstören sie auch die Stellung des Dritten. Sie reduzieren die Triade auf die Dyade. Nun gilt der simple binäre Schematismus des sozialen Antagonismus, die manichäische Opposition von Schwarz und Weiß."

Gehen wir einen Schritt weiter. Welche triadischen Verhältnisse sind jenseits der Koalitionsbildung vorstellbar? Auf diese Frage findet sich bei Liebau und Mückenberger (1997, S. 8) eine erste Antwort. Aus der Perspektive ihrer Fragestellung, wie sowohl betriebliche Reorganisationsprozesse erfolgreich gestaltet, als auch die Stellung der Belegschaft als dritter Akteursgruppe in diesen Prozessen gestärkt werden können, thematisieren die Autoren die Beschränktheit der Koalitionsvariante. Sie gehen davon aus, daß eine Koalition zwischen zwei der drei von ihnen genannten Akteursgruppen weder für gelingende Reorganisationsprozesse in Organisationen hinreicht, noch dafür, für die Beschäftigten dauerhaft Partizipationsgewinne zu erzielen. Einen entscheidenden Fortschritt sehen sie hingegen darin, wenn die Koalitionsbeziehung – als nur eine von den drei in der Triade möglichen Vertrauensbeziehungen (1-aus-3-Regel) – erweitert wird in Richtung auf eine Beziehungsform, die sie die „2-aus-3-Regel" nennen. Dieser Form wende ich mich nun zu.

5.3. Die „2-aus-3-Regel" nach Liebau und Mückenberger

Liebau und Mückenberger (1997, S. 105) führen die „2-aus-3-Regel" in folgender Weise ein: „In den untersuchten Betrieben stellte sich heraus, daß für eine erfolgreiche Umstrukturierung mindestens zwei [kooperative/E.T.] Bezugslinien (,2-aus-3-Regel') bestehen müssen." Bei der „2-aus-3-Regel" geht es, geometrisch gesehen, nicht um die Beziehung zwischen A, B und C, also zwischen den Eck-Punkten des Dreiecks; die Sichtweise verschiebt sich auf die Beziehungs-Linien, die sich zwischen den Eckpunkten aufspannen, also die Linien a, b und c. Die Autoren unterscheiden nun drei mögliche Beziehungsvarianten, je nachdem, welche Akteursgruppe an dem Eckpunkt des Dreiecks situiert ist, von dem aus die beiden auf Vertrauen basierenden kooperativen Beziehungen ausgehen:

- eine korporatistische Variante,
- eine partizipative Variante und die
- Variante des ,rivalisierenden Populismus' (ebenda, S. 7).

In der „korporatistischen Variante" arbeitet die Geschäftsleitung verläßlich mit dem Betriebsrat zusammen und unterhält zugleich gute Beziehungen zu den Beschäftigten. Die vertrauensvollen und kooperativen Beziehungslinien finden bei dieser Variante am Eckpunkt der Geschäftsleitung ihre Verknüpfung. Bei der partizipativen Variante treffen sich die kooperativen Beziehungen am Eckpunkt des Betriebsrates; es ist hier der Betriebsrat der „mit der Leitung eng kooperiert" und zugleich „auch die Beschäftigten stark beteiligt" (ebenda). Die dritte Variante, die Liebau und Mückenberger in ihrer empirischen Untersuchung allerdings nicht vorgefunden haben, wird schließlich von der Ecke der Beschäftigten her konzipiert; es sind die Beschäftigten, die hier gute Beziehungen sowohl zur Geschäftsleitung als auch zum Betriebsrat unterhalten (ebenda, S. 8).

korporatistische Variante: partizipative Variante: populistische Variante:

Leitung   Leitung   Leitung

Beschäftigte Betriebsrat   Beschäftigte   Betriebsrat   Beschäftigte   Betriebsrat

Die ‚2-aus-3-Regel' kann sich nur in dem Maße realisieren, wie die Akteursgruppe, die sich im Schnittpunkt der aufeinandertreffenden Linien befindet, in der Lage ist, zu den beiden anderen Akteuren eine hinreichend vertrauensvolle kooperative Beziehung aufzubauen und aufrechtzuerhalten. Dazu muß sie sowohl in der Lage sein, die differierenden Interessen der anderen beiden Akteure sowie die daraus resultierenden Erwartungen und Handlungen zu balancieren, als auch den Verführungen und Spaltungsversuchungen einseitig koalitionärer Angebote standzuhalten, und vor allem auch mit dem Mißtrauen umzugehen, das von der einen oder anderen Seite bezüglich der gleichzeitig guten Kontakte zur dritten Partei zu erwarten ist. Spätestens hier zeigt sich, daß ein triadisches Modell, das in erster Linie auf die interaktiven Beziehungen zwischen den Akteuren (Akteursgruppen, Subkulturen etc.) abzielt, für das Verständnis triangulärer Vorgänge unzureichend ist und um die Dimension des ‚Binnenraums' in jeder Akteursgruppe erweitert werden muß. In diese Richtung will ich nun einen ersten Schritt tun.

Die Fähigkeit, den ‚Winkel zu halten'

Die Fähigkeit, im sozialen Raum gleichzeitig mit auseinanderstrebenden oder gar rivalisierenden Parteien gute Beziehungen unterhalten zu können, setzt voraus, in sich selbst in der Lage zu sein, zwischen gegensätzlichen und auseinanderstrebenden Regungen eine Balance herstellen und diese aufrechterhalten zu können. Bauriedl (1994) und Pühl (1997) sprechen diesbezüglich von der eigenen inneren Beweglichkeit, die einen Akteur oder eine Akteursgruppe befähigt, im Kontakt mit den anderen Akteuren den „Winkel zu halten". Bauriedl (1994, S. 235f.) versteht darunter „den Versuch, sich bewußt zu machen, daß man mit dem einen *und* dem anderen Partner eine jeweils spezifische und sich verändernde Beziehung hat. Diese beiden Beziehungen schließen sich nicht gegenseitig aus" (Hervorhebung durch die Autorin). Um im Dreieck den Winkel halten zu können, bedarf es eigener innerer „Bewegungsfreiheit" (ebenda, S. 236), die man gegen die im Dreieck herrschenden Normen setzen kann. Pühl (1997) zufolge geht es beim ‚Winkel-Halten' in institutionellen bzw. organisatorischen Dreiecksverhältnissen darum, sich von koalitionären Verführungs- und Erpressungsversuchen sowie der eigenen ‚Bewegungsangst' nicht korrumpieren zu lassen, sondern die eigene Bewegungsfreiheit (ja ‚Bewegungslust') aufrechtzuerhalten. Als Grundlage für diese „innere Lebendigkeit" kann man die von Honneth (2000) so genannte

„Entschränkung der inneren Dialogfähigkeit" ansehen, d.h. die Fähigkeit von Personen und Gruppen (Kulturen), ihr „Potential an innerer Dialogfähigkeit", an „kommunikativer Verflüssigung" ihrer Selbstbeziehung dadurch zur Entfaltung zu bringen, daß sie einerseits „möglichst vielen Stimmen der unterschiedlichsten Interaktionsbeziehungen in ... [ihrem/E.T.] eigenen Inneren Gehör" verschaffen (Honneth 2000, S. 1106f.) und in Wechselwirkung damit ein unbefangenes und offenes Verhältnis zu ihrer inneren Pluralität (Maalouf 2000) entwickeln. Für diese innere Beweglichkeit ist es also wichtig, daß es nicht nur im interaktiven Zwischenraum zwischen den Akteuren, sondern auch in deren Binnenraum zu einer Öffnung, zu einer – zumindest teilweisen – Anerkennung der Perspektiven, Interessen und Interaktionsangebote der Anderen kommt. Die vertrauensvollen, d.h. anerkennungsbasierten Beziehungen, die die ‚Schnittpunkt-Subkultur' zu den beiden anderen Akteursgruppen hat, müssen von ihr partiell ‚verinnerlicht' werden und eine ‚innere Repräsentanz' bekommen. Die Fähigkeit, den Winkel im intersubjektiven bzw. inter-subkulturellen Verhältnis zu halten, wird dann getragen von der intrasubjektiven bzw. (binnen-)subkulturellen Fähigkeit, bei Aufrechterhaltung des eigenen Interesses und der eigenen Perspektive sowie der eigenen Bewegungsfreiheit gleichermaßen den anderen Akteuren in sich einen sach- und beziehungsangemessenen Raum zu gewähren.

Technisches Projekt/
Management   Betriebsrat

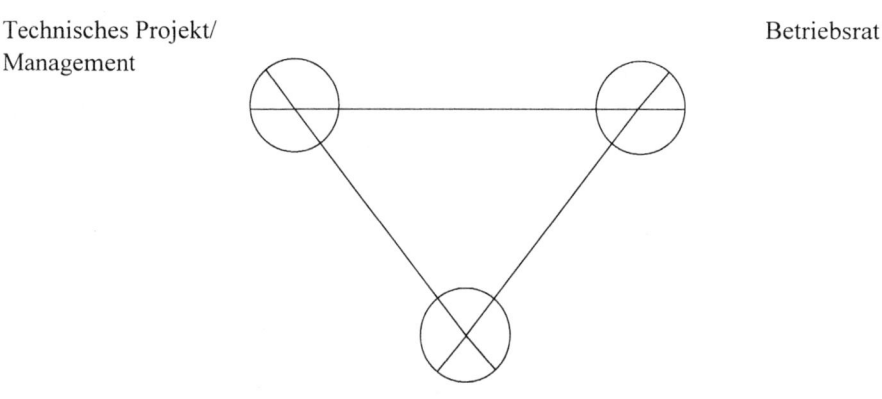

Beteiligungsgruppen

An die Stelle von Liebaus und Mückenbergers Postulat, daß bei der 2-aus3-Regel die beiden Beziehungslinien im Idealfall gleich stark sein sollten, tritt in meinen Überlegungen die Vorstellung, daß die beiden anerkennungsbasierten Beziehungslinien einigermaßen verläßlich intern repräsentiert sind und diese innere Repräsentanz es dem einzelnen Akteur bzw. der einzelnen Akteursgruppe ermöglicht, den Winkel zu den beiden anderen Akteuren zu halten und in den manifesten Interaktionen zu balancieren.

Mit den letzten Formulierungen gehe ich bereits über die hier kommentierte 2-aus-3-Regel hinaus und komme meinen eigenen Vorstellungen von einer entfalteten triangulären Strukturierung organisatorischer Beziehungen schon sehr nahe. Die 2-aus-3-Regel stellt gegenüber der Koalitionsvariante hinsichtlich der Herausbildung eines triangulär strukturierten Aushandlungsraumes einen bedeutenden Entwicklungsschritt dar. Und dennoch ist auch hier das Dreieck nach wie vor nicht ‚geschlossen', steht zwei positiv (kooperativ) getönten Beziehungen eine zumindest indifferente, wenn nicht gar negativ getönte Beziehung zur Seite. Festzuhalten bleibt ferner, daß in allen bisher diskutierten Dreiecksversionen jemand bzw. etwas ausgeschlossen bleibt. Bei der Koalitionsvariante wird ein Akteur von den beiden miteinander Koalierenden (sozusagen gänzlich) ausgeschlossen (1-aus-3-Beziehung); bei der 2-aus-3-Beziehung sind zwar alle drei Akteure miteinander verbunden (der Akteur am Schnittpunkt der Schenkel unmittelbar mit den beiden Anderen; die beiden Akteure an den äußeren Punkten indirekt über den Akteur im Zentrum). Und doch bleibt auch hier das Dreieck noch unvollständig, bleibt eine der Linien ungeklärt, die Beziehung zwischen zwei Eckpunkten irgendwie offen. Bei ihrer Beschreibung der Variante des rivalisierenden Populismus geben Liebau und Mückenberger (1997, S. 8) einen Hinweis darauf: Leitung und Interessenvertretung unterhalten in dieser Variante gute Beziehungen zu den Beschäftigten, „können" aber, wie die Autoren formulieren, „untereinander nicht". In allen von diesem Autorenteam beschriebenen Versionen des Beziehungsdreiecks zwischen Leitung, Betriebsrat und Beschäftigten gibt es eine Beziehung, die nicht durch ein kooperatives Vertrauensverhältnis gekennzeichnet ist, die in die sich herausbildende Vertrauensorganisation nicht problemlos integrierbar ist.

Bevor ich nun dazu übergehe, mit Bezug auf die psychoanalytische Konzeption der Triangulierung die Problematik der Schließung des Dreiecks und der Herausbildung eines triangulären Raumes zu diskutieren und dessen Brauchbarkeit für die Organisationsforschung zu überprüfen, stelle ich zunächst in einem Exkurs die soziologische Analyse triadischer Konstellationen bei und im Anschluß an Georg Simmel dar. Der Bezug auf Simmel vertieft zum einen noch einmal rückwirkend die bisher ausgeführten triadischen Konstellationen; er führt jedoch, wie man sehen wird, von einer anderen Ausgangsstellung her an den hier erreichten Ort zurück, da es bei Simmel bereits Hinweise zur Bedeutung der Schließung der Triade, zur Herausbildung eines umschließenden Ganzen der Triade gibt, diese Hinweise von ihm jedoch nicht mehr ausgeführt und begrifflich konzipiert werden.

5.4. Exkurs: Ansätze zu einer ‚triadischen Soziologie' – die Analyse triadischer Konstellationen bei und im Anschluß an Georg Simmel

> „Die Zweizahl gibt nur Anlaß zu interindividuellen Beziehungen; die Dreizahl hingegen erzeugt die Gesellschaft."
>
> Julien Freund

In einem seiner Hauptwerke, dem 1908 erschienenen Buch „Soziologie. Untersuchungen über die Formen der Vergesellschaftung", spricht Georg Simmel in verschiedenen Kontexten triadische Konstellationen an, vor allem in den Kapiteln „Die quantitative Bestimmtheit der Gruppe", „Der Streit" und „Das Geheimnis und die geheime Gesellschaft". Unter der Überschrift: „Die quantitative Bestimmtheit der Gruppe" öffnet er den soziologischen Denk- und Forschungshorizont für die Frage, welche Bedeutung numerisch bestimmten sozialen Konstellationen für das gesellschaftliche Leben zukommt: „Eine Reihe von Formen des Zusammenlebens, von Vereinheitlichungen und gegenseitigen Einwirkungen der Individuen sollen zunächst auf die Bedeutung hin geprüft werden, die die bloße *Zahl* der so vergesellschafteten Individuen für diese Formen hat" (Simmel 1992, S. 63). Simmel untersucht in diesem Kapitel vor allem die Wirkungen, die durch die Zweizahl- und die Dreizahl-Konstellationen erzeugt werden. Dem liegt die Überlegung zugrunde, daß in jedem sozialen Wechselwirkungsverhältnis Verhaltensweisen feststellbar sind, die sich auf die Wirkung der Zwei- bzw. Dreizähligkeit der beteiligten Elemente zurückführen lassen. Die Einschränkung auf die „Zwei" und die „Drei" resultiert daraus, daß für Simmel in jenseits der Dreizahl liegenden Konstellationen, also den Vierzahl-, Fünfzahl-, n-Zahl-Konstellationen keine Verhaltensmerkmale mehr auffindbar sind, die nicht schon durch die Drei- oder Zweizahl bewirkt wurden. Obgleich ich Allert (1997, S. 32) durchaus darin beipflichte, daß der „qualitative[n] Bestimmtheit von Kommunikation" in einer Gruppe eine mindestens so große Bedeutung zukommt, wie der

„quantitativen Bestimmtheit" der Gruppe, zeigt Simmel m.E. überzeugend, daß der Übergang von der Zwei zur Drei nicht bloß einen quantitativen Zuwachs, sondern seinerseits eine neue Qualität darstellt. Dies soll im folgenden anhand der verschiedenen qualitativen Konfigurationen nachgezeichnet werden, die sich für Simmel zwischen drei sozialen Elementen ergeben können.

Die Figur des Dritten, laut Freund (1976, S. 91) eine „soziologische Urform", taucht in Simmels Text bereits in seiner Erörterung der Zweiheit auf und zwar an der Stelle, wo er der Frage nachgeht, was das Hinzukommen eines dritten Akteurs für die Beziehung der ersten beiden zueinander bedeutet. Bei einer Verbindung zu dreien, so Simmel, wirkt „jedes einzelne Element als Zwischeninstanz der beiden andren und zeigt die Doppelfunktion einer solchen: sowohl zu verbinden wie zu trennen. Wo drei Elemente A, B, C eine Gemeinschaft bilden, kommt zu der unmittelbaren Beziehung, die z.B. zwischen A und B besteht, die mittelbare hinzu, die sie durch ihr gemeinsames Verhältnis zu C gewinnen. Dies ist eine formal soziologische Bereicherung, außer durch die gerade und kürzeste Linie werden hier je zwei Elemente auch noch durch eine gebrochene verbunden; Punkte, an denen jene keine unmittelbare Berührung finden können, werden durch das dritte Element, das jedem eine andre Seite zukehrt und diese doch in der Einheit seiner Persönlichkeit zusammenschließt, in Wechselwirkung gesetzt; Entzweiungen, die die Beteiligten nicht von sich allein aus wieder einrenken können, werden durch den dritten oder durch ihr Befaßtsein in einem umschließenden Ganzen zurechtgebracht" (1992, S. 114). A und B sind also durch das Hinzutreten eines Dritten durch zwei verschiedene Beziehungen miteinander verbunden: der direkten und unmittelbaren, die bereits vor dem Hinzutreten eines Dritten vorhanden war, sowie der durch die gebrochene Linie von A über C nach B (und umgekehrt) symbolisierten mittelbaren Beziehung. Durch ihre gemeinsame Beziehung zu C erweitern und differenzieren A und B das Spektrum ihrer Beziehung, denn sie treten nun bezüglich von Sachen und Aspekten zueinander in Kontakt, die vormals ihrer unmittelbaren Beziehung entzogen waren und sich erst durch die beiderseitige Beziehung zu C sowie durch die integrativen Fähigkeiten von C (der „jedem eine andere Seite zukehrt und diese doch in der Einheit seiner Persönlichkeit zusammenschließt") mittelbar erschließen. In der Dreiecksbeziehung können die beiderseitigen Beziehungen zu C sowie die integrativen Fähigkeiten von C dazu dienen, Aspekte einer Klärung zuzuführen, die A und B aus eigener Kraft nicht zu klären imstande sind; die mittelbare Beziehung zu und über C kann wieder zusammenfügen (Simmel sagt: „einrenken"), was in der unmittelbaren Beziehung von A zu B entzweit war. Und – diesen Aspekt möchte ich besonders hervorheben – die verbindende und integrierende Kraft des Dritten ist nicht nur dem Dritten als drittem Akteur geschuldet, sondern auch der neuen Figuration, die durch den Übergang von der Linie zum Dreieck geschaffen wurde und die nun A, B und C umgreift, was Simmel mit den Worten „durch ihr Befaßtsein in einem umschließenden Ganzen" ausdrückt. Ein umschließendes Ganzes, das in der Figur einer Triade sowohl einen gemeinsamen Binnenraum eröffnet als auch nach außen eine Umgrenzung bildet.

Doch Simmel spricht an der zitierten Stelle nicht nur von den verbindenden Möglichkeiten des Übergangs von der Dyade zur Triade; der verbindenden und assoziierenden Bewegung steht die trennende, die dissoziierende zur Seite: „Allein die direkte Verbindung wird durch die indirekte nicht nur gestärkt, sondern auch gestört. Es gibt kein noch so inniges Verhältnis zwischen dreien, in dem nicht jeder Einzelne gelegentlich von den beiden andren als Eindringling empfunden würde, und sei es auch nur durch sein Teilhaben an gewissen Stimmungen" (ebenda, S. 115). Und weiter: „Jedes sensitive Verbundensein von zweien wird dadurch irritiert, daß es einen Zuschauer hat" (ebenda).

Diese ersten Ausführungen zur Wirkungsweise des Dritten verdeutlichen retrospektiv die Struktur der Dyade: „Die soziologische Struktur der Verbindung zu zweien wird dadurch bezeichnet, daß beides fehlt: sowohl die verstärkte Verknüpfung durch den Dritten bzw. durch einen über beide hinausgreifenden sozialen Rahmen, als auch die Störung und Ablenkung der reinen und unmittelbaren Gegenseitigkeit" (Simmel 1992, S. 115). Hier wird noch einmal vernehmlich, daß der Übergang von der Zwei zur Drei nicht nur die Erweiterung um eine Person bzw. einen Akteur ist, sondern der Übergang von einer gewissen Unmittelbarkeit und Ausschließlichkeit der Beziehung von Zweien zur Mittelbarkeit und zur Vermittlung, zu einem „über beide hinausgreifenden sozialen Rahmen". Mit dem Schritt zur Triade öffnet sich ein sozialer, ein interaktiver Raum, die Beziehungen werden, so Bühl (1972, S. 46), „mehrdeutig" und „ambivalent", weswegen Freund (1976, S. 91) mit gutem Recht hervorheben kann, daß „soziologisch ... die Dreizahl die wichtigste [ist]."

Nach dieser kurzen Skizze der Bedeutung, die das Hinzukommen eines Dritten für die Beziehung zwischen Zweien spielt, geht Simmel zur originären Rolle des Dritten über, das heißt zu den sozialen Konfiguration, die sich zwischen drei Akteuren ergeben. Gleich eingangs weist er darauf hin, daß die Triade, wie bereits die Dyade, sowohl assoziierende als auch dissoziierende Aspekte umfaßt: „Die Zwei stellte, wie die erste Synthese und Vereinheitlichung, so auch die erste Scheidung und Antithese dar; das Auftreten des Dritten bedeutet Übergang, Versöhnung, Verlassen des absoluten Gegensatzes – freilich gelegentlich auch die Stiftung eines solchen" (Simmel 1992, S. 124f.). Damit sind einige der Bewegungen benannt, die Simmel in der Folge anhand typischer Dreieckskonstellationen durchbuchstabiert.

Simmel analysiert vor allem drei, wie er es nennt, „typische Gruppierungsformen", die „einerseits bei zwei Elementen nicht möglich sind, andererseits bei einer Mehr-als-drei-Zahl entweder gleichfalls ausgeschlossen sind oder sich nur quantitativ erweitern, ohne ihren Formtypus zu ändern" (1992, S. 124f.): der Unparteiische und der Vermittler, der „Tertius gaudens" (der ,lachende Dritte') und die Figur des „Divide et impera" (des ,Teile und herrsche'). Unterteilt man die Simmelschen Formtypen danach, ob sie einen oder trennen, dann stehen den Einigungs- bzw. Assoziationsformen Vermittler, Unparteiischer und Schiedsrichter die Trennungs- bzw. Dissoziationsformen „Tertius gaudens" und „Divide et impera" gegenüber (Utz 1997).

Der Kreis schließt sich – oder: Das Paradigma der Familie

Bevor Simmel nun aber explizit auf die Figur des Unparteiischen und des Vermittlers zu sprechen kommt, auf Formen also, die drei Akteure immer schon voraussetzen, bezieht er sich noch einmal auf den Übergang von Zweien zu Dreien, vor allem auf die verbindende und Einheit stiftende Funktion eines Dritten. Die assoziierende Kraft des Dritten erweist sich nach Simmel nämlich zunächst einmal in all jenen Fällen, in denen „das dritte hinzutretende Element den Kreis eigentlich erst schließt, indem es die beiden andern aneinander bindet" (1992, S. 126). Wie in der Psychoanalyse, so findet sich auch in Simmels Soziologie als paradigmatischer Ausgangspunkt für das Thema der Triade der Übergang von der Paarbeziehung zur Familie, denn für die durch das Hinzukommen eines Dritten zustande kommende Bindung führt Simmel die folgenden beiden Formen an: „entweder so, daß die Existenz des dritten Elementes die Verbindung der Zwei unmittelbar stiftet oder verstärkt – wie etwa, wenn die Geburt eines Kindes die Liebe der Gatten zueinander oder mindestens die des Mannes für die Frau vermehrt – oder so, daß die Beziehung jedes einzelnen der zwei zu dem dritten eine neue und indirekte Verbindung zwischen ihnen herstellt – wie die gemeinsamen Sorgen eines Ehepaares für ein Kind allgemein ein Band bedeuten, das eben über dieses Kind hinführen muß und oft aus Sympathien besteht, die einer solchen Zwischenstation garnicht entbehren könnten" (ebenda). Das Hinzukommen eines Dritten stiftet

jedoch nicht nur eine verstärkte Bindung der ersteren beiden zueinander; ergänzt, vertieft und stabilisiert wird diese Bindung ihrerseits durch das gleichzeitige „Zustandekommen der inneren Sozialisierung aus drei Elementen"
(ebenda), einer neuen Art von Strukturierung durch die Form der Triade also
– ein Gedanke, den Simmel nicht eingehender ausführt, der dann jedoch, wie
ich noch zeigen werde, im Mittelpunkt der psychoanalytischen Theorie der
Triade steht.

Der Unparteiische und der Vermittler

Nun wendet sich Simmel der expliziten Form des „Mittlertums" zu, auf die
sich dessen Rezeption wesentlich bezieht: den „Unparteiischen", der sich
wiederum in verschiedene Unterformen zerlegt: als Unparteiischer wird der
Dritte „entweder die Einigung der beiden kollidierenden andern zustande
bringen, indem er sich auszuschalten und nur zu bewirken sucht, daß die beiden unverbundenen oder entzweiten Parteien sich *un*mittelbar verbinden; oder
er wird als Schiedsrichter auftreten und die einander widerstreitenden Ansprüche jener gleichsam in sich zur Ausgleichung und das Unvereinbare daran
zur Ausscheidung bringen" (1992, S. 126).

Die Chancen des Unparteiischen – man würde heute von einem ‚Mediator'
sprechen – führt Simmel darauf zurück, daß dieser die sachlichen Argumente
beider Seiten abwägen und dem jeweils anderen vortragen kann, während er
gleichzeitig die Gefühle und Emotionen entschärft, die Verständigungs- und
Einigungsprozesse häufig scheitern lassen: „Indem der Unparteiische die Ansprüche und Gründe der einen Partei der andern vorhält, verlieren sie den Ton
der subjektiven Leidenschaft, der auf der andern Seite den gleichen hervorzu-
rufen pflegt. Hier zeigt sich heilsam, was so oft bedauerlich ist: daß das Gefühl, das einen seelischen Inhalt innerhalb seines ersten Trägers begleitet, innerhalb eines zweiten, auf den dieser Inhalt übergeht, erheblich abgeschwächt
zu werden pflegt" (Simmel 1992, S. 127). Vermieden wird durch das Dazwi-
schentreten eines unparteiischen Dritten „der für alle Verständigung ver-
hängnisvolle Zirkel ... daß die Heftigkeit des einen die des andern hervorruft,
diese letztere Tatsache aber zurückwirkend die Heftigkeit des ersteren wieder
steigert, und so fort, bis es kein Halt mehr gibt. Dazu kommt, daß jede Partei
nicht nur Objektiveres hört, sondern sich auch objektiver äußern muß, als bei
unmittelbarem Gegenüberstehen. Denn es muß ihr jetzt darauf ankommen,
auch den Vermittler für *ihren* Standpunkt zu gewinnen" (ebenda, S. 127).
Damit kommt der Sachgehalt des Konfliktes stärker zu seinem Recht, die ge-

fühlsmäßige und die, wie Simmel sagt, ‚willensmäßige' Dimension bleiben zwar präsent, treten jedoch durch die Vermittlung des Dritten in ihrer manifesten Bedeutung für den Konfliktverlauf ein wenig zurück: „Psychologisch ausgedrückt, handelt es sich um eine Reduktion der willensmäßigen Form des Antagonismus auf die intellektuelle: der Verstand ist allenthalben das Prinzip der Verständigung, auf seinem Boden kann sich zusammenfinden, was sich auf dem des Gefühls und der letzten Willensentscheidungen unversöhnlich abstößt. Die Leistung des Vermittlers ist nun, diese Reduktion herbeizuführen, sie gleichsam in sich darzustellen, oder auch: eine Art Zentralstation zu bilden, die, in welcher Form auch der Streitstoff von einer Seite her hineingelange, ihn nach der anderen nur in objektiver Form abgibt und alles zurückbehält, was darüber hinaus den ohne Vermittlung geführten Streit unnütz zu schüren pflegt" (ebenda, S. 128) – mit Bion (1990) würde man sagen, daß der Dritte die unverdaulichen Affekte in sich aufnimmt und behält, entgiftet und damit transformiert. In Begriffen der sozio-emotionalen Erfahrungsmatrix ausgedrückt, werden durch die vermittelnde und ‚containende' Funktion des Dritten die zunächst unverändert bleibenden Sachfragen, Interessen und Perspektiven in einem modifizierten Erfahrungskontext verhandelt, der in stärkerem Maße Aspekte des autistisch-berührenden und des depressiven Modus gegen die Dissoziationstendenzen des paranoid-schizoiden Modus zur Geltung zu bringen erlaubt.

Nachdem Simmel in dieser Weise die explizite Vermittlungsfunktion einer dritten Person aufschlüsselte, kommt er im nächsten Schritt darauf zu sprechen, daß nicht nur dieser Dritte, sondern überhaupt die Gruppe zu Dreien als paradigmatische Grundform für einen umfassenderen sozialen Zusammenhang aufzufassen ist: „Für die Analyse des Gemeinschaftslebens ist es wichtig, sich klar zu machen, daß die hiermit bezeichnete Konstellation in allen Gruppen, die mehr als zwei Elemente zählen, fortwährend eintritt, auch wo der Vermittler nicht besonders gewählt, auch nicht als solcher besonders bewußt oder bezeichnet ist. Die Gruppe zu Dreien ist hier nur Typus und Schema, auf ihre Form reduzieren sich schließlich alle Fälle von Vermittlung. Es gibt gar keine Gemeinschaft zu Dreien ... in der nicht der Dritte vermittelnd wirkte" (ebenda 1992, S. 128). Hinzu kommt, daß diese Vermittlungsfunktion des Dritten nicht einmal verbal erfolgen muß; häufig genügt, wie ich es ausdrücken würde, daß der Dritte einen sozio-emotionalen Erfahrungskontext anbietet oder befördert, der vermittlungsstiftend bzw., wie man heute eher sagen würde, vertrauensbildend wirkt: „Derartige Vermittlungen brauchen nicht einmal in Worten zu geschehen: eine Geste, eine Art des Zuhörens, die Stimmung, die von einem Menschen ausgeht, reicht aus, um einer Differenz unter zwei andren eine Richtung auf die Vereinigung hin zu geben, um das wesentlich Gemeinsame unter einer akuten Meinungsdifferenz fühlbar zu machen, um diese in die Form zu bringen, in der sie sich am leichtesten austrägt. Um einen eigentlichen Streit oder Kampf braucht es sich keineswegs zu handeln, es sind vielmehr die tausend ganz leichten Meinungsverschiedenheiten, das Anklingen eines Antagonismus der Naturen, das Auftauchen ganz momentaner Interessen- oder Gefühlsgegensätze, das die fluktuierenden Formen jedes Zusammenlebens fortwährend färbt, und das durch die Gegenwart des Dritten, die Vermittlungsfunktion fast unvermeidlich übenden, in seinem Verlauf fortwährend bestimmt wird" (ebenda, S. 129). Schließlich kann die Funktion dieses vermittelnden Dritten von allen an einer Triade beteiligten Personen (oder Gruppen) ausgeübt werden, sie ist nicht auf einen bestimmten Dritten beschränkt: „Diese Funktion geht unter den drei Elementen sozusagen reihum, da das Auf- und Abfluten des gemeinsamen Lebens jene Form an jeder möglichen Kombination der Elemente zu realisieren pflegt" (ebenda).

Die zweite Einigungsform durch einen Unparteiischen, das Schiedsrichtertum, soll hier nur kurz behandelt werden. Während bei der bisher geschilderten Vermittlungsfunktion des Dritten die Beendigung des Konflikts in den Händen der konfligierenden Parteien selbst verbleibt, geben jene durch die Einsetzung eines Schiedsrichters die letztendliche Entscheidung über den Konfliktausgang aus den Händen und beugen sich einem Schiedsspruch (ebenda, S. 131). Dem Schiedsrichter kommt es also – im Unterschied zum Vermittler – nicht auf die Versöhnung der beiden entzweiten und/oder streitenden Parteien an; Sache des Schiedsrichters ist es vielmehr „eine Verordnung anzuwenden" (Freund 1976, S. 94).

Soweit zu den Assoziations-, Einigungs- bzw. Vermittlungsfunktionen des Dritten; Simmel wendet sich nun den Dissoziations- und Trennungsformen triadischer Verhältnisse zu. Er nennt hierfür die beiden bereits erwähnten Hauptformen: den „Tertius gaudens" und das „Divide et impera".

Nach dem Motto „Wenn zwei sich streiten, freut sich der Dritte" beruht das dissoziative Verhalten des **„Tertius gaudens"**, des lachenden Dritten, darauf, daß er seine relativ überlegene Stellung in der Triade nicht zum Zwecke der Vermittlung, sondern „im rein egoistischen Interesse" (aus)nutzt; er macht „das wechselwirkende Geschehen zwischen den Parteien und zwischen sich und den Parteien zu einem Mittel für seine Zwecke" (Simmel 1992, S. 134) – zu seinem Vorteil und zum Nachteil von wenigstens einem der beiden Anderen. Simmel unterscheidet die folgenden vier Fälle: a) der Dritte erzielt einen Vorteil dadurch, daß die beiden Anderen sich gegenseitig in Schach halten oder sich wechselseitig aufreiben; b) der Dritte kommt in den Genuß von Vorzügen, die der Zweite ihm zukommen läßt, um den Ersten zu ärgern, zu kränken oder ihm zu schaden (ebenda, S. 135). Die von Simmel für wesentlicher gehaltenen Formen c) und d) ergeben sich, „wenn der Dritte sich seinerseits praktisch unterstützend, gewährend der einen Partei zuwendet (also nicht nur intellektuell-sachlich, wie der Schiedsrichter) und hieraus seinen mittelbaren oder unmittelbaren Gewinn zieht. Innerhalb dieser Form finden sich zwei hauptsächliche Ausgestaltungen: zwei Parteien sind untereinander feindlich und konkurrieren deshalb um die Gunst des Dritten; oder: zwei Parteien konkurrieren um die Gunst des Dritten und sind deshalb untereinander feindlich" (ebenda, S. 136). In der Formulierung von Utz (1997, S. 28f.): „*Form 3* weil A und B um Tertius als Koalitionspartner konkurrieren, um mit seiner Hilfe aus einer Position der Überlegenheit in einen Streit gegen den jeweiligen anderen einzutreten, oder *Form 4* weil A und B um die Gunst des Tertius miteinander in Streit liegen, der entweder A oder B vorzieht und dadurch den Streit zwischen beiden entscheidet".

Wie schon im Falle des Dritten als Vermittler nicht ein wirklicher Kampf oder ein ausgebrochener Streit Voraussetzung für die Vermittlungstätigkeit ist, so genügt auch für die Vorteile des „Tertius gaudens" bereits das Bestehen eines Spannungsverhältnisses bzw. eines latenten Antagonismus der beiden anderen; der Dritte „wirkt hier durch die bloße *Möglichkeit,* sich für den einen oder den anderen zu entscheiden, auch wenn es zu dem Ernstfalle gar nicht kommt" (Simmel 1992, S. 139). Mehr noch: explizite Gegnerschaft und Feindschaft ist Simmel zufolge zwar der häufigste Fall des Vorteils des „Tertius gaudens", jedoch keineswegs eine zwingende und diesen Typus definierende Bedingung. Es genüge, so Simmel, „daß sie überhaupt nur eine gewisse Unterschiedenheit, Fremdheit, qualitativen Dualismus gegeneinander haben; dies ist sogar die allgemeine Formel des Typus" (ebenda, S. 139f.). Abschließend weist Simmel noch auf etwas hin, worauf ich bei der Diskussion der Koalitionsbildung bereits eingegangen bin, daß nämlich die begünstigte Stellung des Dritten in dem Augenblick verschwindet, in dem die beiden anderen – qua Koalition – eine Einheit bilden und sich die Gesamtkonstellation aus der Dreier- in eine Zweierkonstellation zurückbildet (ebenda, S. 141).

Kommen wir zur letzten von Simmel analysierten Dissoziationsform in der Triade: dem „**Divide et impera**". Während der Dritte im Falle des „Tertius gaudens" seinen Vorteil eher passiv aus einem bestehenden oder entstehenden Zwist zweier Akteure zog, geht es bei der Form des „Divide et impera", des Teile und herrsche, darum, „daß der Dritte jenen Zwist vorsätzlich stiftet, um eine beherrschende Situation zu gewinnen" (ebenda, S. 143). Der Dritte nutzt seine Stellung aktiv aus, er weiß hier „die gegen *ihn* verbundenen Kräfte gegen *einander* in Tätigkeit zu setzen"; sein Erfolg besteht darin, „daß sie sich entweder gegenseitig die Waage halten, sodaß er, von beiden ungestört, seine Vorteile verfolgen kann, oder daß sie sich gegenseitig so schwächen, daß keiner von ihnen der Übermacht jenes zu widerstehen vermag" (ebenda, S. 143; Hervorhebung vom Autor). Bei dieser Form zielen die Handlungen des Dritten also grundsätzlich auf den Nachteil der beiden anderen Akteure.

Simmel unterscheidet auch bezüglich dieser Dissoziationsform verschiedene Stufen:

a) der Dritte verhindert eine mögliche Assoziation der Anderen bereits zu einem Zeitpunkt, wo diese eine derartige Vereinigung noch gar nicht selbst anstreben (ebenda, S. 143f.);

b) der Dritte sät zwischen den beiden Anderen Eifersucht, Mißtrauen oder Neid, um eine befürchtete Koalition an der Entwicklung zu hindern (ebenda, S. 146f.);

c) der Dritte entfesselt einen Kampf zwischen den beiden Anderen, was als die krasseste Form des „Divide et impera" angesehen werden kann (ebenda, S. 147).

Eine Erweiterung der drei von Simmel beschriebenen Formen des Vermittlers, des „Tertius gaudens" und des „Divide et impera" findet sich bei Utz (1997), der eine vierte triadische Form analysiert, die Simmel seiner Ansicht nach entweder übersehen oder für unbedeutend gehalten hat: die Form der **Intrige**: „Die Intrige setzt die drei Positionen Intrigant, Intrigenopfer und Intrigenvollstrecker voraus. In Intrigen kämpft ein Intrigant mittels Geheimhaltung und Lüge indirekt gegen ein Intrigenopfer. Indirektheit und Angewiesenheit auf den Intrigenvollstrecker, die Verwendung von Lüge und Geheimhaltung als Kampfmittel ergeben sich aus einem kontextuellen Machtdefizit des Intriganten, der die kontextuelle Machtüberlegenheit des Intrigenvollstreckers für sich und gegen ein Intrigenopfer im Hinblick auf ein vom Opfer und Intrigant begehrtes Gut instrumentalisieren will. Die Intrige nenne ich daher den geheimen Streit in der Triade" (Utz 1997, S. 23). Akteur A kämpft also bei der Intrige gegen einen Akteur B, den er jedoch – in der Regel aufgrund eines Machtgefälles – nicht selbst besiegen kann. Also wählt er im Dreieck der Intrige nicht den direkten und unmittelbaren Weg, sondern den durch die gebrochene Linie symbolisierten, indirekten und mittelbaren Weg über den in der Regel mächtigern C, den er mittels Lüge und Geheimhaltung über seine wahren Motive im Dunklen läßt und als Vollstrecker der Intrige gegen B zu instrumentalisieren sucht. Die Intrige funktioniert Utz folge jedoch nur dann, wenn auch B über die Motive von A im Dunklen bleibt bzw. es ihm, so er das Spiel durchschaut, nicht gelingt, C von den intriganten Absichten von A zu überzeugen.

Freund (1976) unterzieht Simmels Einteilung einer kritischen Revision und deckt hierbei einen verborgenen dualistischen Rest in Simmels Typologie auf. Der Dritte, so Freund, kann nicht nur sowohl die Eintracht wie die Zwietracht, die Freundschaft ebenso wie die Feindschaft stiften, sondern repräsentiert zudem seinerseits ein drittes Moment: „In Wirklichkeit ist die Sachlage noch komplizierter, angesichts der Tatsache, daß der Dritte ein dialektisch mediatisierendes, oft mehrdeutiges Moment involviert, das sowohl der Eintracht wie der Zwietracht dienen kann" (Freund 1976, S. 97) Daraus ergibt sich für Freund folgende erweiterte Typologie:

„1. Der Dritte als Veranlasser oder Förderer des Konfliktes im Sinne des „Tertius gaudens" oder des „Divide et impera" von Simmel. Es handelt sich um den interessierten Dritten."
„2. Der Dritte als Element des Einverständnisses, des Vertrauens und der Einigkeit. Diese Rolle kann er auf verschiedene Weise spielen: bald als gesellschaftlicher Faktor des Gleichgewichts, bald als Faktor des Friedens, bald als Band der Gemeinschaft. ... Der Dritte veranlaßt eine stärkere Verknüpfung, indem er eine höhere, transzendente Einheit erzeugt."
„3. Der Dritte als mediatisierendes Moment ist auch oft ein zweideutiges. Er nimmt in diesem Falle eine meist unbestimmte und unklare Stellung ein, die unter Umständen sowohl die Einigung und Versöhnung als die Verstärkung des Konfliktes fördern kann. Der von Simmel erwähnte Vermittler stellt oft eine Einigung wieder her, aber umgekehrt kommt es auch vor, daß das Mittlertum versteckte oder latente Schwierigkeiten und Motive an den Tag bringt, die nicht nur die Versöhnung erschweren, sondern den Streit erneut anfeuern" (ebenda, S. 98).

Im Gefolge von Simmel untersuchen Sofsky und Paris die drei elementaren sozialen – und das heißt auch für sie: triadischen – Figurationen: Autorität, Stellvertretung und Koalition: „Wer sich zu einem Bündnis vereinigt, handelt miteinander gegen andere. Wer andere mit der Vertretung seiner selbst beauftragt, läßt jene für sich handeln. Und wer jemanden als Autorität anerkennt, stellt ihn über sich und die anderen. Übereinander, Füreinander und Gegeneinander, diese universalen Formen der sozialen Ordnung lassen sich zwischen Individuen ebenso finden wie zwischen Gruppen" (1994, S. 13). Als zentralen Begriff führen Sofsky und Paris den Begriff der „Machtkonfiguration" ein, worunter sie „ein komplexes Geflecht asymmetrischer und wechselseitiger Beziehungen [verstehen/E.T.], in dem mehrere Personen, Gruppen oder Parteien miteinander verknüpft sind und in dem Veränderungen einer Relation auch die anderen Relationen verändern" (ebenda, S. 14). Machtkonfigurationen sind den Autoren zufolge deshalb (mindestens) triadische Konstellationen, da das „soziale Feld, in dem Macht erworben, gesichert oder eingebüßt wird ... in der Regel mehr als zwei Instanzen (umfaßt). Es gibt nicht nur den Mächtigen, den Mindermächtigen oder Ohnmächtigen, sondern auch Dritte und Vierte, die am Machtspiel beteiligt sind. Sie dienen der Macht als Gehilfen oder Stabstruppe, verbünden sich mit dem Ersten oder Zweiten zu Koalitionen, verhandeln mit den Bevollmächtigten oder betrachten das Geschehen als mehr oder minder interessierte Zuschauer" (Sofsky und Paris 1994, S. 13). Sofsky und Paris begründen den triadischen Charakter der drei von ihnen analysierten Machtfigurationen wie folgt: „Autorität ist in Wahrheit keine persönliche Eigenschaft, sondern eine Zuschreibung anderer, die häufig durch Zwischenautoritäten vermittelt und vom Autoritätsglauben Dritter bestärkt wird. Stellvertretung ist offenkundig eine triadische Figur: Eine Gruppe entsendet ihren Repräsentanten, der sie gegenüber Dritten und Vierten zu vertreten hat. Bei Koalitionen verbünden sich mindestens zwei Parteien gegen eine dritte, die selbst wiederum nach Alliierten Ausschau hält, um der Gegenseite Paroli bieten zu können" (ebenda, S. 14).

In der Fokussierung auf die Beziehungsfiguren des „Gegeneinander", „Übereinander" und „Füreinander" verliert die soziologische Theoriebildung eine der potentiellen triadischen Konstellationen aus dem Auge: die Möglichkeit eines „Miteinander". Dies hängt bei Sofsky und Paris wohl damit zusammen, daß es ihnen um „Figurationen sozialer Macht" geht, um triadische Figurationen, die dann auftreten, wenn das Miteinander als (tendenziell gleichberechtigte) Balance zwischen Dreien (oder mehreren) aus den Fugen gerät: „Zumeist bedeutet es eine einschneidende Zäsur in der Geschichte einer Beziehung, wenn sich plötzlich die Aufmerksamkeit vom Mit-, Zu- oder Nebeneinander auf das Übereinander und Gegeneinander verschiebt" (Sofsky und Paris 1994, S. 14). Doch sind das Miteinander und das Zueinander tatsächlich so unkomplizierte Konstellationen, wie Sofsky und Paris hier implizit nahe legen? Kann es nicht umgekehrt gerade auch eine einschneidende Zäsur in der Geschichte einer Beziehung sein, wenn sich plötzlich die Aufmerksamkeit vom Übereinander und Gegeneinander auf ein mögliches Zu- und Miteinander verschiebt? Müssen nicht das Miteinander und Zueinander als – wie ich sagen würde – potentiell trianguläre Konstellationen den Bedrohungen und Verführungen der Macht erst abgerungen und immer wieder mühevoll stabilisiert werden (ohne daß damit auf die Illusion einer machtfreien Figuration abgezielt würde)? Aber nicht erst Sofsky und Paris vernachlässigen die Triangulierung stiftende Funktion des Dritten; diese Auslassung reicht letztlich bis auf Simmel zurück. Bereits dieser hat in seiner Typologie „nur die Streitformen aufgeführt ... und nicht die Eintrachts- oder Gemeinschaftsformen, zu welchen das Vorhandensein des Dritten Veranlassung gibt" (Freund 1976, S. 97). Und auch da, wo Simmel vom Dritten als Unparteiischem und Vermittler handelt, versteht er diesen nach Ansicht Freunds „nicht als synthetisches Moment des Überwindens oder des Übergreifens, sondern als einen rein konziliatorischen Vermittler, der dazu hilft, einen Kompromiß oder eine Versöhnung herzustellen" (ebenda).

Dem damit angesprochenen schwierigen, nichtsdestoweniger jedoch gesellschaftlich verheißungsvollen Weg zu einer triangulären Kultur wende ich mich im Anschluß an diesen Exkurs zu. Doch noch eine Dimension triadischer Verhältnisse geriet der soziologischen Thematisierung von Dreiecksverhältnissen aus dem Blick bzw. ist noch gar nicht so recht in den Blickwinkel der Aufmerksamkeit getreten. Mir scheint, daß diejenigen Aspekte von Simmels Analyse, die über die beschriebenen Konstellationen innerhalb einer Triade hinausgehen und die Triade selbst als strukturierende Gestalt sozialer Verhältnisse ins Auge fassen, in der Soziologie bisher relativ brach liegen und der Ausarbeitung harren. Ich will diesen Exkurs deshalb damit abschließen, daß ich an einigen der – eher verstreuten und beiläufigen – Äußerungen Simmels zu diesem Gegenstand zumindest kurz skizziere, in welche Richtung eine derartige Weiterführung des „Paradigmas einer triadischen Soziologie" (Bühl 1972) weisen könnte, bevor ich die Idee einer triangulären Kultur im Rückgriff auf das mir vertrautere psychoanalytische Denken ausarbeite.

Mit dem Hinzukommen eines Dritten, so habe ich Simmel eingangs zitiert, entwickelt sich nicht nur aus einer dyadischen Konstellation eine Beziehung zwischen drei Personen, es ist vielmehr so, daß „das hinzutretende dritte Element den Kreis eigentlich erst schließt" (Simmel 1992, S. 126) und damit an Stelle der die Dyade symbolisierenden Linie ein Kreis um die drei Eckpunkte bzw. die umgrenzte Form des Dreiecks tritt. Das Hinzukommen des Dritten öffnet einen „über beide hinausgreifenden sozialen Rahmen" (ebenda, S. 115), es faßt alle drei zu einem „umschließenden Ganzen" (ebenda, S. 114) zusammen. In diesem Sinne stiftet die Dreizähligkeit, wie Freund (1976, S. 99) es ausdrückt, eine „höhere", das Beziehungsgeschehen in der Triade ,transzendierende' Einheit. Dieser Bezug auf ein die einzelnen und ihre Beziehungen übergreifendes Ganzes kommt bei Simmel noch an anderer Stelle zum Ausdruck: der Dritte, so Simmel, übernimmt als Mediator nicht nur eine Vermittlungsfunktion für die beiden Anderen, sondern kann darüber hinaus „der Einheit und dem Gleichgewicht der Gruppe" sehr dienen (1992, S. 133). Bezugspunkt ist hier die Gruppe als ganze, der Dritte stellt, wie Simmel bemerkt, einen Bezug auf die „Gruppentotalität" (ebenda) her, er kann „die Bewegung der Gesamtgruppe tragen und leiten, wenn der Antagonismus der beiden andren Elemente ihre Kräfte paralysieren will" (ebenda). Der Vermittler dient also nicht nur dem Einen und Anderen, sondern benimmt sich „als Mittel zu den Zwecken der Gruppe" (ebenda, S. 134); er und der Schiedsrichter „wollen die Gruppeneinheit aus der Gefahr der Sprengung retten" (ebenda). Noch einmal: „Im ganzen dient nach alle dem die Existenz des Unparteiischen dem Bestande der Gruppe; als jeweiliger Repräsentant der intellektuellen Energie gegenüber den momentan mehr durch Willen und Gefühl beherrschten Parteien ergänzt er diese sozusagen zu der Vollständigkeit der seelischen Einheit, die in dem Leben der Gruppe wohnt" (ebenda, S. 132).

Thematisiert Simmel hier zum einen die „Gemeinschaftsform" (Freund 1976, S. 97), zu der die Existenz eines Dritten nebst all den geschilderten Dissoziationsformen Veranlassung gibt, und kann man in der Vorstellung eines sozialen Rahmens und eines umschließenden Ganzen den im ersten Teil dieser Arbeit ausgeführten Gedanken einer verbindenden sozialen Haut aufscheinen sehen, so gibt es andererseits auch den Hinweis darauf, daß der Übergang von der Zwei- zur Dreiförmigkeit im gleichen Zuge zu einer „inneren Sozialisierung" der drei Elemente anregt, wie überhaupt die beschriebenen Assoziations- und Dissoziationsformen von den Binnendifferenzierungen der Triade handeln. Diese Bewegung: Schließung der Triade, Bildung einer Umgrenzung, Differenzierung des Binnenraums der Triade und Herausbildung einer triangulären Kultur soll nun in einem erneuten Anlauf unter Bezug auf psychoanalytische Triangulierungstheorien ausgeführt werden.

5.5. Die trianguläre Struktur der Interaktionstriade

„Nur wenige Entwicklungsschritte sind so anspruchsvoll für die seelische Funktion wie das Voranschreiten von einer Zweier- zu einer Dreierbeziehung."

Peter Fonagy

Aus psychoanalytischer Sicht spielt die Schließung des Dreiecks – und damit die Errichtung einer triangulären Struktur – eine ausgesprochen zentrale Rolle für den psychischen Entwicklungsprozeß des Kindes, aber auch für die Konsolidierung des Systems Familie, für den Übergang zu ‚reifen' Beziehungen zwischen drei eng miteinander verbundenen Familienmitgliedern. Diese müssen sich gleichzeitig sowohl als zusammenhängende und umgrenzte familiäre Einheit, als differenzierte Träger ihrer jeweiligen gesellschaftlich geprägten Rolle als Vater, Mutter und Kind (gleichzeitig auch als Söhne und Töchter ihrer Eltern, als Schwiegersöhne und Schwiegertöchter, als Enkel etc.), als auch als individuierte und einzigartige Personen hervorbringen und aufrechterhalten, und in diesem hochgradig komplexen affektiv durchdrungenen Rollen- und Beziehungsgeflecht miteinander bzw. zueinander höchst unterschiedliche Beziehungen entwickeln. Als sich während der Analyse der Interviews und Gruppendiskussionen in den Verkehrsbetrieben bei mir das zunächst heuristische Bild einer interagierenden Triade einstellte, wurde fortan die Vorstellung immer unabweisbarer, daß die Figur der Triade nicht nur für die psychische Struktur von Individuen sowie im sozialen System ‚Familie' eine eminent wichtige Rolle spielt, sondern auch für subkulturübergreifende Aushandlungsprozesse in Organisationen. Diese Vorstellung wurde daraufhin zu einem meiner interpretationsleitenden Grundgedanken, der es mir ermöglichte, in einer Art hermeneutischer Spirale (Bolten 1985, S. 362) das empirische Material zu interpretieren und zu strukturieren und im gleichen Zuge das zunächst noch karge Gerippe der Triangulierungsidee ‚mit Fleisch und Blut' zu versehen und ‚mit Haut zu umgeben'.

5.5.1. Die ‚Schließung' der Triade

Die „2-aus-3-Regel" beschrieb die Beziehungen von einem sich im Schnittpunkt zweier Linien des Dreiecks befindlichen Akteur zu den beiden anderen Akteuren des Dreierverhältnisses. Sie umfaßt damit zwei der drei möglichen

Beziehungslinien, indes noch nicht das Dreieck als geschlossene Figur. Ermann (1985, S. 108) zufolge läßt sich die Struktur solcher Beziehungen mit
dem „Bild zweier Schenkel darstellen, in deren Schnittpunkt das eigene Selbst
steht, deren Endpunkte aber noch nicht fest miteinander verbunden sind."
Dies ändert sich nicht grundsätzlich dadurch, daß bei der „2-aus-3-Regel" jeder der drei Akteure die Position im Schnittpunkt einnehmen kann. Denn nach
wie vor bietet diese Position dem Akteur, der sich jeweils im Zentrum der auf
ihn zulaufenden Linien befindet, die Möglichkeit, das Geschehen im Dreieck
als Geschehen zweier gesonderter Beziehungen aufzufassen, als deren Dreh-
und Angelpunkt er sich imaginieren kann. Erst das Hinzukommen der dritten
Linie, der Beziehungslinie, die dem Schnittpunkt gegenüberliegt, schließt die
Triade und schafft eine potentiell trianguläre Struktur. Ronald Britton (1989)
hat diesen Schritt zur „Schließung der Triade" am Beispiel der familialen, genauer: der ödipalen Triade mit ihren komplexen Voraussetzungen und Konsequenzen eingehend dargestellt. Davon inspiriert werde ich nun der Frage
nachgehen, welche Erkenntnisse sich aus der von Britton beschriebenen triangulären Struktur für triadische Konstellationen in Organisationen gewinnen
lassen.

Die Schließung der Triade, so Britton (1989, S. 86), ist gebunden an einen
fundamentalen Akt der Anerkennung: der Anerkennung des Faktums, daß
nicht nur ich eine Beziehung zu den beiden anderen Akteuren unterhalte, sondern diese gleichfalls eine Beziehung zueinander haben. Die Anerkennung der
Verbindung der beiden Anderen zueinander stellt ausgesprochen hohe Anforderungen an einen Akteur, der sich am liebsten im Zentrum zweier von ihm
ausgehender Schenkel einrichten und das Beziehungsgeschehen des Dreiecks
aus der Perspektive zweier auf ihn zulaufender bzw. von ihm ausgehender
Beziehungen konzipieren möchte. Die Anerkennung der Verbindung der beiden anderen Akteure zueinander fordert nämlich nicht nur die Anerkenntnis,
daß es eine weitere Beziehung gibt, sondern darüber hinaus, daß dies eine Beziehung ist, aus welcher der ‚Schnittpunkt-Akteur' ausgeschlossen ist. Dieser
Ausschluß ist von grundlegend anderer Art als die Ausschlussposition, die
anläßlich der Koalitionsbildung beschrieben wurde. Ging es dort darum, daß
einer der drei Akteure aus der Koalitionsbeziehung der beiden anderen – sozusagen gänzlich – ausgeschlossen war (zwei Linien fehlen zum Dreieck),
und ging es bei der von Liebau und Mückenberger favorisierten „2-aus-3-
Regel" darum, daß die Beziehung der beiden Akteure an den äußeren Eck-
punkten der Schenkel zueinander unklar blieb (eine Linie fehlt zum Dreieck),
stellt sich die Situation bei der Schließung der Triade aus Sicht des jeweiligen
Schnittpunkt-Akteurs so dar, daß er s o w o h l zu den beiden anderen Akteuren

eine Beziehung hat als auch eine Beziehung jener beiden zueinander existiert, aus der er ausgeschlossen bleibt. Greift man Liebaus und Mückenbergers Gedanken der bestehenden Vertrauensbeziehungen noch einmal auf, kann man sagen, daß, obgleich im geschlossenen Dreieck potentiell drei Vertrauensbeziehungen bestehen, diese dennoch ohne den Aspekt eines – oft nur schwer zu ertragenden – Ausschlusses nicht zu haben sind. Für die entfaltete Dreiecksstruktur gilt, daß die anderen Akteure Einem sowohl zugewandt als auch gleichzeitig von Einem getrennt sind; diese mit mir/uns sowohl eine Beziehung pflegen als auch sich von mir/uns abwenden und sich einander zuwenden. In der entfalteten Triade löst also die höchst anspruchsvolle Beziehungsstruktur „Trennung und Bindung" die für die Koalitionsbeziehung charakteristische Beziehungsstruktur „Trennung oder Bindung" (Ermann 1995, S. 203) ab. Diese Beziehungsstruktur, sich selbst in Beziehung zu verschiedenen Anderen zu sehen und zu erleben, die ihrerseits miteinander in Beziehung stehen, eine Beziehungsstruktur, die paradigmatisch durch das Dreieck symbolisiert wird, beziehungsweise für die das Dreieck die Grundform darstellt, markiert Ermann (1995, S. 201) zufolge – und hier trifft sich die Psychoanalyse mit der Soziologie – „die Grundform des Erlebens von Gruppe und Gesellschaft". Im entfalteten Dreieck gilt es nicht nur, den Winkel zu den beiden anderen Akteuren zu halten und dieses Verhältnis in sich selbst auszubalancieren, hinzu kommt die Aufgabe des Umgangs mit der Beziehung dieser beiden zueinander, der Beziehung also, aus der man ausgeschlossen ist und strukturell ausgeschlossen bleibt. Da, wie ich im Kapitel über organisatorische Subkulturen gezeigt habe, subkulturübergreifende Aushandlungsprozesse in Organisationen dadurch geprägt sind, daß organisatorische Einheiten, Hierarchiestufen, Professionen usw. (kurzum: Kulturen), die untereinander vielfältig verkoppelt sind, miteinander interagieren, besteht hier für jede Subkultur die Aufgabe, sowohl Beziehungen mit angrenzenden Subkulturen zu unterhalten, als auch zu beobachten und im eigenen Erleben und Handeln in Rechnung zu stellen, daß diese wiederum untereinander Beziehungen unterhalten (aus denen man ausgeschlossen ist). Ich komme darauf zurück, gehe jedoch zunächst einen Schritt weiter in der Explikation der Figur der Triade.

Die dritte Position: Einführung der exzentrischen Perspektive und Grundlage von Reflexivität

Bei der Schließung der Triade kommt mit der dritten Beziehung nicht bloß eine weitere Beziehung dazu – aus der egozentrischen Perspektive des

Schnittstellen-Akteurs gesehen: die Beziehung der beiden Anderen zueinander –, es konstituiert sich dadurch auch die bereits angedeutete neue Beziehungsform: die Beziehung auf eine Beziehung. Genau betrachtet stellt bereits die Ausschlussbeziehung in der Koalitionsvariante eine Beziehung auf eine Beziehung dar, dort jedoch aus der Perspektive der Ausgeschlossenheit auf die Assoziation der beiden Koalierenden. Der Bezug auf eine Beziehung bei gleichzeitigem Bestehen einer Beziehung zu den beiden, auf deren Beziehung man sich bezieht, stellt, als ‚eingeschlossene' Position im komplettierten Dreieck, eine gänzlich andere Beziehungs-, vielleicht besser: Bezogenheitsstruktur dar.

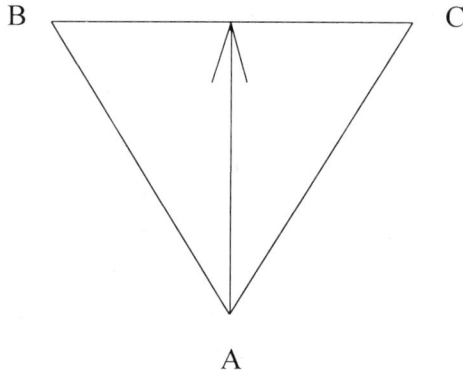

Buchholz (1990, S. 227) formuliert die mit dieser Struktur auftauchende Problematik mit Rekurs auf Bateson (1982) wie folgt: „Wie fügt sich der ‚Unterschied, der einen Unterschied macht' und der ‚Unterschied zum Unterschied, der einen Unterschied macht' ineinander?" Britton (1989, S. 87) bezeichnet diese Beziehung auf eine Beziehung und den damit verbundenen Übergang von der egozentrischen zur exzentrischen Perspektive die Zeugen- bzw. die Beobachtungsbeziehung. Von dieser ‚dritten Position' aus kann man freilich nicht nur die Beziehung der beiden Anderen zueinander beobachten, man kommt selbst in die Position und kann sich auch selbst vorstellen, in seiner Interaktion mit dem Einen und Anderen beobachtet zu werden – von demjenigen, der sich dann jeweils in der Beobachtungsposition befindet. Britton zufolge können wir in dieser entfalteten triangulären Konstellation die Fähigkeit entwickeln, „uns selbst in der Interaktion mit anderen zuzusehen, einen anderen Blickwinkel einzunehmen, ohne den eigenen aufzugeben, über uns selbst nachzudenken und dennoch ‚wir selbst' zu bleiben" (ebenda).

In der vollständigen Triade existieren nun für jeden der drei Beteiligten die folgenden Arten von Beziehungen bzw. Beziehungsaspekten – und damit eine differenzierte Struktur und komplexe Dynamik (ich buchstabiere sie nur für den Akteur A aus, gleiches gilt für B und C, was die Komplexität nochmals enorm steigert):

- Zwei verschiedene Beziehungen, deren Teil man ist – A zu B sowie A zu C (die es als dyadische Beziehungen zu gestalten gilt);
- bei denen man im Schnittpunkt der beiden von einem weglaufenden Schenkel situiert ist, und die man infolgedessen in egozentrischer Weise als auf einen selbst zulaufend bzw. von einem selbst ausgehend imaginieren kann (hier stellt sich die Aufgabe des ,Winkel-Haltens' sowie die Problematik der „geknickten" Beziehungslinie (Simmel) – d.h. B und C treten über A in Beziehung zu dem für sie jeweils Dritten, die Struktur der 2-aus-3-Beziehung also);
- in denen man gleichzeitig von dem jeweils ausgeschlossenen Dritten beobachtet werden kann – die Beziehung A-B wird von C beobachtet, die Beziehung A-C wird von B beobachtet (mit all dem, was es für A bedeutet, in seiner Beziehung zu B von C und in seiner Beziehung zu C von B beobachtet zu werden, was A's Annahmen darüber einschließt, was es für den jeweils Ausgeschlossenen bedeutet, ausgeschlossen zu sein und aus dieser Position die Beziehung der anderen beiden zu beobachten).[53]
- Gleichzeitig steht man selbst vermittelt über B über die geknickte Linie indirekt mit C sowie über C mit B in Kontakt, was einen in die Stellung der Außenbeziehung in einer von dem je anderen ausgehenden 2-aus-3-Beziehung bringt (und man hängt in dieser Position von der Fähigkeit des jeweiligen Schnittpunktakteurs ab, mit der egozentrischen Position in einer 2-aus-3-Beziehung balancierend umzugehen).
- Hinzu kommt nun die Beziehung der beiden anderen, B und C zueinander,
- die für einen selbst von Bedeutung ist,
- aus der man selbst gleichzeitig jedoch ausgeschlossen ist,

---

[53] Es gilt sich für die bisher ausbuchstabierte Struktur zu vergegenwärtigen, daß die Beziehung A's zu B und zu C nur der formalen Struktur nach gleich, inhaltlich jedoch ausgesprochen verschieden ist. Es macht bezogen auf das familiale System einen großen Unterschied, ob ein Vater die Beziehung des Kindes zur Mutter oder eine Mutter die Beziehung des Kindes zum Vater beobachtet. Und bezogen auf die betriebliche Interaktionstriade macht es einen Unterschied, ob der Betriebsrat die Beziehung der Beteiligungsgruppen zum Technischen Projekt oder ob das Technische Projekt die Beziehung der Beteiligungsgruppen zum Betriebsrat beobachtet.

- die man beobachten (wahrnehmen und imaginieren) kann (die exzentrische Position),
- und mit deren Anerkennung man ringt (was nicht einfach ist, da die Anerkennung der Ausschlussbeziehung mit unumgänglichen Verlusten und Verzichtleistungen einhergeht bzw., vorsichtiger formuliert, einhergehen kann – siehe unten).
- Hinzu kommen die Phantasien darüber, was es für B und für C bedeuten mag, in ihrer Beziehung zueinander von jemand beobachtet zu werden sowie die eigenen Annahmen darüber, was diese wohl glauben, wie es einem selbst in der Position als Ausgeschlossenem geht.
- Schließlich stellt sich die von Britton beschriebene Aufgabe, sich selbst in Interaktion mit den Anderen zuzusehen, einen anderen Blickwinkel einzunehmen (Perspektivenwechsel), ohne den eigenen Blickpunkt aufzugeben, über sich nachzudenken und dennoch man selbst zu bleiben.

Das Einnehmen(-Können) der dritten Position, der exzentrischen Perspektive innerhalb der entfalteten Triade vermittelt die eminent wichtige Fähigkeit zum Einnehmen einer internalisierten Fremdperspektive, zu einer reflexiven Selbstbezüglichkeit und damit zum selbstreflexiven Handeln. Haesler (1999, S. 74) verweist diesbezüglich auf Wittgenstein: „Dies setzt eine wachsende Fähigkeit des Subjekts voraus, jenen Denkakt zu vollziehen, den Wittgenstein (1960, S. 503/504) unter dem Begriff des ‚seeing as‘ des ‚sehen als‘ zusammengefaßt hat: ‚Ich, der andere, den ich als ... sehe‘ bzw. ‚Ich selbst, den ich mich selbst als anderen sehe und darstelle‘". Kern und Wesen der Triangularität ist Haesler zufolge „die Alternative, das ‚Andere‘, das zu dem Vorhandenen Hinzutretende." Hierzu gehört, so Haesler weiter, „die Freiheit, etwas ‚so oder anders‘ zu sehen, die Freiheit zur alternativen Perspektive, die die Voraussetzung und Grundlage jeglichen Deutens von einem dritten, reflexiven Ort aus ist" (ebenda, S. 70). Nach Giddens (1995) ist es diese Art von Reflexivität, die zunehmend unsere gegenwärtige Welt, die (zweite) Moderne, sowohl prägt als auch von ihr gefordert wird; eine Reflexivität, bei der sich der Modus der Begründung des eigenen Interesses und der eigenen Perspektive von der internen zur externen Diskursivität verschiebt (Beck 1996). Beck zufolge verlieren Interessen, Perspektiven und Präferenzen „ihre zirkulären Selbstverständlichkeiten und können sich sozusagen nur im Durchgang durcheinander im Perspektivenwechsel begründen" (ebenda); einem Perspektivenwechsel, so würde ich anfügen, der nicht dyadisch, sondern wesentlich triangulär zu denken ist, was durchaus im Einklang steht mit dem Plural in Becks weiterer Formulierung, wenn er von einer „Selbstbegründung im

Durchgang durch den Dissens mit anderen" spricht (ebenda; Hervorhe-
bung/E.T.).

Geht die psychoanalytische Entwicklungstheorie davon aus, daß die dritte Position und die damit verbundene Metaperspektive durch den Übergang zur
Triade lebensgeschichtlich überhaupt erst konstituiert wird, ist diese Fähigkeit
im Erwachsenenleben – und das heißt auch: bezogen auf triadische Verhältnisse zwischen organisatorischen Subkulturen – als prinzipiell möglich vor-
auszusetzen; sie ist gleichsam aber als eine Situation zu unterstellen, die in
neuen sozialen Konstellationen erst herzustellen ist und auch in existierenden
sozialen Konstellationen immer wieder erneut errungen bzw. den koalitionären Dissoziationskräften und den (paranoid-schizoiden) Spaltungstendenzen
immer wieder abgerungen werden muß. Insofern kann die familiale Triangulierung nicht nur als die paradigmatische Situation der Herausbildung von triangulären Wahrnehmungs-, Verarbeitungs-, Strukturierungs- und Handlungsweisen gelten, sie liefert zugleich das Vorbild für einen auch in anderen
sozialen Gefügen interaktiv zu leistenden Triangulierungsprozeß.[54]

Triangulärer Raum als trianguläre Strukturierung des subkulturellen Binnenraums

Bisher habe ich den triangulären Raum so behandelt, als ginge es hierbei in
erster Linie um den Raum z w i s c h e n den an der Triade beteiligten Akteuren,
also den Aushandlungsraum z w i s c h e n den die Interaktionstriade bildenden
Subkulturen. Doch genau betrachtet war in den vorstehenden Ausführungen
immer schon impliziert, daß die geschilderten Anerkennungsleistungen auch
innerhalb der einzelnen die Triade bildenden Subkulturen zu erbringen sind.
So wie die 2-aus-3-Regel nur dann eine Chance hat, wenn der Schnittpunkt-
Akteur den Winkel halten kann, was wiederum voraussetzt, daß dessen vertrauensvolle Interaktionen mit den beiden anderen einigermaßen verläßlich
intern repräsentiert sind, kann es triangulären Raum innerhalb der Interakti-

---

[54] Damit ist am Gegenstand Triangulierung die Frage des Zusammenhangs von Handlung
und Struktur aufgeworfen. Wird im vorliegenden Text auch der Schwerpunkt auf die Triangulierung gelegt, also auf den Prozeß der Herausbildung triangulär strukturierter Inter-
aktionsverhältnisse (bzw., wie ich lieber sage: „triangulärer Räume"), ist gleichzeitig davon auszugehen, daß organisatorische Strukturen – bestehend aus organisatorischen Regeln
im Sinne verallgemeinerbarer Verfahren und Ressourcen (Ortmann 1995c) –, wie letztlich
soziale Verhältnisse überhaupt (Freund 1976), bereits triadisch strukturiert sind, was aber
nicht bedeutet, daß sich daraus bereits ein trianguläres Handeln ergibt. Triangulierung kann
in dieser erweiterten Perspektive als ein Prozeß gesehen werden, in dem Akteure die vorgängig triadische Struktur der sozialen Welt gleichzeitig hervorbringen, realisieren und
reproduzieren – ein Paradox, ähnlich dem, das Winnicott (1987) für den Übergangsraum
und die Übergangsobjekte formuliert hat.

onstriade nur insoweit geben, wie deren Akteure in ihrem subkulturellen Binnenraum Ansätze zu triangulärem Raum ausgebildet haben. Hier erst stoßen wir zum entfalteten Sinn des Begriffs der Triangulierung vor: Triangulierung umfaßt

- zum einen die reale Präsenz von Dreien, die sowohl voneinander getrennt und differenziert als auch über wechselseitige Beziehungen miteinander verbunden sind (seien es drei Personen, drei Gruppen, drei Subkulturen oder gar drei Organisationen),
- zum zweiten die Qualität der Beziehungen innerhalb der Dreieckskonstellation, sowie
- drittens die Binnenrepräsentanz dieser Beziehungen.

Im engeren Sinne bedeutet Triangulierung in der Psychoanalyse den komplexen psychischen Prozess der Integration dieser unterschiedlichen Ebenen. Damit kann Triangulierung nun beschrieben werden als ein Prozeß, der von der konkreten Beziehung zu verinnerlichten Bildern führt, wodurch Triangulierung – und dies wird im engen Sinne unter Triangulierung verstanden – zu einer „internalisierten Struktur" (Metzger 2000, S. 169) wird.[55] Krejci (1999b) zufolge findet diese intrapsychische Repräsentation der triadischen Konstellation entwicklungspsychologisch betrachtet nicht in einem bereits weitgehend ausgebildeten psychischen Raum statt; vielmehr wird durch den anspruchsvollen Schritt der Triangulierung überhaupt erst so etwas wie ein wirklich mehrdimensionaler psychischer Raum geschaffen: „Um den inneren Raum als geschlossenen, dreidimensionalen Raum erschaffen zu können, scheint es nötig zu sein, daß das Kind sich mit seinen beiden Eltern identifizieren kann, die untereinander ebenfalls verbunden sind. Erst die Etablierung der vielfältigen Gefühlskonstellationen, die der positive und der negative Ö-

---

[55] Aus der Perspektive der klinischen Erfahrung verdeutlicht Rotmann (1985, S. 311f.) den Unterschied zwischen der intersubjektiven und der intrasubjektiven Realität: „Die *beobachtbaren* Sozialbeziehungen könnten in dyadische und triadische unterschieden werden. Die entsprechenden psychischen Repräsentanzen könnte man *polar* (Einförmigkeit des alternativen entweder-oder) und *trianguliert* (Vielfalt des sowohl-als-auch) nennen. Ein Mensch mag einsam leben mit wenigen Kontakten und doch fähig sein zur gleichzeitigen Beziehung zu zwei und mehreren Menschen mit all den Konsequenzen, die dies nach sich zieht. Er oder sie können den Ausschluß ertragen, so wie sie selbst Ausschließende sein können, sie können gewinnen und verlieren, dieselbe Person lieben und hassen, sind imstande, Freunde zu schätzen und Feinde zu bekämpfen (trianguliert). Ein anderer Mensch mag, äußerlich gesehen, in einer Familie mit Ehepartner und Kindern leben, scheinbar unauffällig, aber in der Analyse zeigt sich, daß nur Zweierbeziehungen repräsentiert sind. Jede Beziehung zu einem Dritten stellt dann einen Verrat dar. Es gibt nur eine gleichsam homosexuelle (selbst in Abwesenheit manifester Homosexualität), unifokale, pathologisch-hochambivalente Selbst-Objektbeziehung, in der anstelle des neurotischen mehr ein Loyalitätskonflikt, Vernichtung, Vergessen- und Verlassenwerden drohen, mit konkretistischer Übertragung, die im Analytiker nicht das symbolisierte, sondern ein tatsächlich begehrtes und gefürchtetes Objekt sieht (polar)".

dipuskomplex wachrufen, und die ,irgendwie miteinander vereinbarten Identifizierungen' beider Formationen ermöglichen ,psychischen Raum'" (Krejci
1999b, S. 104). Hören wir hierzu noch einmal Britton (1989, S. 86): „Indem
das Kind die Beziehung der Eltern anerkennt, wird seine psychische Welt zu
einer einzigen, umgrenzten Welt zusammengeschlossen, die es mit beiden
Eltern teilt und in der verschiedenartige Objektbeziehungen möglich sind. Die
Schließung des ödipalen Dreiecks durch die Anerkennung der Verbindung,
welche die Eltern miteinander vereint, ermöglicht eine Abgrenzung der inneren Welt. Sie läßt einen ,triangulären Raum', wie ich es nenne, entstehen –
d.h. einen Raum, der von den drei Personen der ödipalen Situation und all ihren potentiellen Beziehungen umgrenzt wird."

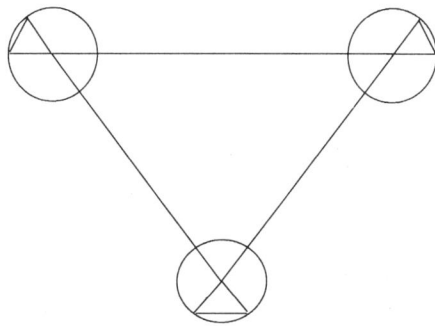

Hinzu kommt ein weiteres: Zur Ausbildung von triangulärem Binnenraum in
den einzelnen organisatorischen Subkulturen ist es erforderlich, daß die Mitglieder jeder Gruppierung den strukturellen Ort, den sie selbst innerhalb einer
Organisation einnehmen, ein ganzes Stück weit wahrnehmen und akzeptieren,
und damit auch die organisatorische Verortung der anderen Akteure (mit deren spezifischen Aufgaben, Interessen und Perspektiven). Das heißt letztlich
nichts anderes, als daß sie gefordert sind, ihren Ort in einer im Prinzip bereits
triadisch strukturierten organisatorischen Ordnung anzuerkennen und zu realisieren. Dieser Triangulierungsprozeß (und damit die prozeßhafte Realisierung
einer im Grunde bereits gegebenen triadischen Struktur) gelingt sozio-emotional gesehen jedoch nur, wenn die betreffenden Subkulturen zumindest ansatzweise die Bereitschaft haben, sich mit ihrer spezifischen Ausschlußposition auseinanderzusetzen und die den Triangulierungsprozeß begleitenden

Aspekte von Verzicht und Verlust nicht einfach projektiv abzuwehren, sondern in sich zu bewahren (zu ‚containen') und ihnen standzuhalten. Dies möchte ich im folgenden am Beispiel der drei Akteure der Interaktionstriade konkretisieren.

5.5.2. Der ‚Preis' der Triade: Ausgeschlossensein, Verlust und Verzicht

Hinshelwood (1993, S. 87) weist darauf hin, daß die von der Triade erforderte Fähigkeit, „gewissermaßen beiseite zu treten und eine Beziehung zwischen zwei Objekten zu beobachten" voraussetzt, daß man „das Gefühl des Ausgeschlossenseins ertragen, also dem klassischen ödipalen Schmerz in seiner ganzen Härte standhalten kann."[56] Von hier aus schließt sich der Kreis zum im ersten Teil dieser Arbeit dargestellten depressiven Modus der Erfahrungsbildung: „Eben dieser Moment, in dem sich die Fähigkeit zu Liebe und Haß mit der Fähigkeit, zu beobachten und zu wissen, verbindet, ist eines der entscheidenden Merkmale der depressiven Position" (ebenda). Triangulärer Raum und depressiver Modus stehen in einem wechselseitigen Bedingungsverhältnis: So wie die Kennzeichen des depressiven Modus der Erfahrungsbildung – nämlich sich als interpretierendes Subjekt seiner Geschichte zu erleben, die triadische Beziehung des symbolischen Denkens herstellen zu können, ein Gefühl der Verantwortlichkeit für das eigene psychische Handeln zu entwickeln, die Fähigkeit (im emphatischen Sinne) zur Ambivalenz zu entfalten und durch das Wahrnehmen von Anderen außerhalb des Bereichs der eigenen Omnipotenz das Erleben von Schuld und Trauer auszubilden – wesentlich sind für das Schaffen und Aufrechterhalten eines triangulären Raumes, ist umgekehrt der trianguläre Raum kennzeichnend für die depressive Position (Schoenhals 1993).[57]

Wende ich mich auf dem Hintergrund dieser psychoanalytischen Erkenntnisse dem empirischen Material zu, stellt sich die Frage, welchem Ausschlußerlebnis sich jede der drei Akteursgruppen der Interaktionstriade angesichts der spezifischen Beziehung der beiden anderen zueinander zu stellen hatte. Anders gefragt: Welches Ausgeschlossensein und welcher Verlust bzw. Verzicht

---

[56] Pühl (1996, S. 41) bezeichnet die mit dem Gefühl des Ausgeschlossenseins einhergehende Angst vor dem Ausgeschlossen- und Alleingelassenwerden als ‚triadische Grundangst'.
[57] Im depressiven Erfahrungsmodus sind die Anderen, die zueinander eine Beziehung unterhalten, nicht einfach nur ‚weg', wie in der absoluten Trennung des paranoid-schizoiden Modus, sondern der Andere ist „dort" mit dem Dritten beschäftigt. Die Freude über die Beziehung zum Anderen und die Sorge über das, was die Anderen nun miteinander tun, zielen auf ein und das selbe Objekt, auf ein und den selben Akteur, der auf diese Weise als zusammenhängend erlebt werden kann (Schoenhals 1997, S. 114f.).

mußte von jedem der Beteiligten auf sich genommen werden, damit sich in der Interaktionstriade triangulärer Raum entfalten konnte? Ich behandle beide Fragenkomplexe nacheinander und beginne mit der Frage nach dem je spezifischen Ausschluß.

a) Der Betriebsrat als ausgeschlossener Dritter in der Beziehung zwischen Technischem Projekt/Management und den Beteiligungsgruppen

Die Beziehung zwischen dem Technischen Projekt/Management und den Beteiligungsgruppen war auf der Ebene der Koordination und Kooperation von der konkreten Zuwendung zu organisatorischen und technischen Aspekten des RBL-Systems geprägt; auf der Ebene der Kommunikation vom Informationsaustausch über die jeweiligen Anwendungsbezüge sowie über die mit den eigenen subkulturellen Verortungen zusammenhängenden Erfahrungen und Sichtweisen; und auf der Ebene der Interaktion schließlich von der Erleichterung darüber, daß das erreichte Vertrauen das anfängliche Mißtrauen überwog, daß es ein wechselseitiges Entgegenkommen gab, daß die Bedeutung hierarchischer Differenzierungen und damit verbundener Machtspiele abgenommen hat, und daß Fahrer und Disponenten aktiv und kreativ an technisch-organisatorischen Entwicklungen mitarbeiteten und nicht im Widerstand gegen die neue Technologie verharrten. Man kann sagen, daß sich im Laufe des Beteiligungsprojektes zwischen den Beteiligungsgruppen und dem Technischen Projekt durch die konkrete Zuwendung zum technischen Gegenstand, die gegenseitige Wertschätzung der sachlichen Zusammenarbeit und die Akzeptanz der jeweiligen organisatorischen Rollen mit deren notwendig partialen Sichtweisen, eine stark produkt- und ergebnisorientierte Entwicklungs- und Kooperationskultur herausgebildet hat.

Von dieser ‚Erzeugung' einer neuen Technologie und vor allem auch neuer innerbetrieblicher Sozialbeziehungen durch den produktiven ‚Verkehr' von zweien der drei Akteure der Interaktionstriade war – und fühlte sich – der Betriebsrat ausgeschlossen. Es irritierte ihn, wie er mit seinen prinzipiellen Vorbehalten und seinem Widerstand gegen die RBL-Technologie zum Außenseiter, ja beinahe zu einer Art Fremdkörper im erfolgreichen Schaffensprozeß des Beteiligungsprojektes zu werden drohte. Er fürchtete darüber hinaus (zumindest bezüglich der RBL-Einführung) seiner betrieblichen Basis beraubt zu werden, ist doch der Rückhalt in der Belegschaft, hier repräsentiert durch die beteiligten Fahrer, die Grundlage seiner betriebspolitischen Verhandlungsmacht. In manchen Äußerungen von Betriebsratsmitgliedern klingt der Eindruck durch, ein ‚Teil' von ihnen würde sich selbständig machen und gegen sie arbeiten. Nicht zuletzt beschäftigte den Betriebsrat die Sorge, daß seine gesetzlich verbürgte Mitbestimmung im Zuge des Beteiligungsprozesses durch informelle Formen der Verständigung und Einigung zwischen den Beteiligungsgruppen und dem Technischen Projekt unterlaufen, wenn nicht gar ausgehöhlt werden könnte.[58]

b) Die Beteiligungsgruppen als ausgeschlossene Dritte in der Beziehung zwischen Technischem Projekt/Management und Betriebsrat

Der geschilderte Aspekt der konkreten organisatorisch-technischen Koordination und Kooperation in Sachen RBL spielte in der Beziehung zwischen dem Technischem Projekt/Management und dem Betriebsrat eine deutlich untergeordnete Rolle. Ihre Beziehung war wesentlich eine Verhandlungsbeziehung. Sie war geprägt von der wechselseitigen Gewißheit der eigenen betriebspolitischen Macht, vom Wissen darum, daß die industriellen Beziehungen wesentlich auf ihnen ruhen. Sie haben über ihre Vertreter im Aufsichtsrat das Beteiligungsprojekt ins Leben gerufen und sind damit, metaphorisch gesprochen, die ‚Erzeuger' des Beteiligungsprojektes. Sie versprachen sich von der Beteiligung von Beschäftigten eine Unterstützung ihrer jeweiligen betriebspolitischen Interessen und sie wußten auch, daß die Reichweite des Einflusses sowie die Beendigung des Beteiligungsprojektes vor allem von ihrer Entscheidung abhing. Ihre Kommunikation und Kooperation drehte sich um die Klärung und Schaffung von organisatorischen und rechtlichen Rahmenbedingungen für den RBL-Einsatz, ihre Interaktion im Kontext des RBL-Projektes war geprägt von ihren betriebspolitischen Rollen, von Verhandlungen, die eingebettet sind in ein Spiel mikropolitischer Schachzüge; sie oszillierte zwischen (zuweilen fragilem) gegenseitigem Vertrauen, Mißtrauensschüben (mit dem Resultat von zeitweiliger Verweigerung) und gelegentlichen Bekundungen und Inszenierungen von Macht. Kurzum: die Beziehung zwischen Management/Technischem Projekt und Betriebsrat kann beschrieben werden als geprägt durch eine – durch das Beteiligungsprojekt modifizierte – betriebspolitische Verhandlungskultur.

---

[58] Der freigestellte RBL-Betriebsrat hatte diese Sorgen in deutlich geringerem Maße, da er sich zwischen den Beteiligungsgruppen und dem Betriebsrat verortete, was ihm jedoch enorme Grenzgängerleistungen abverlangte (siehe hierzu Tietel 2001).

Die aus dieser auf dem Betriebsverfassungsgesetz beruhenden Beziehung ausgeschlossenen Beteiligungsgruppen mußten realisieren (und dies wurde ihnen von den anderen Gruppierungen da, wo sie sich darüber hinwegsetzen wollten, immer wieder empfindlich vor Augen geführt), daß sie im Kern ein in betriebspolitische Beziehungen eingewobenes aufgabenorientiertes und somit endliches Projekt sind, das seine Entscheidungsbeteiligung für einen bestimmten thematisch gebundenen Aktionsradius und für einen bestimmten Zeitraum von den beiden anderen Akteursgruppen verliehen bekam. Sie mußten realisieren, daß ihre an RBL (wenngleich nicht nur im engen technischen, sondern im weiteren Sinne arbeitspolitischen) geknüpften Interessen und Perspektiven nur ein kleiner Teil der Münzen sind, die in den betriebspolitischen Austauschbeziehungen zirkulieren und in für sie zuweilen nicht überschaubarer Weise in der betriebspolitischen Arena gehandelt werden. Doch wenngleich sie auch die Vorgängigkeit der Beziehung der beiden Anderen zu-, mit- und gegeneinander niemals einholen konnten und in ihrer Existenz und Reichweite weitgehend an diese, die betriebliche Arena dominante Kraftlinie gebunden blieben, waren ihre Aktivitäten nicht ohne Einfluß auf die betriebspolitischen Beziehungen. Denn die Interaktionen zwischen Management/Technischem Projekt und Betriebsrat wurden durch die Existenz dieser dritten Akteurgruppe spürbar entlastet und versachlicht; sie beruhten stärker als zuvor auf einer gewissen Anerkennung der differenten Interessen, Perspektiven und Präferenzen, die es zu verhandeln und in die Form von Betriebsvereinbarungen zu gießen galt. Weil die Beziehung zwischen Betriebsrat und Management von den Beteiligungsgruppen beständig beobachtet wurde, die ihrerseits ein großes Interesse am erfolgreichen Abschluß des Projektes, als einer ihre arbeitsbezogene Perspektive berücksichtigenden und ihren Status als neue Akteure anerkennenden Vereinbarung hatten, konnte sich der Betriebsrat die Verweigerungs- und Aussitzstrategie aus der Vorzeit des Beteiligungsprojektes sowie manche betriebspolitisch motivierten Schachzüge nicht mehr so unhinterfragt leisten.

c) Das Technische Projekt/Management als ausgeschlossener Dritter in der Beziehung zwischen Betriebsrat und Beteiligungsgruppen

Wenden wir uns der dritten Ausschlußbeziehung in der Interaktionstriade zu. Die Beziehung zwischen Betriebsrat und Beteiligungsgruppen (vor allem den Beteiligungsgruppen der Fahrer) war von einem soliden und – trotz aller zeitweilig heftig ausgetragenen Differenzen – tief verwurzelten Zusammengehörigkeitsgefühl geprägt (*„Unsere Vertreter sind das ja!"*), was nicht zuletzt am hohen gewerkschaftlichen Organisationsgrad, d.h. an der gemeinsamen Zugehörigkeit zur ÖTV abzulesen ist. Eine funktionierende Beteiligungskultur kann dem Betriebsrat zuarbeiten, ihn davon entlasten, sich allzu sehr mit den technisch-organisatorischen Details des neuen Systems beschäftigen zu müssen. Gute Beziehungen zum Betriebsrat lassen umgekehrt die Beteiligungsgruppen an der betriebspolitischen Macht ihres Vertretungsorgans partizipieren (was sie zuweilen auch als Machtargument in die Aushandlungen mit dem Technischen Projekt eingebracht haben). Bezogen auf den unmittelbaren Implementierungsprozeß des RBL-Systems blieb die Interaktion zwischen Beteiligten und Betriebsrat jedoch tendenziell angespannt. Sie oszillierte zwischen der arbeitsbezogenen Anwendungsperspektive der Beteiligten und der betriebspolitischen Perspektive des Betriebsrates. Vor allem die Interaktion zwischen diesen beiden Akteursgruppen litt darunter, daß die ihre Identifizierung tragende gemeinsame Situierung auf der gleichen Seite des Interessengegensatzes von Kapital und Arbeit dazu führte, daß eine Klärung der verschiedenen Rollen überflüssig zu sein schien und deshalb unterlassen wurde. Trotz aller daraus resultierenden Spannungen und Ambivalenzen im Detail kann man dennoch sagen, daß die Beziehung zwischen Betriebsrat und Beteiligungsgruppen (der Fahrer) von einer tief verwurzelten Kultur der Arbeitnehmersolidarität getragen war.

Aus dieser Arbeitnehmersolidarität blieben die Mitglieder des Managments/ Technischen Projektes ‚außen vor‘. Einzelne fühlten sich zu Unrecht ausgeschlossen und beteuerten im Interview ihre Solidarität mit gewerkschaftlichen Gedanken (‚warum merken die nicht, daß ich sie eigentlich unterstützen will und lehnen mich ab, nur weil ich Techniker bin‘). Der die industriellen Beziehungen dominierende Diskurs des polaren Interessengegensatzes zwischen Kapital und Arbeit führt allzu leicht dazu, daß für diejenigen, die nicht als auf Seite der Arbeit stehend identifiziert werden, letztlich nur der Ort der Kapitalseite, also der des Gegners, bleibt. In dieser Dichotomie von Kapital und Arbeit finden wir eine der mächtigsten Kräfte, mühsam entwickelte triadische Ansätze immer wieder auf die undifferenziertere Ebene der Dyade zurückzustutzen. Andere Mitglieder des Technischen Projektes wiederum registrierten mit seismographischem Spürsinn, ob die einzuführende Technologie mit ihren Planungs- und Anwendungsaspekten in der Beziehung zwischen Beteiligten und Betriebsrat überhaupt eine Rolle spielte oder ob doch immer wieder die ablehnende Haltung des Betriebsrates – und damit die ‚politische‘ oder ‚gewerkschaftliche‘ Kungelei – die Oberhand gewann. Manche (eher aus den ‚oberen Etagen‘) nahmen ihre Leitungs- oder Vorgesetztenrolle durchaus an und damit den Ausschluß bewußt auf sich; sie akzeptierten, daß es betriebliche Prozesse gibt, die sich ihrem unmittelbaren Zugriff und Einfluß entziehen, weil sie wissen, daß sie ihrerseits Orte haben oder finden werden, an denen sie sich dazu (inhaltlich und machtvoll) verhalten können. Einige schließlich nahmen mit einer gewissen Genugtuung zur Kenntnis, daß es zunehmend mehr Themen gab, bei denen die Beteiligungsgruppen ihnen näher standen als dem Betriebsrat und sich darüber die anfänglich starke Beziehung zwischen den Beteiligungsgruppen und dem Betriebsrat zu lockern begann.

Verlust und Verzicht

Ein weiterer Gesichtspunkt, der eng mit der Anerkennung und Bewältigung der Ausschlußposition zusammenhängt, ist der Umgang mit Aspekten von Verlust und Verzicht, die konstitutiv mit der Triade gegeben sind und zwar auf verschiedenen Ebenen. Auf der Beziehungsebene muß jeder der Beteiligten wahrnehmen, daß die Beziehung, die er zu dem Zweiten und zu dem Dritten hat, nicht (mehr) so exklusiv ist (bzw. sein kann), wie er sich das gedacht, erhofft, gewünscht oder phantasiert hat. Das Herstellen und Aufrechterhalten von triangulären Beziehungen geht unausweichlich Hand in Hand damit, den Anderen mit dem Dritten zu ‚teilen‘ bzw. – etwas weniger objekthaft formuliert – dem/den Anderen das Recht auf eine eigenständige Beziehung zu einem Dritten zuzusprechen und über den Verlust der Exklusivität der Beziehung zu trauern.[59] Ohne diesen Schritt kann es nicht zur Anerkennung der Beziehung der beiden anderen zueinander kommen.

Als beispielhaft für den Verlust an Exklusivität kann wiederum die Situation des Kindes in der ödipalen Konfiguration gelten: Das Kind realisiert zu einem gewissen Zeitpunkt schmerzlich, daß die Mutter ihm nicht allein gehört, da diese sich noch Anderen zuwendet, in der Regel dem Vater (bzw. Geschwistern etc.). Dem Kind vermittelt sich dadurch auch, daß es offenbar nicht alle Wünsche und Bedürfnisse der Mutter erfüllen und befriedigen kann (Chasseguet-Smirgel 1981) sowie – zu einem späteren Zeitpunkt der Entwicklung -, daß es Wünsche gibt, deren Erfüllung zwischen Eltern und Kindern nicht möglich bzw. kulturell nicht statthaft sind. Paradigmatisch hierfür ist das Inzesttabu, das von Freud (1912/13) und Lévi-Strauss (1984) als universell gel-

---

[59] Damit aber nicht genug: Der Verzicht auf die Exklusivität einer Beziehung – wie sie beispielsweise im Fall einer Koalitionsbeziehung gegeben ist – und damit der Übergang zu im engeren Sinne triadischen Verhältnissen eröffnet das Feld für einen hiervon abgeleiteten Wunsch, den Wunsch nämlich nach einer privilegierten Beziehung: Wenn ich schon nicht der Einzige sein kann, dann aber doch bitte zumindest der Wichtigere (und am besten für beide). Die Entwicklung triangulärer Verhältnisse hängt auch davon ab, wie mit dieser Variante des Exklusivitätswunsches umgegangen werden kann.

tend und für jegliche Kultur konstitutiv angesehen wurde. Um zu einem voll-
wertigen Mitglied der menschlichen Gesellschaft zu werden, muß das Kind
seine inzestuösen Wünsche bezüglich der Eltern aufgeben und akzeptieren,
daß es die beiden für die Elternschaft ausschlaggebenden Aspekte: Sexualität
und Generativität, mit seinen Eltern nicht wird leben können: „Die ödipale
Konfrontation schließt auch die Anerkennung des Unterschieds zwischen der
elterlichen Beziehung in Abhebung von der Beziehung zwischen Elternteil
und Kind ein: Die Beziehung der Eltern ist genital und auf Fortpflanzung gerichtet; die Eltern-Kind-Beziehung nicht. Diese Anerkennung schafft ein Gefühl von Verlust und Neid, das, falls es nicht ertragen werden kann, in ein Gefühl von Groll oder Selbstentwertung umschlägt" (Britton 1989, in der Übersetzung in Feldman 1997, S. 57). Diese Verzichtleistung stellt die grundlegende Situation dar für die vielen weiteren Verzichtleistungen, in denen das
Kind den Unterschied der elterlichen Beziehung zu seiner Beziehung zu dem
je einen und anderen Elternteil realisiert (realisiert im wörtlichen Sinne, daß
diese Verzichtleistung den Zugang zur Realität eröffnet, indem sie einen inneren Raum für kulturelle Realität erschafft).

Nun soll auch hier nicht die spezifische Struktur und Dynamik (Wünsche,
Phantasien und Ängste) der familialen Triade auf organisatorisches Geschehen übertragen, sondern wiederum die figurative Frage aufgeworfen werden,
in welcher Weise den an der beschriebenen Interaktionstriade beteiligten Akteuren die Anerkennung eines fundamentalen Verzichtes aufgebürdet wird.
Die grundlegende Verzichtleistung in der (Interaktions-)Triade besteht darin,
daß alle Beteiligten nicht nur den Anspruch auf ihre exklusive Beziehung
zu dem einen oder anderen Akteur aufgeben müssen, sondern auch den ex-
klusiven Bezug zu ihrer (als unumstößlich gedachten) organisatorischen
Selbstverortung, ihren Interessen, Perspektiven, Präferenzen und Handlungsweisen. Was heißt das konkret für die vorliegende Untersuchung? Management und Technisches Projekt auf der einen und Betriebsrat auf der anderen
Seite, die zur Zeit der dyadischen Auseinandersetzungen in der Vorzeit des
RBL-Projektes geradezu die Unabdingbarkeit ihrer jeweiligen Perspektive
und ihres Interesses kultivierten – um den Preis, daß sie in ihren Verhandlungen über Jahre kaum einen Schritt weiterkamen –, wurden durch die Einbeziehung eines Dritten von einer partiellen Dezentrierung erfaßt, die sie im
Beteiligungsprozeß erst nach und nach – und nur mit viel Widerstand – realisierten:

- Dem Betriebsrat stellte sich die Aufgabe, die Vorstellung aufzugeben,
  einziger und wahrer Repräsentant der Interessen der Belegschaft zu

sein (und immer schon zu wissen, was die zu vertretenden Interessen der Belegschaft sind). Er mußte sich auf einen diskursiven Prozeß einlassen, in dem nicht nur die Interessen und Perspektiven der Belegschaft neu ausgehandelt (und damit modifiziert) wurden, sondern in dem die dritte Akteursgruppe (die Beteiligungsgruppen) obendrein ihr eigenes Recht auf Mitsprache, Mitentscheidung und Mitbestimmung ihm gegenüber geltend machte (und partiell auch durchsetzte).

- Das Management (einschließlich der von ihm ermächtigten Techniker und Planer etc.) mußte die Vorstellung aufgeben, einziger Träger von unternehmerischer (hier: organisatorisch-technischer) Planungs-, Entscheidungs- und Gestaltungskompetenz zu sein, d.h. es mußte durch die Einbeziehung der Beteiligungsgruppen von seinen tradierten und geschätzten Strategien der ‚Top-down'-Implementierung einer neuen Technologie und den damit verbundenen organisatorischen Prozeduren abrücken (und zwar über das Maß hinaus, welches das Betriebsverfassungsgesetz in solchen Fragen an Mitsprache und Mitbestimmung für die Beschäftigten vorsieht).

- Die Fahrer und Disponenten schließlich mußten die Ansicht aufgeben, daß sie allein die Perspektive der unmittelbaren Anwendung repräsentieren, daß nur sie diejenigen sind, die wissen, was das neue technische System in der Anwendung bedeutet und daß sie diejenigen wären, um die es letztlich geht: „*Wir sitzen doch auf dem Bus*" (oder eben in der Leitstelle), wie es in den Gruppendiskussionen und Interviews häufig hieß. Sie – und das betrifft in erster Linie die Gruppe der Fahrer – mußten aber auch die negative Allmachtsphantasie aufgeben, immer die einzig Nichtgefragten zu sein, die Malocher da unten, die von denen da oben sowieso nie gefragt, nie beteiligt, sprich: nicht anerkannt werden. Diese negative Allmachtsphantasie, vielleicht sollte man besser von einem negativen Sozialnarzißmus sprechen, der tief in der traditionell autoritär-hierarchischen (zuweilen fast militärischen) Kultur von Verkehrsbetrieben verwurzelt ist, stellte auf Seiten der Beschäftigten eine der zentralen Barrieren gegen Beteiligung (und Humanisierung) dar.[60]

Es sollte deutlich geworden sein, daß es für das Zustandekommen eines triangulären Binnenraums in den einzelnen Subkulturen und für die Herausbildung triangulär strukturierter Aushandlungsprozesse in der Interaktionstriade von

---

[60] Ich habe im Kapitel „*Oh Mensch, sag nichts Verkehrtes, das kann ganz schlimm in die Hose gehen …*" beschrieben, wie kompliziert es für die Fahrer war, sich aus dieser Position zu befreien und sich selbst als Beteiligte wahrnehmen und anerkennen zu können.

großer Bedeutung ist, wie die beschriebenen Ausschlußsituationen und Verzichtleistungen von den einzelnen Akteuren und Akteursgruppen bewältigt und angenommen werden, und ob die isolierte Position des ausgeschlossenen Dritten in die integrierte Position eines konsolidierten Dritten verwandelt werden konnte. Dies möchte ich nun entfalten.

5.5.3. Der konsolidierte Dritte

Hier schließt das Motiv der Triade unmittelbar an die im ersten Teil dieser Arbeit entwickelten Überlegungen zum sozio-emotionalen Erfahrungskontext der Organisation an. Wie wird die Beziehung zu den anderen Akteuren, wie wird die Beziehung der anderen Akteure zueinander und wie wird das eigene Ausgeschlossensein aus dieser Beziehung wahrgenommen und erlebt, von welchen Phantasien und Vorstellungen wird die triadische Konstellation begleitet, wie ist sie im Binnenraum der jeweiligen Subkultur repräsentiert? Kann die mit der Position des Dritten verbundene Ausschlußposition und können die mit der Triade gegebenen Verlust- und Verzichtgefühle nicht toleriert werden, ist Britton (1989) zufolge davon auszugehen, daß der Dritte mißtrauische, eifersüchtige, neidische und verfolgende Gefühle entwickelt und nach dem Muster des paranoid-schizoiden Modus der Erfahrung reagiert. Paraphrasiert heißt das: ‚Was die Beiden da wohl wieder miteinander (gegen mich) aushecken'? Erinnert sei in diesem Zusammenhang an die Beobachtung Ogdens (1995), daß man im paranoid-schizoiden Modus der Erfahrung das Sich-Abwenden und Sich-jemand-anderen-Zuwenden nicht als Abwesenheit eines im Prinzip ‚guten' und verläßlichen Objekts, sondern als Anwesenheit eines bösen Objektes erlebt, dem man dann auf der Folie feindseliger und verfolgender Gefühle begegnet.

Kann man andererseits den Aspekt des Ausschlusses sowie die mit der entfalteten Triade verbundenen Verlust- und Verzichtsgefühle ein gutes Stück weit tolerieren – was einen Zugang zum depressiven Modus der Erfahrung voraussetzt –, kann sich die Triade stabilisieren und ihre produktive Kraft entfalten. Es ist also eine eminent wichtige Frage im triadischen Geschehen, wie man seine eigene Ausgeschlossenheit aus der Beziehung der beiden Anderen zueinander wahrnimmt (erlebt, beobachtet, phantasiert, interpretiert) und wie man die Beziehung der beiden Anderen zueinander besetzt. Hanna Segal (1996) formuliert an Britton anknüpfend den Gedanken, daß die Beziehung der beiden Anderen zueinander nicht nur mißtrauisch beäugt werden kann, sondern durchaus auch mit einem eher ‚objektiven' oder gar wohlmeinenden Blick.

Wird im Aushandlungsraum der Interaktionstriade – wie im Binnenraum der einzelnen Subkulturen – die Beziehung der anderen Akteure zueinander dergestalt nicht mehr (nur) als bedrohlich oder gar vernichtend wahrgenommen und vorgestellt, sondern auch als gut, als sachgemäß, als angemessen oder gar als produktiv, dann wirkt dies stabilisierend auf die Vorgänge in der Interaktionstriade und in den einzelnen Subkulturen zurück. Damit bietet sich in der Triade die Chance, daß, wie Julian Freund dies mit Bezug auf Simmel trefflich formuliert, aus dem ‚ausgeschlossenen Dritten' ein ‚konsolidierter Dritter' wird: "Das ganze Gesellschaftsleben gestaltet sich nach zwei Hauptrichtungen, die ich den ausgeschlossenen Dritten und den konsolidierten Dritten nennen möchte. Ist die Gesellschaft stabil, friedlich und ruhig, so hat sie Raum für den Dritten; ist sie dagegen kampflustig und erregt, so neigt sie dazu, den Dritten auszuschalten und die Konflikte auf den antagonistischen und polemischen Antagonismus der Freund- und Feindschaft zu reduzieren. ... Die integrierte Gesellschaft verleibt sich den Dritten als Grundlage ihres Bestehens ein; die Gesellschaft aber, die sich auf dem Wege zur Desintegration befindet, sucht ihn allmählich auszustoßen" (Freund 1976, S. 100). Mit dem konsolidierten Dritten konsolidiert sich die Sozialität und eröffnen sich die Potentiale einer triangulären Kultur.

5.5.4. Wechselbeziehung zwischen den subkulturellen Binnenräumen und dem Raum der Interaktionstriade

Die bisherigen Ausführungen führen zu dem scheinbar zirkulären Resultat, daß die Entstehung triangulären Raumes in der Interaktionstriade ebenso auf triangulierte Akteure angewiesen ist, wie umgekehrt die Errichtung und Stabilisierung triangulärer Räume in den Akteursgruppen auf triangulär strukturierte Anerkennungsbeziehungen der Triade. Ich habe im empirischen Teil ausgeführt, in welcher Weise die dort geschilderte Modifizierung der sozioemotionalen Erfahrungsmatrix und die ansatzweise Herausbildung eines triangulären Raumes sich nicht nur als selbstorganisatorischer Prozeß zwischen den Akteursgruppen entwickeln und festigen konnte, sondern an entsprechende Interventionen eines routinierten Beraters geknüpft blieb, der in der Lage war, ein hinreichendes Containment für diesen Prozeß zu gewährleisten. Hier kommt nun ein weiterer Aspekt hinzu. Für Lern- und Entwicklungsprozesse bedeutsam ist die aus therapeutischen und beraterischen Prozessen bekannte Erfahrung, daß sich bei hinreichendem Containment der jeweilige Binnenraum – sei es der psychische Innenraum eines Patienten oder einer Gruppe, sei es der kulturelle Binnenraum einer organisatorischen Untergliederung – auf den ‚Beziehungsraum' des Beratungsverhältnisses ausdehnen, sich um die hier erfahrenen Erlebens- und Reflexionsmöglichkeiten erweitern kann (Ogden 1995). Das heißt, daß die betreffende organisatorische Subkultur Erlebens- und Reflexionsqualitäten entwickeln und Handlungsweisen entfalten kann, zu denen sie unter den gewöhnlichen Bedingungen des eingespielten organisatorischen Alltags nicht in der Lage wäre. Triangulär strukturierte Erfahrungen im hinreichend gut ‚gehaltenen' und ‚haltenden' Raum der Interaktionstriade können so von den beteiligten Akteuren und Akteursgruppen als Erweiterung ihrer Erlebens-, Denk- und Handlungsmächtigkeit erfahren und verinnerlicht werden. Verinnerlicht wird hierbei nicht nur die modifizierte inhaltliche Erfahrung mit einem bestimmten Thema oder die modifizierte Beziehungserfahrung mit bestimmten anderen Akteuren, sondern im günstigen Falle auch die in der Triade wirksame Fähigkeit, trotz widersprüchlicher Interessen, verschiedener Perspektiven und teilweise widerspenstiger Emotionen produktive Aushandlungsprozesse zu entfalten und aufrechtzuerhalten. In den Worten Bions kann von den an diesem Prozeß Beteiligten die Bewältigungs- und Verarbeitungskapazität des ‚Containers', die Fähigkeit des Containments also, verinnerlicht werden (siehe Tietel 2000b). Konkret heißt dies, daß die Mitglieder einer Subkultur stärker als zuvor in der Lage sind, sowohl ihre eigenen Widersprüche und Konflikte als auch konfligierende Elemente, die von den Anderen in sie hineinprojiziert werden, „zusammenzuhalten, zu diskutieren und sie zu durchdenken, statt dazu gebracht zu werden, diese auszuagieren" (Halton 1994, S. 18). Nur diejenigen Themen, Gefühle, Phantasien, Vorstellungen etc., die innerhalb einer Subkultur gedacht und bedacht werden können, können auch kommuniziert werden; kommuniziert untereinander sowie im Kontakt mit Mitgliedern anderer Subkulturen (Green 1998, 654).[61] Hier stoßen wir auf das subkulturelle Pendant für die von Honneth (2000, S. 1107) geforderte „Entschränkung der inneren Dialogfähigkeit"; was er für die Subjekte formuliert, gilt in gleichem Maße für organisatorische Subkulturen: Daß diejenigen als besonders ‚entwickelt' gelten können, die ihr „Potential an innerer Dialogfähigkeit, an kommunikativer Verflüssigung (ihrer) Selbstbeziehungen dadurch zur Entfaltung [zu] bringen"

---

[61] Die Inhalte und Emotionen, die innerhalb der jeweiligen Subkultur nicht gehalten (contained), transformiert und gedacht werden können, ‚kommunizieren' auf der unbewußten Ebene der von Bion beschriebenen „Grundannahmen" bzw. werden nach außen geworfen, aus-agiert und in andere Subkulturen, in Leitungspersonen, auf Institutionen der Umwelt etc. projiziert (bzw. projektiv identifiziert).

vermögen, daß sie „möglichst vielen Stimmen der unterschiedlichsten Interaktionsbeziehungen in (ihrem) eigenen Inneren Gehör verschaffen" (ebenda).

Nachdem durch die Einbeziehung des triangulären subkulturellen Binnenraums und dessen Wechselbeziehung mit dem Aushandlungsraum der Interaktionstriade das Konzept der Triade vervollständigt wurde, möchte ich nun einen Aspekt aufnehmen, dem in der Triangulierungsliteratur bisher weniger Aufmerksamkeit gezollt wird, der mir jedoch für das Verständnis triangulärer Kulturen in Organisationen von Bedeutung zu sein scheint: die soziale Haut der Interaktionstriade. Ich stelle damit eine weitere Verknüpfung her zu der im ersten Teil dieser Arbeit ausgearbeiteten sozio-emotionalen Erfahrungsmatrix einer Organisation, konkret: zum autistisch-berührenden Modus der Erfahrungsbildung.

5.5.5. Die soziale Haut der Interaktionstriade

Die Schließung der Triade bewirkt im gelingenden Falle nicht nur eine anerkennungsbasierte Strukturierung der Beziehungen der drei Akteure der Triade zueinander, die Triangulierung vermittelt den Akteuren zudem eine „Repräsentanz der ‚ganzen' Triade" (Buchholz 1990, S. 127). Damit konstituiert sich die Triade für die sie bildenden Akteure als ein „umschließendes Ganzes" (Simmel), das von allen Beteiligten als dieses Ganze narzißtisch besetzt werden kann (Federn 1978).

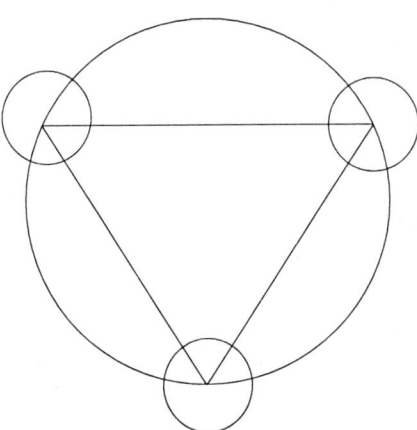

Mit Bezug auf die sozio-emotionale Matrix einer Organisation kann man dieses umschließende Ganze mit der Metapher einer „sozialen Haut" fassen,
womit – neben dem paranoid-schizoiden und dem depressiven Modus – der
dritte der Erfahrungsmodi ins Spiel kommt. Während der paranoid-schizoide
Modus der Erfahrungsbildung den Zusammenhang und Zusammenhalt der
Triade immer wieder mit Spaltungen bedroht bzw., weniger pathologisch
ausgedrückt, dafür sorgt, daß es innerhalb der Triade immer wieder (auch
sinnvoller- und notwendigerweise) zu Prozessen der Öffnung, der Auflösung
von Zusammenhängen und damit zur Erfahrung von Diskontinuität kommt,
und während sich der depressive Modus der Erfahrungsbildung in den ‚reifen'
Leistungen wechselseitiger Anerkennung, im „Zusammenhalt, Ertragen und
Fruchtbarmachen von Differenzen" (Krejci 1999a, S. 31), in Prozessen der
Integration und des Containments artikuliert, stiftet der autistisch-berührende
Modus der Erfahrungsbildung eine Tendenz zum Kontakt, zur Verbindung,
zum Aneinanderfügen und damit ein Gefühl der Sicherheit, des (Zusam-
men-)Gehaltenwerdens, ja einer grundlegenden Verbundenheit, was sich in
der Vorstellung einer gemeinsamen ‚sozialen Haut' verdichten läßt. Die als
soziale Haut bezeichnete verbindende und zusammenschließende Umgrenzung bestärkt das Gefühl der Zusammengehörigkeit und damit vertrauensvoller Beziehungen in der Triade und führt dazu, daß die dissoziativen Tendenzen des paranoid-schizoiden Modus der Erfahrungsbildung sowie die die
Triade potentiell mit sozialer Spaltung bedrohenden (mikropolitischen) Aspekte von Macht und Interesse[62] nicht nur quasi von ‚oben', durch die reflexiven und integrativen Fähigkeiten des depressiven Modus, sondern auch von
‚unten', durch das Zusammenhaltende des autistisch-berührenden Modus, ‚in
Schach gehalten' werden. Umgekehrt ist erst eine entwickelte Triangularität
ein Garant dafür, daß die soziale Haut, die im Prinzip jede Gruppe oder Kultur umgibt, die doppelte Funktion jeder intakten und funktionierenden Haut
übernehmen kann: Sowohl der A b g r e n z u n g nach außen und dem Zusammenhalt nach innen zu dienen, als auch für den erforderlichen A u s t a u s c h
mit der (hier: organisatorischen) Umwelt offen zu sein (um nicht zu einer regressiven Abschließung zu führen).

---

[62] Womit nicht gesagt werden soll, daß mikropolitische Mechanismen per se dem paranoid-schizoiden Erfahrungsmodus zugeordnet werden können. Bestimmte mikropolitische
Phänomene, wie beispielsweise der zentrale Mechanismus der Koalitionsbildung, tragen
sowohl der Macht- und Interessendimension organisatorischer Verhältnisse Rechnung und
sind insofern anzuerkennen (haben also Aspekte des depressiven Modus der Erfahrungsbildung), können jedoch (und tun dies sehr häufig) gleichermaßen Spaltungs- und Aus-
grenzungsprozesse in Gang setzen, die auf der Basis des paranoid-schizoiden Modus der
Erfahrungsbildung erlebt und beantwortet werden.

5.5.6. Der intermediäre Raum der Interaktionstriade

Wird die Triade zu einem umgrenzten und umschlossenen Raum, zu einem triangulären Container für gemeinsame Erfahrungen, ermöglicht sie es den an ihr Beteiligten, sich in einer Weise, wie ich sie im empirischen Teil beschrieben habe, der gemeinsamen Sache zuzuwenden, ohne ständig befürchten zu müssen, daß die eigenen Anliegen und Themen auf der Strecke bleiben. Es entwickelt sich in der Interaktionstriade eine Art aufgabenorientierte Kultur, welche die Akteure durch das sich herausbildende gemeinsame Selbstverständnis von den anspruchsvollen und differenzierten Anerkennungsleistungen, die bei der Herstellung und Aufrechterhaltung eines triangulären Raumes gefordert sind, ein Stück weit entlastet und die etwas befördert, das man als den „intermediären" Raum der Interaktionstriade bezeichnen kann. Intermädiär ist dieser Raum nun aber nicht nur im Sinne des von Wehner, Clases und Endres (1996) beschriebenen ‚Zwischenraumes‘, der sich zwischen verschiedenen betrieblichen Subkulturen aufspannt, sondern in der Weise, in der Winnicott (1987) den intermediären Raum zunächst als ‚Raum des Übergangsobjekts‘, dann als ‚Raum des Spielens‘ und schließlich als ‚kulturellen Raum‘ gefaßt hat. Der für das vorliegende Thema entscheidende Aspekt dieses intermediären – oder auch potentiellen (Ogden 1997) – Raumes besteht darin, daß für einen bestimmten thematischen Zusammenhang und einen gewissen Zeitraum bestimmte differenzierende und damit immer auch distanzierende Fragen nicht gestellt und nicht beantwortet werden müssen. Im vorliegenden Fall geht es um Fragen wie: Sind wir Mitglieder differenter Subkulturen mit verschiedenen Interessen, Perspektiven und Präferenzen, die vorrangig anzuerkennen und zu berücksichtigen sind oder sind wir Mitglieder einer gemeinsamen Kultur des RBL-Projektes, die vereint und ungetrennt an einer gemeinsamen Sache arbeiten und ihre Kompetenzen und Wissensbestände (ähnlich den beschriebenen praxisorientierten Gemeinschaften) in die Herstellung von etwas Neuem fließen lassen? Der intermediäre Raum, für Winnicott der Erfahrungsraum per excellence, zeichnet sich dadurch aus, daß die diesen Raum teilenden Akteure miteinander tastende Versuche, erste Schritte, soziale Experimente wagen können, die unter den alltäglichen Bedingungen ihrer subkulturellen Identitäten und organisatorischen Verortungen – normalerweise also – „noch nicht verfügbar" (Khan 1990, S. 155) sind. Zurecht wird intermediärer Raum in der deutschen Übersetzung des Buches von Masud R. Khan deshalb mit „Möglichkeitsraum" übersetzt – Möglichkeitsraum insofern, als er ein „potentieller Raum für die Integration von unvereinbaren Realitäten ist" (Haupt und Malcolm 2000).

Der Übergangsraum zeichnet sich Winnicott zufolge dadurch aus, daß hier nicht die Strenge der Realitätsprüfung waltet, sondern die Akteure eine gemeinsame Illusion teilen, die für einen bestimmten Zusammenhang und einen bestimmten Zeitraum nicht in Frage gestellt wird – so beispielsweise die Illusion, daß die Mitglieder des Beteiligungsprojektes gemeinsam ein für alle nützliches technisches System erzeugen und daß es hierbei – jenseits aller unterschiedlichen Interessenlagen – in erster Linie um diesen Herstellungsprozeß, und das heißt: um das gemeinsame Produkt geht. In diesem Sinne kann man sagen, daß das RBL-System für die Mitglieder des Beteiligungsprojektes zeitweilig zu einem „Übergangsobjekt" wurde, das die den Übergangsraum auszeichnende „Illusionsüberschneidung" (Neubaur 1987, S. 82) möglich machte. Man kann es eine Illusionsüberschneidung deshalb nennen, weil das technische System zu einem Objekt wird, an dem sich sowohl die jeweilige subkulturelle Eigensinnigkeit als auch die wechselseitige Abhängigkeit der Akteure auf eine neue und andere Weise in Szene setzen kann, weil hier, in den Worten Neubaurs, mit Trennung und Vereinigung „denkend jongliert" (ebenda) werden kann. Auch Honneth (2000) sieht in der „intersubjektiv akzeptierten Illusionsbildung" einen „eigenständigen Wirklichkeitsbereich", eine „intermediäre Erlebniszone", die „von allen Beteiligten als eine ontologische Sphäre vergegenwärtigt wird, der gegenüber sich die Frage nach Fiktion oder Realität gar nicht erst stellt" (ebenda, S. 1099f.). Nimmt die Interaktionstriade zeitweilig (bzw. immer mal wieder) den Charakter eines derartigen intermediären Raums an, werden Fragen von Macht, Interesse, Ressourcenverteilung etc. zwar nicht außer Kraft gesetzt, sie verlieren jedoch vorübergehend ihren trennenden und sprengenden Charakter; vielleicht kann man, eine Formulierung Baeckers (2000) aufgreifend, sagen, sie werden nicht ab-, sondern für eine gewisse Zeit situativ nachgewertet.

Wurde eingangs festgestellt, daß die Interaktionstriade in der anspruchsvollen Gestalt eines triangulären Containers den sozio-emotionalen Kontext dafür bereitstellt, daß sich intermediäre Erfahrungen ereignen können, so kann jetzt hinzugefügt werden, daß die Erfahrung produktiver Illusionsüberschneidung und intersubjektiver Gelassenheit im intermediären Raum ihrerseits einen günstigen Ausgangspunkt für die Mühen triangulärer Anerkennungsprozesse bietet. Trianguläre Mühen, von deren Aufsichnahme man nicht erwarten kann, je bleibend an einem triangulären Ziel anzukommen: Zur Utopie triangulärer Kulturen in Organisationen gehört die nüchterne Erkenntnis, daß man bestenfalls mit sich und mit Anderen immer wieder darum ringen kann, auf dem Weg zu einer triangulären Kultur zu sein.

Literatur

Abelin, Ernest. L. (1971): The Role of the Father in the Separation-Individuation Process. In: J.B. McDevitt and C.F. Settlage (Hrsg.): Separation-Individuation. New York: International Universities Press, S. 229 – 252

Allert, Tilmann (1997): Zwei zu Drei: soziologische Anmerkungen zur Liebe des Paares. In: System Familie, 10. Jg., S. 31 – 43

Argyris, Chris (1993): Defensive Routinen. In: Gerhard Fatzer (Hrsg.): Organisationsentwicklung für die Zukunft. Köln: Edition Humanistische Psychologie, S. 179 – 226

Argyris, Chris (1996): Wenn gute Kommunikation das Lernen verhindert. In: Gerhard Fatzer (Hrsg.): Organisationsentwicklung und Supervision: Erfolgsfaktoren bei Veränderungsprozessen. Köln: Edition Humanistische Psychologie, S. 109 – 126

Argyris, Chris und Donald A. **Schön** (1978): Organizational Learning: A Theory of Action Perspective. Reading, Mass.: Addison-Wesseley

Armstrong, David (2000): Emotions in Organisations: Disturbance or Intelligence? Eröffnungsvortrag auf dem Symposium „Emotions in Organizations" der International Society for the Psychoanalytic Study of Organizations (ISPSO) in London.

Auer-Hunzinger, Verena und Burkard **Sievers** (1991): Organisatorische Rollenanalyse und -beratung. In: Gruppendynamik, 22. Jg., Heft 1, S. 33 – 46

Baecker, Dirk (2000): Ausgangspunkt einer soziologischen Managementlehre. Universität Witten/Herdecke, Fakultät für Wirtschaftswissenschaften. Wittener Diskussionspapiere, Heft 62

Baecker, Dirk (2001): Drei Regeln einer wirtschaftlich effizienten Unternehmenskultur: Einfachheit, Autonomie und kulturelle Führung. In: Bertelsmann Stiftung, Hans-Böckler-Stiftung (Hrsg.): Praxis Unternehmenskultur: Herausforderungen gemeinsam bewältigen, Band I: Erfolgsfaktor Unternehmenskultur. Gütersloh: Bertelsmann Stiftung, S. 57 – 80 (zitiert nach der online-Fassung auf der homepage des Autors)

Bain, Alastair (1998): Social Defenses Against Organisational Learning. In: Human Relations, Vol. 51, No. 3, S. 413 – 429

Bateson, Gregory (1982): Geist und Natur. Frankfurt/M.: Suhrkamp

Bauers, Bärbel (1993): Die ‚dritte Beziehung': Triangulierende Funktionen in der analytischen Kinder- und Jugendlichenpsychotherapie. In: Praxis der Kinderpsychologie und Kinderpsychiatrie, 42. Jg., S 124 – 131

Bauriedl, Thea (1994): Auch ohne Couch. Stuttgart: Verlag Internationale Psychoanalyse

Bauriedl, Thea (1998): Die Triangularität menschlicher Beziehungen und der Fortschrittsglaube in der psychoanalytischen Entwicklungstheorie. In: Dieter Bürgin (Hrsg.): Triangulierung: der Übergang zur Elternschaft. Stuttgart u. New York: Schattauer, S. 123 – 140

Beck, Dieter (1992): Kooperation und Abgrenzung. Zur Dynamik von Intergruppen-Beziehungen in Kooperationssituationen. Wiesbaden: Deutscher Universitäts-Verlag

Beck, Ulrich (1996): Der clevere Bürger. Bemerkungen zu Anthony Giddens' Konzeption „reflexiver Modernisierung". In: Soziologische Revue, 19. Jg., S. 3 – 9

Becker, Hansjörg (1998): Psychoanalyse und Organisation. Zur Bedeutung unbewusster Sozialisation in Organisationen. In: Freie Assoziation, 1. Jg., Heft 1/2, S. 81 – 100

Becker, Hansjörg (2001): Angst und Wandel in Organisationen. Eine supervisorisch-psychoanalytische Perspektive. In: Bernd Oberhoff und Ullrich Beumer (Hrsg.): Theorie und Praxis psychoanalytischer Supervision. Münster: Votum, S. 215 – 230

Beland, Hermann (1989): Die unbewußte Phantasie. In: Forum der Psychoanalyse, 5. Jg., S. 85 – 98

Beland, Hermann (1999): Neid. Die systemsprengenden Phänomene. In: Journal für Psychologie, 7. J., Heft 4, S. 3 – 16

Berthoin Antal, Ariane, Meinolf **Dierkes** und Sabine **Helmers** (1993): Unternehmenskultur: Eine Forschungsagenda aus Sicht der Handlungsperspektive. In: Meinolf Dierkes, Lutz von Rosenstiel und Ulrich Steger (Hrsg.): Unternehmenskultur in Theorie und Praxis. Frankfurt/M. und New York: Campus, S. 200 – 218

Beumer, Ullrich und Burkard **Sievers** (2001): Die Organisation als inneres Objekt – Einzelsupervision als Rollenberatung. In: Bernd Oberhoff und Ullrich Beumer (Hrsg.): Theorie und Praxis psychoanalytischer Supervision. Münster: Votum-Verlag, S. 108 – 123

Bierhoff, Hans W. und Günter F. **Müller** (1993): Kooperation in Organisationen. In: Zeitschrift für Arbeits- und Organisationspsychologie, 37. Jg., S. 42 – 51

Bick, Esther (1990): Das Hauterleben in frühen Objektbeziehungen. In: Elizabeth Bott Spillius (Hrsg.): Melanie Klein heute. Bd. 1. München und Wien: Verlag Internationale Psychoanalyse, S. 236 – 240

Bilitza, Klaus (1990): "Themroc" oder "die unbewußte Seite der Organisation". In: Ulrich Streeck und Hans-Volker Werthmann (Hrsg.): Herausforderung für die Psychoanalyse. München: Pfeiffer, S. 256 – 269

Bion, Winfred R.(1971): Erfahrungen in Gruppen und andere Schriften. Frankfurt/M.

Bion, Wilfred R. (1990): Lernen durch Erfahrung. Frankfurt/M.: Suhrkamp

Birnbaum, Hans und Thomas **Kornbichler** (1994): Transformation ostdeutscher Arbeitskultur beim Übergang zu einer Organisationskultur marktwirtschaftlicher Prägung. In: Thomas Kornbichler und Christa-Jana Hartwig (Hrsg.): Kommunikationskultur und Arbeitswelt. Berlin: Akademie Verlag, S. 231 – 240

Bleger, José (1993): Die Psychoanalyse des psychoanalytischen Rahmens. In: Forum der Psychoanalyse, 9. Jg., S. 268 – 280

Bleicher, Knut (1986): Strukturen und Kulturen der Organisation im Umbruch: Herausforderung für den Organisator. In: Zeitschrift für Führung und Organisation, 55. Jg., S. 97 – 108

Board, Robert de (1978): The Psychoanalysis of Organizations. London und New York: Routledge

Bogumil, Jörg und Leo **Kißler** (1998): Die Beschäftigten im Modernisierungsprozeß – Akteure oder Agierende? In: Industrielle Beziehungen, 5. Jg., Heft 3, S. 298 – 321

Bollnow, Otto Friedrich (1963): Mensch und Raum. Stuttgart: Kohlhammer

Bolten, Jürgen (1985): Die Hermeneutische Spirale. Überlegungen zu einer integrativen Literaturtheorie. In: Poetica, 17. Jg., H. 3/4, S. 355 – 371

Born, Marius und Stefan **Eiselin** (1996): Teams – Chancen und Gefahren. Bern u.a.: Hans Huber

Bosetzky, Horst (1987): Führung in der Bürokratie. In: Handwörterbuch der Führung. Hrsg. von Alfred Kieser, Gerhard Reber und Rolf Wunderer, Stuttgart: Poeschel, S. 128 – 136

Bott Spillius, Elizabeth (1995): Einleitung zum Dritten Teil „Über das Denken". In: dies. (Hrsg.): Melanie Klein Heute. Bd. 1, Stuttgart: Verlag Internationale Psychoanalyse, S. 193 – 200

Bourdieu, Pierre (1985): Sozialer Raum und ‚Klassen'. Frankfurt/M: Suhrkamp

Britton, Ronald (1989): The Missing Link: Parental Sexuality in the Oedipus Complex. In: The Oedipus Complex Today. Ed. by John Steiner. London: Karnac Books, S. 83 – 101

Britton, Ronald (1998): Psychische Entwicklung und psychische Regression. In: Ronald Britton, Michael Feldman und John Steiner: Identifikation als Abwehr. Hrsg. von Claudia Frank und Heinz Weiß. Tübingen: Edition Diskord, S. 17 – 39

Brown, John Seely und Paul **Duguid** (1991): Organizational Learning and Communities-of-Practice: Toward a Unified View of Working, Learning, and Innovation. Institute of Management Sciences. Arbeitspapier.

Brown, John Seely und Paul **Duguid** (1999): Dem Unternehmen das Wissen seiner Menschen erschließen. In: Harvard Business Manager, 21. Jg., Heft 3, S. 76 – 88

Buchholz, Michael B. (1990): Die Rotation der Triade. In: Forum der Psychoanalyse, 6. Jg., S. 116 – 134

Buchinger, Kurt (1997): Supervision in Organisationen. Heidelberg: Carl Auer

Buchinger, Kurt (1999): Teamarbeit in Organisationen. Zur unaufhaltsamen Karriere eines Instruments. In: Gruppendynamik, 30. Jg., S. 7 – 23

Bühl, Walter L. (1972): Entwicklungslinien der Konfliktsoziologie. Einleitung zu: Konflikt und Konfliktstrategie. Hrsg. von Walter L. Bühl. München: Nymphenburger Verlagshandlung, S. 9 – 63

Büssing, André (1999): Psychopathologie der Arbeit. In: Carl Graf Hoyos und Dieter Frey (Hrsg.): Arbeits- und Organisationspsychologie. Weinheim: Psychologie Verlags Union, S. 200 – 211

Buhr, Regina (1998): Unternehmen als Kulturräume. Berlin: Edition Sigma

Bungard, Walter (1995): Team- und Kooperationsfähigkeit. In: Werner Sarges (Hrsg.): Management-Diagnostik. Göttingen u.a.: Hogrefe, 2. Aufl., S. 405 – 415

Caplow, Theodore (1968): Two Against One. Coalitions in Triads. Englewood Cliffs: Prentice Hall

Chasseguet-Smirgel, Janine (1981): Das Ichideal. Frankfurt/M.: Suhrkamp

Crozier, Michael und Erhard **Friedberg** (1993): Macht und Organisation. Die Zwänge kollektiven Handelns. Königstein: Athenaeum

Deal, Terrence E. und Allan A. **Kennedy** (1982): Corporate Cultures: The Rites and Rituals of Corporate Life. Reading MA: Addison-Wesley

Dörre, Klaus (1996): Die „demokratische Frage" im Betrieb. Zu den Auswirkungen partizipativer Managementkonzepte auf die Arbeitsbeziehungen in deutschen Industrieunternehmen. In: Soziologisches Forschungsinstitut Göttingen (SOFI), Mitteilungen Nr. 23, Göttingen, S. 7 – 23

Douglas, Mary (1974): Ritual, Tabu und Körpersymbolik. Frankfurt/M.: S Fischer

Dülfer, Eberhard (1991): Organisationskultur: Phänomen – Philosophie – Technologie. In: ders. (Hrsg.): Organisationskultur. Stuttgart: Poeschel, 2. erw. Auflage, S. 1 – 20

Eigen, Michael (1995): Bions Ausgangspunkt entgegen. Zwischen Katastrophe und Glauben. In: Wege zum Menschen, 47. Jg., S. 459 – 476

Eisenbach-Stangl, Irmgard und Michael **Ertl** (Hrsg.) (1997): Unbewußtes in Organisationen. Zur Psychoanalyse von sozialen Systemen. Wien: Facultas-Verlag

Endres, Egon und Theo **Wehner** (1993): Vom plötzlichen Boom der Gruppenarbeit in deutschen Automobilfabriken. Hamburg: Technische Universität, Harburger Beiträge zur Psychologie und Soziologie der Arbeit Nr. 2

Endres, Egon und Theo **Wehner** (Hrsg.) (1997): Zwischenbetriebliche Kooperation. Die Gestaltung von Lieferbeziehungen. Weinheim: Psychologie Verlags Union

Endres, Egon Theo **Wehner** und Thomas **Jordine** (1996): Grenzgänger zwischen Praxisgemeinschaften. In: Egon Endres und Theo Wehner (Hrsg.): Zwischenbetriebliche Kooperation. Weinheim: Psychologie Verlags Union, S. 105 – 120

Ermann, Michael (1985): Die Fixierung in der frühen Triangulierung. In: Forum der Psychoanalyse, 1. Jg., S. 93 – 110

Ermann, Michael (1995): „Frühe" Triangulierung. In: Wolfgang Mertens (Hrsg.): Schlüsselbegriffe der Psychoanalyse, Stuttgart: Verlag Internationale Psychoanalyse, 2. Aufl., S. 200 – 208

Federn, Paul (1978): Ichpsychologie und die Psychosen. Frankfurt: Suhrkamp

Feldman, Michael (1997): Groll: die zugrundeliegende ödipale Konfiguration. In: Ronald Britton, Michael Feldman und John Steiner: Groll und Rache in der ödipalen Situation. Tübingen: Edition Diskord, S. 51 – 79

Felz, Herbert (1981): Standardisiertes rechnergesteuertes Betriebsleitsystem für den öffentlichen Nahverkehr. In: Verkehr und Technik, Heft 9, S. 383 – 389

Fonagy, Peter (1998): Die Bedeutung der Dyade und Triade für das wachsende Verständnis seelischer Zustände: Klinische Evidenz aus der psychoanalytischen Behandlung von Borderline-Persönlichkeitsstörungen. In: Dieter Bürgin (Hrsg.): Triangulierung: der Übergang zur Elternschaft. Stuttgart u. New York: Schattauer, S. 141 – 161

Forster, Werner (2000): Emotionaler Aufruhr und soziale Verarbeitung: Über den Nutzen psychoanalytischer Konzepte in der Beratung für Unternehmensentwicklung. In: Mathias Lohmer (Hrsg.): Psychodynamische Organisationsberatung. Stuttgart: Klett-Cotta, S. 119 – 139

Foulkes, Siegmund H. (1964): Therapeutic Group Analysis. London: George, Allen und Unwin

Freie Assoziation. Zeitschrift für Psychoanalyse, Kultur, Organisation und Supervision. Münster: Daedalus-Verlag (seit 1998)

Freud, Anna (1964): Das Ich und die Abwehrmechanismen. München: Kindler

Freud. Sigmund (1908): Die ‚kulturelle' Sexualmoral und die moderne Nervosität. In: ders.: Gesammelte Werke, Bd. VII, Frankfurt/M.: S. Fischer, S. 143 – 167

Freud, Sigmund (1912/13): Totem und Tabu. Gesammelte Werke, Bd. IX, Frankfurt/M.: S. Fischer

Freud, Sigmund (1915): Zeitgemäßes über Krieg und Tod. In: ders.: Gesammelte Werke, Bd. X, Frankfurt/M.: S. Fischer, S. 324 – 355

Freud, Sigmund (1921): Massenpsychologie und Ich-Analyse. In: ders.: Gesammelte Werke, Bd. XIII, Frankfurt/M.: S. Fischer, S. 71 – 161

Freud, Sigmund (1923): Das Ich und das Es. In: ders.: Gesammelte Werke, Bd. XIII, Frankfurt/M.: S. Fischer, S. 237 – 289

Freud, Sigmund (1927): Die Zukunft einer Illusion. In: ders.: Gesammelte Werke, Bd. XIV, Frankfurt/M.: S. Fischer, S. 325 – 380

Freud, Sigmund (1930): Das Unbehagen in der Kultur. In: ders.: Gesammelte Werke, Bd. XIV, Frankfurt/M.: S. Fischer, S. 421 – 506

Freud, Sigmund (1933): Warum Krieg? In: ders.: Gesammelte Werke, Bd. XVI, Frankfurt/M.: S. Fischer, S. 13 – 27

Freud, Sigmund (1939): Der Mann Moses und die monotheistische Religion. In: ders.: Gesammelte Werke, Bd. XVI, Frankfurt/M.: S. Fischer, S. 101 – 246

Freund, Julien (1976): Der Dritte in Simmels Soziologie. In: Hannes Böhringer und Karlfried Gründer (Hrsg.): Ästhetik und Soziologie um die Jahrhundertwende „Georg Simmel". Frankfurt/M: Klostermann, S. 90 – 101

Fuchs, Joachim (1990): Die Entwicklung der Arbeitskultur in der DDR. In: AFA Informationen: Arbeitsausschuß für Arbeitsstudien, H. 2, Jg. 40, S. 9 – 15

Fürstenau, Peter (1977): Über die politische Relevanz psychoanalytischer Praxis. In: Peter Kutter (Hrsg.): Psychoanalyse im Wandel. Frankfurt: Suhrkamp, S. 148 – 172

Fürstenau, Peter (1992): Warum braucht der Organisationsberater eine mit der systemischen kompatible ichpsychologisch-psychoanalytische Orientierung? In: Rudolf Wimmer (Hrsg.): Organisationsberatung. Wiesbaden: Gabler, S. 43 – 58

Fürstenau, Peter (1994): Thesen zur Bedeutung von Rahmenbedingungen und rahmenbezogenen Konflikten in der Gruppenarbeit. In: ders.: Entwicklungsförderung durch Therapie. München: Pfeiffer, S. 205 – 207

Fürstenberg, Friedrich (1984): „Arbeitsgesellschaft" aus soziologischer Sicht. In: Soziologische Revue, Sonderheft I, S. 1 – 3

Funder, Maria (2000): Entgrenzung von Organisationen – eine Fiktion? In: Heiner Minssen (Hrsg.): Begrenzte Entgrenzungen. Berlin: Edition Sigma, S. 19 – 45

Gehlen, Arnold (1957): Die Seele im technischen Zeitalter. Hamburg: Rowohlt

Gensior, Sabine (1992): Die Bedeutung von Gruppenstrukturen und sozialer Bindung. Frauenerwerbstätigkeit in ostdeutschen Betrieben. In: Martin Heidenreich (Hrsg.): Krisen, Kader, Kombinate: Kontinuität und Wandel in ostdeutschen Betrieben. Berlin: Edition Sigma, S. 273 – 282

George, Jennifer M. (2000): Emotions and Leadership: The Role of Emotional Intelligence. In: Human Relations, 53. Jg., S. 1027 – 1055

Giddens, Anthony (1995): Konsequenzen der Moderne. Frankfurt/M.: Suhrkamp

Giddens, Anthony (1997): Jenseits von Links und Rechts. Frankfurt: Suhrkamp

Giesecke, Michael und Kornelia **Rappe-Giesecke** (1997): Supervision als Medium kommunikativer Sozialforschung. Frankfurt/M.: Suhrkamp

Glasl, Friedrich (1994): Konfliktmanagement. 4. Aufl., Bern: Haupt; Stuttgart: Verlag Freies Geistesleben

Goffmann, Erving (1977): Rahmen-Analyse. Ein Versuch über die Organisation von Alltagserfahrungen. Frankfurt/M.: Suhrkamp

Green, André (1975): Analytiker, Symbolisierung und Abwesenheit im Rahmen der psychoanalytischen Situation. In: Psyche, 29. Jg., S. 503 – 541

Green, André (1998): The Primordial Mind and the Work of the Negative. In: International Journal of Psychoanalysis, 79. Jg., S. 649 – 665

Greifenstein, Ralph; Peter **Jansen** und Leo **Kißler** (1993): Gemanagte Partizipation. München und Mering: Rainer Hampp Verlag

Gregory, Kathleen L. (1983a): Native View Paradigms: Multiple Cultures and Culture Conflicts in Organizations. In: Administrative Science Quarterly, 28. Jg., S. 359 – 376

Grotstein, J. (1987): Schizophrenia as a disorder of self-regulation and interactional regulation. Presented at the Boyer House Foundation Conference: The Regressed Patient, San Francisco, March 21 (zit. in Ogden 1995)

Gustavsen, Björn (1994): Dialog und Entwicklung. Kommunikationstheorie, Aktionsforschung und Strukturreformen in der Arbeitswelt. Berlin: Edition Sigma

Haesler, Ludwig (1999): Die Struktur der Triangularität und ihre grundlegende Bedeutung für Sprache und Denken sowie für die menschliche Kultur. In: Lilli Gast und Jürgen Körner (Hrsg.): Ödipales Denken in der Psychoanalyse. Tübingen: Edition Diskord, S. 62 – 93

Halton, William (1994): Some unconscious aspects of organizational life. Contributions from psychoanalysis. In: Anton Obholzer und Vega Zagier Roberts (Ed.): The unconscious at work. Individual and organizational stress in the human services. London and New York: Routledge, S. 11 – 18

Haupt, Charles und Charles **Malcolm** (2000): From hell to hope: An organizational case study of the Truth and Reconciliation Commission (TRC) in South Africa. Vortrag auf dem 2000 Symposium der International Society for the Psychoanalytic Study of Organizations, 22. – 24. Juni in London [siehe: http://www.sba.oakland.edu/ispso/html/2000Symposium/Malcolm%20and%20Haupt2000.htm]

Heidenreich, Martin (1994): Gruppenarbeit zwischen Toyotismus und Humanisierung. In: Soziale Welt, 45 Jg., S. 60 – 82

Heinz, Walter (1995): Arbeit, Beruf und Lebenslauf: eine Einführung in die berufliche Sozialisation. Weinheim u.a.: Juventa

Helfferich, Cornelia, Angelika **Hägele** und Alexandra **Heneka** (2000): Wohnen ohne „dritte Haut". In: Zeitschrift für Frauenforschung und Geschlechterforschung, 18. Jg., Heft 3, S. 74 – 95

Helmers, Sabine (1993): Beiträge der Ethnologie zur Unternehmenskultur. In: Meinolf Dierkes, Lutz von Rosenstiel und Ulrich Steger (Hrsg.): Unternehmenskultur in Theorie und Praxis. Frankfurt/M. u. New York: Campus, S. 147 – 187

Helmers, Sabine und Andreas **Knie** (1992): Wie lernen Unternehmen bei der Entwicklung von Techniken? In: Zeitschrift für Führung und Organisation, 61. Jg., S. 36 – 41

Heltzel, Rudolf (1998): Entwicklungsbegleitung in psychiatrischen Organisationen. Manuskript. Bremen.

Heltzel, Rudolf (2000): Zur Identität des gruppenanalytischen Supervisors und Organisationsberaters. In: Jahrbuch für Gruppenanalyse und ihre Anwendungen, Bd. 6: Konflikt und Solidarität in und zwischen Gruppen. Herausgegeben von Mohammad E. Ardjomandi, Angelika Berghaus und Werner Knauss, Heidelberg: Mattes Verlag, S. 95 – 119

Heunemann, Gerhard (1991): Das standardisierte Betriebsleitsystem BON. Entwicklungen und praktische Erfahrungen in Wiesbaden. In: Der Nahverkehr, Heft 1, S. 44 – 51.

Heydemann, Günther und Francesca **Weil** (1999): Der Betrieb als sozialer Raum vor und nach 1989. Möglichkeiten und Grenzen der Interessenwahrnehmung von Arbeitnehmern sowie informelle Strategien und Verhaltensmuster im Alltagsleben. In: Deutscher Bundestag (Hrsg.): Materialien der Enquete-Kommission „Überwindung der Folgen der SED-Diktatur im Prozeß der deutschen Einheit", Bd. V, S. 577 – 654

Hildebrand, Bruno (1999): Auftragsklärung und/oder Rahmung? – Zur Bedeutung der Anfangssequenz in Beratung und Therapie. In: System Familie, 12. Jg., S. 123 – 131

Hinshelwood, Robert D. (1993): Wörterbuch der kleinianischen Psychoanalyse. Stuttgart: Verlag Internationale Psychoanalyse

Hinshelwood, Robert D. und Marco **Chiesa** (Hrsg.) (2002): Organisations, Anxieties and Defenses. London und Philadelphia: Whurr Publishers

Hirschhorn, Larry (1985): The Psychodynamics of Taking the Role. In: Arthus D. Colman und Marvin H. Celler (Hrsg.): Group Relations Reader, Bd. 2, Jupiter: A.K. Rice Institute, S. 335 – 351

Hirschhorn, Larry (1999): The Primary Risk. In: Human Relations, Vol. 52, Nr. 1, S. 5 – 23

Hirschhorn, Larry und Carole K. **Barnett** (Hrsg.) (1993): The Psychodynamics of Organizations. Philadelphia: Temple University Press

Hirschhorn, Larry und Thomas **Gilmore** (1993): Die Grenzen der flexiblen Organisation. In: Harvard Business Manager, 16. Jg., Heft 1, S. 29 – 39

Historisches Wörterbuch der Philosophie (1998), Hrsg. von J. Ritter und Karl Gründer, Bd. 10, Darmstadt: Wissenschaftliche Buchgesellschaft

Hofbauer, Johanna (1992): Der soziale Raum ‚Betrieb'. Zur Strukturierung der betrieblichen Sozialwelt aus der Sicht der bourdieuschen Sozialtheorie. Berlin: Wissenschaftszentrum Berlin für Sozialforschung, Arbeitspapier FS II 92-201

Hofstede, Geert (1997): Lokales Denken, globales Handeln. München: Beck

Hofstede, Geert (1998): Identifying Organizational Subcultures: An Empirical Approach. In: Journal of Management Studies, Vol. 35, S. 1 – 12

Hondrich, Karl Otto (1997): Latente und manifeste Sozialität. Anregungen aus der Psychoanalyse für eine Sozioanalyse. In: Peter Kutter (Hrsg.): Psychoanalyse interdisziplinär. Frankfurt: Suhrkamp, S. 69 – 95

Honneth, Axel (2000): Objektbeziehungstheorie und postmoderne Identität. Über das vermeintliche Veralten der Psychoanalyse. In: Psyche, 54. Jg., S. 1087 – 1109

Human Relations. Towards the integration of the social sciences. Zeitschrift des Tavistock Institute London (begründet 1947)

Informationen (1994): Informationen zum Beteiligungsprojekt „Sozialverträgliche Gestaltung der Einführung eines rechnergestützten Betriebsleitsystems (RBL) im ÖPNV". Herausgegeben vom Vorstand und Betriebsrat des Untersuchungsbetriebes

Isaacs, William N. (1996): Dialog, kollektives Denken und Organisationslernen. In: Gerhard Fatzer (Hrsg.): Organisationsentwicklung und Supervision: Erfolgsfaktoren bei Veränderungsprozessen. Köln: Edition Humanistische Psychologie, S. 181 – 207

Jamison, Michael S. (1985): The Joys of Gardening: Collectivist and Bureaucratic Cultures in Conflict. In: Sociological Quarterly, 26. Jg., S. 473 – 490

Janis, Irving L. (1972): Victims of groupthink. A psychological study of foreign policy decisions and fiascoes. Boston, MA: Houghton Mifflin

Jansen, Dorothea (1999): Einführung in die Netzwerkanalyse. Opladen: Leske und Budrich

Jaques, Elliot (1951): The Changing Culture of a Factory. London: Tavistock-Publications

Jaques, Elliot (1955): Social systems as a defence against persecutory and depressive anxiety. In: Melanie Klein, Paula Heiman und Roger Money-Kyrle (Hrsg.).: New directions in psycho-analysis. London: Tavistock Publications, S. 478 – 498

Kappelhoff, Peter (2000): Der Netzwerkansatz als konzeptueller Rahmen für eine Theorie interorganisationaler Netzwerke. In: Jörg Sydow und Arnold Windeler (Hrsg.): Steuerung von Netzwerken. Opladen und Wiesbaden: Westdeutscher Verlag, S. 25 – 57

Kennel, Rosemarie und Gertrud **Reerink** (Hrsg.) (1997): Klein – Bion. Tübingen: Edition Diskord

Kernberg, Otto (1988): Innere Welt und äußere Realität. München: Verlag Internationale Psychoanalyse

Kets de Vries, Manfred F. R. und Danny **Miller** (1991): Leadership Styles and Organizational Cultures: The Shaping of Neurotic Organizations. In: Kets de Vries: Organizations on the Couch. San Francisco und Oxford: Jossey-Bass Publishers, S. 243 – 263

Kets de Vries, Manfred F. R. and Associates (1991): Organizations on the Couch. San Francisco und Oxford: Jossey-Bass Publishers

Kets de Vries, Manfred F.R. (2001): Creating authentizotic organizations: Well-functioning individuals in vibrant companies. In: Human Relations, 54. Jg., Heft 1, S. 101 – 111

Khan, M. Masud R. (1990): Erfahrungen im Möglichkeitsraum. Frankfurt/M.: Suhrkamp

Khorovitch, B.G.; G. **Catalano**, Peter **Höflinger**, M. **Leprince** (1991): Technische und wirtschaftliche Aspekte von Betriebsleitsystemen. Bericht 6 des 49. Internationalen Kongresses des Internationalen Verbandes für öffentliches Verkehrswesen (UITP), Stockholm

Klein, Lisl (1996): On the Use of Psychoanalytic Concepts in Organisational Social Science. Vortrag auf dem 1996 Symposium der International Society for the Psychoanalytic Study of Organizations, 14. – 16. Juni in New York [siehe: http://www.sba.oakland.edu/ispso/html/klein.html]

Klein, Melanie (1928): Frühstadien des Ödipuskonfliktes. In: Internationale Zeitschrift für Psychoanalyse, 14. Jg., Heft 1, S. 65 – 77

Klein, Melanie (1935): A contribution to the psychogenesis of manic-depressive states. In: International Journal of Psycho-Analysis, Vol. 16, S. 145 – 174

Klein, Melanie (1946): Notes on some schizoid mechanisms. In: International Journal of Psycho-Analysis, Vol. 27, S. 99 – 10

Klüwer, Rolf (1997): Einblicke in die Welt des Autismus. In: Zeitschrift für psychoanalytische Theorie und Praxis, 12. Jg., Heft 2, S. 151 – 165

Knie, Andreas und Sabine **Helmers** (1991): Organisationen und Institutionen in der Technikentwicklung. Organisationskultur, Leitbilder und "Stand der Technik". In: Soziale Welt, 42. Jg., Heft 4, S. 427 – 444

Königswieser, Roswita und Peter **Heintel** (1998): Teams als Hyperexperten im Komplexitätsmanagment. In: Heinrich W. Ahlemeyer und Roswita Königswieser (Hrsg.): Komplexität Managen. Frankfurt: FAZ-Verlag, Wiesbaden: Gabler, S. 93 – 103

Körner, Jürgen (2000): Die trianguläre Struktur sozialpädagogischer Situationen. Variante(n) einer Fallgeschichte (II. Teil). In: Bernd Ahrbeck und Jürgen Körner (Hrsg.): Der vergessene Dritte – Ödipale Konflikte in Erziehung und Therapie. Neuwied u. Berlin: Luchterhand, S. 178 – 184

Kotthoff, Hermann (1994): Betriebsräte und Bürgerstatus. München und Mering: Rainer Hampp Verlag

Kotthoff, Hermann (1995): Betriebsräte und betriebliche Reorganisation. In: Arbeit. Jg. 4, S. 425 – 447

Krejci , Erika (1999a): Zusammenkommen und Zerfallen. Das Modell des Behälters und die PS<->D-Bewegung als Brennpunkte von Bions Theorie des Geistes. In: Forum der Psychoanalyse, 15. Jg., S. 25 – 41

Krejci, Erika (1999b): Psychogenese im ersten Lebensjahr. Tübingen: Edition Diskord

Krüger, Jürgen (1988): BISON – Betriebsführungs- und Informationssystem für den öffentlichen Nahverkehr. In: Verkehr und Technik, Heft 6, S. 248 – 250

Kruse, Lenelis (1974): Räumliche Umwelt. Berlin und New York: de Gruyter

Kruse, Lenelis und Carl F. Graumann (1978): Sozialpsychologie des Raumes und der Bewegung. In: Kurt Hammerich und Michael Klein (Hrsg.): Materialien zur Soziologie des Alltags. Opladen: Westdeutscher Verlag, S. 177 – 219

Kutter, Peter (1965): Familien- und Betriebsneurosen. In: Gesellschaft und Neurose. Herausgegeben vom Institut für Psychotherapie und Tiefenpsychologie in Stuttgart. Stuttgart: Klett-Cotta, S. 81 – 98

Lacan, Jaques (1975): Die Bedeutung des Phallus. In: ders.: Schriften II, Olten und Freiburg: Walter, S. 119 – 132

Lang, Hermann (1978): Die strukturelle Triade. Habilitationsschrift, vorgelegt bei der Medizinischen Fakultät der Universität Heidelberg

Laplanche, Jean (1974): Leben und Tod in der Psychoanalyse. Olten und Freiburg: Walter

Laplanche, Jean (1988): Die allgemeine Verführungstheorie. Tübingen: Edition Diskord

Lastenheft (1992): Lastenheft für Lieferung, Montage und Inbetriebnahme eines rechnergesteuerten Betriebsleitsystems (RBL) für den Untersuchungsbetrieb

Lawler, Edward J. und Samuel B. **Bacharach** (1983): Political Action and Alignment in Organizations. In: Samuel B. Bacharach (Hrsg.): Research in the Sociology of Organizations. Vol. 2, Greenwich, Conn: JAI-Press, S. 83 – 107

Lawrence, Gordon W. (1979): A Concept for Today: The Management of Oneself in Role. In: ders. (Hrsg.): Exploring Individual and Organizational Boundaries. A Tavistock Open Systems Approach. Chichester: John Wiley & Sons, S. 235 – 249

Lawrence, Gordon W. (1998): Soziales Träumen und Organisationsberatung. In: Freie Assoziation, 1. Jg., Heft 3, S. 304 – 328

Leger, Lothar (1995): Neue Arbeitskultur. Dokumenten-Management-Systeme. In: Diebold Management Report, Heft 2, S. 14 – 18

Leithäuser, Thomas und Birgit **Volmerg** (1988): Psychoanalyse in der Sozialforschung. Opladen: Westdeutscher Verlag

Leithäuser, Thomas, Elfriede **Löchel**, Brigitte **Scherer** und Erhard **Tietel** (1993): Technikimplementation als Lern- und Aushandlungsprozeß von und in Organisationen (Organisationskulturen) – Skizze zu einem Forschungsprojekt. In: Herbert Kubicek und Peter Seeger (Hrsg.): Perspektive Techniksteuerung. Berlin: Edition Sigma, S. 193 – 209

Leithäuser, Thomas, Elfriede **Löchel**, Brigitte **Scherer** und Erhard **Tietel** (1995): Der alltägliche Zauber einer digitalen Technik. Wirklichkeitserfahrung im Umgang mit dem Computer. Berlin: Edition Sigma

Leithäuser, Thomas; **Scherer**, Brigitte und Erhard **Tietel** (1997): Technikimplementation als Lern- und Aushandlungsprozess von und in Organisationen (Organisationskulturen) – die Einführung von rechnergesteuerten Betriebsleitsystemen in Betriebe des Öffentlichen Personennahverkehrs. Abschlußbericht. Bremen

Lévi-Strauss, Claude (1984): Die elementaren Strukturen der Verwandtschaft. Frankfurt: Suhrkamp

Lewin, Kurt (1934): Der Richtungsbegriff in der Psychologie. In: Psychologische Forschung, 19. Band, S. 249 – 299

Lewin, Kurt (1969): Grundzüge der topologischen Psychologie. Bern und Stuttgart: Hans Huber

Lewin, Kurt (1982): Formalisierung und Fortschritt in der Psychologie. In: ders.: Werkausgabe, Bd. 4: Feldtheorie. Hrsg. von Carl-Friedrich Graumann, Bern: Hans Huber; Stuttgart: Klett-Cotta, S. 41 – 72

Lexikon zur Soziologie (1994). Hrsg. von Werner Fuchs-Heinritz, Rüdiger Lautmann, Otthein Rammstedt und Hanns Wienold. Opladen: Westdeutscher Verlag, 3. völlig neu bearbeitete und erweiterte Auflage

Liebau, Eberhard und Ulrich **Mückenberger** (1997): Angst vorm Fliegen. Betriebliche Modernisierung und Partizipation. Marburg: Schüren Presseverlag

Löchel, Elfriede (2000): Symbol, Symbolisierung. In: Wolfgang Mertens und Bruno Waldvogel (Hrsg.): Handbuch psychoanalytischer Grundbegriffe. Stuttgart: Kohlhammer, S. 695 – 698

Löchel, Elfriede und Erhard **Tietel** (1990): Der Computer als evokatorisches Objekt. In: Psychosozial, 13. Jg., S. 92 – 102

Lohmer, Mathias (1997): Das Unbewußte im Unternehmen – zur Praxis psychodynamischer Organisationsberatung. In: Organisationsentwicklung, 16. Jg., Heft 3, S. 20 – 30

Lohmer, Mathias (Hrsg.) (2000a): Psychodynamische Organisationsberatung. Stuttgart: Klett-Cotta

Lohmer, Mathias (2000b): Neid. In: Wolfgang Mertens und Bruno Waldvogel (Hrsg.): Handbuch psychoanalytischer Grundbegriffe. Stuttgart: Kohlhammer, S. 483 – 487

Lohmer, Mathias und Corinna **Wernz** (2000): Zwischen Veränderungsdruck und Homöostaseneigung: Die narzißtische Balance in therapeutischen Institutionen. In: Mathias Lohmer (Hrsg.): Psychodynamische Organisationsberatung. Stuttgart: Klett-Cotta, S. 233 – 254

Long, Susan (2000a): Preis und Tyrannei der Kundenorientierung: Eine Gruppen- und Gesellschaftsanalyse aus systemischer und psychoanalytischer Sicht. In: Freie Assoziation, 3. Jg., S. 9 – 34

Long, Susan (2000b): The Internalized Team: A Discussion of the Socio-Emotional Dynamics of Teamwork. Vortrag auf dem 2000 Symposium der International Society for the Psychoanalytic Study of Organizations, 22. – 24. Juni in London [siehe: http://www.sba.oakland.edu/ispso/html/2000Symposium/ Long2000.htm]

Looss, Wolfgang (1993): Alltägliche Organisationsberatung bei der Einführung neuer Technologien. In: Gerhard Fatzer (Hrsg.): Organisationsberatung für die Zukunft. Köln: Edition Humanistische Psychologie, S. 79 – 96

Louis, Meryl R. (1983): Prerequisites for Fruitful Research on Organization Culture. Unpublished manuscript. Center for Applied Social Sciences, Boston University

Luhmann, Niklas (1964): Funktion und Folgen formaler Organisation. Berlin: Duncker und Humblot

Maalouf, Amin (2000): Mörderische Identitäten. Frankfurt/M.: Suhrkamp

Maas, Peter und Achim **Schüller** (1990): Organisationskultur und Führung. In: Führung im Wandel. Hrsg. von Gerd Wiendieck und Günter Wiswede. Stuttgart: Enke, S. 157 – 179

Maaß, Susanne (1995): Software Ergonomie. In: Jürgen Friedrich, Thomas Herrmann, Max Peschek und Arno Rolf (Hrsg): Informatik und Gesellschaft, Heidelberg, Berlin, Oxford: Spektrum Akademischer Verlag, S. 222 – 238

Maccoby, Michael (2000): Narzisstische Unternehmensführer im Kommen. In: Harvard Business Manager, 22. Jg., Heft 4, S. 9 – 21

Mader, Norbert und Wolfgang H. **Staehle** (1991): Arbeitskultur in der ehemaligen DDR: Ein Pendant zur Unternehmenskultur? In: Eberhard Dülfer (Hrsg.): Organisationskultur, Stuttgart: Poeschel, S. 129 – 146

Mahler, Margaret S., Fred **Pine** und Anni **Bergman** (1980): Die psychische Geburt des Menschen. Frankfurt: Fischer

Martin, Joanne und Caren **Siehl** (1983): Organizational Culture and Counterculture: An Uneasy Symbiosis. In: Organization Dynamics. Heft 2, S. 52 – 64

Martin, Joanne; Sim **Sitkin** und Michael **Boehm** (1983): Wild-eyed Guys and Old Salts: The Emergence of Organizational Subcultures. Working Paper, Graduate School of Business, Stanford University

Mastenbroek, Willem (1993): Conflict Management and Organization Development. Chichester u.a.: John Wiley

Mayntz, Renate (1978): Soziologie der öffentlichen Verwaltung. Karlsruhe: Müller, Juristischer Verlag

Mayntz, Renate (1993): Policy-Netzwerke und die Logik von Verhandlungssystemen. In: Politische Vierteljahresschrift, 34. Jg., Sonderheft 24, S. 39 – 56

Meltzer, Donald et al (1975): Explorations in Autism. London: Clunie Press

Menzies-Lyth, Isabel (1988): The Functioning of Social Systems as a Defence Against Anxiety. In: dies.: Containing Anxiety in Institutions, London: Free Association Books, S. 43 – 85

Mentzos, Stavros (1998): Institutionalisierte Abwehr bzw. psychosoziale Arrangements zwischen Individuum und modernen (auch sozialen) Technologien. In: Österreichische Zeitschrift für Politikwissenschaft. 27. Jg, Heft 3, S. 285 – 299

Mertens, Wolfgang (2000): Ödipuskomplex. In: Wolfgang Mertens und Bruno Waldvogel (Hrsg): Handbuch psychoanalytischer Grundbegriffe. Stuttgart, Berlin und Köln: Kohlhammer, S. 514 – 522

Metzger, Hans-Geert (2000): Zwischen Dyade und Triade. Tübingen: Edition Diskord

Meyerson, Debra und Joanne **Martin** (1987): Cultural Change: an Integration of Three Different Views. In: Journal of Management Studies, Vol. 24, S. 623 – 647

Michel, Paul (1997): Vorwort des Herausgebers. In: ders.: Symbolik von Ort und Raum. Bern u.a.: Peter Lang, S. VII – XXIV

Minssen, Heiner (1990): Arbeit und Technik im Fahrdienst von öffentlichen Nahverkehrsunternehmen. Dortmund: Sozialforschungsstelle Dortmund, Landesinstitut, 2. Auflage

Minssen, Heiner (1999): Direkte Partizipation contra Mitbestimmung? Herausforderung durch diskursive Koordinierung. In: Walther Müller-Jentsch (Hrsg.): Konfliktpartnerschaft. München u. Mering: Rainer Hampp, 3. erweiterte Auflage, S. 129 – 156

Mix, Ulrich und Ulrich **Heisig** (1999): Kooperationsbeziehungen im Arbeitsprozeß als Barriere und Chance bei der Verwaltungsmodernisierung. In: WSI-Mitteilungen, 52. Jg., S. 176 – 184

Müller-Jentsch, Walther (1994): Über Produktivkräfte und Bürgerrechte. In: Niels Beckenbach, Walter van Dreeck (Hrsg.): Umbrüche gesellschaftlicher Arbeit. In: Soziale Welt, Sonderband 9, Göttingen, S. 643 – 661

Müller-Jentsch, Walther und Hans Joachim **Sperling** (1995): Towards a Flexible Triple System? Continuity and Structural Changes in German Industrial Relations. In: Rainer Hoffmann, Otto Jacobi, Berndt Keller und Manfred Weiss (Hrsg.): German Industrial Relations under the impact of Structural Chance, Unification and European Integration. Düsseldorf: Hans-Böckler-Stiftung, S. 9 – 29

Mummendey, Amelie (1985): Verhalten zwischen sozialen Gruppen: Die Theorie der sozialen Identität. In: Dieter Frey und Martin Irle (Hrsg.): Theorien der Sozialpsychologie. Bern: Huber, Bd. 2, S. 185 – 216

Nagler Brigitte, Wiebke **Hartmann** und Eva **Senghaas-Knobloch** (1999): Cultural Change Includes Political and Unconscious Dimensions. artec-Papier Nr. 68, Universität Bremen, Forschungszentrum Arbeit und Technik (artec)

Neckel, Sighard (1999): Blanker Neid, blinde Wut? Sozialstruktur und kollektive Gefühle. In: Jahrbuch für Gruppenanalyse, Bd. 4, Heidelberg: Mattes-Verlag, S. 1 – 16

Neubaur, Caroline (1987): Übergänge. Spiel und Realität in der Psychoanalyse Donald W. Winnicotts. Frankfurt/M.: Athenäum

Neuberger, Oswald (1989): Organisationstheorien. In: Enzyklopädie der Psychologie. Band D III, 3: „Organisationspsychologie", Hrsg. von Erwin Roth, Göttingen u.a.: Hogrefe, S. 205 – 250

Neuberger, Oswald (1991): Psychodynamische Aspekte der Zusammenarbeit zwischen Gleichrangigen. In: Rolf Wunderer (Hrsg.): Kooperation: Gestaltungsprinzipien und Steuerung der Zusammenarbeit zwischen Organisationseinheiten. Stuttgart: Poeschel, S. 39 – 68

Neuberger, Oswald (1995a): Von sich reden machen. Geschichtsschreibung in einer organisierten Anarchie. In: Birgit Volmerg, Thomas Leithäuser, Oswald Neuberger, Günther Ortmann und Burkhard Sievers: Nach allen Regeln der Kunst. Freiburg: Kore, S. 25 – 72

Neuberger, Oswald (1995b): Mikropolitik. Stuttgart: Enke

Neuberger, Oswald (1995c): Führungstheorien – Rollentheorie. In: Handwörterbuch Führung, Hrsg. von Alfred Kieser, Stuttgart: Schäfer-Poeschel, 2. neugestaltete Auflage, S. 979 – 993

Neuberger, Oswald (1996): Politikvergessenheit und Politikversessenheit. Zur Allgegenwart und Unvermeidbarkeit von Mikropolitik in Organisationen. In: Organisationsentwicklung, 15. Jg., Heft 3, S. 66 – 71

Neuberger, Oswald und Ain **Kompa** (1993): Wir die Firma. Der Kult um die Unternehmenskultur. München: Heyne

Neumann, Jean E. (1999): Systems Psychodynamics in the Service of Political Organizational Change. In: Robert French und Russ Vince (Hrsg.): Group Relations, Management, and Organization. Oxford u.a.: Oxford University Press, S. 54 – 69

Newton, John (1999): Clinging to the MBA Syndicate: Shallowness and ‚Second Skin' Learning in Management Education. In: Socio-Analysis, Vol. 1, No. 2, S. 151 – 175

Obholzer, Anton (2000): Führung, Organisationsmanagement und das Unbewußte. In: Mathias Lohmer (Hrsg.): Psychodynamische Organisationsberatung. Stuttgart: Klett-Cotta, S. 79 – 97

Obholzer, Anton und Vega **Zagier Roberts** (Ed.) (1994): The Unconscious at Work. Individual and Organizational Stress in the Human Services. London and New York: Routledge

Odgen, Thomas H. (1994): Subjects of Analysis. Northwale, NJ: Jason Aronson

Ogden, Thomas H. (1995): Frühe Formen des Erlebens. Wien und New York: Springer

Ogden, Thomas H. (1997): Über den potentiellen Raum. In: Forum der Psychoanalyse, 13. Jg., S. 1 – 18

Ortmann, Günther (1995a): Heuchelei, Bigotterie, Intrige. In: Birgit Volmerg, Thomas Leithäuser, Oswald Neuberger, Günther Ortmann, Burkhard Sievers: Nach allen Regeln der Kunst. Freiburg: Kore, S. 99 – 136

Ortmann, Günther (1995b): Formen der Produktion. Opladen: Westdeutscher Verlag

Ortmann, Günther (1995c): Organisation und Psyche. In: Birgit Volmerg, Thomas Leithäuser, Oswald Neuberger, Günther Ortmann, Burkhard Sievers: Nach allen Regeln der Kunst. Freiburg: Kore, S. 205 – 250

Ortmann, Günther (1996): Organisation als Regulation von Tauschbörsen – Implikationen für Gruppenarbeit. In: Dokumentation der ÖPNV-Fachtagung „Zukunftsgestaltung im Fahrdienst!?" 5. – 7. März 1996 in Bremen. Herausgegeben von der Bremer Straßenbahn AG, Juli 1996, S. 34 – 39

Ortmann, Günther, Arnold **Windeler**, Albrecht **Becker** und Hans-Joachim **Schulz** (1990): Computer und Macht in Organisationen. Opladen: Westdeutscher Verlag

Parin, Paul (1978): Der Widerspruch im Subjekt. Frankfurt: Syndikat

Parin, Paul; **Morgenthaler**, Fritz und Goldy **Parin-Matthey** (1971): Fürchte deinen Nächsten wie dich selbst. Frankfurt/M.: Suhrkamp

Peirce, Charles Sanders (1991): Schriften zum Pragmatismus und Pragmatizismus. Frankfurt/M.: Suhrkamp

Peters, Thomas J. und Richard H. **Waterman** (1990): Auf der Suche nach Spitzenleistungen. Was man von den bestgeführten US-Unternehmen lernen kann. München: MVG-Verlag

Picot, Arnold, Ralf **Reichwald** und Rolf T. **Wigand** (1996): Die grenzenlose Unternehmung: Information, Organisation und Management. Wiesbaden: Gabler

Prott, Jürgen (1993): Arbeit und Technik bei der .... Berufliche Erfahrungen und Erwartungen im Fahrdienst ... im Vorfeld der Umstellung auf ein rechnergesteuertes Betriebsleitsystem im Licht qualitativer Sozialforschung. Hamburg. Forschungsbericht.

Pühl, Harald (1996): Supervisionsbeginn, Nachfrageanalyse und institutionelle Triangulierung. In: ders. (Hrsg.): Supervision in Institutionen. Frankfurt/M: Fischer, S. 21 – 47

Pühl, Harald (1997): Von der Gruppenmatrix zur Institutionsmatrix. In: Irmgard Eisenbach-Stangl und Michael Ertl (Hrsg.): Unbewußtes in Organisationen. Wien: Facultas-Universitätsverlag, S. 39 – 53

Raguse, Hartmut (1995): Internalisierung und Symbolisierung – Überlegungen zum kleinianischen Verständnis der Verinnerlichung. In: Gerhard Schneider und Günter H. Seidler (Hrsg.): Internalisierung und Symbolbildung. Opladen: Westdeutscher Verlag, S. 71 – 94

Raguse, Hartmut (2000): Paranoid-schizoide Position – depressive Position. In: Wolfgang Mertens und Bruno Waldvogel (Hrsg.): Handbuch psychoanalytischer Grundbegriffe. Stuttgart: Kohlhammer, S. 536 – 542

Rappe-Giesecke, Kornelia (1990): Theorie und Praxis der Gruppen und Teamsupervision. Berlin u.a.: Springer

Rappe-Giesecke, Kornelia (1999): Zwischen Autonomie und Vernetzung – die Schaffung des Beratungssystems. In: Supervision, Heft 36, S. 5 – 16

Rice, Albert K. (1963): The enterprise and its environment. London u.a.: Tavistock Publications

Röske, Volker (1986): Mitbestimmung und Mitbestimmungspraxis bei der Einführung und Anwendung neuer Techniken in Verkehrsbetrieben. In: Soziale Gestaltung neuer Techniken im Öffentlichen Personennahverkehr. Hrsg. vom Hauptvorstand der ÖTV, Stuttgart, S. 40 – 46

Röske, Volker (1993a): „Einiges könnte besser laufen, Vieles". Institutions- und Kommunikationsanalyse der betrieblichen Handlungsstruktur bei einem Verkehrsbetrieb. Kassel

Röske, Volker (1993b): Beteiligungsbilanz I. Kassel

Röske, Volker (1994): Beteiligungsbilanz II. Kassel

Rosenstiel, Lutz von (1993): Unternehmenskultur – einige einführende Anmerkungen. In: Dierkes, Meinolf; Rosenstiel, Lutz von und Ulrich Steger (Hrsg.): Unternehmenskultur in Theorie und Praxis. Frankfurt/M.: Campus, S. 8 – 22

Rotmann, Michael (1985): Frühe Triangulierung und Vaterbeziehung. In: Forum der Psychoanalyse, 1. Jg., S. 308 – 317

Sackmann, Sonja A. (1992): Culture and Subcultures: An Analysis of Organizational Knowledge. In: Administrative Science Quarterly, Vol. 37, S. 140 – 161

Sackmann, Sonja A. (Hrsg.) (1997): Cultural Complexity in Organizations. Thousand Oaks u.a.: Sage

Sahner, Heinz (1995): Soziale Voraussetzungen für die Wirtschaftsentwicklung in Ostdeutschland. Arbeitskultur: Ost- und Westdeutschland im Vergleich. In: Claus Köhler und Rüdiger Pohl (Hrsg.): Aspekte der Transformation in Ostdeutschland. Berlin: Duncker & Humblot, S. 149 – 162

Sandler, Joseph (1976): Gegenübertragung und die Bereitschaft zur Rollenübernahme. In: Psyche, 30. Jg., S. 297 – 305

Sattelberger, Thomas (1991): Die lernende Organisation im Spannungsfeld von Strategie, Struktur und Kultur. In: ders. (Hrsg.): Die lernende Organisation. Wiesbaden: Gabler, S. 11 – 55

Scharpf, Fritz W. (1993): Positive und negative Koordination in Verhandlungssystemen. In: Politische Vierteljahrsschrift, Sonderheft 24, Policy-Analyse, S. 56 – 83

Schein, Edgar H. (1991): Organisationskultur: Ein neues unternehmenstheoretisches Konzept. In: Eberhard Dülfer (Hrsg.): Organisationskultur. Stuttgart: Poeschel, 2. erweiterte Auflage, S. 23 – 37

Schein, Edgar H. (1993): Informationstechnologie und Management – passen sie zusammen? In: Gerhard Fatzer (Hrsg.): Organisationsentwicklung für die Zukunft. Köln: Edition Humanistische Psychologie, S. 41 – 58

Schein, Edgar H. (1995): Unternehmenskultur. Frankfurt/M. und New York: Campus

Schein, Edgar H. (1996): Über Dialog, Kultur und Organisationslernen. In: Gerhard Fatzer (Hrsg.): Organisationsentwicklung und Supervision: Erfolgsfaktoren bei Veränderungsprozessen. Köln: Edition Humanistische Psychologie, S. 209 – 228

Schein, Edgar H. (1997): Wenn das Lernen im Unternehmen wirklich gelingen soll. In: Harvard Business Manager, 20. Jg., Heft 3, S. 61 – 72

Schein, Edgar H. (1998): Organisationsentwicklung und die Organisation der Zukunft. In: Organisationsentwicklung, 17. Jg., Heft 3, S. 40 – 49

Scheuch, Ute und Erwin K. **Scheuch** (1989): Auf dem Weg zu einer neuen Arbeitskultur – Gestaltungsaufgaben für Unternehmer. Herausgegeben vom Institut für Angewandte Sozialforschung der Universität Köln, Wirtschafts- und Sozialwissenschaftliche Fakultät

Schmidt, Angelika (2000): Mit Haut und Haaren. Die Instrumentalisierung der Gefühle in der neuen Arbeitsorganisation. In: Denkanstöße. IG Metaller in der IBM, Mai, S. 25 – 42

Schmidt-Löw-Beer, Catherine (1995): Geleitwort. In: Thomas H. Ogden: Frühe Formen des Erlebens. Wien und New York: Springer, S. VII – X

Schoenhals, Helen (1993): Triangulärer Raum und Symbolisierung. In: Jutta Gutwinski-Jeggle und Johann Michael Rotmann (Hrsg.): „Die klugen Sinne pflegend". Hermann Beland zu Ehren. Tübingen: Edition Diskord, S. 191 – 207

Schoenhals, Helen (1997): Ödipuskomplex, Triangulärer Raum und Symbolisierung. In: Rosemarie Kennel und Gertrud Reerink (Hrsg.): Klein – Bion: Eine Einführung. Tübingen: Edition Diskord, S. 113 – 125

Schorn, Ariane (2000): Das "themenzentrierte Interview". Ein Verfahren zur Entschlüsselung manifester und latenter Aspekte subjektiver Wirklichkeit. In: Forum Qualitative Sozialforschung / Forum: Qualitative Social Research, Online-Journal, 1. Jg., Nr. 2 [siehe unter: http://www.qualitative-research.net/fqs/fqs.htm]

Schorn, Ariane (2002): „Ein entscheidender Moment war, als er mir zum ersten Mal in die Augen geguckt hat." Die Anfänge der Vater-Kind-Beziehung. Eine qualitative Untersuchung. Habilitationsschrift am Studiengang Psychologie der Universität Bremen

Schreyögg, Georg (1992): Organisationskultur. In: Handwörterbuch der Organisation. Hrsg. von Erich Frese. Stuttgart: Poeschel, 3. neubearb. Auflage, S. 1525 – 1537

Schreyögg, Georg (1994): Unternehmenskultur: Zur Unternehmenskulturdiskussion in der Betriebswirtschaftslehre und einigen Querverbindungen zur Unternehmensgeschichtsschreibung. In: Jahrbuch für Wirtschaftsgeschichte, Berlin: Akademie-Verlag, S. 21 – 35

Schreyögg, Georg und **Sydow**, Jörg (Hrsg.) (2001): Emotion und Management. Managementforschung, Bd. 11, Wiesbaden: Gabler

Schwendter, Rolf (1978): Theorie der Subkultur. Frankfurt/M.: Syndikat

Schwendenwein, Joachim (1999): Wenn sich Gegensätze anziehen. Teamarbeit und Führung. In: Gruppendynamik, 30. Jg., Heft 1, S. 51 – 69

Segal, Hanna (1957): Notes on symbol formation. In: International Journal of Psycho-Analysis, Vol. 38, S. 391 – 397

Segal, Hanna (1996): Traum, Phantasie und Kunst. Stuttgart: Klett-Cotta

Senghaas-Knobloch, Eva (1996): Produktionskonzepte und persönliche Sinngebung. Gruppenarbeit als neue Herausforderung. In: Eva Senghaas-Knobloch, Brigitte Nagler und Annette Dohms (Hrsg.): Zukunft der industriellen Arbeitskultur. Münster: Lit-Verlag, S. 11 – 32

Senghaas-Knobloch, Eva (1998): Arbeitskultur und das Verlangen nach Anerkennung. Vortrag auf dem Soziologentag der DGS, ÖGS und SGS im September 1998 in Freiburg. Überarbeitet erschienen als: Eva Senghaas-Knobloch und Brigitte Nagler: Von der Arbeitskraft zur Berufsrolle? Anerkennung als Herausforderung für die industrielle Arbeitskultur im Rahmen neuer Organisations- und Managementkonzepte. In: Ursula Holtgrewe, Stephan Voswinkel und Gabriele Wagner (Hrsg.): Anerkennung und Arbeit, Konstanz, S. 101-126 (zitiert nach dem Vortragsmanuskript)

Senghaas-Knobloch, Eva (1999): Anerkennung und Verwertung personaler Qualitäten. Auswirkungen neuer Managementkonzepte auf die betriebliche Lebenswelt. In: Journal für Psychologie, 7. Jg., Heft 3, S. 77 – 89

Senghaas-Knobloch, Eva (2000): Paßfähigkeit von Subjektivität und organisationalen Zielen durch Vereinbarung? Vortrag auf dem Workshop "Soziale Dynamiken in betrieblichen Veränderungsprojekten", veranstaltet vom Forschungszentrum Arbeit und Technik (artec) am 14. Juli 2000 an der Universität Bremen. Vortragsmanuskript

Senghaas-Knobloch, Eva (2001): Neue Organisationskonzepte und das Problem entgrenzter Arbeit. Zum Konzept der Arbeitsrolle als Schutzmantel. In: Macht, Kooperation und Subjektivität in betrieblichen Veränderungsprozessen. Herausgegeben von Eva Senghaas-Knobloch, Münster u.a.: Lit-Verlag, S. 171 – 194

Sherif, Muzafer (1971): Superordinate Goals in the Reduction of Intergroup Conflict. In Bernard L. Hinton und H. Joseph Reitz (Eds.): Groups and Organizations. Integrated Readings in the Analysis of Social Behavior. Belmont, Ca.: Wadsworth Publishing Company, S. 394 – 401

Sievers, Burkhard (1985): Rolle und Beratung in Organisationen. Ein Gespräch zwischen Wolfgang Weigand und Burkhard Sievers. In: Supervision, Heft 7, S. 41 – 61

Sievers, Burkhard (1999): „Psychotische Organisation" als metaphorischer Rahmen zur Sozio-Analyse organisatorischer und interorganisatorischer Dynamiken. In: Freie Assoziation, 2. Jg., Heft 1, S. 21 – 51

Sievers, Burkhard (2001): Konkurrenz als Fortsetzung des Krieges mit anderen Mitteln – Eine sozio-analytische Dekonstruktion. In: Emotion und Management. Managementforschung, Bd. 11, Herausgegeben von Georg Schreyögg und Jörg Sydow, Wiesbaden: Gabler, S. 171 – 212

Simmel, Georg (1992): Soziologie. Frankfurt/M.: Suhrkamp

Smircich, Linda (1983): Concepts of culture and organizational analysis. In: Administrative Science Quarterly, 28. Jg. S. 339 – 359

Smith, Kenwyn K. (1989): The Movement of Conflict in Organizations: The Joint Dynamics of Splitting and Triangulation. In: Administrative Science Quarterly, 34. Jg., S. 1 – 20

Sofsky, Wolfgang und Rainer **Paris** (1994): Figurationen sozialer Macht. Frankfurt/M.: Suhrkamp

Spero, Marlene (1992): Die Matrix im Setting von Organisationen. In: Gruppenanalyse, 2. Jg., S. 17 – 38

Staehle, Angelika (1997b): „Erste und zweite Haut" – Einige Überlegungen zur Analyse einer Patientin mit „Zweithautbildungen" und adhäsiver Identifizierung. In: Zeitschrift für psychoanalytische Theorie und Praxis, 12. Jg., S. 347 – 377

Stein, Mark (2000): After Eden: Envy and the Defences Against Anxiety Paradigm. In: Human Relations, 53. Jg., S. 193 – 211

Steinmann, Horst und Georg **Schreyögg** (1991): Management. Gabler: Wiesbaden, 2. durchgesehene Auflage

Stokes, Jon (1994): The Unconscious at Work in Groups and Teams: Contributions from the Work of Wilfred Bion. In: Anton Obholzer und Vega Zagier Roberts (Ed.): The Unconscious at Work. Individual and Organizational Stress in the Human Services. London and New York: Routledge, S. 19 – 27

Ströker, Elisabeth (1965): Philosophische Untersuchungen zum Raum. Frankfurt/M.: Klostermann

Sydow, Jörg und Arnold **Windeler** (2000): Steuerung von und in Netzwerken – Perspektiven, Konzepte, vor allem aber offene Fragen. In: dies. (Hrsg.): Steuerung von Netzwerken. Opladen und Wiesbaden: Westdeutscher Verlag, S. 1 – 24

Tajfel, Henri (1982): Gruppenkonflikt und Vorurteil: Entstehung und Funktion sozialer Stereotypen. Bern, Stuttgart und Wien: Huber

Then, Werner (1996): Die Evolution in der Arbeitswelt. In: Finanzierung – Leasing – Factoring, S. 133 – 139

Thomas, Konrad (1964): Die betriebliche Situation der Arbeiter. Stuttgart: Enke

Thomas, Konrad (1969): Analyse der Arbeit. Stuttgart: Enke

Tietel, Erhard (1999): The Opening of Reflection Spaces and the Development of Containment in a Consultation Process – a Psychodynamic Organizational Perspective. In: Lifelong Learning and Experience, Vol. I, Hrsg. von Kirsten Weber, Roskilde University and The Danish Research Academy, S. 255 – 263

Tietel, Erhard (2000a): Das Interview als Beziehungsraum. In: Forum Qualitative Sozialforschung / Forum: Qualitative Social Research, Online-Journal, 1. Jg., Nr. 2 [abrufbar unter: http://qualitative-research.net/fqs]

286

Tietel, Erhard (2000b): Die Verwendung des Beraters. Über die Umformung unverdaulicher emotionaler Erfahrungen in kommunizierbare Gefühle und Gedanken. In: Journal für Psychologie, 8. Jg., Heft 3, S. 11 – 22

Tietel, Erhard (2001): „Das hat mich also Schweiß gekostet, weil ich ja der Puffer bin." Grenzgänger zwischen Betriebsrat und Beteiligungsprojekt. In: Macht, Kooperation und Subjektivität in betrieblichen Veränderungsprozessen. Herausgegeben von Eva Senghaas-Knobloch, Münster u.a.: Lit-Verlag, S. 83 – 103

Tietel, Erhard (2002): Trianguläre Räume und soziale Häute in Organisationen. In: Harald Pühl (Hrsg.): Supervision – Aspekte organisationeller Beratung. Berlin: Ulrich Leutner Verlag, S. 47 – 75

Tietel, Erhard (2002a): Trianguläre Räume in Organisationen. Eine organisationswissenschaftliche Studie zur sozio-emotionalen Dynamik in Organisationen. Habilitationsschrift an der Universität Bremen, Fachbereich 11, Human- und Gesundheitswissenschaften

Tietel, Erhard; Brigitte **Scherer** und Thomas **Leithäuser** (1996): Technikbilder und Organisationsbilder. Die Bedeutung von Technik- und Organisations(leit)bildern in Aushandlungs- und Lernprozessen bei der Einführung rechnergesteuerter Betriebsleitsysteme in Betrieben des Öffentlichen Personennahverkehrs. In: Mitteilungen des Verbundes Sozialwissenschaftliche Technikforschung, Heft 17, S. 45 – 112

Trice, Harrison M. (1993): Occupational Subcultures in the Workplace. Ithaca and New York: ILR Press

Trice, Harrison M. und Janice M. **Beyer** (1993): The Cultures of Work Organizations. Englewood Cliffs: Prentice-Hall, Inc.

Triest, Joseph (1999): The Inner Drama of Role Taking in an Organization. In: Robert French and Russ Vince (Hrsg.): Group Relations, Management, and Organization. Oxford u.a.: Oxford University Press, S. 209 – 223

Trimborn, Wilfrid (1994): Analytiker und Rahmen als Garanten des therapeutischen Prozesses. In: Der Psychotherapeut, 39. Jg., S. 94 – 103

Trimborn, Wilfrid (1995): Der Rahmen und das psychoanalytische Ereignis. In: Deutungs-Optionen. Hrsg. von Johann-Peter Haas und Gemma Jappe. Tübingen: Edition Diskord, S. 93 – 118

Tustin, Frances (1981): Autistische Zustände bei Kindern. Stuttgart: Klett-Cotta

Tustin, Frances (1990): The Protective Shell in Children and Adults. London: Karnac Books

Ulich, Eberhard (1994): Arbeitspsychologie. Zürich und Stuttgart: Hochschulverlag an der ETH-Zürich und Schäffer-Poeschel Verlag, 3. überarbeitete und erweiterte Auflage

Utz, Richard (1997): Soziologie der Intrige. Berlin: Duncker und Humblot

Van Maanen, John und Stephen R. **Barley** (1985): Cultural Organization. In: Peter J. Frost et al. (Eds.): Organizational Culture. Beverly Hills: Sage Publications, S. 31 – 53

Van Maanen, John und Gideon **Kunda** (1989): ‚Real feelings': Emotional expression and organizational culture. In: Barry M. Staw and Larry L. Cummings (Hrsg.): Research in Organizational Behavior, Vol. 11. Greenwich, CT: JAI Press, S. 43 – 103

Vilmar, Fritz (1971): Mitbestimmung am Arbeitsplatz. Neuwied: Luchterhand

Volmerg, Birgit (1993): Unternehmenskultur – der neue Geist des Kapitalismus und seine sozialpsychologischen Folgen. In: Jahrbuch Arbeit und Technik, Bonn: Dietz-Nachfolger, S. 163 – 174

Volmerg, Birgit; Eva **Senghaas-Knobloch** und Thomas **Leithäuser** (1986): Betriebliche Lebenswelt. Eine Sozialpsychologie industrieller Arbeitsverhältnisse. Opladen: Westdeutscher Verlag

Waldenfels, Bernhard (1985): Heimat in der Fremde. In: ders.: In den Netzen der Lebenswelt. Frankfurt/M.: Suhrkamp, S. 194 – 211

Waldvogel, Bruno (2000): Ambivalenz. In: Wolfgang Mertens und Bruno Waldvogel (Hrsg.): Handbuch psychoanalytischer Grundbegriffe. Stuttgart: Kohlhammer, S. 55 – 59

Warsitz, Rolf-Peter (1997): Die widerständige Erfahrung der Psychoanalyse zwischen den Methodologien der Wissenschaften. In: Psyche, 51. Jg., S. 101 – 142

Wehner, Theo; Christoph **Clases** und Egon **Endres** (1996): Situiertes Lernen und kooperatives Handeln in Praxisgemeinschaften. In: Egon Endres und Theo Wehner (Hrsg.): Zwischenbetriebliche Kooperation. Weinheim: Psychologie Verlags Union, S. 71 – 85

Weiß, Heinz (2001): Melanie Klein und Wilfried Bion. In: Psyche, 55. Jg., S. 159 – 180

Wellendorf, Franz (1995): Lernen durch Erfahrung und die Erfahrung des Lernens. In: Forum der Psychoanalyse, 11. Jg., S. 250 – 265

Wellendorf, Franz (1996a): Überlegungen zum „Unbewußten" in Institutionen. In: Harald Pühl (Hrsg.): Supervision in Institutionen. Frankfurt/M.: S. Fischer, S. 173 – 186

Wellendorf, Franz (1996b): Der Psychoanalytiker als Grenzgänger. Oder was heißt psychoanalytische Arbeit im sozialen Feld? In: Journal für Psychologie, 4. Jg., Heft 4, S. 79 – 91

Weltz, Friedrich und **Ortmann**, Rolf .G. (1992): Das Software Projekt in der Praxis. Frankfurt/M u. New York: Campus

Wiesenhütter, Eckart (1959): Betriebsneurosen. In: Viktor Frankl u.a. (Hrsg.): Handbuch der Neurosenlehre und Psychotherapie. Bd. 2, München und Berlin: Urban und Schwarzenberg, S. 761 – 777

Willems, Herbert (1997): Rahmen, Habitus und Diskurs: Zum Vergleich soziologischer Konzeptionen von Praxis und Sinn. In: Berliner Journal für Soziologie, 7. Jg., Heft 1, S. 87 – 107

Willke, Helmut (1997): Kultur der Komplexität: Die systemischen Qualitäten der responsiven Organisation. In: Integrative Therapie, 23. Jg., Heft 1 – 2, S. 167 – 180

Wimmer, Rudolf (1998): Das Team als besonderer Leistungsträger in komplexen Organisationen. In: Heinrich W. Ahlemeyer und Roswita Königswieser (Hrsg.): Komplexität managen. Frankfurt: FAZ-Verlag; Wiesbaden: Gabler Verlag, S. 105 – 130

Wimmer, Rudolf (1999): Wider den Veränderungsoptimismus. Zu den Möglichkeiten und Grenzen einer radikalen Transformation von Organisationen. Universität Witten/Herdecke, Fakultät für Wirtschaftswissenschaften. Wittener Diskussionspapiere, Heft 37

Windeler, Arnold (2001): Unternehmungsnetzwerke. Wiesbaden: Westdeutscher Verlag

Winnicott, Donald W. (1984): Reifungsprozesse und fördernde Umwelt. Frankfurt/M.: Fischer

Winnicott, Donald W. (1987): Vom Spiel zur Kreativität. Stuttgart: Klett-Cotta

Witte, Erich H. und Elisabeth **Ardelt** (1989): Gruppenarten, -strukturen und -prozesse. In: Erwin Roth (Hrsg.): Organisationspsychologie, Enzyklopädie der Psychologie D/III/3. Göttingen: Hogrefe, S. 463-483

Wittgenstein, Ludwig (1960): Philosophische Untersuchungen. In: ders.: Schriften I, Frankfurt/M.: Suhrkamp, S. 279 – 544

Wollnik, Michael (1986): Implementierung computergestützter Informationssysteme. Berlin und New York: Springer

Wollnik, Michael (1991): Das Verhältnis von Organisationsstruktur und Organisationskultur. In: Eberhard Dülfer (Hrsg.): Organisationskultur. Stuttgart: Poeschel, 2. erweiterte Auflage, S. 65 – 92

Wulf, Christoph (1984): Das gefährdete Auge. Ein Kaleidoskop der Geschichte des Sehens. In: Das Schwinden der Sinne. Hrsg. von Dietmar Kamper und Christoph Wulf. Frankfurt/M.: Suhrkamp, S. 21 – 45

Wunderer, Rolf (1991): Laterale Kooperation als Selbststeuerungs- und Führungsaufgabe. In: ders. (Hrsg.): Kooperation: Gestaltungsprinzipien und Steuerung der Zusammenarbeit zwischen Organisationseinheiten. Stuttgart: Poeschel, S. 205 – 219

Zabel, Martina (2001): Die emotionale Bewältigung von Veränderungsprozessen: Supervision als Trauerarbeit. In: Freie Assoziation, 4. Jg., Heft 2, S. 229 – 243

Zagier Roberts, Vega (1994): The Organization of Work. Contributions from Open System Theory. In: The Unconscious at Work. Ed. by Anton Obholzer und Vega Zagier Roberts. London and New York: Routledge, S. 28 – 38

Zagier Roberts, Vega (2000): Birth and Bereavement, Blood and Tears – The Emotional Impact of Organisational Change. In: The International Society for the Psychoanalytic Study of Organizations. Symposium 2000. Manuskript im Delegate Pack. London

Zorn, Werner (1997): Telearbeit – eine neue Arbeitskultur . In: Nickel, Karl-Georg und Franz Josef Radermacher (Hrsg.): Arbeitswelt und Globalisierung. Tagungsband zum 10. Bodenseeforum. Ulm: Universitäts-Verlag, S. 245 – 254

Zuboff, Shoshana (1993): Die informatisierte Organisation. In: In: Gerhard Fatzer (Hrsg.): Organisationsentwicklung für die Zukunft. Köln: Edition Humanistische Psychologie, S. 59 – 77

Arbeitsgestaltung – Technikbewertung – Zukunft

herausgegeben von Eva Senghaas-Knobloch
und Wilfried Müller

Magdalene Deters †
Organisationsentwicklung und Technikanwendung
Sozio-technisches Handeln in Industrieunternehmen am Beispiel von CAD
Widersprüche in sozio-technischen Prozessen werfen grundlegende Fragen nach dem Beharrungsvermögen kultureller und sozialer Institutionen auf, die vor allem für die Organisationsentwicklung relevant sind. Um Einflüsse auf technische und soziale Modernierungsentwicklungen zu klären, zieht die Autorin die Wechselwirkungen zwischen Technik und Gesellschaft, zwischen Organisation und Gesellschaft sowie zwischen Organisation und Technik in Erwägung, die sie aus technik-, organisationssoziologischer und sozialtheoretischer Perspektive diskutiert. Im Zentrum steht die Überprüfung der aus der Strukturierungstheorie bei Giddens gewonnenen Definition von Technik als Struktur und als Ressource.
Die vielfältigen Dimensionen sozio-technischen Handelns werden am Beispiel von Entwicklungs- und Konstruktionsabteilungen in zwei traditionell orientierten Unternehmen empirisch überprüft.
Für beide beinhaltet die Einführung und Nutzung von CAD einen mit großen Risiken und Unsicherheiten behafteten Technisierungsprozeß mit ungeplanten Folgen des Handelns. Deutlich wird, daß die verschiedenen Technikanwendungen nicht vorwiegend auf strukturelle Differenzen wie Größe, Produkt und Produktkomplexität zurückzuführen, sondern Ausdruck von vorgängig entwickelten Technikkonzepten, Rationalisierungszielen, technikbezogenen technischen und organisationskulturellen Mustern sind. Das Ergebnis, daß vor allem die nicht-technischen Dimensionen technisches Handeln beeinflussen, führt die Autorin zu der weitergehenden Schlußfolgerung, daß das Geschlechterverhältnis als eine genuine Substruktur von Organisationen, strukturierungstheoretisch mit Giddens gewendet, als institutionalisierte Regel und Handlungsressource in sozio-technischen Modernisierungsprozessen fungiert.
Bd. 5, 1999, 304 S., 25,90 €, br., ISBN 3-8258-2685-6

Hellmuth Lange; Wilfried Müller (Hg.)
Kooperation in der Arbeits- und Technikgestaltung
Bd. 6, 1995, 208 S., 19,90 €, br., ISBN 3-8258-2701-1

Eva Senghaas-Knobloch; Brigitte Nagler; Annette Dohms
Zukunft der industriellen Arbeitskultur
Persönliche Sinnansprüche und Gruppenarbeit
Bd. 7, 1996, 240 S., 19,90 €, br., ISBN 3-8258-2869-7

Hellmuth Lange;
Eva Senghaas-Knobloch (Hg.)
Konstruktive Sozialwissenschaft
Herausforderung Arbeit, Technik, Organisation
Bd. 8, 1997, 224 S., 19,90 €, br., ISBN 3-8258-3454-9

Ingrid Rügge; Bernd Robben; Eva Hornecker; F. Wilhelm Bruns
Arbeiten und begreifen: Neue Mensch-Maschine-Schnittstellen
Welche Bedeutung hat eine unmittelbare und vielsinnige Wahrnehmung und Handhabung technischer Prozesse für deren Verständnis und Beherrschung? Durch die zunehmende Virtualisierung von Produkten und Produktionsprozessen, hier verstanden als Illusionserzeugung durch vielseitige computerstimulierte Sinnesreizungen, gewinnt eine Forschungsperspektive an Aktualität, die sich in den 80er Jahren unter dem Titel "Vom Handrad zum Bildschirm" kritisch mit dem Verlust von Prozeßnähe, emotionalem Einlassen und assoziativem Vorgehen, kurz dem subjektivierenden Arbeitshandeln an neuen rechnergesteuerten Werkzeugmaschinen und Automaten, auseinandersetze. Eine objektivierende, distanzierende, wissenschaftlich dominierte Computergestaltung schafft Systeme, die eine ebensolche Haltung bei ihrem Gebrauch erzwingen und damit wichtige Fähigkeiten des Menschen ausgrenzen. So die damals auch empirisch unterstützte These. Die daraus abgeleitete Forderung an SystemgestalterInnen war, Maschinen zu bauen, die ein subjektivierendes, erfahrungsorientiertes Arbeiten ermöglichen. Weil das Haptische hierbei eine zentrale Rolle spielt, haben InformatikerInnen, Ingenieure, PsychologInnen und Pädagogen mehr oder weniger greifbare und begreifbare Systeme entwickelt. Daraus entstand die hier veröffentlichte Auseinandersetzung um Erlebnis- und Erfahrungsmöglichkeiten in virtuellen und realen Welten, um Brücken und Einbahnstaßen zwischen diesen, um Subjektivität und Identität, um Sinn und Sinne, also eine Auseinandersetzung auf philosophischer, psychologischer, soziologischer, technischer und pädagogischer Ebene.
Bd. 9, 1998, 208 S., 20,90 €, br., ISBN 3-8258-3850-1

LIT Verlag Münster – Hamburg – Berlin – London
Grevener Str./Fresnostr. 2 48159 Münster
Tel.: 0251 – 23 50 91 – Fax: 0251 – 23 19 72
e-Mail: vertrieb@lit-verlag.de – http://www.lit-verlag.de

Brita Modrow-Thiel
Ressourcenreichtum als Voraussetzung und Folge von Lernfähigkeit
am Beispiel von Innovationen in kleinen und mittleren Unternehmen
Lernfähige Unternehmen sind erfolgreiche Unternehmen. Lernfähige Unternehmen – eingebunden in lernfähige Netzwerke – zeichnen sich durch Gestaltungskonzepte aus, die ein Lernen des Lernens ermöglichen, d. h. wenn sie in der Lage sind, Regeländerungen bewußt vorzunehmen und diesen Prozeß wiederum institutionalisiert haben. Auf Basis der vier Prüfdimensionen "Kommunikationsstrukturen und Kooperationsmuster", "Entscheidungsregeln", "Handlungsspielräume" und "persönliche Unternehmerstrategie" konnten aus 16 betrieblichen Fallstudien vier Organisationstypen herausgefunden werden, die die Spanne zwischen lernfähigen und lernunfähigen Organisationen repräsentieren. Lernfähige kleine und mittlere Unternehmen sind Unternehmen mit strukturellem (Regeln, die eine systematische Normüberprüfung zulassen), prozessualem (partizipative Prozesse) und inhaltlichem (Wissen) Ressourcenreichtum. Ressourcenreichtum läßt sich in dieser Weise auch auf die Netzwerkbeziehungen der Organisationen ausdehnen. Diese reichen von Lernnetzwerken bis hin zu Knebelungsnetzwerken. Ressourcenreichtum meint, daß es gerade endogener Potentiale und nicht – so eine vielzitierte These – existenzgefährdender Anstöße von außen bedarf, will die Organisation erfolgreich Innovationen durchführen und damit lernfähig sein.
Bd. 10, 1999, 400 S., 30,90 €, br., ISBN 3-8258-4232-0

Christel Kumbruck
"Angemessenheit für situierte Kooperation"
Ein Kriterium arbeitswissenschaftlicher Technikforschung und -gestaltung
Ein Konzept von Kooperation wird aus psychologischer Sicht theoretisch und empirisch entwickelt. Dabei wird auf eine positiv konnotierte Sichtweise verzichtet.
Anhand zweier praktischer Studien im Bereich der telekooperativen Rechtspflege und der telekooperativen Vorgangsunterstützung im Bürobereich wird der Wandel von Kooperation aufgezeigt, der sich durch den Einsatz von Informations- und Kommunikationstechnik (Telekooperationstechnik) ergibt – sogenannte kulturelle Bruchstellen. Weiterhin wird an diesen Bruchstellen vorgeführt, wie der psychologische Ansatz von Kooperation zur Bewertung und Gestaltung dieser Technik genutzt werden kann.
Bd. 11, 2000, 520 S., 35,90 €, br., ISBN 3-8258-4455-2

Eva Senghaas-Knobloch (Hrsg.)
Macht, Kooperation und Subjektivität in betrieblichen Veränderungsprozessen
Mit Beispielen aus Aktionsforschung und Prozeßberatung in Klein- und Mittelbetrieben
Traditionelle Unternehmen mit einer langen Geschichte müssen Wege suchen, auch unter veränderten ökonomischen Vorzeichen ihr Bestehen zu sichern. Existenzgründungen stehen vor der Aufgabe, über die Schubkraft der Startjahre hinaus zukunftssichernde Strukturen zu finden. Die Privatisierung zuvor öffentlicher Dienstleistung erfordert ein Denken in neuen Kategorien. Alle Organisationsmitglieder stehen dabei vor der Aufgabe, sich mit ihrem persönlichen Arbeitsverständnis und ihrem beruflichen Selbstbild auseinander zu setzen. In der arbeitsbezogenen Sozialwissenschaft gibt es die Tradition der Aktionsforschung, die sich auf solche Probleme bezieht und bei ihrer Beantwortung den betrieblichen Akteuren zur Seite steht. Zudem hat sich in den letzten Jahren eine sozialwissenschaftlich orientierte Beratung herausgebildet. Der Band versammelt Analysen aus beiden Erkenntnisquellen, und es wird der Versuch gemacht, den abgerissenen Faden der Debatte über die Humanisierung des Arbeitslebens wieder aufzugreifen und mit den praktisch gewordenen Konzepten sozialwissenschaftlicher Organisationsverständnisses zu verknüpfen.
Bd. 12, 2001, 208 S., 20,90 €, br., ISBN 3-8258-5487-6

Jan Dirks
Positives Regulieren in der Handelsschifffahrt im Kontext der Globalisierung
Als Arenen für die Bearbeitung von globalen Problemen und als Akteure, die die Politik und administrativen Strukturen in den Staaten beeinflussen, stehen internationale Regierungsorganisationen unter den Zwängen der Globalisierung begegnen zu müssen. Dieser Band untersucht am Beispiel einer internationalen, positiven und für alle Staaten verbindlichen Regulierung der Internationalen Seeschifffahrtsorganisation wie es gelungen ist, die unterschiedlichen Interessenlagen der staatlichen und nichtstaatlichen Akteure soweit in Übereinstimmung zu bringen, dass das Übereinkommen verabschiedet werden konnte. Die hier gegebenen Antworten zeigen, dass positive internationale Regulierungen auch im Bereich der Arbeit erreichbar sind, wenn vorhandene ermöglichende Strukturen konsequent genutzt werden.
Bd. 13, 2001, 344 S., 20,90 €, br., ISBN 3-8258-5488-4

LIT Verlag Münster – Hamburg – Berlin – London
Grevener Str./Fresnostr. 2 48159 Münster
Tel.: 0251 – 23 50 91 – Fax: 0251 – 23 19 72
e-Mail: vertrieb@lit-verlag.de – http://www.lit-verlag.de

Erhard Tietel
**Emotionen und Anerkennung in
Organisationen**
Wege zu einer triangulären
Organisationskultur
Bd. 14, Frühj. 2003, ca. 304 S., ca. 25,90 €, br.,
ISBN 3-8258-6661-0

Zweiter Arbeitsmarkt

herausgegeben von Prof. Dr. Achim Trube
(Universität Siegen)

Achim Trube
**Zur Theorie und Empirie des Zweiten
Arbeitsmarktes**
Exemplarische Erörterungen und praktische
Versuche zur sozioökonomischen Bewertung
lokaler Beschäftigungsförderung
Massenarbeitslosigkeit war der Entstehungshinter-
grund eines sogenannten Zweiten Arbeitsmarktes,
der sich zum Teil jenseits vom regulären Markt
und einem gezielt steuernden Staat expansiv
entwickelt hat. Dem Terrain des Zweiten Arbeitsmarktes fehlen – obwohl bereits in vieler Munde –
bisher die scharfen Grenzen als Erkenntnisgegen-
stand. Die vorliegende Studie macht angesichts
dessen den Versuch einer grundsätzlichen Orts-
bestimmung: Hat der zweite Arbeitsmarkt nur
eine Legitimationsfunktion für eine "aus den
Fugen geratene Arbeitsgesellschaft" oder aber
bietet er tatsächlich Ausblicke auf eine andere
Form des Wirtschaftens und existentieller Si-
cherung? Ausgehend von dieser Fragestellung,
wird im zweiten Teil der Untersuchung anhand
einer empirischen Kosten-Nutzen-Analyse örtlicher Maßnahmen gegen Arbeitslosigkeit eine
Fiskal-, eine Arbeitsmarkt- und eine Sozialbilanz
für öffentlich geförderte Beschäftigungsangebote
entwickelt, um durch diese sozialwissenschaftlichen Analysen Antworten auf die theoretische
Eingangsfrage zu gewinnen. Die Ergebnisse dieser
empirischen Studien sind dabei für die kommunale
Ebene durchaus positiv: Arbeit statt Arbeitslosigkeit zu finanzieren, rechnet sich offensichtlich
sowohl fiskalisch als auch arbeitsmarktlich und
last but not least sozial. Dies ist Anlaß für die
Abschlußüberlegungen zu dem Thema, ob der
Zweite Arbeitsmarkt – zumindest exemplarisch –
Perspektiven bieten mag, Wirtschaft und Gesell-
schaft nicht nur örtlich wieder zu "versöhnen".
Bd. 1, 3. Aufl.2001, 624 S., 45,90 €, gb.,
ISBN 3-8258-3309-7

Jürgen Kempken; Achim Trube
**Effektivität und Effizienz sozialorientierter
Hilfen zur Arbeit**
Lokale Analysen aktivierender Sozialhilfe
Die Ausgrenzung von Millionen Menschen
aus dem regulären Arbeitsmarkt seit über zwei
Jahrzehnten ist inzwischen zum zweifelhaften
"Markenzeichen" der sozialen Marktwirtschaft
geworden. Kennzeichnend für die Krise ist nicht
nur das Schicksal der Betroffenen, sondern daß
die Kosten dieser Krise von der Bundesebene und
den Sozialversicherungen zunehmend zu Lasten
der lokalen Ebene – sprich: der Sozialhilfe und der
Kommunen – umgeschuldet wurden. Städte und
Gemeinden stehen vor der Alternative, Arbeitslosigkeit und Nichtstun über die Sozialhilfe oder
aber Projekte örtlicher Beschäftigung aus ihren und
aus Mitteln anderer zu finanzieren. Die empirische
Studie, die diesem Buch zugrunde liegt, untersucht exemplarisch anhand eines differenzierten
Beschäftigungs- und Qualifizierungskonzepts in einem Kreis des Landes Nordrhein-Westfalen, inwieweit solche Ansätze auch unter wissenschaftlichen
Kriterien als effektiv und effizient bezeichnet werden können. Im Rahmen der Effektivitätsuntersu-
chungen wird die Treffgenauigkeit der Maßnahmen
hinsichtlich der anvisierten Zielgruppen, die mate-
riellen und psychosozialen Stabilisierungseffekte
für die Teilnehmer sowie die Arbeitsmarktintegra-
tion analysiert. Die Effizienzstudien hingegen be-
rechnen eine fiskalische Kosten-Nutzen-Bilanz der
kommunalen Maßnahmen sowie die Multiplikati-
onseffekte lokaler Mittel für die Einwerbung von
Finanzierungen aus nicht-kommunalen Quellen.
Effektivität und Effizienz des kommunalen Arbeits-
marktkonzepts sind – so zeigen die empirischen
Analysen im Ergebnis auf –, insbesondere was
die inhaltliche Zielerreichung und wirtschaftliche
Amortisation betrifft, bedeutend. Allerdings zeigt
sich in den Studien auch die bedrückende Tendenz,
daß sich die nachhaltigen Erfolge vor allem bei
den weniger belasteten Personen ohne Arbeit und
gerade eben eher nicht bei jenen langfristig aus-
gegrenzten Opfern der Arbeitsmarktentwicklung
erzielen lassen. Dieser Umstand ist ein Ansporn
für die Optimierung der lokalen Strategien gegen
Arbeitslosigkeit, zu denen dann das Buch zum
Abschluß Spezialvorschläge einer Einbeziehung
ausgegrenzter Gruppen in das örtliche Konzept
entwickelt.
Bd. 2, 1997, 280 S., 20,90 €, gb., ISBN 3-8258-3429-8

Achim Trube; Jürgen Kempken;
Andreas Schendera; Guido Solbach
**Evaluations-Instrumentarium kommunaler
Arbeitsmarktpolitik**
Ein Handbuch mit Arbeitsmaterialien,
Instrumenten- und Controlling-Sets
Bd. 3, 1998, 450 S., 30,90 €, gb., ISBN 3-8258-4162-6

LIT Verlag Münster – Hamburg – Berlin – London
Grevener Str./Fresnostr. 2 48159 Münster
Tel.: 0251 – 23 50 91 – Fax: 0251 – 23 19 72
e-Mail: vertrieb@lit-verlag.de – http://www.lit-verlag.de

Holger Wittig-Koppe; Achim Trube (Hg.)
Effekthascherei – oder: Wie effektiv ist die Arbeitsmarktpolitik?
Die Frage nach der Orientierung und Effektivität von Arbeitsmarktpolitik zu stellen, wird immer unausweichlicher: Einerseits gilt es zu problematisieren, ob mit den zahlreichen Projekten, Maßnahmen und Programmen das Richtige getan wird, wenn die Arbeitsmarktbilanz unabhängig von allen Anstrengungen zur Beschäftigungsförderung noch weit bis ins nächste Jahrzehnt hinein ein Defizit von mehr als 3 Millionen Arbeitsplätzen aufweist. Wird hier nur "aufgerüstet" in einen Verdrängungswettbewerb um viel zu knappe Stellen? Andererseits gilt es jenseits dieser Grundsatzfrage zu thematisieren, was denn auf der Ebene der einzelnen Angebote für Arbeitslose Qualitäts- bzw. Erfolgskriterien wären, um sie als solche professionell zu bewerten und auch zu vergleichen.
Was war also naheliegender, als eine Tagung zur Arbeitsmarktpolitik zu konzipieren, die die Frage aufwirft, ob wir in der Arbeitsmarktpolitik überhaupt noch das Richtige tun und diese Frage zu verknüpfen mit der Frage, ob wir das Richtige auch richtig tun, also mit dem Thema, wie man die Wirksamkeit von Arbeitsmarktpolitik erfassen und ggf. auch nachweisen kann? Genau dies hat der Paritätische Wohlfahrtsverband Schleswig-Holstein mit seiner Tagung "Effekthascherei oder: Wie effektiv ist die Arbeitsmarktpolitik?" im Frühjahr 1999 versucht. Herausgekommen ist ein differenziertes Angebot von Antworten, das von der grundsätzlichen Auseinandersetzung mit der Arbeitsgesellschaft bis hin zur Vorstellung eines konkreten Evaluationsprogramms für kommunale Arbeitsmarktpolitik reicht. Der rote Faden, der sich durch alle Beiträge des Buches zieht, ist letztlich die Erkenntnis, dass in der Debatte um die Effektivität von Arbeitsmarktpolitik und Beschäftigungsförderung Fragen der Wirksamkeit ausdrücklich nicht mit denen nach der Wirtschaftlichkeit verwechselt werden dürfen, was allzu leicht in der ökonomisierten Auseinandersetzung der Gegenwart passiert. Auf der Tagesordnung steht vielmehr die Klärung von Zielen der Arbeitsmarktpolitik, und dies genau ist auch das Thema in dem vorgelegten Buch zusammengeführten Autoren und ihrer je spezifischen Perspektiven auf das Problem.
Bd. 4, 2000, 224 S., 17,90 €, gb., ISBN 3-8258-4633-4

Carsten Weiß
Zur Frage arbeitsweltorientierter Identitätsbildung bei Jugendlichen
Ausgehend von der fachpraktischen Frage einer arbeitsweltorientierten Identitätsbildung bei erwerbslosen Jugendlichen wird die theoretische Entfaltung der Begriffe Identität und Arbeit erörtert sowie anhand einer exemplarischen Untersuchung der Jugendwerkstatt Froschkönigweg in Düsseldorf empirische Daten zu konzeptionellen Ansprüchen und ihrer Realisation in der Jugendberufshilfe erhoben und analysiert.
Carsten Weiß ist Diplom Sozialpädagoge. Seine Forschungs- und Arbeitsschwerpunkte liegen im Bereich der beruflichen Integration.
Bd. 5, 2002, 152 S., 20,90 €, br., ISBN 3-8258-5845-6

Ines Nitsche; Peter Richter
Tätigkeiten ausserhalb der Erwerbsarbeit
Evaluation des TAURIS-Projektes
Die stetige Verringerung des Volumens von Erwerbsarbeit und die notwendige Erweiterung bürgerschaftlichen Engagements erfordern Projekte, um die psychosozialen Bedingungen für zukünftige Übergangsarbeitsmärkte zu erfassen. Das sächsische TAURIS-Projekt, das auf die Integration von älteren Langzeitarbeitslosen und arbeitsfähigen Sozialhilfeempfängern in Tätigkeiten ausserhalb der Erwerbsarbeit gerichtet ist, wird hinsichtlich seiner psychologischen Effekte evaluiert. Der Anforderungsreichtum gesellschaftlicher Aufgaben ausserhalb der klassischen Erwerbsarbeit wird dokumentiert und die Notwendigkeit eines erweiterten Tätigkeitsbegriffes verdeutlicht.
Bd. 6, Frühj. 2003, ca. 232 S., ca. 20,90 €, gb., ISBN 3-8258-6059-0

Axel Gerntke; Jürgen Klute; Axel Troost; Achim Trube (Hg.)
Hart(z) am Rande der Seriosität?
Die Hartz-Kommission als neues Modell der Politikberatung und -gestaltung? Kommentare und Kritiken
Weder Schröder noch Clement sind Freunde gesellschaftlicher Debatten. Doch sowohl der sozialpolitische Paradigmenwechsel, der den Vorschlägen der Hartz-Kommossion zugrunde liegt, als auch die Kritikwürdigkeit und -bedürftigkeit aus fachlicher Sicht erfordern einen gesellschaftlichen Diskurs der Vorschläge.
Der vorliegende Band versteht sich gleichermaßen als Anstoß und als Beitrag zu diesem Diskurs. Er bündelt Kritiken aus unterschiedlichen Fachdiziplinen und aus unterschiedlichen gesellschaftlichen Perspektiven.
Die Bundesregierung sieht in der Hartz-Kommission mittlerweile ein neues Modell der Politikberatung und -gestaltung, dass nun auch im Blick auf Gesundheitsreform und Rentenreform angewandt werden soll. Allerdings ist dies ein Modell ohne demokratische Legitimation.
Angesichts dessen hat die vorliegende kritische Reflexion der Hartz-Kommission exemplarische Bedeutung.
Bd. 7, 2002, 216 S., 12,00 €, br., ISBN 3-8258-6457-x

LIT Verlag Münster – Hamburg – Berlin – London
Grevener Str./Fresnostr. 2 48159 Münster
Tel.: 0251 – 23 50 91 – Fax: 0251 – 23 19 72
e-Mail: vertrieb@lit-verlag.de – http://www.lit-verlag.de